秩序崩壊

21世紀という
困難な時代

ヘレン・トンプソン

中野剛志 解説
寺下滝郎 訳

DISORDER

Hard Times in the
21st Century

HELEN
THOMPSON

東洋経済新報社

姪のフローレンス、
そしてわが同僚であり友人でもある
アーロン・ラポートに捧ぐ

ここコークタウンでは、時間は、町の機械が動き続けるのと同様に、止まることなく進み続けた。多くの原材料が加工され、多くの燃料が消費され、多くの労働者が消耗され、多くの利益があげられた。しかし、時間は、鉄、鋼鉄、真鍮ほどには無情ではなく、煙と煉瓦の荒地にさえ、移りゆく季節をもたらした。

チャールズ・ディケンズ『ハード・タイムズ』

その若者が処刑されたころ、フランスとノルウェーの森では、すでに“運命”という名の木こりが印をつけた木々が根を張り、育っていたはずである。やがてそれを切り倒して板に挽《ひ》き、木枠に袋と刃《やいば》がついた、歴史に名だたる怖《おそ》ろしい移動式の処刑具を作ることになる。また同じころ、パリのはずれの荒れ地に並ぶ農家のぼろ納屋《なや》には、風雨を避けてしまわれた荷車があったはずだ。田舎の泥が跳ね散り、豚が嗅《か》ぎまわり、鶏がねぐらにしたそれらの荷車は、やがて“死”という名の農夫が、革命の死刑囚護送馬車として使う。しかし、木こりも農夫もつねづね静かに働いていたので、誰もそのひそやかな足音を聞くことはなかった。むしろ彼らが目覚めているのではないかと疑いを抱くだけでも、無神論者で反逆者と見なされるのだった。

チャールズ・ディケンズ『二都物語』

周知のように、他の国々の法律は時宜に応じて変更され、起源を何らかの神に持つと誇らしく喧伝《けんでん》されたものですら跡形もなく消え去り、記憶にもとどまりはしない。

サー・トマス・ブラウン『医師の信仰』

上記訳文の抜粋元：
チャールズ・ディケンズ著、山村元彦、竹村義和、田中孝信共訳『ハード・タイムズ』（英宝社、2000年）※引用箇所の翻訳は、山村元彦が担当。
チャールズ・ディケンズ著、加賀山卓朗訳『二都物語』（新潮文庫、2014年）
サー・トマス・ブラウン著、生田省悟、宮本正秀共訳『医師の信仰／壺葬論』（松柏社、1998年）

ペーパーバック版への序文

『秩序崩壊　21世紀という困難な時代（*Disorder: Hard Times in the 21st Century*）』が出版された日、2022年2月24日にロシアがウクライナに侵攻した。その結果、混乱が生じた。私は冷戦後のヨーロッパを貫く地政学的断層を説明するうえで、ウクライナがきわめて重要な存在であると考えていたが、ロシアによるウクライナへの全面戦争はそれとは別の問題であった。この戦争は、ヨーロッパとロシアのエネルギー関係を根底から覆し、エネルギー主導のインフレを加速させることで、私が『秩序崩壊』の前提としていた、地政学と通貨・金融世界にとってのエネルギーの重要性を浮き彫りにした。2022年2月24日以降、エネルギーは世界のいたるところで問題となった。追加章（2022年以後——戦争）を執筆するにあたって、私は21世紀の最初の20年間の混乱に関して私が書き連ねた歴史の文脈に22年のロシアの戦争を位置づけるとともに、それを物質世界とエネルギー意識の両方の出発点として認識しようと試みた。

私の語りを一冊の本にまとめるにあたり、アンナ・シルヴァ、エマ・スミス、サミュエル・シェルドンの各氏にはたいへんお世話になった。追加章の執筆にあたっては、アンドレア・ビンダー、アレグザンダー・シャルトル、ロバート・フォックス、ゲイリー・ガースル、モーリス・グラスマン、トム・ホランド、ハンス・クンドナーニ、デメトリ・コフィナス、ラッセル・ネーピア、アリス・トンプソン、アダム・トゥーズ各氏との過ぐる1年間にわたる会話が、私の考えを整理するうえで大いに役立った。テキスト面ではエマ・スローターに、制作面ではケイリー・ギルバートに、それぞれお世話になった。また、ルシアナ・オフラハティの編集の手腕、そして私が本書の執筆に行き詰まらないように支援してくれたサラ・チャルファントにも改めて感謝を申し述べたい。

ロンドン
2023年3月

謝辞

いまから振り返ってみると、本書の起こりは２０１６年の夏から秋にかけての頃でした。ある面それは、自分が理解したつもりになっていたことがきっかけです。その年のひと夏、私は今世紀に入ってから石油が西側経済を混乱させた理由に関する短い本を一冊書き上げ、社会科学誌『ジャンクチャー』に論文を寄稿しました。そこで私が主張したのは、国民投票の結果がどうあれ、ブレグジットは長期的には避けられない公算が高いということでした。その本の原稿を提出した後、私は自分が不可避と判断したブレグジットの結末と、デイヴィッド・キャメロンの首相在任時にたまたま起こった事態との関係を調べる学術論文を書きはじめました。この点を追究していくうちに、偶発性は当初私が考えていたほどではなく、むしろイギリスを離脱に向かわせる構造的な力のほうが強いように思えてきました。私の疑問をよく考えてみますと、原油価格の高騰にたいするイングランド銀行と欧州中央銀行（ＥＣＢ）の対応がまったく異なっていたことから、２０１１年以降、イギリスとユーロ圏のあいだで長らく続いてきた金融政策の乖離が特に顕著になったことがわかりました。また、それとは違った意味ですが、エネルギー問題は２０１６年のアメリカ大統領選挙で争点の一部となったようでもあり、アメリカが世界一の産油国となって行われた大統領選挙は約半世紀ぶりのことでした(※)。私の分析的な思考からすれば、ドナルド・トランプが２０１６年の選挙に勝利したことは十分に説明可能な政治現象のように思えました。あの選挙は、私にとって格別に心休まるものではなかったにせよ、２０１６年がなぜあれほど騒々しい年になったのかについて、自分自身をなんとか納得させられるという自信をある程度与えてくれました。

同じくらい重要なこととして、あの激動の年にあって、私には理解することはできませんでしたが、地政学的に重要であると直感的に判断した出来事、特にトルコのクーデター未遂事件の余波なども、この本を書こうと思った理由です。石油の研究をしているうちに、私は自ずと地政学的に思考するようになっていました。それでもまだ、知らなければならないことがたくさんありました。

ケンブリッジ大学での雑事に忙殺され、自分の考えを整理して、本書の主張を大まかにスケッチするまでに数年を要しました。２０１９年9月、私は1年間の研究休暇を取り、執筆に本腰を入れはじめました。原稿の3分の2を書き終えた頃、ＣＯＶＩＤ－19パンデミックが発生しました。最初のうちは、こうした状況のなか、それでもこの本を書きつづける必要があるのだろうか、と心細くなりました。もし私が現在の政治的瞬間を説明しようとしたとしても、その瞬間が後日まったく認識できなくなるほど変わってしまったらどうなるのかという不安です。しかし、時を経ずして、パンデミック

※〔訳注　ここは著者の誤り。米国エネルギー情報局のデータによると、アメリカが原油生産量で45年ぶりに世界首位に返り咲くのは２０１８年で、首位の座は２０２２年まで続く。ちなみに、大統領選挙が行われた２０１６年は、サウジアラビアが首位、第2位がロシアで、アメリカは第3位であった〕

の影響は、私が語ろうとしている物語が別の物語に置き換わってしまうのではなく、重要な点でそれを深化させることになるという結論に達しました。分析の範囲を２０２０年までカバーするため、この本を完成させるまでにさらに時間を要しましたが、そのおかげで、地政学の物語の終わりの10年間、特にグリーンエネルギーとの関係について、改めて考える機会を得ました。

現在進行中の経済的・政治的変化を説明するために、長期的な視点に立った本を書く場合、その見晴らしの良さは必ずしもものの見方の正しさを保証するものではありません。そうした本は、いまこの瞬間にはっきり見える以上のことを説明しようとする危険をはらんでいます。多くの変動的な要素があり、それらの相互作用によって、歴史に基づく私の物語が示唆するのとは異なる方向に将来が進んでいく可能性があることは十分承知しています。私は一般的に予測には慎重であり、結論として私が示した数少ない予測も、若干のためらいを感じながら行ったものです。政治分析にふさわしい時間軸を見極めるのは、本質的に厄介な作業です。時間との関連でリスクをどう捉えるかが現代政治の中心的課題となっている事実は、この困難をさらに複雑なものとしています。

本書のタイトルは、チャールズ・ディケンズと彼の最も図式的な小説『ハード・タイムズ〔原題 *Hard Times: For These Times*〕』における、時間という「大きな馬力（innumerable horse-power）」と対決する産業文明にたいする瞑想へのオマージュです〔訳注　第一部第十四章の「時間は、誰が何を言おうと意に介さず、その大きな馬力で働き続け」より〕。それは同時に、認識論的謙虚さの必要性を自らに言い聞かせるためのささやかな戒めでもあります。16歳のときに初めてこの小説を読んだときにそれがわからなかったせいで、ディケンズの洞察と快楽を享受する機会を10年以上も逸していたのですから、われながら愚かというほかありません。

私にとって最大の恩人は、サラ・シャルファント、エマ・スミス、そしてルシアナ・オフラハティです。私のエージェントであるサラと、ワイリー・エージェンシーで彼女の同僚であるエマは、本書のあらゆる段階において、タイトルに関する詰めの議論を含め、完璧なプロ意識でもって私を引っ張ってくれました。パンデミックの発生から数カ月のあいだ、さまざまなストレスがかかるなか、彼女たちの驚異的なサポートなくしては、あの春と夏にあれほど生産的に仕事をすることはできなかったでしょう。オックスフォード大学出版局で私の担当編集者を務めるルチアーナは、私が文章を改善するのを大いに助けてくれました。私は、その過程で彼女に正気を失わせるようなことがあったかもしれない、などとは考えないようにしています。

また、オックスフォード大学出版局では、セリーヌ・ルアスリ、アナ・シルヴァ、エイミー・ゲスト、デイヴィッド・マクブライド、ジョセリン・コルドヴァ、ガブリエル・カチャックにお世話になりました。原稿の作成にあたり、シンドゥジャ・バスカラン、カルパナ・サガヤナサン、フィル・ダインズの尽力に心より感謝します。

ハンス・クンドナニとドミトリ・サフロノフは、時間を割いて原稿の初稿に目を通してくれました。アンドレア・ビンダーは第6章と第8章を、ゲーリー・ガーストルは第7章をそれぞれ読み直してくれました。オックスフォード大学出版局の校正者からも多くの指摘を受けるなど、彼らの提案と洞察には非常に感謝しています。

本書のことを真剣に考えはじめてからというもの、パンデミック下におけるヴァーチャルな世界での会話を含め、多くの人たちと会話を交わしました。ステファン・アウアー、クリス・ビッカートン、アンドレア・ビンダー、クリストファー・ブルック、デイジー・クリストドゥルー、ダイアン・コイル、ゲーリー・ガーストル、トム・ホランド、エリック・ジョーンズ、シャシャンク・ジョシ、ハンス・クンドナニ、ヒャルテ・ロックダム、マティアス・マティス、トム・マクタグ、アナンド・メノン、ブレンダン・オリアリー、クレイグ・パーソンズ、アリス・ルシノス、ルシア・ルビネリ、デイヴィッド・ランシマン、トム・ランシマン、ワルトラウド・シェルクル、ジョシュ・シモンズ、アダム・スピルマン、アリス・トンプソン、ロバート・トゥームズ、アダム・トゥーズ、シャヒン・ヴァレ、ダニエル・ヤーギン、アイゼ・ザラコール。こうした人たちとの会話を通じて、私は新たな思考を刺激され、いちど立ち止まって自分の主張を再考する機会を得ることができました。

最初のロックダウン時にモーリス・グラスマンと何度も長電話をするなかで、私が語る地政学や経済の物語にとって香港の重要性に気づかされました。

最初の草稿を書き上げようとしていたとき、自分の書いた地政学の物語が不完全であることに気づきました。そこで、アダム・トゥーズがパンデミック発生から半年ほどのあいだに執筆したものを読んだり、放送したものを聞いたりしながら過ごしていました。アダムの該博な知識に触れて、それまで自分が見逃していたものに目を向けるようになりました。私たちの意見には、大きな隔たりがある場合もありますが、だからこそ彼との関わりから計り知れない多くのものを学ぶことができるのです。

タナシス・D・スフィカスがいなかったら、私はこの10年間、ユーロ圏危機を理解するためにこれほど多くの時間を費やすことはなかったでしょう。目的論的プロジェクトとしての欧州連合（EU）

の理念にたいして私は懐疑的ですが、そのこととは関係なく、私たちの永遠の友情は「一人のヨーロッパ人」であるという私の感覚を常に基礎づけてくれるものとなるでしょう。

ポッドキャスト「トーキング・ポリティクス（Talking Politics）」のおかげで、さまざまなテーマについて自分なりの考えを整理する必要に迫られ、さまざまな興味深い人たちと会話をする機会を持つことができました。2015年、デイヴィッド・ランシマンから、従来のアカデミックな形式にとらわれずに政治について語ってみないかと誘われたとき、彼も私も、どれだけの話をすることになるのか、また、こういう機会でもなければ学部の廊下で交わしたかもしれない、イギリスの総選挙についての話題から始まった会話が、どこへたどり着くことになるのかまったく想像もつきませんでした。それはとても知的で実存的な旅でした。楽しいときも苦しいときも旅を共にしてきた仲間、特にポッドキャスター仲間であり友人でもあるアーロン・ラポートとフィンバー・リヴシー、そしてアーロンの妻ジョイス・ヘックマンを2019年の夏、突然悲劇的な死が襲いました。彼ら以外の誰かとともに、この旅が成立したとは思えません。「トーキング・ポリティクス」の実現に尽くしてくれたキャサリン・カーと、私たちの声を本物よりも良くしてくれたニック・カーターにも感謝します。

『ニュー・ステーツマン（*New Statesman*）』誌のコラムニストとして執筆する機会を与えてくれたジェイソン・カウリーにも感謝しています。ジェイソンが与えてくれた自由にものを書く機会は、私には身に余る光栄なことでした。同誌のコラムを執筆することで、地政学に関する本書の主張の一部を練り上げることができたのですが、それがはっきりしたのは2020年の秋から初冬にかけてのことでした。また、『ニュー・ステーツマン』誌のギャヴィン・ジェイコブソンが与えてくれた編集上の助言と知的協力にも感謝しています。

『アンハード（*UnHerd*）』のサリー・チャタートンは、２０１８年と２０１９年にＥＵと地政学に関する多くの執筆を私に依頼し、私の主張をより洗練したものにしてくれました。ロンドンで最初のロックダウンが解除されたとき、ディケンズについて書く機会を与えてくれるなど、サリーは本書の執筆を継続することができるよう尽力してくれました。

私の主張のいくつかは、以前から公表していたものです。南ヨーロッパとユーロについては、クララ・マイアーの招きによりハンブルク社会調査研究所で発表したものです。ブレグジットについては、ダニエル・ウィンコットと故ジョン・ピーターソンの招きによりエジンバラで開催された『*British Journal of Politics and International Relations*』誌のワークショップで、ブライアン・サルターとピーター・ジョンの招きによるキングス・カレッジ・ロンドンで、サラ・チャイルズの招きによりバークベックで開催されたイギリス政治学の年次講義で、そのための草稿と論文を準備しました。連邦準備制度理事会（ＦＲＢ）とユーロダラー市場については、『*Review of International Political Economy*』誌に掲載された論文のためのイアン・ハーディーとの協力が大いに役立ちました。

私に講演の機会を与えてくれたキャサリン・アデニー、ローラ・クラム、エリック・ジョーンズ、ロザリンド・ジョーンズと、王立国際問題研究所（チャタムハウス）に招待してくれたハンス・クンドナニ、さらにその後の『*Government and Opposition*』誌への寄稿に的確なコメントを寄せてくれたエリックとローラにそれぞれ感謝します。天然ガスの地政学については、改革クラブの経済・時事グループでエネルギーに関する講演をアラン・マイケルから依頼されたのをきっかけに初めて系統立てて考えるようになりました。『エンゲルスバーグ・アイディアズ（*Engelsberg Ideas*）』のために、気候危機と将来的エネルギーとの関係について私の考えをまとめる機会がなければ、私は本書の結論で示した主張にたどり着くことはできなかったでしょう。イアン・マーティンとオリヴァー・ローズにはこの場を借りてお礼を申し上げます。

ジョン・ホールは２０１９年３月にモントリオールで、ヨーロッパと在りし日のハプスブルク家の世界に関する素晴らしい週末の催しを開いてくれました。フランチェスコ・ドゥイナとフレデリック・メランは、私がそのワークショップのために書いた短い原稿を、より磨きをかけて『*Research in Political Sociology*』誌に寄稿するように勧めてくれました。私がそこで明確にしたいくつかの論点については、結局、本書では直接追究することができませんでした。しかしそれは、世紀末ウィーンの民主主義政治について読み、ウクライナに関する地政学の物語をより鮮明に浮かび上がらせることができたという点で、非常に知的好奇心を刺激するものでした。

ジョン・ダンと故ジェフ・ホーソンから受けた知的恩義は永遠に忘れることができません。彼らの影響なしには、このような本を構想する知的野心を抱くことも、歴史的な方法で政治に関与する言葉を見つけだすこともできなかったでしょう。この感謝の気持ちをジェフに直接伝えることができないことが、なんとも残念でなりません。

ロンドン

２０２１年９月

序論

混乱

新型コロナパンデミックが猛威を振るうまでの10年間、世界は混乱をきわめていた。２０１９年から20年にかけて、民主主義が脆弱化しているという感覚が北米とヨーロッパに広まりつつあった。ドナルド・トランプ大統領は、20年の大統領選挙で最終的に対立候補となる人物の信用を失墜させる目的でウクライナのウォロディミル・ゼレンスキー大統領に選挙への干渉を働きかけたとして、米連邦下院議会で弾劾訴追された〔訳注　当時民主党の大統領候補であったジョー・バイデンがオバマ政権の副大統領時代、息子のハンター・バイデンが取締役を務めていたウクライナの国営天然ガス会社の不正疑惑について捜査していたウクライナの検事総長を解任するよう働きかけていたとの疑惑があり、トランプ大統領はアメリカの軍事支援と引き換えに、この疑惑について調査するようゼレンスキー大統領に圧力をかけたとされる〕。イギリスでは、ブレグジット（Ｂｒｅｘｉｔ）の投票結果を支持するかどうかをめぐって３年半ものあいだ政争が続いていたが、２０１９年の冬に行われた総選挙〔訳注　12月に総選挙が行われるのは１９２３年以来96年ぶりとなる〕で保守党が決定的勝利を収めたことで決着をみた。しかしながら年が明けて早々、ボリス・ジョンソン新政権は、スコットランドが不本意にも欧州連合（ＥＵ）離脱を強いられるという驚くほど単純な理由から残留を望むスコットランド独立派の主張に対峙しなければならなかった。ドイツのチューリンゲン州では、同州のキリスト教民主同盟（ＣＤＵ）が極右政党「ドイツのための選択肢（ＡｆＤ《アーエフデー》）」と一時的に連携して新政権を樹立した。アンゲラ・メルケル首相はこれを「許しがたい」「民主主義にとって最悪の日だ」と述べた。[1]

地政学的には、激しい乱気流が渦巻いていた。２０２０年1月、米中両政府は2年近くに及んだ貿易戦争に終止符を打とうとしていたが、香港での大規模抗議デモやアメリカ連邦議会で可決された香港関連法案〔訳注　２０１９年の香港人権・民主主義法案〕により、米中間の緊張はむしろ高まった。一方、中東では、北はシリアから南はイエメンまで紛争が絶えなかった。一部の紛争をめぐっては、北大西洋条約機構（ＮＡＴＯ）内にあった長年の亀裂が露呈した。２０１９年秋、トランプは二度目となるシリアからの米軍撤退を試み、トルコ軍のシリア北部への進出を許した。このトルコの行動とそれを可能にしたトランプに激怒したフランスのエマニュエル・マクロンは、「現在われわれが経験しているのはＮＡＴＯの脳死だ」と公言した。[2]メルケルはすぐさまこれと距離を置き、「ドイツ人の立場からすれば、ＮＡＴＯは……われわれの安全保障同盟だ」と述べた。[3]２０２０年1月3日、トランプは、イランの支援を受けたイラク民兵がバグダッドのアメリカ大使館を攻撃したことへの報復として、イランの対外軍事作戦の責任者〔訳注　イラン革命防衛隊の精鋭コッズ部隊のガセム・ソレイマニ司令官〕の暗殺を一方的に命じた。イギリスのＥＵ離脱をめぐる対立を脇に置き、ジョンソン、マクロン、メルケルは共同声明を発表し、「事態を深刻化させないことが急務である」と述べた。[4]興奮した政治家やマスメディアの評論家たちは、「すわ第三次世界大戦勃発か」と騒ぎ立てた。

経済的には、2019年の冬から20年にかけて、ほぼすべての国で経済成長見通しが悪化していた。アメリカの中央銀行である連邦準備制度理事会（FRB）は、3年間の努力の末、金融政策を正常な状態に戻すことを断念した。2019年9月、銀行間で資金を融通し合う翌日物金融市場が凍結されたが、それが最初に起こったのは2007～08年の金融危機（クラッシュ）が始まったときである。FRBはそのことをはっきりと認めずに、資産購入資金を創出する政策を再開した。いわゆる量的緩和（QE）である。その2カ月後〔2019年11月〕、欧州中央銀行（ECB）も量的緩和措置を再開したが、ドイツでは半年後〔2020年5月〕に、この措置の合法性に関するドイツ連邦憲法裁判所の判断が示された〔訳注　ECBの量的緩和措置の一部はドイツ基本法に抵触するとの判示〕。10年にわたり世界経済を牽引してきた中国ですら、成長の鈍化が顕著となっていた。

エネルギー分野でも、世界は転換期にあるように思われる。世界の年間原油生産量は2009年以来の減少となった。原油の消費量と生産量の差は、価格が1バレル150ドルのピークに達しようとしていた2007年以来最大となった。2007～08年の金融危機に続く信用状況の悪化により、アメリカのシェールオイル部門に資本が殺到した。しかしながら、気候変動対策への圧力が急速に高まるにつれ、投資家はアメリカやヨーロッパの石油会社を見限りはじめた。10年前であれば、石油にとって中期的な危機と受け止められていたものが、今後30年から40年のあいだに世界が化石燃料からグリーンエネルギーへと転換していくことを示す有望な証拠だとみなされるようになった。

こうした広範囲にわたる混乱のなかで降って湧いたのが、新型コロナウイルス感染症（COVID－19）の非常事態である。COVID－19はそれ自体が驚異的な影響を及ぼしたが、同時にそれに先立つ10年間の混乱状況を映し出す鏡の役割も果たした。２０１０年代にすでに大きな影響を与えていた断層の多くが２０２０年にかけてふたたび動いた。

この混乱をただ一つの要因でもってすべて説明することはできない。むしろ、さまざまな要因が相互に絡み合いながら影響している。ブレグジットがその一例である。ブレグジットには、イギリスの民主主義政治やユーロへの不参加、柔軟性を欠くＥＵの憲法（constitutional law）秩序といった歴史的に特殊な事情が関係していた。しかしそれは同時に、表面上は無関係であるようにみえるさまざまな変化の帰結でもあった。２０１１年に原油価格が急騰したとき、ＦＲＢとイングランド銀行は対応しなかったが、ＥＣＢは二度の利上げを行った。イギリス経済が回復を続ける一方、ユーロ圏はふたたび景気後退に陥った。その後数年間、イギリスはユーロ圏南欧諸国にとって最後の頼みの綱となり、ＥＣＢはマリオ・ドラギ総裁のもと、ドイツ連邦憲法裁判所が容認するような資産購入プログラムの実行手段を模索した。ドラギがメルケルを説得する頃には、デイヴィッド・キャメロン首相は少なくともイギリスの有権者にＥＵ離脱にたいする自分たちの意思を示すための投票機会を与える決意を半ば固めていた。その後、キャメロンが国民投票の準備を進めていた矢先、シリア難民危機が発生し、首相として〔ＥＵ残留という〕現状維持の必要性を説くべき相手であるイギリス国民の目には、ＥＵ内でのドイツの影響力の大きさが際立ってみえた。

ブレグジットと同様、２０１６年にドナルド・トランプが選挙戦で反乱を成功させたのも、アメリカ共和国（American republic）〔訳注　アメリカ合衆国のこと。共和制国家としてのアメリカを強調した呼称〕の国内に長年にわたる亀裂が存在するという特殊な歴史的背景があった。しかし、それはまた、世界最大の石油・天然ガス生産国としてのアメリカの復活、２０１５年以降の中国の産業戦略、ロシアの中東回帰といった地政学的な文脈のなかで起こったものでもある。トランプは有権者に向かって、アメリカがその強みを十全に発揮できず、弱みにつけ込まれていると声高に訴えることで選挙に勝利した面がある。２０１６年の大統領選挙における地政学的な選択肢には、構造的なロジックがあった。それは、中国とロシアが接近している世界にあって、対中対決姿勢を示すトランプ候補が、対ロ対決姿勢を示すヒラリー・クリントン候補に立ち向かって勝利したということである。

トランプ大統領の誕生は、それ自体が不安定化要因となった。中国が戦略的ライバルであることを明白な前提として出発したことで、米中経済関係は直ちに地政学的争点となり、ヨーロッパとＮＡＴＯに激しい影響を及ぼすこととなった。しかしトランプ政権は、中東におけるロシアの軍事的脅威よりも中国の技術的脅威を重視する一方で、アメリカのシェールブームに乗じて、前任者たちよりも積極的にロシアのヨーロッパ向け天然ガス輸出に対抗した。こうしたアメリカの全体的な方向転換に直面したヨーロッパ諸国は、対米関係のみならず、相互に険悪な状態に陥った。ＮＡＴＯをめぐってメルケルがマクロンを非難したのは、それを如実に示すものである。

トランプの大統領当選を可能にした地政学的混乱は、当初からアメリカの民主主義政治にたいする反動となって現れていた。トランプの大統領としての正当性は、政権発足前から論争となっており、敵対者のなかには、トランプは文字どおり地政学の産物だと確信する者もいた。２０１６年のアメリカ大統領選挙へのロシアの干渉疑惑に関するロバート・ムラー特別検察官の捜査の基本には、トランプは「プーチンの操り人形」であるというヒラリー・クリントンの謂れなき非難があった。[5]

しかし、トランプ大統領の正当性が争われたのは、ホワイトハウスにロシアの息のかかった者が復権したとか、トランプの傍若無人な振る舞いが大統領職の実質的・象徴的な重みを無視したといった問題をはるかに超えるものであった。それは、相当数のアメリカ人が２０１６年の〔トランプ勝利という〕選挙結果を受け入れたくないという事実の表れであり、最終的には21年1月6日にトランプ大統領が議会による選挙人団を通じた〔バイデン勝利という〕選挙結果の認定を無効とするようマイク・ペンス副大統領に強く迫り、暴徒が連邦議会議事堂を襲撃するという暴挙に至ったことである。現在、アメリカ共和国の選挙に欠けているのは、民主主義がそれなしには機能しえないもの、すなわち敗者の同意である。

ここ10年間〔訳注　本書において「ここ10年間」とは、新型コロナパンデミック以前の約10年間、２０１０年代を指す〕の混乱については、多くのことが書かれ、また語られてきた。それらはたいてい、ポピュリスト的ナショナリズムや、２００７年から08年の金融危機との関係、いわゆるリベラルな国際秩序の崩壊を軸に論じられてきた。[6] しかし、地政学的・経済的な断層が生じた重要な要因としてエネルギーの問題があるということがほとんど認識されてこなかったこともあり、体系的なレベルでは依然として解明されていないところが多い。

パンデミック以前の10年間を、ナショナリズムの復活を助長するポピュリストの反乱とみなすことは特に誤解を招きやすい。歴史的にみれば、民主主義とネイションフッド〔訳注　国民という観念、あるいは国民存在。国柄（という意味での国体）、国民性、国民の地位、独立国家（の地位）、帰属意識の対象としての国民／国家などの意味を持つ〕は同床異夢であった。自分たちは一つの国民（a people）を構成しているのだという意識を持ちながら共通の政治的権威のもとで生活するナショナルな市民〔訳注 特定の国家に所属する市民〕という考え方それ自体を民主主義とは相いれないポピュリスト的な干渉としてしか捉えられないのであれば、代議制民主主義国が絶えず直面する困難な状況を理解することはできないであろう。20世紀初頭に代議制民主主義政治を最も鋭く観察していた人びとが見抜いていたように、完全な参政権を伴う民主主義（full-franchise democracy）への移行とナショナリズムは、同じ政治的契機に属していた。(7) こうした歴史的観点からみると、アメリカ共和国（American republic）における敗者の同意の弱さは、いまだ敗者の同意が必要とされるなかでアメリカのネイションフッドが衰退していく一方、それに代わる、より包摂的なアメリカのネイションフッドを成り立たせるような政治的条件が存在しているようにはみえないことに起因している。

従来のリベラルな国際秩序の崩壊を嘆くのは、同じ歴史軽視（ahistoricism）の本性をはからずも示している。エネルギーと金融をめぐる構造の変化は、常に地政学的波乱要因となる。ブレトンウッズで構築された第二次世界大戦後の通貨体制は、ドルを基軸とするものであり、アメリカの設計者たちはアメリカの力の源泉としてこれを構想した。この体制は、アメリカが世界最大の産油国であり、そのアメリカが西ヨーロッパ諸国による中東への石油依存のあり方を厳しく制限しうるという事実と密接に結びついていた。アメリカ経済も外国からの石油輸入に依存するようになり、リチャード・ニクソン大統領はキャンプ・デービッドでの週末に、ブレトンウッズの固定為替相場制を一方的に解体した。そしていま、私たちは2000年代後半の新たな金融・エネルギーの変革によって形成された地政学的世界に生きており、その影響はグリーンエネルギー革命が始まってから10年後の現在も続いている。

ここ10年間の混乱状況を総合的に説明するにあたって、本書はまず、作用している因果関係を明らかにするにはいくつかの異なる歴史を探ることが必要であるとの前提に立ち、それらの歴史は重なり合うにちがいないという確信から出発する。こうした混乱が個々の民主主義国、とりわけアメリカ共和国に与える影響には、特有の要因があることは確かである。とはいえ、現在の混乱は、構造的に引き起こされた一連のショックに端を発し、その影響は地政学、経済、国内政治の領域のあいだで次から次へと連鎖的に広がっているものと理解することができる。

この因果関係は、ここ10年間に起こったいくつかの大きな変化によって説明することができる。世界の経済的・政治的地理は塗り替えられつつある。１９８０年代以降、アジアの工業化とコンピューター技術によって、北米・西ヨーロッパとアジアの豊かな地域を結ぶ経済空間が形成された。しかしながら、中国によるユーラシアでのインフラ整備とアメリカとの技術競争が同時に進んだことで、この大洋をまたぐ経済空間は縮小している。ユーラシア大陸が明らかにポスト帝国主義的な経済形態をとるにつれ、この世界唯一の超大陸のどこかが発展すれば、その影響はユーラシア大陸全体に波及する。より広範な大西洋と太平洋にまたがる世界経済の弱体化は、世界最強の国家に衝撃を与えた。実際、アメリカは世界最大の石油・天然ガス生産国にはなったが、同時にエネルギーの豊かな中東をつくり変えてアメリカの勢力圏に組み込むという目論見は崩れ去った。アメリカの強さと弱さの両方が中東とトルコを不安定化させ、ヨーロッパはその南東地域で起こる出来事の政治的影響をはるかに受けやすくなった。

地政学的な激変は、国内の政治勢力バランスを不安定化させるかたちで、常に国内政治に影響を与える。ヨーロッパでは、このダイナミズムが特異な影響をもたらしている。というのも、地政学的変化に対応する政治的権限をどこが持つかという問題が、いまだに激しい政治的争点となっているからである。ＥＵは国家単位で組織された民主主義諸国の連合体であり、対外的な安全保障を域外の大国に依存し、国民国家は古臭いという考え方に訴えて自らを正当化している面がある。このような外部への依存と内部の不安定性により、ＥＵ自体もその加盟国も地政学的変化による混乱をきわめて受けやすくなっている。

一方、２００８年以降の金融環境は衝撃を緩和する力が弱まり、加盟国間の関係をさらに不安定化させる要因となっている。加えて、歴史的低金利で歴史的高水準の平時債務を許容している。この状況は、現在とはまったく異なる環境下で硬直的な制度設計がなされたユーロ圏を特に混乱させ、その適応にかなりの時間を要した。この間、ユーロ圏の構造的問題はＥＵ全体に拡大した。

地政学の領域と金融の領域の相互作用は、それぞれの領域で起こっている出来事の影響を増幅させる。最も直接的なところでは、アメリカにおける債務主導のシェールブームがサウジアラビアやロシアといったエネルギー勢力を刺激し、中東とヨーロッパを不安に陥れた。一方、中央銀行が債務に資金を供給することで、ブレグジットのような地政学的不安定要素を伴う変化が金融市場パニックによる制約を受けることなく起こるようになった。現在の通貨環境ではアメリカの金融力（financial power）が高まっていることから、通貨政策もかつてないほど地政学的性質を帯びている。ＦＲＢは、危機に際してどの国がドルの信用を利用できるかを決定し、金利とＱＥに関するＦＲＢの決定は他のすべての国の経済を制約する。この力学は、旧来の大西洋・太平洋経済圏の崩壊圧力に対抗する強力な動きである。そのため、中国の力が多方面で増しているとしても、通貨圏は中国の抱える弱点の一つとなっており、その影響はヨーロッパにまで波及している。

エネルギーをめぐる歴史

今日の世界を描くにあたって本書が最初に取り上げるのは、エネルギーを中心とする地政学の歴史である。(8) その歴史は、石油と資本に恵まれたアメリカが地政学的大国として台頭してくるところから始まる。ちょうど軍事力のエネルギー基盤が石炭から石油に変わりはじめた時期である。この変化は、第一次世界大戦中、衰退しつつあったオスマン帝国の領土の支配をもくろむヨーロッパ列強間の争いに影響を及ぼしたが、折しもこの時期、イギリスとフランスはアメリカから財政支援を受けるようになっていた。金融大国アメリカとの関係においてヨーロッパ諸国が石油の確保をめざして繰り広げる対立は、その後の戦間期ヨーロッパ危機の根底をなし、アメリカの石油と資金は第二次世界大戦の帰趨にきわめて重要な影響を与えた。戦後の西ヨーロッパは、NATOというアメリカとの階層的な安全保障同盟と中東からの原油輸入に依存していた。しかし当初から、中東とトルコはNATOにとって悩みの種となり、西ヨーロッパはペルシャ湾周辺で、斜陽の帝国イギリスの力に頼らざるをえなかった。そのイギリスが中東から撤退したのと時を同じくして、1970年代以降、主にヨーロッパの対外エネルギー依存の問題であったものがアメリカの問題ともなっていった。こうした問題が積み重なった結果、NATO加盟諸国はソ連、トルコ、中東のすべての方面で、それぞれ異なる別々の道を歩むこととなった。

しかし、冷戦時代はそれ自体が永続的な遺産を残した。世界が中国の行動によってより重大な影響を受けるようになったいまも、冷戦の影響をみてとることができる。石油と天然ガスに関しては、アメリカは1960年代以降かつてないほど高いエネルギー自立性を確保し、そのエネルギー力をアメリカの強大な金融力が補完している。この新たなアメリカの力は、中東における激しい地政学的混乱の要因となった。またその結果、中国の外国産原油への依存は石油市場においてきわめて重要なものとなり、ロシアはヨーロッパ向け天然ガス輸出においてアメリカの重大なライバルとなった。このアメリカとロシアの競争は、冷戦後のウクライナ周辺の断層とそれよりも長いトルコ周辺の断層を圧迫した。中国は世界最大の二酸化炭素排出国であると同時に、再生可能エネルギーとそれが依存する金属においてすでに圧倒的な優位に立っている。そのため、いまやグリーンエネルギーは、化石燃料エネルギーと並ぶ第二の地政学的不安定要因となっている。

経済をめぐる歴史

本書が描く第二の歴史は、経済に関する歴史である。これは、金融、財政、そしてまたもやエネルギーの激変をめぐる物語である。それは、ブレトンウッズ体制がヨーロッパのドル金融市場の圧力で崩壊し、西側諸国が中東産油国による原油価格の引き上げで打撃を受けた1970年代初頭から始まる[9]。その後のヨーロッパが陥った困難な状況がユーロの誕生につながった。90年代後半には、通貨・石油・金融環境はより穏やかな状態に落ち着き、世界経済への中国の取り込みが進みつつあった。その結果、原油供給問題が再燃し、国際ドル金融リスクが加速すると同時に、新たなショックが次から次に発生した。そうした新たな問題に対処しようとした欧米の中央銀行は、２００７年から２００８年にかけて経済的複合危機となるような一連の事態を引き起こした。

アメリカ、ＥＵ、中国の政策対応は、世界経済をふたたびつくり変えた。どの国も、債務の累積によって過去には戻れなくなった。ＦＲＢは債務がきわめて低水準の信用環境を取り仕切り、他国の大手銀行にたいする最後の貸し手としての役割を果たした。ユーロ危機によってＥＵとユーロ圏の関係は不安定なものとなり、〔ＥＵ加盟国でありながらユーロ不参加国であった〕イギリスはＥＵから離脱した。ＥＣＢの最終的な方針転換により、ユーロ圏は政治的に不安定な状態に陥った。ここ10年間で、世界経済、とりわけヨーロッパ経済にとって中国経済の重要性は高まった。しかしそれと同時に、ＦＲＢの新たな力や中国を真のハイテク製造大国に育てようとする習近平の企てにたいする反発から中国経済は厳しい制約も受けている。こうした圧力がせめぎ合うなか、世界経済はより熾烈な地政学的対立の場となっている。

民主主義をめぐる歴史

本書が描く最後の歴史は、民主主義に関する歴史である。代議制民主主義は、ヨーロッパや北米において、集団的政治生活のための安定的で優れた構造として認識されるようになった。しかし、代議制民主主義は、他のあらゆる政治形態と同様、それが成立した地政学的・経済的条件が変化することから、時とともに不均衡に陥りやすい。また代議制民主主義が歴史的に依拠してきた概念にネイションフッドというものがあるが、これは必要であると同時に、混乱を生じさせる可能性もある。

こうした脆弱性は、代議制民主主義が始まった当初から、特にアメリカ共和国では顕著であったが、債務経済危機に際してしばしば顕在化した。1930年代の大恐慌の際には、ヨーロッパの民主主義国の多くが大打撃を受けたが、アメリカでは、フランクリン・ローズヴェルトのニューディール政策によって、経済的運命を共有する民主的ネイションフッドが再形成された。この試みはアメリカの人種政治によって妥協を余儀なくされた面があるとはいえ、民主主義国家を救うための改革の一般的な雛型となった。第二次世界大戦後、西ヨーロッパ諸国の政府も、民主主義の名のもとに国家が国民経済に責任を負うべきとの前提から出発し、民主主義国家の支出を国際的な借り入れではなく税金で賄うことが可能となった。

このようなかたちの民主主義政治は1970年代の地政学的・経済的変化によって崩れはじめた。財政面では、政府の国際資本市場への依存度が高まり、国民への依存度は相対的に低下した。自由な国際資本フローと新しい貿易協定によって、北米やヨーロッパの製造企業は労働コストの低い国に雇用を移転すること（オフショアリング）が容易となり、国際化が進んだ金融部門は富の集中を強めた。90年代以降、民主主義国はどこの国でも、労働分配率を高める経済改革を求める民主主義的要求にたいしてますます無反応になっていった。

こうした状況下で、民主主義国は特に金権政治に陥りやすくなり、改革は一層難しくなった。アメリカ共和国の場合、この変化は民主主義的市民権をめぐる広範な対立を助長した。EUでは、通貨同盟（monetary union）〔訳注　通貨統合ともいう〕と条約の激増によって国政選挙の争点が空洞化し、

ＥＵの民主主義的正当性が損なわれた。ヨーロッパの民主主義諸国とアメリカ共和国とのあいだで顕著な相違が生じ、それは大西洋の両岸でここ10年間にそれぞれの国に独特なかたちの混乱となって現れてきた。選挙における敗者の同意がこれほどはっきりと崩壊したのはアメリカだけである。既成政党が弱体化し、選挙で苦戦しているのはフランスだけである。「黄色いベスト《ジレ・ジョーヌ》」のような抗議運動が街頭で繰り返されている国はフランス以外にはない。

本書で論じる三つの歴史は、それ自体としても、現在の政治的混乱を説明するものとしても、網羅的とは言いがたい[10]。提示した歴史分析は総合的な解釈であり、法医学的な精密さよりも図式的な説明に重点を置いている。民主主義に関して言えば、本書が焦点を当てているのは、アメリカ、古くからのＥＵ加盟国、それにイギリスである。文化や宗教よりも、物質的対立や地政学的な力にかなりの比重を置いているのは、政治の世界が物質的領域に還元できると言いたいためではない。実際には、民主主義国を不安定にする要因として私が強調するのは時間である。というのも、物質的な要因だけでは説明しきれないからである。歴史は宗教を脱し、より経済的に豊かで民主的な世界に向かって進むというリベラル派の仮説は誤りであった。そのため、20世紀から21世紀初頭にかけてのヨーロッパと北米の宗教的・文化的経験の政治的影響について本来語られるべき非常に重要な物語が存在するのではあるが、本書ではそれに言及することができなかった[11]。

くどい印象を与えるかもしれないが、気候変動が差し迫った現実となっている現在、本書は三つの歴史のうちの二つと、三つ目の歴史の一部において、二つの化石燃料エネルギーを中心に据えている。物理学者ジョフリー・ウェストが一般向けの科学書『スケール』のなかで言い放ったように、「要はエネルギーなんだよ、愚か者！」とまでは言わないが、20世紀から21世紀初頭にかけての経済・政治史は、石油と天然ガスの生産・消費・輸送から起こった事態を理解することなしには成り立たない(12)。

過去から現在に至る道のりを知るうえで、石油は特に重要な意味を持つ。石油は船舶や航空機の動力源であり、軍事力を支えるエネルギー源である。私たちがよく知るように、石油は日常生活の基盤でもある。商業的農業に使用される肥料や農薬から、陸路を走るトラックや海を渡る船舶による物資の輸送に至るまで、フードチェーン（食の流れ）は石油に依存している。原油を原料とする石油化学製品は、プラスチックや医療機器の原材料として欠かすことができない。グリーンエネルギーの野望を叶えるうえで問題となるのは、ソーラーパネルやバッテリー、電気自動車などを製造するにも石油化学製品が必要とされていることである。

これまでとは違うエネルギーの未来をどれほど望もうとも、石油とガスの現在の重要性が減じることはない。石油と天然ガスがここ10年間の混乱をもたらした重要な要因であることは明らかである。同じように、ここ10年間の政治についても、グリーンエネルギーの推進を抜きにしては理解できないであろう。あらゆる文明の根本的な物質的基盤がエネルギーである以上、エネルギーの変化が重要であることは自明なはずである(13)。これまでの人類の歴史において、経済発展とはより多くのエネルギーを使用することであった(14)。グリーンエネルギーを追求する現在の動きの中心にあるのは、新しい技術によってこの長年の関係を変えようとする試みである(15)。

エネルギーと政治を結びつける分析には、時間的な断絶がつきまとう。産業革命が起こり、太古より〔地中に〕蓄えられてきた太陽光をエネルギー源として利用するようになったことで、経済的・生態学的な時間は事実上リセットされ、人類と生物圏との関係は不安定化し、経済活動は資源の枯渇を背景に、これまで以上に技術革新に依存するようになった[16]が、それがうまくいく保証はどこにもない。しかしながら、こうした変化は集団間の物質的・文化的対立の場である政治にも多くの課題をもたらした。もしエネルギーをもってここ10年間の政治的混乱について十分に説明できるのだとしたら、本書の第二部の一部分と第三部の大部分に付け加えることはあまりないであろう。しかし、政治はそれ自体が問題を引き起こすとともに、エネルギーが利用可能となるたびに生じる一種のエントロピー（無秩序因子）をも抱えている。したがって、政治秩序を確立し維持しようとする試みは、必ずや将来に秩序崩壊の種を残すこととなるのである。

目次

第I部 地政学

第Ⅱ部 経済

第4章 ドルはわれわれの通貨だが、それはあなた方の問題だ 168

第III部 民主主義政治

第8章 民主主義的租税国家の盛衰 310

凡例

・〔　〕の部分は、訳者が語句や情報を補足したもの。また〔訳注　……〕とあるものは、訳者による注釈である。
・人名に含まれるbとvのカタカナ表記について、vは原則として「ヴ」と表記した。たとえば、カーター、レーガン政権下で連邦準備制度理事会議長を務めたPaul Adolph Volcker, Jr.は、日本の書籍や雑誌、新聞などでは「ボルカー」と表記されることが多いが、本書では「ヴォルカー」とした。

第I部

地政学

第1章

石油の時代が始まる

2018年5月、ドナルド・トランプは、前任のバラク・オバマが主導したイラン核合意からのアメリカの離脱を発表した。テヘランへの制裁を復活させるにあたって、トランプはこの合意をアメリカへの裏切りであるとし、「アメリカが最大限の影響力を持っていたときに、このひどい合意は……かくも恐るべき政権に何十億ドルもの資金を与えた」と述べ、「独裁政権が……核搭載可能なミサイルを製造し、テロリズムを支援し、中東全域とそれ以外の地域に大混乱を引き起こす」ことを許したとして非難した。[1] トランプの行動は、イランとの対立にとどまらず、イギリス、フランス、ドイツ、欧州連合（ＥＵ）、中国との対立も招いたが、これらの国や地域はロシアとともに核合意の当事者であった。アメリカの新たな制裁には、イランとの貿易を抑制するための域外規定も含まれていた。2019年までに、アメリカはイラン産原油を輸送する中国企業への制裁を成功させ、中国のイランからの原油輸入は激減した。ＥＵは、制裁の対象外でイランと金融取引を行うための手段を探った。しかし、ヨーロッパ企業はドル決済を行うためにアメリカの銀行システムを利用しなければならず、ヨーロッパのエネルギー企業がイランのエネルギー部門でビジネスを行うことは不可能に近かった。

アメリカが発揮するこの一方的な力をトランプは「最大限の経済圧力」と呼んだ。[2] しかし、トランプの行動はペルシャ湾においてイランの軍事的反応を招き、中東におけるアメリカの軍事力のもろさを露呈させた。イランはホルムズ海峡（ペルシャ湾とオマーン湾を結ぶ狭い海峡で、世界の石油供給量の約20%が毎日通過している）の東側に位置するため、世界経済に深刻なダメージを与えることができる。差し迫るイランの海運妨害を恐れたトランプ政権は、ペルシャ湾とアラビア海に展開する米海空軍のプレゼンスを強化した。しかし、2019年夏、イランがホルムズ海峡上空でアメリカ軍の無人偵察機を撃墜し、同海峡でイギリスの石油タンカーを拿捕し、さらに直接か代理勢力を通じてかは不明ながら、アブカイクにあるサウジアラビアの原油処理施設（日量最大700万バレルの原油を安定供給）を攻撃した際、アメリカは軍事的な対応をとらなかった。

一方、中東問題全般に関するNATO加盟国の足並みの乱れは明らかであった。同年7月、トランプ政権がホルムズ海峡でNATOとして共同監視活動を行うことを提案したとき、ヨーロッパのNATO諸国はこれに反発した。イランに自国船籍の船舶を拿捕されたイギリス政府は、タンカー保護のためにヨーロッパ主導で海軍を派遣することを提唱した。しかし、EUの話し合いがまとまらないなか、イギリスではテリーザ・メイに代わってボリス・ジョンソンが新たな首相に就任し、イギリス海軍の艦船をアメリカ主導のミッションに参加させる命令を即座に下した。イギリスが2020年1月にEUを離脱した後も、EU内部の対立は続いていた。同月、フランス政府は、EU加盟8カ国の政治的支持を得て、欧州海洋監視団をホルムズ海峡に派遣すると発表した。しかし、ドイツ政府は乗り気でなく、監視団への艦船や航空機の提供を行わなかった。[(3)]

ペルシャ湾がこうした地政学的断層の舞台となったのは、中東に埋蔵された石油と天然ガスのためである。事の起こりは、石炭をエネルギー源としていた時代が石炭と石油をエネルギー源とする時代となり、地政学的空間としてのユーラシア、そしてユーラシアと西半球の関係が根本的に変わった20世紀初頭にまでさかのぼる。石炭の時代には、西ヨーロッパは、歴史家のケネス・ポメランツが的確に述べたように、「エネルギー革命にとって本質的であった幸運な地理的偶然」から恩恵を受けた。[4]しかし、石油が新たに重要なエネルギー源として加わった当時、西ヨーロッパ諸国はそれぞれ帝国を築いていたとはいえ、アメリカやロシアに比べて地理的にきわめて不利な条件にあった。石油に乏しいヨーロッパ諸国のなかには、中東にエネルギー資源を求める国も現れはじめた。そうした国々の成功と失敗が20世紀を形づくってきたのである。21世紀に入り、ヨーロッパの帝国が姿を消して久しい今日、中国もイランに目を向けはじめた。しかし現在、中東の地政学は、石油の時代が始まった当時、エネルギー面でこの地域の資源をほとんど必要としなかった二つの大国が強い影響力を及ぼしている。中東を勢力圏に収めようと1990年代に始まったアメリカの試みはほぼ一段落したとはいえ、ペルシャ湾とその周辺に展開するアメリカ海軍のプレゼンスは、今日でも世界の石油安全保障に関わる中心的な地政学的事実となっている。10年前とは打って変わって、アメリカは中東で軍事力を行使するようになり、ロシアもまた中東で軍事的プレゼンスを持つに至っている。

ユーラシアにおける非ユーラシア国家の力

アメリカの力の中心にはジレンマがある。20世紀を通じてアメリカは世界の支配的国家となったが、歴史家ジョン・ダーウィンの言う「近代世界史の重心」は依然としてユーラシアにあった。[5]非ユーラシア国家であるアメリカ合衆国の領土的存在は歴史的にきわめて特異なかたちで形成された。13植民地の独立戦争後、アメリカ共和国はユーラシアの勢力争いにほとんど巻き込まれることなく、北米大陸を西へ西へと猛烈な勢いで急速に拡大した。メキシコの激しい軍事的抵抗に遭ったものの、比較的短期間でこれを終わらせた[6]。アメリカは大陸帝国として発展を続け、イギリスから支援を受けながらも、南北アメリカ大陸を植民地化したヨーロッパの帝国主義勢力を締め出すことに成功した。

アメリカは西半球において優位性を確立する一方、20世紀半ばからは、太平洋アジア地域におけるその長期的な経済利益を軍事行動によって保障するようになり、イギリスと清国のあいだの第二次アヘン戦争に際して仲介役を果たしたり、日本に艦隊を派遣して米欧貿易への門戸開放を迫ったりした。1880年代になると、アメリカの政策立案者の一部に、軍事戦略家アルフレッド・セイヤー・マハンの影響をしばしば受け、海軍力こそ、ユーラシアにおいてアメリカの商業的プレゼンスを飛躍的に高めるための手段であると考える者が出てきた。1898年、近代化したアメリカ海軍はスペインとの二度の大海戦に勝利し、初めてユーラシアの一角フィリピンを獲得した。セオドア・ローズヴェルトの大統領時代には、グレート・ホワイト・フリート（大白色艦隊）が1年以上にわたって世界を周航し、アメリカが海軍大国に成長したことを証明した。

しかし、アメリカが海軍大国としてその存在を主張しはじめた頃、ユーラシアでは依然として、海軍の優位性に支えられたイギリス帝国が支配権を握っていた〔訳注　歴史的には、1931年のウェストミンスター憲章で「イギリス帝国」は「イギリス連邦（英領コモンウェルス）」に改称されたが、本書では年代と関係なくthe British Empireで統一されており、翻訳でもこれに合わせて「イギリス帝国」で統一する〕。

アメリカがイギリスにたいして長期的な地政学的優位に立てたのは、領土と人口の規模によるものであるとすれば、より直接的にアメリカに利益をもたらしたのは石油であった[7]。石油は、エネルギー科学者であり歴史家でもあるバーツラフ・シュミルの言葉を借りれば、それまで「圧倒的に田舎で、地球の辺境にある薪社会」であった国を、20世紀初頭には経済的にも技術的にもヨーロッパを虜にする工業大国へと地政学的に変貌させたのである[8]。

１８６０年代には、ペンシルベニア州で商業用の石油が採掘されるようになり、70年代には、アメリカのスタンダード・オイルが石油の精製と輸送で頭角を現した。当初、石油の需要はランプ用の灯油《ケロシン》であった。１８９１年の『アトランティック』誌の記事には、「私たちは聖書の数よりも多くの灯油を使って」おり、灯油は「その安さから、世界中で人びとの灯火となった」と書かれている[9]。

19世紀最後の数十年間、世界の他の地域で大規模な石油生産が行われていたのはロシアだけであった。ロシアの石油は大部分が内陸のカスピ海に面したバクーにあったため、当初は輸出することができなかった[10]。しかし、１８７８年にロシアがオスマン帝国から黒海南東岸のバトゥミを併合すると、ロシアの石油はバクーの油田から鉄道とパイプラインを使ってヨーロッパに輸送できるようになった。この頃から、アメリカとロシアの石油生産者による消費者の奪い合いが始まった。１８９０年代には、アメリカの石油を販売するスタンダード・オイルと、ロシア産の石油を販売するヨーロッパ企業２社（ノーベル兄弟産油会社とカスピ海・黒海石油会社）のあいだで、ヨーロッパ市場をめぐる熾烈な競争が繰り広げられた[11]。ロシア産の石油を販売する会社が、アジアでスタンダード・オイルに対抗するため、スエズ運河を通って燃料を運ぶ最初の石油タンカーを使用するようになると、この商業的対立は激化した。スタンダード・オイルとヨーロッパ企業は、世界市場を分け合おうとしたこともあったが、その協力的な試みはことごとく失敗に終わった。[12]

1898年から1902年にかけての一時期、ロシアはアメリカを抜いて世界最大の産油国となった。[13]しかし、アメリカの石油産業には大きな強みがあった。1908年以降、ヘンリー・フォードが大量生産したT型自動車は、内燃機関を動力とし、石油需要を一変させたが、石油から生産されたガソリンは、フォードの新型車を動かす燃料の一つにすぎなかった。ミシガン州の巨大なフォード工場で生産されたガソリン燃料自動車は、アメリカの技術革新と産業消費主義の最大の象徴となった。1911年、アメリカ連邦最高裁判所は、スタンダード・オイルを複数の競合企業に分割するよう命じたが、アメリカでは国内政治によって石油産業の成長が妨げられることはなかった。対照的にロシアでは、国内政治によって石油産業がほぼ壊滅状態に陥った。ヨシフ・スターリンがオルグとして活躍した地であるバクーとバトゥミは革命の中心地となった。1905年の革命では、アルメニア人の殺害をたくらむタタール人グループの放火によりバクー油田の3分の2が炎上し、その後約10年間、ロシアの輸出産業は壊滅的な打撃を受けた。[14]その結果、第一次世界大戦が始まる頃には、石油生産の大部分は西半球に集中し、アメリカは世界の石油の3分の2近くを供給し、メキシコは世界第3位の産油国となっていた。

石油におけるアメリカの優位は、ヨーロッパに強い恐怖を与えた。[15]オーストリア゠ハンガリーを除いて、ヨーロッパの大国には石油がなく、オランダ領東インドとイギリス領ビルマ（Burma）を除く植民地にも石油がなかった。アメリカに対抗するために彼らが希望を託したのが中東であった。中東はアジアやアフリカの大半の地域とは異なり、ヨーロッパの領土支配にたいして比較的抵抗力があることがわかっていた。1908年、ペルシャで石油が発見された。当時のペルシャは、形式的には立憲君主制をとっていたが、実際にはイギリスとロシアの勢力圏に大きく分割されていた。オスマン・トルコが支配するメソポタミアでも、石油が発見される見込みがきわめて高かった。

英独両政府は、この中東に眠る資源を支配したいと考えていた。1912年に英独企業が共同でトルコ石油会社という合弁会社を設立したものの、中東の石油は、第一次世界大戦前からすでに英独の対立を刺激する重要な要素となっていた。[16] イギリスが湾岸南部にプレゼンスを持ち、インドを帝国の支配下に置くことで明確な優位に立つ一方、ドイツ皇帝ヴィルヘルム2世は即位するとすぐにオスマン・トルコのスルタンとの資源協力を模索しはじめた。そのためにドイツ銀行（ドイチェバンク）は、アナトリアのコンヤからバグダッドとバスラまで、ベルリンからコンスタンティノープルまでの線を結ぶ鉄道敷設権をオスマン帝国から獲得した。それと同時に重要なのは、この権益に付随して、線路沿いの石油探鉱権を得たことである。

こうした野心を駆り立てたのが、石油燃料を使用する海軍艦船が将来主流になるとの見通しであった。1890年代後半から、ほとんどの大国では、艦船燃料に石油を使用する実験が軍艦設計者によって始められた。[17] 当初、この試みは技術的にけっして容易なものではなかった。世界最強の海軍国であったイギリスは、他国に先を越されれば失うものが最も大きかったが、最初に石油燃料艦の建造能力を獲得したのはイギリスであった。[18] しかし石油の使用は、イギリスが国内に豊富にあったエネルギー源を放棄し、それに代わるエネルギー源をアメリカやビルマから輸入するしかないということを意味した。1911年、ウィンストン・チャーチルは第一海軍卿に就任する際、イギリス軍艦の燃料として従来の石炭に代わって石油を全面的に採用する決定を下した。チャーチルの言葉を借りれば、それは「海ほどたくさんの困難と戦う」ことであった。[19] チャーチルは、この新たな世界における唯一の賢明な防衛策は、イギリス海軍が防衛しやすい海上補給路を多様化することであると考えた。[20] この目的のために、チャーチルも内閣の一員であったハーバート・アスキス政権は、1914年、新たに出現したペルシャ油田の主要権益とイギリス海軍への供給契約を持つ、それまで民営であったイギリス企業アングロ・ペルシアン石油会社の支配株式を購入した。

第一次世界大戦を機に、石油の地政学的重要性はさらに高まり、石油におけるアメリカの優位性も向上した。[21] 環境史家ダン・タミールは、「石油が20世紀の最も重要な資源」となったのは第一次世界大戦のときであったと書いている。[22] 軍艦と内燃機関の動力源が石油となったことで、石油へのアクセスを得ることが戦争の条件となった。オスマン帝国がドイツの説得で中央同盟国〔訳注　第一次世界大戦時に英仏露（後に米）など連合国（協商国）と戦った陣営〕に加わり、ダーダネルス海峡を封鎖し、黒海から地中海への航路を遮断すると、ロシアの原油がイギリスとフランスにほとんど届かない事態となった。チャーチルの希望とは裏腹に、イギリスは最終的に頼るべき国が一つしかなく、そしてその国とつながる決定的な航路が一つしかないことに気づいた。大西洋航路である。ドイツ側は、主に石炭を動力源とする鉄道で兵員と物資を輸送するかたちで、ヨーロッパでの戦争に備えていた。[23] 石油燃料の戦艦や潜水艦、さらには石油燃料のトラックや飛行機を利用する戦争において、ドイツとオーストリア＝ハンガリーには他に選択肢がなかった。ドイツ皇帝は長年にわたってオスマン帝国を育ててきたにもかかわらず、1914年8月、中央同盟国が支配していた油田は、オーストリア＝ハンガリー北東部のハプスブルク帝国領ガリツィアにしかなく、アドリア海沿岸のポーラにある帝国の海軍基地まで石油を容易に輸送できる手段はなかった。[24] 1915年にオーストリア＝ハンガリーがガリツィアの戦いでロシアに敗れると、中央同盟国はガリツィアからの補給が1年間も途絶え、ルーマニアの油田を奪取することで辛うじて生き延びた。

エネルギー面で組織的に優位に立つ連合国に対抗するため、ドイツは連合国側の石油が大西洋を渡って運ばれるのを阻止しなければならなかった。しばらくは、ドイツの潜水艦が多数の石油タンカーを撃沈していたが、やがてイギリス海軍が輸送船団システムを確立すると、ドイツの阻止活動は以前ほど成果を挙げられなくなった。1917年後半になると、連合国の軍隊はアメリカから供給された石油により、モーター駆動の輸送手段による移動が可能となり、中央同盟国の軍隊よりもはるかに機動的に展開できるようになった。1918年、ドイツはさらなる石油を求めて最後の手段に打って出た。ブレスト＝リトフスク条約から半年後、ドイツ政府はボリシェヴィキと協定を結び、バクー油田の原油生産量の4分の1を確保した。エーリヒ・ルーデンドルフ参謀次長はドイツ軍をバクー方面に向かわせ、かつての同盟国オスマン・トルコによるバクー占領を阻止しようとしたが、これに失敗した。[25] 第一次世界大戦が終わったとき、イギリスの外務大臣〔ジョージ・カーゾン卿〕は「連合国の大義は石油の波に乗って勝利をつかんだ」と宣言したが、その石油の80％はアメリカから供給されたものであった。[26]

新しい金融皇帝はユーラシアの服を纏わない

ユーラシアにおけるアメリカの金融力は、アメリカのオイルパワーを強化した。第一次世界大戦前、イギリスは世界的な債権大国であった。１９１３年にアメリカの連邦準備制度を設立した責任者たちは、イギリスの金融力を低下させ、ユーラシア貿易におけるドルの使用を容易にするための手段として、アメリカに中央銀行を設立する構想を打ち立てた。[27]しかし、１９１４年8月の戦闘開始とほぼ同時に、イギリスとフランスは戦争の遂行に必要なアメリカの物資と食料、またそれらの購入資金を調達するためにアメリカからの信用供与を必要とすることが明らかとなった。間もなく、大量の金準備が大西洋を越えて西に移動し、アメリカの製造品の貿易黒字は大幅に拡大した。１９２０年代初頭までに、世界の金準備の大半がアメリカに集まった。数年後、中央銀行の外貨準備高はドルがポンドを初めて上回った。[28]英仏の戦時債務は財政への依存を深刻化させた。１９２０年の大統領選挙でウォーレン・ハーディングが勝利した後、駐ワシントン英国大使は、この新政権は「債務が返済されないかぎり、わが国を属国として扱う機会をうかがうであろう」と嘆く覚書を記している。[29]１９２３年、イギリスは最終的に債務協定を受け入れたが、その際、アンドルー・ボナー・ロー英首相は、自国の財務大臣が渋々合意した条件の厳しさについて、匿名で『タイムズ』紙に苦言を呈した。[30]

しかし、アメリカは圧倒的な金融力を持ちながらも、ユーラシアで行使できる現実の地政学的な力は、地理的条件やヨーロッパが抱きつづける石油への野心、さらにはアメリカ自身の民主主義政治によって著しく制約されていた。[31]こうした戦間期におけるアメリカの力の限界は遺産として残り、第一次世界大戦後にヨーロッパの大国がアメリカ産原油への依存から逃れようとしてできなかったように、現在も地政学的断層に影響を及ぼしている。

アメリカの力の最も顕著な弱点は中東にあった。第一次世界大戦中に手に入れた地政学的な果実は、コンスタンティノープルとダーダネルス海峡の戦略的支配と結びつき、豊かな石油資源を持つ中東のオスマン帝国領であった。[32] しかし、アメリカを参戦に導いたウッドロー・ウィルソン大統領は、オスマン帝国に宣戦布告はしなかったものの、戦後世界のための14カ条の原則を提唱し、オスマン帝国とダーダネルス海峡の運命を迷うことなく宣告した。しかし、第一次世界大戦終結後のアメリカは、オスマン帝国の解体にかかわるいかなる条約にも参加しなかった。[33] ヴェルサイユ会議において、旧オスマン帝国領の多くの地域を正式な併合を行わずにアメリカが管理統治する各種の提案が出されたとき、ウィルソンは「アジアにおける軍事的責任ほど、アメリカ国民が受け入れたがらないものはないであろう」と述べた。[34]

対照的に、1914年の夏以降、ヨーロッパ列強は、コンスタンティノープルを経由して黒海とエーゲ海を結ぶ海域の支配権を求め、中東とアナトリア地方にそれぞれの帝国を拡張しようと軍事的な競争を繰り広げた。ドイツ皇帝はオスマン帝国をドイツの同盟国として参戦させることで、イギリス、フランス、ロシアにたいするイスラーム・ジハードの宣戦布告を取りつけた。そこには、中東からインドに至る地域のイスラーム教徒が反乱を起こせば、ダーダネルス海峡からペルシャ湾に至るまでドイツの勢力圏が確保されるとの期待があった。[35] 戦争が始まると、イギリスはペルシャのアバダンの石油精製所を守るためにインド軍部隊を派遣し、メソポタミアのバスラを占領した。その後、イギリス帝国軍はバグダッドとモスルを占領した。戦争中、イギリス、フランス、ロシアは、戦勝の暁にはオスマン帝国を分割し、コンスタンティノープルをロシアに与え、アナトリア南西部の大半をイタリアに割譲するなどの密約を交わしていた。もしドイツが1918年の春季攻勢に成功していれば、オスマン帝国と同盟を組んで中東とコーカサスを支配し、ペルシャを従属させていたであろう。[36] 結局、イギリスとフランスはオスマン帝国に休戦を迫り、イギリスはダーダネルス海峡の支配権を手に入れ、バクーやバトゥミを含むコーカサス地方からオスマン帝国を排除した。だが、それはあまりにも野心が先走りすぎた。というのも、イギリスはダーダネルス海峡を維持することができず、ソ連がコーカサスを軍事的に奪還し、ギリシャにコンスタンティノープルを奪取させるというイギリスのもくろみは、トルコ独立戦争でトルコ民族主義運動が軍事的成功を収めたことによって打ち砕かれたからである。しかし、第一次世界大戦後、イギリスはメソポタミアとパレスチナの統治を国際連盟から委任され、ペルシャにおけるイギリスの勢力圏を維持するとともに、以前にもまして諸外国の脅威にたいする安全性を高め、1923年には〔ローザンヌ条約で〕ダーダネルス海峡の非武装化という利点を得た。[37] 1920年に起こったイラクの反乱によって〔イギリスによる〕メソポタミアの委任統治はそれが始まる前に終了し、イラクは22年に形式的主権を獲得した〔訳注　イラク北部にできたクルディスタン王国。24年まで存続〕。しかしイギリスは地政学的空間としてイラクを支配しつづけ、ペルシャ湾の湾頭から湾口にあるイギリス保護領であった湾岸首長国までをも支配下に収めた。

第一次世界大戦後のアメリカ政府は、中東にプレゼンスを持たず、英仏両国が石油の自給自足をめざす動きをみせていることの意味を鋭敏に感じ取っていた。[38] アメリカは連合国に大量の石油を供給したせいで、1919年には石油の純輸入国となり、以後3年間その状態が続いた。ウィルソン大統領は、「わが国が国内外で必要な供給量を確保できる方法は見つかりそうもない」とまで言い切った。[39]第一次世界大戦後、イギリス政府は、スタンダード・オイル・オブ・ニューヨークが大戦前に主張していたパレスチナにおける権益を追求する動きを阻止し、アメリカの地質学者たちがメソポタミアの地に足を踏み入れるのを許さなかった。1920年に英仏両国がサンレモ協定を締結し、ドイツ銀行の保有するトルコ石油会社の株式25％をフランスに譲渡すると、アメリカはこれに激怒した。[40]1919年から20年にかけて、イギリス企業は世界の原油供給量の5％未満しか支配していなかったにもかかわらず、世界の原油確認埋蔵量の50％以上を所有しているというのが現実であった。[41]その後、米国務省は、オスマン帝国の大宰相（Grand Vizier）が大戦前に与えた利権は無効とし、イラク政府とトルコ石油会社との交渉を妨害しようとした。[42]しかし、トルコ石油会社は1927年に権益を取り戻し、その同じ年にイラクで石油が発見された。

1920年代後半になると、アメリカの立場は好転した。テキサス州で大量の石油が発見され、石油の供給不安は当面和らいだ。イラクの油田にアメリカ資本が注入されることを有利とみたイギリスは、スタンダード・オイル・オブ・ニュージャージーとスタンダード・オイル・オブ・ニューヨークを含むアメリカのコンソーシアム（共同事業体）が、再建されたトルコ石油会社、後のイラク石油会社（IPC）に参加することを許可した。しかし、アメリカ企業は依然としてイギリスとフランスから締めつけを受けていた。1928年にIPCの出資者間で結ばれた赤線協定によって、各出資者（この場合、アングロ・ペルシアン石油会社を経由してイギリス政府）は、旧オスマン帝国領内（1914

年当時まだオスマン帝国が存在していた）で他の出資者が独自に石油権益を追求するのを拒否する権利を与えられていた。この取り決めによって、ＩＰＣに参加するアメリカ企業はペルシャ湾西部の探査から事実上締め出された。１９２９年、イギリス政府は、スタンダード・オイル・オブ・カリフォルニアにバーレーン島周辺での掘削を許可した。１９３２年にバーレーン島の近くに石油が発見されると、サウジアラビアにも石油が眠っているとの期待が高まった。サウジアラビア国王は、イギリス人の顧問ジャック・フィルビーによる二枚舌の策略のせいで、同国における排他的探査権をＩＰＣではなくスタンダード・オイル・オブ・カリフォルニアに与えた。[43] その後アメリカは、この石油をテコにしてヨーロッパ諸国政府に影響力を行使できるようになる。しかし、サウジアラビアにおけるアメリカの商業的プレゼンスが最初に生まれたのは、ペルシャとイラクにおけるアメリカの地政学的な弱さと同時に、イギリスの地政学的な強さが背景にあった。

★
★
★

１９１４年から41年にかけて、アメリカがその軍事と金融の力を使ってユーラシアの一勢力として決定的な行動をとることを妨げたもう一つの要因に、アメリカの民主主義政治が挙げられる。[44] この国内的制約は、第一次世界大戦が始まったときから明らかであった。戦争中、ユーラシアに信用供与を行うアメリカの能力は、アメリカ政府とは無関係なところで生まれた。ウィルソン大統領がアメリカの参戦に断固として反対していたとき、イギリス政府は大西洋を横断する補給線のための資金をウォール街から調達した。ニューヨークの銀行JPモルガンは、英仏など連合国の物資購入代理人であると同時に債権者となった。結果的に失敗したとはいえ、ウィルソンがJPモルガンを締めつけようとしたのは、多くの有権者、特にミシシッピ以西の州の有権者がニューヨークの銀行に嫌悪感や不信感を抱いていることを知っていたからである。ウィルソンは、1916年の大統領選挙で、JPモルガンが支援する参戦派の共和党候補を相手に「アメリカ・ファースト」という選挙スローガンを掲げて戦った。1917年4月、ウィルソンはアメリカの参戦に踏み切ったが、その戦費は数百万人のアメリカ市民が国債として購入する「リバティ債」という戦時公債によって調達すると述べた。「銀行家の戦争」とか「東海岸から西海岸まで政治的に支持されていない」などとすぐに非難されるような戦争に、アメリカ共和国を巻き込ませるわけにはいかないと考えていたのである。(45)

1917年、アメリカはついに軍事的に参戦することとなったが、それというのも、結局のところ、ユーラシアにおける戦争が西半球に拡大することを恐れたからであった。17年2月にドイツが大西洋での無制限潜水艦攻撃を再開したことで、ウィルソンは対独開戦に一歩近づいた。しかし、それから1カ月経ってもまだ、アメリカがヨーロッパにおいて戦うことは「罪」である、とウィルソンは述べていた。(46)ドイツがメキシコと同盟を結んでアメリカに対抗しようという提案（その見返りに、ドイツはメキシコによるテキサス、アリゾナ、ニューメキシコの併合を支持するという提案）がきっかけとなり、ウィルソンはようやく対独宣戦布告に踏み切ったのである。その結果、英仏両国はオーストリア＝ハンガリー、そして最終的にはオスマン帝国との戦争に突入することとなる。

ウィルソンがユーラシアにおけるアメリカの指導力発揮を唱えるようになると、国内で抵抗の火が燃え上がった。反戦感情は、1918年に民主党が上下両院で主導権を失う一因となる。連邦議会が新しい会期に入った上院で、ウィルソンが提唱したヴェルサイユ条約の国際連盟条項は批准を得られなかった。実際、ウィルソンが所属する民主党の内部でも、親英派のアメリカ人とドイツ系やアイルランド系のアメリカ人とのあいだで対立が激しくなり、米連邦議会でヨーロッパ問題に関して国内的コンセンサスを得ることは不可能に近かった。

1920年代から30年代にかけて、第一次世界大戦は「銀行家の戦争」であるという言説は根強かった。ニューヨーク連銀総裁のベンジャミン・ストロングは、JPモルガンの手先であるという非難を連邦議員たちから執拗に浴びせられ、ヨーロッパ各国の中央銀行と協力してヨーロッパ通貨を安定させ、金本位制に戻そうとする動きを妨害された。[47]「死の商人」は、英仏のサプライチェーンへのJPモルガンの関与から利益を得ていた製造企業とウォール街との結びつきを指す言葉として頻繁に使われるようになった。1934年から36年にかけて、上院委員会はアメリカが第一次世界大戦に参戦するにあたってウォール街が果たした役割を調査した。その結果を受け、米連邦議会で1935年と36年に中立法が可決され、後者の法律によって交戦国への借款が禁止された。

一方、連合国の戦時債務を帳消しにする案はアメリカ国内で不評であったことから、賠償金に関するヴェルサイユ和解案全体に影響が及び、ウィルソンが提唱した和平は本質的に不安定なものとなった。ヨーロッパ諸国の金融債務と信用需要を処理する実務上の責任を負っていたニューヨーク連銀は、連合国の戦時債務を削減する案（帳消しの可能性を含む）を支持した。[48]しかし、米連邦議会はまたもや行政の抑制を求め、英仏の借款返済条件を交渉する世界大戦外国債務委員会法を1922年に可決した[49]。戦争で財政的に疲弊していた英仏は、連合国の戦時債務についてアメリカ大統領が譲歩しないかぎり、ドイツへの賠償要求を緩和するはずがなかった。１９３０年代初頭、ほとんどのヨーロッパ諸国がこの債務の返済を打ち切ると、米連邦議会は、債務不履行（デフォルト）となった国がアメリカで借り入れを行うことを禁止した[50]。

しかし、アメリカはその金融力が国内からの制約を受けたことで、かえってユーラシア問題から逃れられなくなった。ドイツから賠償金を引き出すべく、フランスとベルギーはルール地方を占領し、ドイツのハイパーインフレは戦争と金融崩壊の危機をもたらす火種となった。ハーディング政権は、こうした事態のリスクに注意を払うどころか、アメリカの金融力を駆使し、ドーズ案〔訳注　アメリカの銀行家チャールズ・ドーズを長とする特別委員会により策定された第一次世界大戦後のドイツの賠償支払い緩和計画〕を通じてルール危機の打開を図ることとし、JPモルガンはフランスに多額の融資を行い、FRBとともにドイツ向けの大規模な債券発行を組織し、アメリカ政府はアメリカの一般市民に投資を呼びかけた。ドイツはアメリカの信用に支えられたおかげで、賠償金を支払うことができた[51]。しかし、その結果、ヨーロッパ諸国が債務返済のためのドル不足に陥るリスクから、アメリカの金融の安定性は脅かされ、貯蓄をめぐるアメリカの民主主義政治にも影響が及んだ[52]。同時にそれは、ドイツがヴェルサイユ体制から脱却する道を開くこととなった。アメリカの政治家たちは、ドイツから利子を受け取るアメリカの債券保有者を差し置いて、ドイツの資金にたいする英仏の請求権を政治的に優先させるわけにはいかなかったことから、ヨーロッパのパワーバランスにいかなる影響が及ぼうとも、英仏を賠償金問題から遠ざけようという気持ちに駆られたのである[53]。

1929年から32年にかけて、こうしたアメリカ民主主義の制約が、ヴェルサイユ条約を金融面で終わらせる役割を果たした。大恐慌下において、ドイツは賠償金の支払いもドル債務の返済もできなかった。1932年のローザンヌ会議で、ハーバート・フーヴァー大統領が連合国の債務削減計画と引き換えにドイツの賠償金が打ち切りとなるよう仲介したが、米連邦議会はこの案を拒否した。議会はまた、アメリカが新たな信用供与を行うことも認めなかったことから、その結果として、ドイツはヴェルサイユ条約に基づく賠償金支払い義務から解放され、皮肉にもアメリカへの債務の返済を拒否する自由を得たのである。(54)

1933年までに大西洋を越えて広がった銀行危機にたいするフランクリン・ローズヴェルトの対応により、アメリカの金融力はさらに弱まった。ローズヴェルトにとって、地政学的金融力に付随する国内的要素は、ウォール街の政治的影響力であった。ローズヴェルトは大統領に就任したその日のうちに、すべての銀行を閉鎖し、金の輸出や個人保有を停止した。ローズヴェルトはその後、銀行システムの安定化と国内生産者のための価格上昇を期待し、圧倒的多数の助言に逆らって、ドルを金本位制から切り離した。多くの人にとって、これは理解しがたいことであった。アメリカは依然として世界最大の金準備を保有していたからである。(55) しかし、ローズヴェルトは国内経済を優先する意思を固めていた（その理由は第7章で説明する）。彼はニューイングランド沿岸でヨットに乗って休暇を過ごしていたとき、1933年にロンドンで開催された世界通貨経済会議に出席したアメリカの交渉担当者たちに、「いわゆる国際銀行家の古い因習」にこだわるなと電報を打ち、金本位制にとどめを刺した。(56)

第一次世界大戦がアメリカの金融力を生み出したとすれば、平和はそれを打ち砕いた。1924年から32年にかけて、合衆国大統領〔訳注　第30代カルヴィン・クーリッジ大統領と第31代ハーバート・フーヴァー大統領〕、FRB、JPモルガンは、アメリカの金融力をもってヨーロッパを安定化させようとした。しかし、米連邦議会が債務管理に制約を課し、アメリカからドイツへの貸付額が膨大になっていたせいで、1929年の大暴落がヨーロッパにもたらした経済的・地政学的危機に際してアメリカは無力であった。[57] その後のドイツ危機によって引き起こされた金融不安は、大西洋を越えてアメリカに逆流した。そこで、このアメリカ大統領は、国内政治をとるか、地政学をとるかの選択を迫られた。ローズヴェルトは芝居がかった演出でアメリカ・ファーストを選択した。しかしながら、ユーラシアで首尾一貫して行動するアメリカの能力が第一次世界大戦勃発時からすでに国内的に阻害されていたことを考えれば、国家の経済的非常事態においてローズヴェルトが下した決断は、さほど驚くべきことではなかった。

アメリカのエネルギー力が復活

1929年から33年にかけて起こった危機が過ぎると、ユーラシアでは経済的・政治的な無秩序状態が顕在化したため、ドイツ、日本、イタリア、ソ連は猛烈な勢いで領土拡張に乗り出した。その点、アメリカはユーラシア勢力としてはきわめて無力な存在であった。しかし、世界をさらに破滅的戦争へと向かわせた日独伊三国は、アメリカのエネルギー力を解き放ち、ついにはアメリカの軍事力と金融力をユーラシアの大半の地域で圧倒的な存在にしたのである。

第二次世界大戦は、先の世界大戦と同様、エネルギー地政学とは切っても切れない関係にある。エアパワー（航空戦力）に象徴されるテクノロジーの時代において、戦争が生み出す石油の必要性は圧倒的なものがあった。このことは、日本の帝国主義的膨張をみれば明らかである。それはヨーロッパにおいても同様であった。1919年から39年にかけて、すべてのヨーロッパ列強が西半球からの石油輸入に頼っている状況から解放されることを望み、国により対照的で対立的な方法ではあるが、それぞれの支配が及ぶユーラシアの領域にエネルギー供給源を求めた。

イギリスやフランスとは異なり、ドイツは中東に帝国領や勢力圏を持たず、戦間期初期は西半球からの石油にほぼ全面的に依存していた。[58] この弱点を補うべく、ヴァイマル政府は1926年から、東部ドイツのロイナにおいて、石炭を水素化して石油に変える合成油プラントの開発をめざすIGファルベンのプロジェクトを積極的に支援した。ドイツ外相グスタフ・シュトレーゼマンにとって、1929年からスタンダード・オイル・オブ・ニュージャージーの支援を受けたこのプロジェクトは、ドイツの国家理性を象徴するものであった。シュトレーゼマンは、ドイツの化学会社と石炭なくしてドイツの外交政策はありえないと断言した。[59]

戦争を望むナチス・ドイツは、ドイツの対外エネルギー依存を完全に終わらせることが急務であると考えていた。アドルフ・ヒトラーは、原材料と石油を輸入に依存しなければならなかったことが1918年の敗戦を招いたのだと信じて疑わなかった。[60] ヒトラーの「4カ年計画」は、1940年までにドイツが石油輸入国から完全に脱却することを前提としていた。[61] しかし、ナチスは石油問題を解決することができなかった。ロイナ工場はドイツ空軍に合成油を供給していたが、ヒトラーが

1939年にポーランドに侵攻した時点で、ドイツは石油の自給自足を達成していなかった。イギリスの海上封鎖によってドイツは西半球から石油を輸入することができなくなり、代わりにルーマニアやソ連、1940年6月以降はフランスからの備蓄石油の供給に頼らざるをえなくなった。

軍事的には、ナチスの戦略により、ドイツはふたたび潜水艦作戦に出て、アメリカからイギリスへの石油供給を阻止する必要があった。しかし、ドイツは1940年から41年にかけて、大西洋を横断するイギリスの石油補給路に決定的な打撃を加えることができなかった。ソ連からの石油の供給が次第に逼迫し、ソ連軍にルーマニア北東部を占領されると、ヒトラーはソ連侵攻という大博打に打って出た。ヒトラーの動機がどこにあったかは長らく歴史的な論争となっていた。いずれにせよ、アメリカがイギリス帝国に石油を供給している状況で、ドイツが戦争に勝つためには、ソ連の石油（うち9割はコーカサス産）を確保する必要があった。[62] 他にいかなる動機があったにせよ、ヒトラーは終末論的なレーベンスラウム（生存圏）への執着とボリシェヴィズムへの憎悪からバルバロッサ作戦を決行したのであり、そうした執着の強さがその後の大惨事を招いたということがあるにせよ、石油資源の不足は侵攻の動機としてほぼ十分であった。スターリングラードでの敗北によって、ドイツは必然的に敗戦への道を歩むこととなる。その直後、連合軍は北アフリカで石油不足に陥ったロンメル軍団をついに撃破し、イタリア攻略作戦を開始することができた。[63]

イギリスも戦間期にエネルギーの自給自足をめざしたが失敗した。イギリス政府は1920年代から30年代にかけて、イギリス帝国内と中東の勢力圏内から、イギリス所有の企業が採掘や輸送を行う安定的な石油供給体制の確立に向けて積極的な取り組みを進めた。サンレモ協定に先だって戦時内閣に提出された覚書には、次のように記されている。「大戦中、わが国の燃料油はアメリカ合衆国への依存度が圧倒的に高く、商船の燃料に使用される石油の量が急増したことから、イギリスの管理下にある供給源を確保するべくあらゆる努力を払うことが重要である」[64]〔訳注　第一次世界大戦後の1920年4月、イギリス、フランス、イタリア、日本、ギリシャ、ベルギーの各国は、ヴェルサイユ条約の実施および中東の石油と委任統治の問題を討議するため、イタリアのサンレモで会議を開いた。この会議では、旧トルコ帝国領のアラブ民族居住地域を国際連盟の委任統治領として、イギリス、フランス両国が分割管理することなどを取り決めた。フランスは、敗戦国ドイツに代わりメソポタミアの石油利権を持つトルコ石油会社の株を25％取得するとともに、シリア経由の地中海向けパイプライン建設を認められた。これが、英仏石油協定とも言われるサンレモ協定である。このイギリスとフランスによる石油利権の独占にたいしてアメリカは門戸開放、機会均等などを唱えて強く反発し、やがて両国はトルコ石油会社にたいするアメリカの参入を認めるにいたった（独立行政法人 エネルギー・金属鉱物資源機構「石油・天然ガス資源情報」を参照）〕。

しかしイギリスは、1930年代半ばにアメリカからの石油輸入を必要量の10％程度にまで削減することに成功したものの、依然として西半球、特にベネズエラやメキシコから石油の半分以上を輸入していた。英領イラク油田からの産出量は限られており、イギリス単独ではイランからの供給を軍事的に守ることができなかった。1935年にイタリアがアビシニア〔訳注　現在のエチオピア〕に侵攻したが、アメリカがベニート・ムッソリーニのイタリアにたいする石油禁輸制裁を支持しようとしなかったことから、ヨーロッパで戦争が勃発した場合のイギリスの弱点が決定的に露呈した。ドイツ空軍に支援されたイタリアが、スエズ運河の地中海側入り口を封鎖してイギリスのタンカー航行を妨げているかぎり、湾岸にあるアングロ゠イラニアン石油会社の石油をイギリス本国まで運ぶには、喜望峰回りでより多くの時間を要することとなる[65]。アビシニア危機の後、イギリス政府は、イギリスが地中海に入れないことを想定した戦争計画を立てはじめた。その万が一の事態が、第二次世界大戦にイタリアが参戦した１９４０年６月から、連合国がイタリアに勝利した１９４３年まで続いた。地政学上の重大局面を迎えたイギリスは、エネルギーを自給自足するためにあらゆる資源を投じたが、アメリカ企業にドルを支払ってアメリカの石油を買うしかなかった[66]。

フランスは、将来ドイツと戦争になったとき、大西洋のかなたの国からの石油供給に二度と頼ってはならないと考え、サンレモ協定で調達した資本を活用し、１００％フランス資本のフランス石油会社（後のトタル、現在のトタルエナジーズ）を設立した。フランスはイラクで産出される石油でイギリスよりもいくらか順調であったが、その一方でイラクにおけるイギリスの軍事的プレゼンスに依存せざるをえなかった。フランスは唯一支配していた中東からの原油供給を守ることができず、ソ連産原油の重要な輸入国となった。１９２０年代初頭、ソ連の石油産業は衰退状況にあったが、１９２０年代半ばからスタンダード・オイル・オブ・ニュージャージーがソ連政府による石油産業の再建を支援しはじめた。１９２９年から33年にかけて、ソ連はイギリスを含む多くのヨーロッパ諸国への原油輸出を大幅に拡大した[67]。ソ連の原油輸出は33年にピークを迎えたが、36年にはフランスの原油輸入の半分近くが依然としてソ連産であった[68]。39年夏、フランス南西部で天然ガスが発見されたことをきっかけに、フランス政府は石油探査のための国家機関を複数設立したが、国内自給の望みをかなえるには

遅すぎた。(69)

英仏両政府は戦間期初期に期待していたようなかたちで中東を利用することができなかったが、第二次世界大戦は将来のアメリカが中東で影響力を行使する道を開くこととなった。戦争が始まると、ローズヴェルト政権は、カリフォルニア・アラビアン・スタンダード石油会社（１９４４年にアラムコと改称）が石油利権を保有していたにもかかわらず、サウジの油田を守るのはイギリスの役割であると判断した。(70)１９４１年、ローズヴェルトはサウジアラビア国王イブン・サウードからの資金援助要請を断った。しかし43年、戦争で大量の石油が使用されていたことから、ローズヴェルトの考えは一変した。サウジアラビアは中立国であったが、ローズヴェルトは、サウジをアメリカの防衛にとって「なくてはならない」国であると宣言し、国王と武器貸与協定に合意した。イブン・サウードは、将来的には中東の原油生産においてアメリカがイギリスよりも優位に立ってもらいたいとの希望を表明し、イラク石油会社のパートナーであったスタンダード・オイル・ニュージャージーがアラムコに参加できるよう赤線協定の終了に動いた。(71)

このアメリカとサウジアラビアとの新たな関係は、第二次世界大戦後の世界における一貫した特徴となった。しかし、この関係は構造的な不安定さもはらんでいた。アメリカは石油が理由でアラブの国と戦略的同盟関係を結んだが、その一方でアメリカ国内には、イギリスの委任統治下にあった領土にユダヤ人国家を建設することにたいする強い支持があった。(72)この矛盾する圧力のもと、ローズヴェルトは１９４４年の大統領選挙活動中にユダヤ人国家への関与を表明していたが、45年２月にイブン・サウード国王と会談した後は、ユダヤ人国家の建設に反対するアラブの主張を認めるようになった。[73]その後、国務省と米中央情報局（ＣＩＡ）は、ユダヤ人国家が地政学的な重荷になることを恐れ、ローズヴェルトの次の大統領ハリー・トルーマンにイスラエルを承認しないよう進言した。[74]トルーマンがこれをはねつけると、アラブとユダヤ双方の支持をいかに維持するかという、過去中東においてイギリス帝国を悩ませてきた戦略的苦悩をワシントンが背負い込むこととなった。[75]

将来のかたち

戦間期以降、アメリカの地政学的な力を取り巻く環境は明らかに大きく変化した。しかし、アメリカがユーラシアにおいて初めて力を行使した際にみられたその独特の軌跡は、いつまでも尾を引いている。特筆すべきは、アメリカの民主主義政治が、アメリカのユーラシアへの関与にとって依然として大きな制約となっている点である。経済的にみると、第一次世界大戦中にウォール街とミシシッピ以西の有権者とを隔てたヨーロッパの商業的・政治的利害は、２０００年代になっても、中国経由のサプライチェーンを構築する企業とラストベルト（錆びた工業地帯）の失業した製造業労働者たちとの乖離というかたちで部分的に再現されている。フランクリン・ローズヴェルトの通貨ナショナリズムは、国内の政治空間から生まれたものであり、国内製造業の経済再建を名目としたトランプの対中貿易戦争と似ているところがある。軍事的にみると、中東戦争は、アメリカが第一次世界大戦に参戦したときと同様、アメリカ国内で激しい論争となった。中東のいわゆる「永久戦争」をめぐっては、かつてのヨーロッパにおける戦争のときと同様、米連邦議会が歴代大統領を制約してきた。

国内で原油が採れないヨーロッパ諸大国にとって、エネルギーの自給自足という試みの失敗が、ヨーロッパのユーラシア支配が終焉を迎えた決定的な要因となった。石油の時代には、一つのヨーロッパ世界大国《ワールド・パワー》、あるいは一つのヨーロッパ大陸帝国が出現する余地はなかった。現在、ヨーロッパでグリーンエネルギーが注目されている理由の一つは、第二次世界大戦後の数十年間、外国の石油や天然ガスに依存する世界でしか行動することができなかったヨーロッパの政治家たちが、アメリカの大統領や連邦議会からアメリカの金融力を通じて制約を受けていたことが挙げられる。１９７０年代から40年近くのあいだ、ワシントンはドイツがロシアの石油と天然ガスに依存するのをしぶしぶ容認してきた。なぜなら、アメリカは国内供給も、それに代わるものを提供するだけの十分な手段も中東に持っていなかったからである。しかし２０１０年代に入り、米ロの石油と天然ガスが復活した世界では、この関係はウクライナの独立、ＮＡＴＯの拡大、ドイツの脆弱な軍事力などと結びつく重要な地政学的断層となった。ロシア・中国・イランの関係はこれらの問題の影響をさらに複雑なものとしている。というのも、２０１５年のイラン核合意に参加したヨーロッパのＮＡＴＯ加盟３カ国は、いずれもイランとのガス供給関係を望んでいるからである。

アメリカが現在、ヨーロッパのエネルギー依存をめぐる地政学に関与しているのは、第二次世界大戦後の事態がきっかけである。20世紀半ばのユーラシアにおけるアメリカの地政学的な力には、一つの重大な戒めがあった。ヨーロッパにおける戦争の勝利は、ソ連との軍事同盟に依存していたが、そのソ連はドイツと同様、１９３９年にポーランドに侵攻した後、フィンランド、バルト三国、ルーマニアの一部に侵攻した国であったということである。ソ連はしばらくのあいだ手ごわい地政学上のライバルであった。１９２０年代後半から30年代前半にかけてのソ連の原油輸出が示すように、ソ連は地政学的な力を強化するためのエネルギー・オプションをヨーロッパ諸国に提供してくれたと考えることもできる。[76]

ヒトラーによるソ連侵攻以前は、ユーラシア最強の二大ランドパワーが枢軸となり、両国でヨーロッパと中東を分け合う危険性があった。この地政学的関係には歴史がある。ヒトラーとスターリンが政権を握る以前から、ドイツとソ連は協力関係にあった。1922年のラパッロ条約に基づき、ドイツは再軍備と軍事訓練のためにソ連を利用し、経済関係を再構築した。それ以前にも、オットー・フォン・ビスマルクはロシアとの協調に価値を見いだし、1887年に秘密裏に独露再保障条約を締結した。ドイツ皇帝ヴィルヘルム2世は、ロシアがボスポラス海峡とダーダネルス海峡を獲得した場合にドイツの中立を保証する条項を含むこの条約を更新こそしなかったものの、1904年から05年まで続いた日露戦争の際、極東における対英「大陸同盟」をロシアに提案し、それが「ヨーロッパ合衆国」の先駆けとなる可能性を示唆した。[77] イギリスの地理学者ハルフォード・マッキンダーは、1904年に発表した論文「歴史の地理的回転軸」のなかで、ロシア西部の対独国境から日本海沿岸のウラジヴォストークまで延びる鉄道により、ロシアがドイツと手を組めば、「世界の帝国」となることが考えられると警告した。[78] 石油は、ドイツの市場をロシアの資源と結びつけることで、この地理的論理を補強する可能性を秘めていた。ヒトラーは、征服と大量虐殺という途方もなく醜悪な構想のために、その結びつきを断ち切った。しかし、第二次世界大戦後の世界でソ連＝ドイツ枢軸がふたたび出現するのを食い止めるため、アメリカはペルシャ湾から西ドイツへの原油供給を確保する責任を引き受けなければならなくなる。[79]

第2章

アメリカに石油供給の保証は望めない

２０１４年11月、原油価格は5カ月にわたって下落していた。産油国カルテルである石油輸出国機構（ＯＰＥＣ）は、価格が下落した場合の通常の対応とは異なり、現行の生産水準を維持することを決定した。すると原油価格の暴落が起こった。２０１４年夏に１バレル１００ドルを超えていた原油価格が、２０１６年初めには30ドル以下にまで急落したのである。

ＯＰＥＣの動きを後押ししたのがサウジアラビアである。サウジアラビアの動機は複雑で、矛盾をはらんでいた。サウジアラビアにとって一番の問題は、アメリカのシェールオイルブームであった。シェールオイルは、従来の掘削方法では採掘できない種類の石油である。シェールオイルは、主に水圧破砕法（俗称フラッキング）によって採掘される。主要なエネルギー生産国としてのアメリカの地位はおよそ30年間、一直線とは言えないものの総じて低下していたが、シェールオイルとシェールガスによって回復した。２０１０年、アメリカは原油、天然ガスプラント液など合計で日量８６０万バレルを産出したが、２０１４年には１３００万バレルに増え、２０１９年には１８４０万バレルとなる。[1] ２０１０年から２０１４年までにアメリカのＯＰＥＣ諸国からの原油輸入量は3分の１に減少したが、２０１９年には２０１４年の半分になる見込みである。[2] 一方、アメリカの原油輸出量は

２０１０年から２０１４年までに４分の３ほど増加し、２０１９年には２０１０年当初に比べ約３６０％増となり、サウジアラビアを上回る勢いである。[3] サウジアラビアにとって、輸出能力が伸びているアメリカの石油産業はアジア市場における商業上のライバルであり、米・サウジ関係全体を複雑なものにしていた。

しかし、２０１４年後半にサウジアラビアが抱えていた問題は、より中東に限定されたものでもあった。サウジアラビアはシリアの反体制派を強力に支援していたが、ライバルであるイランとロシアが支援するシリア政権は無傷のままであった。ロシア、イラン両政府とも石油収入に依存していたため、原油価格の下落は、両国にシリアから手を引かせる道を開いた。２０１５年初めに『ニューヨーク・タイムズ』紙が伝えたところによると、あるサウジアラビアの外交官は、「石油がシリアに平和をもたらすのに有効なのだとしたら、サウジアラビアが取引に応じないわけがない」と断言したという。[4]

サウジアラビアの動機が〔シェールオイル対策、シリア問題の〕いずれに重きを置いていたにせよ、価格下落はいずれの目的も達成しなかった。シェール生産量は減少したが、多くの赤字シェール企業は、低利融資を存分に活用して事業を継続することができた。シリア問題では、ロシアもイランも躊躇しなかった。実際、ロシアはＯＰＥＣの決定から10カ月後にシリアに軍事介入した。一方、サウジアラビアが重大な懸念を抱いていたイラン核合意が成立し、イランの石油輸出に科されていた多くの制裁が解除されたことで、イランの石油収入は大幅に増加した。

当然のことながら、米・サウジ関係は、こうした原油価格戦争《ウォー》、両国によるシリア対応の失敗、イランへの対応をめぐる足並みの乱れなどが重なって悪化した。２０１６年4月、９・11に関してアメリカ市民がサウジアラビア政府を提訴できる法案を米連邦議会が可決した場合、サウジアラビア政府は米国債のポートフォリオを売却せざるをえないと脅した。議会が法案を可決すると、オバマ大統領は拒否権を行使したが、議会によって覆された。同月、サウジアラビアのムハンマド・ビン・サルマン副皇太子（翌年6月に皇太子に昇格）は、脱石油依存の計画〔ビジョン２０３０〕を発表した。[5] アメリカにとってサウジアラビアがもはや以前ほど不可欠な存在ではなくなりつつあることを思い知らせるかのように、米財務省は翌5月、過去40年にわたって公表を避けてきたサウジアラビアが保有するドル資産の詳細を公表した。

これとは対照的に、２０１６年後半からサウジ・ロシア関係は目に見えて改善した。シェールが石油市場で不動の地位を確立したことから、ＯＰＥＣとロシアは原油価格がふたたび高騰することを望んだ。２０１６年9月、ウラジーミル・プーチンとサウジアラビア国王は石油協力で合意した。その3カ月後、ＯＰＥＣとロシアは、ＯＰＥＣプラスと呼ばれる新しいカルテルを結成し、減産を行うことで合意した。２０１７年10月、サウジアラビア国王は国賓として初めてモスクワを訪問し、両首脳は、サウジアラビアからロシアのエネルギー事業への投資や、ロシアからサウジアラビアへの地対空ミサイルの売却などについて合意した。

しかし、この同盟は常にその倒錯した論理の罠にはまりやすかった。サウジアラビアとロシアは、シェールに対抗して原油価格を押し上げるために手を組んだものの、かえってシェールオイル生産者たちを助けることとなったのである。しかもガスについては、両国の利害は一致していなかった。サウジアラビアは天然ガスを輸出していないが、ロシアは世界有数の天然ガス輸出国である。海上輸送で輸出されるアメリカのシェールガスは、パイプラインとタンカーの両方で輸送されるロシアの天然ガスと競合する。予想どおり、OPECプラスがアメリカの石油生産者にもたらす付随的な利益をプーチンが容認するかどうかは、ヨーロッパにおけるロシアのガス利権にたいしてアメリカの政治家がどのように行動するかが決め手となった。プーチンに「一線を越えた」と思わせたのは、2019年12月、米連邦議会がロシアとドイツを結ぶバルト海海底のノルドストリーム2の建設に関わる企業に新たな制裁を科したときである。これによって、全長1230キロのパイプラインのうち約150キロの建設を残したまま、工事請負業者は作業の中断に追い込まれた。

それからわずか数週間後に起こったCOVID−19の危機により、サウジアラビアとロシアの石油同盟はたちまち崩壊した。中国における石油需要は落ち込み、原油価格が下落しはじめると、プーチンはこの機会を捉えてシェールオイル産業に大打撃を与え、シェールガス企業のヨーロッパ市場での競争力を削ぐことができると考えた。一方、サウジアラビアにとって中国は最大の顧客であり、急激な原油価格の上昇はきわめて重要であった。プーチンに〔協調減産への協力を〕拒否されたサルマン皇太子は、2020年3月7日から8日にかけての週末、残された需要を確保しようとサウジアラビア産原油を市場に大量に供給することを決めた。この決定によって原油価格は暴落し、アメリカのシェール産業は将来が危ぶまれる状況となった。これを受けて、アメリカ、サウジアラビア、ロシアは、原油価格に一定の下限を設けることに初めて合意した。報道によると、サルマン皇太子を引き下がらせるため、4月2日、トランプ大統領は皇太子に電話をかけ、もし応じなければ、サウジアラビアへの軍事支援を打ち切る法案が議会で可決されるであろうと伝えたという[6]。

地政学的には、アメリカがより大きなエネルギー力を獲得し、世界の三大産油国のあいだの関係がさらに複雑化したこともあり、世界はここ10年でますます不安定化してきた。一方、アメリカとロシアは、19世紀末から20世紀初頭にかけて石油をめぐって争ったように、ヨーロッパへの天然ガス供給をめぐって争うようになった。アメリカのパワーのこの構造的変化がもたらす破壊的な力を知るには、冷戦期を通じたそのパワーの物語を振り返ってみる必要がある。そこには、アメリカがその軍事力の絶頂期においてすら、中東で首尾一貫した地政学的影響力を行使するのに苦労した理由や、ロシアのエネルギー力がＮＡＴＯを構造的に分断する地政学的状況の根強い特徴となっている理由が見て取れる。

分断されたユーラシア

１９４５年以降の世界において力（パワー）を構成するものが、核兵器、海運の自由を守ることのできる海軍、諸外国が輸入のために必要な国際準備通貨、そして国産原油であるとするならば、アメリカはそれらすべてを備えていた。戦後ユーラシア世界を安定化させるため、ローズヴェルト、トルーマン両政権は当初、この力を展開する際にドルを頼りにしていた。第二次世界大戦中、ローズヴェルト政権はドルを基軸とする国際通貨体制の確立をめざした[7]。１９４４年のブレトンウッズ会議で、アメリカの交渉責任者であったハリー・デクスター・ホワイトは、ドルだけを金に交換可能な通貨とし、他の通貨をドルに固定することを主張した。ドルの優位性を確保すべく通貨の金属的基礎を要求することで、アメリカの同意なしに他国が大幅な通貨切り下げを行うことを阻止したいと考えたのである。[8] 実際、アメリカは、自国通貨の維持を図る国にたいして国際通貨基金（ＩＭＦ）による信用供与が行われる際に、その国がドルを入手する条件をコントロールすることができると考えていた。[9] ホワイトは、地政学的な観点からドルへのアクセスを制限することも望んだ。ソ連にはクレジットライン（信用供与枠）を与えるが、アメリカ財務省がその国の工業を叩き潰したいと考えているドイツと日本にはそれを与えないというものである。

しかし、そのような金融力への依存は、１９４５年の軍事的現実をほとんど考慮していなかった。ローズヴェルトは、アメリカがユーラシアへの軍事介入をいつまでも続けることを望まず、米軍部隊を2年以内にヨーロッパから撤退させることを約束した。ローズヴェルトはその年のヤルタ会談で、同盟、勢力圏、勢力均衡といったものから解放された世界の実現を望んだ。[10] それらに代わり、戦勝国であるアメリカ、ソ連、イギリス、中国の4カ国が世界で起こる諸問題を集団で取り締まる安全保障の仕組みがなければならないと考えたのである。しかし、この集団安全保障の原則では、ソ連を東ヨーロッパから撤退させることができなかった。同じことがアメリカの金融力についても言えた。ハリー・トルーマンが大統領に就任し、ソ連への融資を打ち切ると、スターリンにはＩＭＦに加盟しつづける動機がなくなったからである。[11]

ソ連の膨張を防ぐことができなかったトルーマンとその後継者たちは、競争相手であるソ連を戦争に訴えずに封じ込める道を選んだ。冷戦の当初数年間は、ソ連による東ヨーロッパの支配とドイツの東西分断を受け入れ、西ヨーロッパと朝鮮半島の38度線以南を守り、中東への出入り口となる地中海

への ソ連の進出を阻止した。中東の国イランがソ連の影響圏に入ることを恐れていたからである。[12] しかし、アメリカ単独でそれに対応するには軍事的にも経済的にも負担が大きすぎるとトルーマンには思われた。地中海は本来イギリスの守備範囲である。ところが1947年初頭の時点で、イギリスはもはやギリシャ、トルコ両政府への経済・軍事援助を続ける余裕がなくなっていた。この任務をアメリカが引き継ぐことを正当化するため、トルーマンは連邦議会でトルーマン・ドクトリンを発表し、「自由な諸国民」はアメリカの経済援助によって守られることを期待してよいと宣言した。

トルーマン政権は当初、戦後西ヨーロッパの安全保障の実質的基盤として、軍事同盟ではなく、マーシャル・プランによる経済援助にふたたび頼った。アメリカの核の傘を背景としつつ、西ヨーロッパの経済復興に資金を注ぎ込むことで、ソ連の軍事的脅威を退け、イタリアとフランスで共産党に流れが傾くのを防ぐことができるとトルーマンは期待していた。しかし彼の望みがかなうかどうかは、その時点ではまだ存在していなかった西ヨーロッパの政治状況次第であった。マーシャル・プランを成功させるには、独立し繁栄する西ドイツを中心とする西ヨーロッパの経済統一がなされなければならないとトルーマン政権は判断した。その点で西ドイツは、第一次世界大戦後のドイツ、あるいはローズヴェルト政権期に米財務省が想定していたドイツの立場とはまったく異なる扱いを受けることとなった。アメリカは借款ではなく直接援助によって資金を提供し、賠償金要求や債務返済から西ドイツを守るのである。またアメリカは、その資金力を用いて他の西ヨーロッパ諸国に圧力をかけ、西ドイツとともに関税同盟を軸とする経済的な連邦（フェデレーション）ないし連合（コンフェデレーション）を結成するよう働きかける。[13][※] 西ヨーロッパ諸国は経済的にも地政学的にも弱く、共通の敵に直面するというのが、その政治的ロジックであった。こうした政治的混乱状況を解決するための歴史的方策は、1776年にアメリカ国民自身が体現したように、連邦へとつながる連合を組織することであった。[14]

そのような政治的動きをアメリカの思いどおりに実現することは不可能であった。西ヨーロッパ諸国は、マーシャル・プランの条件として、経済連邦計画を策定することを義務づけられていたが、貿易障壁の削減と決済の組織化に関して合意するのがせいぜいであった。ヨーロッパ域外に非ドル建てで貿易上の利益を有していた英仏両政府は、その条件に従うことには消極的であった。英仏にとって、西ヨーロッパの安全保障は、経済連邦ではなく、ドイツとソ連を平和への脅威と認めるアメリカとの軍事同盟に依拠するものでなければならなかった。[15] 1948年、イギリス、フランス、ベネルクス三国の政府は、最終的にアメリカを説得して参加させることができると踏んで、相互防衛条約である西ヨーロッパ同盟（Western European Union）を創設することに合意した。ソ連のベルリン封鎖によってトルーマンが考えを変えたとき、彼らの正しさが証明された。その結果として生まれたのがNATOであり、アメリカはカナダとともに、西ヨーロッパ同盟の5カ国に加え、デンマーク、アイスランド、イタリア、ノルウェーおよびポルトガルへのいかなる攻撃にも対応する条約上の義務を負うこととなった。[16]

NATOはアメリカにとって大きな転換点となる。アメリカは初めて、平時のユーラシア同盟に深く関与することとなったのである。北大西洋条約機構というNATOの名称そのものが、西半球とユーラシア大陸の一部のあいだの区別を曖昧にすることで、この地政学的変化をかえってわかりにくくした。しかも、イタリアとポルトガルの加盟は、北大西洋を対象範囲に含めるべくモンロー・ドクトリン（モンロー主義）が再定義されたのだという考えを否定するものであった。ＮＡＴＯは発足当初から、在欧米軍基地を含む同盟の軍事的関与のコストをどこが負担するのかという難題を抱えていた。原則としては、各加盟国が国内総生産（ＧＤＰ）の割合に応じて費用を分担することとなっていた。だが実際には、財政破綻寸前の西ヨーロッパ諸国が実際に拠出した額は、約束した拠出額を下回っていた。[17]

ＮＡＴＯは長期的な地理的・財政的断層とともに、西ドイツの安全保障という差し迫った課題を未解決のまま残した。1951年に欧州石炭鉄鋼共同体（ＥＣＳＣ）が創設されたことで、独仏和解の基礎がある程度固まった。実際、ＥＣＳＣは、その積極的な提唱者からすれば、ルール地方におけるドイツの石炭資源と鉄鋼業を超国家的な管理のもとに置くことで、フランスと西ドイツの戦争を不可能にすることを想定していた。しかしそれは、ソ連にたいする西ドイツの立場をどうするかという問題を未解決のまま残すこととなった。折しも（その前年に）朝鮮戦争が勃発し、トルーマンは西ドイツを再軍備させなければならないという思いを強くした。しかし、ＮＡＴＯの構造上、西ドイツをＮＡＴＯに加盟させるには、完全な主権を持つ西ドイツの国軍が必要であった。これを快く思わないフランス政府は、結果的に実現しなかったものの、対案として欧州防衛共同体（ＥＤＣ）を提案した。[18]

※〔訳注　連邦（federation）は諸国家が一定の主権を共通の組織体に移譲するのにたいし、連合（confederation）は諸国家がそれぞれの主権を保持しつつ共通の目的のために結合するものである〕

しかしこの対案は、加盟国がそれぞれ自国の軍隊を直ちに超国家機構の指揮下に置くこととし、政治統合への移行を長期的な目標に掲げるものであったが、イギリスはこれに見向きもしなかった。1952年、フランス政府はECSCの他の5カ国とEDCの設立に合意した。ところがその2年後、アメリカの強い圧力にもかかわらず、フランス国民議会はEDC条約案の批准を否決した〔訳注 国家主権の縮小を懸念するド・ゴール主義者たちの強い反対による〕。ドワイト・アイゼンハワーは西ドイツの再軍備について譲歩するつもりはなく、西ドイツは代わりにNATOに加盟せざるをえなかった。

1955年〔訳注 同年6月に西ドイツが加盟〕までに、NATOは西ヨーロッパの安全保障の枠組みを提供したが、その基盤はぐらついていた。西ヨーロッパの安全保障連邦にとってはヨーロッパ域内の地政学的緊張はあまりにも強すぎ、加盟国間で防衛費の分担に偏りがあるNATOはアメリカがかなりの費用を負担しており、冷戦がヨーロッパ域外にも拡大しつつある時代にアメリカの核の傘を受け入れることは西ヨーロッパにとって大きなリスクとなった。ヨーロッパ内部では、関税同盟であれ防衛共同体であれ、連邦化の最も強力な根拠が安全保障であったとすれば、NATOはこの政治的ロジックを不要なものにした。しかし、安全保障へのアメリカの関与が信頼できないとなれば、ヨーロッパ連邦に残された唯一の根拠は経済的なものとなる。1960年代、ド・ゴールはこの難問を克服しようとして失敗した。その結果、1990年代に単一市場と部分的な通貨統合によって経済連邦に近いかたちで欧州連合が誕生したものの、安全保障面では本質的に不安定性を抱えるNATOへの依存が続いた。

★★★

第二次世界大戦が終結してから数十年と経たないうちに、石油は世界で最も重要なエネルギー源となった。１９５０年に世界のエネルギー消費量に占める石油の割合は約20％であったが、１９６０年になると27％、70年には40％にまで拡大した。[19] アメリカでは、１９５０年までに石油が石炭を抜いて最大のエネルギー源となり、50年から70年までのあいだに石油の総消費量は倍増した。[20] フランスでは、１９７０年までにエネルギー消費量全体のうち石油が5分の3以上を占め、イタリアでは約4分の3を占めるようになった。[21] 二度の世界大戦と戦間期において、石油は軍事力にとって重要であったが、１９５０年代以降は国内経済と日常生活、とりわけ交通手段にとって重要となった。アメリカでは１９２０年代に自動車保有率が高水準に達したが、ヨーロッパ諸国がそれと同等の水準に達したのは60年代に入ってからであった。[22]

石油がこれほど大量に消費されるようになるはるか以前から、国内供給の乏しい西ヨーロッパ諸国がどこから石油を輸入するかということが、地政学的にきわめて重要な問題となっていた。冷戦が始まると、ポーランドがソ連の支配下に置かれ、ポーランドからの石炭輸入が当てにできなくなったことから、トルーマン政権は西ヨーロッパ諸国政府に石油の使用を増やすよう奨励した。しかし、西ヨーロッパ諸国が平時から石油への依存度を高めることにはリスクが伴った。トルーマンとその顧問らは、西ヨーロッパのエネルギー供給源をコントロールしたいと考えた。西ヨーロッパや日本がソ連の石油を受け入れることを望まなかったトルーマン政権は、１９４９年にソ連からの石油輸入を禁止した。[23]

しかしトルーマンは、西ヨーロッパと日本が以前のように西半球からの輸入に頼ることも望まず、サウジアラビア、ソ連、イラン、イラクに最大級の埋蔵量がある世界において、アメリカが使用する石油は国産やベネズエラからの供給で賄いたいと考えた。[24] その結果、西ヨーロッパは中東からの石油に依存することとなり、アメリカはただ最後の供給国としての役割を果たすだけとなった。[25]

この戦略は、中東から西ヨーロッパと日本へ石油を輸送するインフラをアメリカが支援することを前提としていた。日本の場合、ペルシャ湾を通るタンカーが唯一の選択肢であった。しかし西ヨーロッパについては、トルーマン政権は、サウジアラビアからシリアを経由してレバノン沿岸のサイダ（シドン）に石油を運ぶための新しいパイプライン（タップライン、別名アラビア横断パイプライン）の建設も支援した。タップラインは、完成すると同時に、イラクから東地中海沿岸を走るイラク石油会社の古いパイプライン網を補完した。

中東から西ヨーロッパに供給される石油は、ドルの優位性をめぐる問題も引き起こした。イギリスはイラクとイランにあるイギリス企業から英通貨ポンドで石油を購入することができたため、イギリスの政治家たちは、スターリング・オイル（ポンド建てで購入した石油）がイギリスの国際収支にとって重要な緩衝材となることをはっきりと認識していた。[26] 西ヨーロッパ諸国がドル不足に陥っていたことを考えると、スターリング・オイルはイギリス以外の国々にとっても魅力的であった。西ヨーロッパ諸国が中東のアメリカ企業から石油を買うにはドルが必要であった。したがって、石油の購入に必要なドルを提供することが、マーシャル・プランの理由の一つであった。おそらくマーシャル・プランによる援助の約20％は、何らかのかたちで石油の支払いに充てられていた[27]。

しかし、戦後アメリカのユーラシア構想には根本的な断層があった。トルーマンからリンドン・ジョンソンまでのアメリカ大統領は、中東を冷戦の舞台と考えていながら、米軍部隊を中東に駐留させることも、海軍を重要任務でペルシャ湾に派遣することも望まなかった。彼らは、アメリカが軍事的に深入りしすぎて国民から不興を買うことを恐れていたため、中東ではイギリスに帝国を維持してもらう必要があった。折しもそのイギリスは、インドの独立により、ペルシャ湾の秩序維持のために歴史的に頼りにしてきた軍事的資源を失う羽目に陥っていた[28]。この冷戦初期の時点で、ソ連との戦争を想定したアメリカの計画では、エジプトのイギリス空軍基地は航空攻撃の拠点とされていた[29]。そのため、トルーマンはイギリスによるアブ・スウェイラ空軍基地（スエズ）の建設を資金面で援助した。しかし、アメリカ政府は同時に、イギリス帝国が中東でプレゼンスを維持することの悪影響についても憂慮していた。そのため、トルーマンの後任であるアイゼンハワーは、イギリスに矛先が向けられたアラブのナショナリズムを何とか取り込もうとした。１９５３年にエジプトでガマル・アブデル・ナセルが政権を握ると、アイゼンハワーはアメリカの資金力を利用してイギリスにスエズ運河地帯からの撤退とアブ・スウェイラ基地の閉鎖を迫った[30]。その後、ナセルのエジプトがソ連に接近したとき、アイゼンハワーにできたことといえば、イラン、イラク、パキスタン、トルコとの反ソ軍事同盟の結成をイギリスに働きかけるくらいであった。ただし、このバグダッド協定にアメリカが参加する意思は、アイゼンハワーにはなかった。

１９５０年代にはトルコの存在も、アメリカのユーラシア・アプローチにとって今日まで続く頭痛の種となった。1946年にスターリンがダーダネルス海峡をソ連とトルコで共同支配することを認めるようトルコ政府に最後通牒を突きつけると、トルーマンはアメリカ艦船を地中海に派遣し、航空作戦の計画を承認した。ギリシャとトルコへの援助が必要な理由についてトルーマンは美辞麗句を並べ立てはしたが、実のところは、現実的なエネルギー事情を優先したものであって、トルーマンはこうした地中海への関与について非公式に「よく地図を見てみろ」と述べたという[31]。トルーマンからすれば、中東に石油を求めるソ連に対抗するための防波堤として、ギリシャとトルコを守る必要があったが、実際には、スターリンはギリシャの共産主義者を唆《そそのか》すようなことはほとんど何もしていなかった。偶然にも、トルーマンがギリシャとトルコへの援助を連邦議会に要請した同じ日に、アメリカの四大石油会社がアラムコへの共同出資に合意した[32]。

しかし、冷戦が中東にまで拡大すると、トルコがNATOに加盟していなかったことから、西ヨーロッパを中心とする安全保障同盟の限界が露呈した。1952年、トルーマン政権はトルコとギリシャをNATOに加盟させることによってこの問題を解決した。しかしこの動きは、ヨーロッパのNATO加盟国のなかに、西ヨーロッパの安全保障と中東の安全保障とのあいだに一線を引くことを望む国があるなど、NATO内部で激しい対立を生んだ。以来、次章で述べるように、多くのヨーロッパ諸国がNATO加盟国としてトルコを防衛する意思を持っているのかどうかが、常に疑問とされてきた[33]。

こうしたちぐはぐさはありながらも、アメリカが中東から軍事的に手を引くからといって、必ずしもこの地域でアメリカが強制力を放棄することにはならない。実際、それはありえなかった。結局のところ、表向きは否定されてはいるが、国外の諜報活動に従事する権限を持つＣＩＡがトルーマンによって設立され、中東での活動を活発化させた。タップラインをシリア経由で通す合意の批准がシリア議会で否決されると、ＣＩＡはクーデターを画策してシリア政府にパイプライン建設を進めさせようとした。[34] イランにおいてアメリカによるイギリスへの支援を拡大するために働いたのもＣＩＡである。イランのモハンマド・モサデグ新首相が１９５１年にアングロ・イラニアン石油会社を国有化し、利権契約を打ち切ると、イギリスはペルシャ湾を封鎖し、イランの石油輸出を阻止した。トルーマン政権は妥協案を示して収拾を図ろうとしたが、アイゼンハワーは、ＣＩＡをイギリスの諜報機関とともに行動させ、モサデグを権力の座から引きずりおろすべきだという助言に従った。[35] 短期的には、この介入のためにアイゼンハワー政権は、イランの国営企業との新たなコンソーシアムにアメリカ企業をねじ込み、イランの石油部門を再建しなければならなかった。長期的には、この介入はアメリカとイランの関係を急激に悪化させ、中東はアメリカにとってさらに大きな戦略的重荷となった。[36]

大西洋の断層

アメリカは米軍の存在しない地域から同盟国への石油の供給を保証する役割を果たさなければならないという緊張感を常に抱えていたが、そうした状況下で１９５６年に重大な地政学的危機が勃発し、その影響は後々まで尾を引くこととなる。[37] 戦後イギリスの国力衰退を示す象徴的な出来事として語られることの多いスエズ危機は、アメリカが同盟国への最後の石油供給国として必ず行動するという考えを打ち砕き、西ヨーロッパにソ連の石油がふたたび流れ込むきっかけとなり、アメリカは中東から軍事的に手を引くことができるという歴代アメリカ大統領が抱いていた幻想を吹き飛ばした。

スエズ危機は、ナセルがスエズ運河を国有化し、イスラエル船舶の通航を禁止したことから始まった。1956年当時、西ヨーロッパの石油の約70％はペルシャ湾からスエズ運河を経由して運ばれていた。時のイギリス首相アンソニー・イーデンは直ちにアイゼンハワーに書簡を送り、ナセルが引き下がらなければ、武力で彼を阻止すべきであり、運河が閉鎖された場合には、「一時的にそちらの側からの（石油の）補完的な供給が必要になるかもしれない」との考えを伝えた。[38] アイゼンハワーはこれに返答し、あらゆる平和的手段が尽くされたことが完全に証明されないかぎり、「西側同盟国にたいするわが国の国民感情に非常に深刻な影響を与えかねない反応が起こり」、その影響は「最も広範囲に及ぶ」可能性が高い、と述べた。[39] 1956年10月、イギリス、フランス、イスラエルの3カ国がエジプトにたいして一方的に軍事行動を開始すると、大統領選挙を数日後に控えたアイゼンハワーはこれに猛反発した。スエズ運河が封鎖され、イラク石油会社のパイプラインがシリア軍によって破壊され、サウジアラビアがイギリスとフランスへの禁輸措置を実施するなか、アイゼンハワーはアメリカの緊急プログラムからの物資放出を拒否した。[40]「自分の石油は自分で生み出せばよい」とアイゼンハワーは言った。[41] いつもポンド建てで石油を購入していたイギリスは、西半球からドル建てで輸入する必要に迫られた。ニキータ・フルシチョフが、ハッタリとはいえイギリスとフランスを核攻撃すると脅したとき、アイゼンハワー政権の財務省は、イギリスがIMF枠からドルを引き出せないようにした。[42] イギリス政府は、フランス政府やイスラエル政府に何の相談もなく、直ちに軍事行動を停止した。

アメリカの中東アプローチは、西ヨーロッパの中東への石油依存を助長し、イギリスの軍事力に依存し、中東におけるイギリスの帝国支配を終焉させようとしていたアラブのナショナリズムを容認するものであったが、スエズ危機によってその矛盾が必然的に露呈した。その後、アイゼンハワーは、より保守的なアラブ諸国を通じてアメリカの影響力を取り戻そうとした。アイゼンハワー・ドクトリンのもと、イラクと同盟関係にあるサウジアラビア国王は、地域のリーダーとなり、急成長するエジプト＝シリア枢軸に代わるアラブの基軸を提供することが期待された。[43] しかし、急進的なアラブ・ナショナリズムを国家の枠内に封じ込めることはできなかった。1958年2月、エジプトとシリアはアラブ連合共和国という政治統合を実現した。その後数カ月のうちに、サウジアラビア国王はより過激な皇太子を首相に任命せざるをえなくなり、イラクの軍人グループは王政を転覆し、エジプトとシリアの新連合国家はイラクの新政府と手を結んだ。イラクにあった基地を失ったイギリス軍は、トルコから空路でペルシャ湾まで行くことができなくなり、紅海の東の入り口にあるアデンの作戦基地に頼らざるをえなくなった。[44] イギリスのプレゼンス低下に伴い、アイゼンハワーはベイルートの親米政権を支援するためにレバノンに軍の派遣を命じ、中東で軍事力を行使した最初のアメリカ大統領となった。[45] しかし、これは戦略の変更というようなものではなく、混乱する事態への反応にすぎなかった。その後の10年間、アメリカの政策は、イギリスを湾岸の小さな保護領とアデンの拠点に留まらせることにますます重点を置くようになった。

スエズ危機は、ＮＡＴＯの結束力にも長期にわたる深刻なダメージを与えた。アメリカの行動にたいする西ヨーロッパの失望感は深まった。西ドイツのコンラート・アデナウアー首相は、英仏の軍事行動を「ヨーロッパのレゾンデートル（存在理由）を賭けた行為」と評した[46]。スエズ危機の際のアイゼンハワーの行動は、欧州経済共同体（ＥＥＣ）と欧州原子力共同体（ＥＵＲＡＴＯＭ《ユーラトム》）の創設に向けた首脳間の会合を加速させた。ＥＥＣとＥＵＲＡＴＯＭの推進に向けてフランスを決定的に関与させられると考えたアデナウアーは、パリに赴き、フランスのギー・モレ首相に支持を伝えた。イギリスのイーデン首相がモレに電話をかけ、自分はアイゼンハワーの圧力に屈したと話した後、アデナウアーはモレに、「無駄にしている時間はない。ヨーロッパが貴殿らの雪辱を果たす」と語った[47]。

しかし、スエズ危機により、安全保障をめぐる西ヨーロッパの分裂が浮き彫りとなり、連合も連邦も実現困難となった。フランス第四共和制政府は、自国の安全保障・技術の対米依存を低減するため、フランスは核兵器を持つ必要があるとの判断に立ち至った[48]。１９５６年までにフランスはすでに核開発に着手しており、それを完成させる手段をＥＵＲＡＴＯＭに求めていた。これとは対照的に、アデナウアーはＮＡＴＯの存在を脅かすことなくヨーロッパの防衛力を強化することを望んでいたが、それはイギリスを新しいヨーロッパの連合ないし連邦に参加させることを意味していた。しかし、イギリスのハロルド・マクミラン政権は、ＮＡＴＯの存続を望みながらも、欧州関税同盟に加盟する意思はなかった。

こうしたスエズ危機以降の軋轢は解消されなかった。フランスの政策はシャルル・ド・ゴールが指導力を発揮し、ますます対決姿勢を強めた。ド・ゴールは地政学的にも経済的にも米英両国から距離を置こうとし、１９６６年にはＮＡＴＯの統合軍事機構からのフランスの脱退を決め、イギリスがＥＥＣに加盟を申請した際には二度にわたって拒否権を発動した。ド・ゴールはまた、ＥＥＣ諸国を安全保障連合（security confederation）に移行させようとした。しかしこれは、その後も続く理由から失敗に終わる。ド・ゴールのみるところ、冷戦によってヨーロッパが米ソの核対立に翻弄されているかぎり、ヨーロッパの安全保障はありえなかった。しかし、アデナウアーをはじめとするＥＥＣ加盟国の指導者たちからすれば、ＮＡＴＯとアメリカの核の傘なくして安全保障はありえなかった。その結果、１９６０年代のＥＥＣは、一方でド・ゴールが容認した共通農業支援制度を持つ関税同盟として存在しながら、他方でド・ゴールが容認しなかったＮＡＴＯに安全保障を依存するという立場のはざまで身動きが取れない状況が続いた。

こうしたジレンマの原因をつくったのがフランスであるとすれば、逆の役割を果たしたのがイギリスである。スエズ危機後のマクミラン政権がとった対応は、ワシントンとの関係修復を図ることであった。そのマクミラン政権も、核兵器の保有が必要であるとの教訓を得て、その答えをアメリカとの二国間協力に求めた。ＥＥＣについて言えば、マクミランは、イギリスの利益はイギリスが主導する欧州自由貿易連合（ＥＦＴＡ）とＥＥＣとのあいだの自由貿易協定にあると信じていた。１９５８年から61年にかけて、マクミランは西ヨーロッパからのイギリス軍の撤退という脅しを繰り返し、ＥＥＣにその安全保障上の弱みを突けば自由貿易協定を呑ませることができると誤解していた。[49]ジョン・Ｆ・ケネディ大統領の時代に、イギリスにとってスエズ危機後のこれら二つの問題が結びついた。ド・ゴールの野心を恐れたケネディは、ＥＥＣへの加盟を申請するようマクミランに働きかけた。[50]しかし、１９６２年のナッソー協定でイギリスに潜水艦発射型弾道ミサイル・ポラリスを供与したことで、ケネディは、イギリスのＥＥＣ加盟申請はヨーロッパにおけるアメリカの利益を図るための「トロイの木馬」だと非難する格好の口実をド・ゴールに与えてしまった。

フランスがＮＡＴＯの指揮系統から外れ、イギリスがＥＥＣから除外されたことで、１９６０年代半ばまでに西ヨーロッパの地政学はスエズ危機以前よりもさらに不透明となった。[51]ＥＥＣはその構造上、安全保障問題を内部で解決できない不完全な経済連邦（economic federation）となり、加盟国のうちの一国が部分的に拒否した対外安全保障同盟に依存することとなった。フランスでド・ゴールが大統領職を退いた後、ＥＥＣから改称した欧州共同体（ＥＣ）にイギリスが加盟する道が開かれた。しかしフランスは、冷戦終結までＮＡＴＯの軍事指揮系統の外にとどまった。

★★★

スエズ危機がエネルギーに及ぼした影響もきわめて重大であった。アメリカの拒否に遇って、フランスはふたたびエネルギーの自立をめざすようになった。１９４５年以降、フランス政府は仏領アフリカにおける石油・天然ガス探査を強力に支援した。１９５６年には、アルジェリアで石油が発見された。一時期フランスは、アルジェリアの石油によってＥＥＣ全体を中東への依存から脱却させ、アメリカとのパワーバランスを改善することができると期待したものの、フランスが武力によるアルジェリア統治を続けるには、アメリカの暗黙の同意が必要であった。[52]フランスは、アルジェリアを自国の法的な一部としてＥＣＳＣに加盟させることまでは求めなかったが、アルジェリアと他のフランス国外領土をＥＥＣに加盟させるべきことを主張した。この要求が通れば、フランス企業が生産するアルジェリアの石油はEECに開放されることから、他の加盟国はフランスが北アフリカの植民地を維持することに関心を持つようになった。[53] しかしその要求は1962年にフランスがアルジェリア撤退を余儀なくされたためにかなわなかったが、ド・ゴールはアルジェリア独立に関するエヴィアン協定でフランスのエネルギー権益を守り、フランスはサハラ砂漠の油田にたいする支配権を獲得した。

イギリス政府もスエズ危機後に新たなエネルギーの選択肢を模索し、イギリス初の原子力計画に着手するとともに、現在のBP（旧アングロ・イラニアン石油会社）にアラスカを含む西半球において石油探査を行うよう奨励した。[54] とはいえ、イギリスは中東において依然としてヨーロッパのどの国よりも強い立場にあった。1957年までイギリスは石油の5割を保護領であったクウェートから輸入していたが、その輸入が英ポンド建てであったことは重要である。[55] アラブ・ナショナリズムが拡大し、アメリカの東南アジアへの関与が深まるにつれ、中東におけるイギリスの軍事的プレゼンスは、ワシントンからみてその重要性が低下するどころか、ますます高まっていった。スエズ危機によって明らかとなったのは、西側の石油保証を維持するうえでイギリスが無用の存在になり果てたということではなく、むしろ、イギリスが中東において軍事的に行動する能力は、ポンドが弱くなればきわめて脆弱なものとなるということであった。次の危機が訪れたとき、アメリカはイギリスを頼りにできなくなるリスクがあった。リンドン・ジョンソンは、1964年末、イギリスがペルシャ湾岸に留まることを約束するのと半ば引き換えに、英ポンドを支援するための緊急融資を承認したが、それはまさに60年代末に起こる事態を予見するものであった。[56]

スエズ危機が長期的にもたらした最も重大な影響は、西ヨーロッパ諸国が受け入れていたソ連産原油の輸入禁止が決定的に崩れたことである。スエズ危機以前から、イタリアの国営石油会社ＥＮＩは、輸出中心の石油産業を再建しようとするソ連のフルシチョフ首相の決断を好機と捉えていた。１９５８年、ＥＮＩは大規模な石油取引の交渉を開始した。[57] イタリアは間もなく、オーストリアと西ドイツに次いで、この新たなソ連市場に参入した。[58]

西ヨーロッパがソ連産原油に頼るようになると、また新たな危機がＮＡＴＯを襲った。ソ連産原油を東ヨーロッパ、さらに中央ヨーロッパへと運ぶドルジバ（友好）パイプラインの建設に着手したソ連は、西ヨーロッパの企業から太径鋼管を調達する必要があった。アイゼンハワーは、ＮＡＴＯ加盟国経由の鋼管輸出を禁止しないことに決めた。しかし、ソ連の石油輸出能力が高まれば高まるほど、アメリカの政治家たちは警戒感を強めていった。米上院では、後に１９６８年の民主党大統領候補となるヒューバート・ハンフリーが、ソ連の石油輸出は「われわれが直面している主要な脅威の一つであり、おそらく軍事攻撃の脅威よりも危険である」と述べた。[59] １９６２年後半、ケネディはキューバ危機に際して、ソ連が必要とする太径鋼管を販売しないよう西側企業に要請した。この政策にイタリア政府から一定の協力を得るため、ケネディ政権はイタリアにより安価な石油を提供するようアメリカ企業に働きかけなければならなかった。[60] 西ドイツにはアメリカ軍が駐留していたことで、ボンの政府には圧力をかけやすかったものの、政府に禁輸措置の拒否を余儀なくさせるような決議の成立を阻止するには、ドイツ連邦議会でキリスト教民主同盟（ＣＤＵ）の議員全員が退席する必要があった。[61] ソ連の石油に直接的な利害関係がさほどなかったイギリス政府でさえ、アメリカの独断的な政策を受け入れることにはきわめて慎重であった。[62] 禁輸措置は案の定失敗に終わり、パイプラインの建設がおおよそ1年遅れただけで、結局ジョンソン政権によって放棄された[63]。

西ヨーロッパへのソ連産原油の輸出により中東はさらに不安定化した。西ヨーロッパ市場のシェア縮小に直面したアメリカの石油会社は、アラブ諸国政府に相談なく価格を引き下げた[64]。これに激怒したサウジアラビア、イラン、イラク、クウェート、ベネズエラは、OPECを結成した[65]。減産によって価格を押し上げるOPECの能力は、少なくとも新たな石油の発見によって当初は制約されていたが、1970年代から中東の三大産油国は石油市場を再編する集団的政治行動の基盤を確立したのである。

1967年のアラブ＝イスラエル戦争〔いわゆる第三次中東戦争〕は、スエズ危機後の断層を浮き彫りにした。ド・ゴールはこの戦争を機に、フランスがワシントンの意のままにならないことを改めて主張し、従来のイスラエル支持をやめて親アラブ政策を打ち出した[66]。対照的に、アメリカの政策は1956年当時よりもイスラエルに協調的となり、エジプトには敵対的となっていた。この方針転換により、ジョンソン政権は、アイゼンハワー政権とは違って、西ヨーロッパに直接石油を供給する最後の頼みの綱として行動するようになった。

とはいえ、西ヨーロッパは中東産原油を調達する際のロジスティクスの問題にいつまでも悩まされることとなる。サウジアラビア産原油を輸送するタップラインはゴラン高原を通っていたが、この高原があるシリア領土は現在イスラエルの占領下に置かれ、パレスチナ側から標的とされている。スエズ運河は1975年まで閉鎖されたままであった。その間に起こった1967年の戦争で、中東におけるイギリスの地位は失墜した。戦争の前年、ナセルの支援を受けた反乱が拡大したため、イギリス政府はすでにアデンからの撤退を表明していた。戦争は反乱を激化させ、南アラビア連邦軍とアデン警察で蜂起が発生した。1967年11月、苦境に陥ったイギリス軍が撤退すると、南イエメン人民共和国がイギリスから独立したが、70年にはソ連の支援を受けた政権が誕生した〔訳注　国名もイエメン人民民主共和国と改称〕。1967年になると、イギリスの軍事的弱体化はポンド安によって拍車がかかった。スエズ運河が閉鎖され、イスラエルを支持する国にたいするアラブ諸国の石油禁輸措置によって、イギリスはドル建てで石油を購入せざるをえなくなり、国際収支がふたたび危機的状況に陥った[67]。イギリスのパワーの実質的な基盤が崩れるやいなや、ハロルド・ウィルソン政権は、1971年末までにスエズ以東のイギリス軍を撤兵させると発表した。イギリスのペルシャ湾からの撤退は、アメリカ政府にとって差し迫った危機であった[68]。しかし、ジョンソン大統領はもはやアメリカの資金力を使ってウィルソン首相の考えを変えることはできなかった。1965年にディーン・ラスク国務長官がウィルソン首相に提案したことであるが、ペルシャ湾岸の英軍を維持する代わりに西ヨーロッパの兵力を削減するという選択肢をイギリス側に提示できればとの望みは、その前年にフランスがNATOの統合軍事機構から脱退したことで雲散霧消した[69]。

この行き詰まりによって、サウジアラビアとイランが中東における西側のエネルギー安全保障にとっての要となった。ジョンソン大統領の国家安全保障担当大統領特別補佐官であったウォルト・ロストウは、大統領宛のメモのなかで、「われわれはイギリス人に取って代わる必要はありませんし、だからといってロシア人にそこに居てほしくもありません。そこで頼りとすべきは、シャーとファイサルです[70]」と述べている。

当初から、この新しいアプローチには危うさがつきまとっていた。アメリカやヨーロッパの大手石油会社が中東に存在していることそれ自体が、ますます政治的に問題視されるようになったのである。1969年、汎アラブ主義を掲げてリビアの政権を握ったカダフィ大佐は、直ちに国内にある米英の軍事基地を閉鎖するや、すぐさまソ連に軍事援助を要請した。ソ連を除く国からの西ヨーロッパへの石油輸出のうち、リビアからの輸出の割合が増加するにつれ、カダフィは価格や収益の分配をめぐって石油会社と争いはじめた。他のOPEC加盟国もすぐに追随し、産油国と石油会社のパワーバランスの逆転を図るべく、産油国側により大きな収益と支配権をもたらす新たな協定を結んだ。OPEC加盟国のなかには、さらに積極的な国もあった。1971年から74年にかけて、アルジェリア〔69年にOPECに加盟〕では政府が国内にあるフランスの石油会社の持分の過半数を取得し、イラクではソ連寄りのバアス党政権がイラク石油会社を国有化し、サウジアラビア政府はアラムコの株式の過半数を取得した。アラムコは1980年にはサウジアラビア政府が完全に所有・運営する会社となった。

一方、中東域内の地政学は、安定した同盟国を求める域外の大国にとって不都合な状態が続いていた。イランでは、1953年のクーデター〔訳注　石油国有化政策を断行したモサデク首相を英米が画策して失脚させた軍事クーデター〕によって反米感情が蔓延していたが、国際的地位が上昇するとともに、イランにたいするアメリカの信頼も高まった。だがそれは、イラクと湾岸南部にたいするイランの領土的野心を助長することともなった。サウジアラビアへの依存を強めることは、1960年代半ばから軍内部の親エジプト派と戦っていたサウジ王家に頼ることを意味した。実際、CIAはジョンソン、次いでニクソンに、サウジアラビア王国で過激な民族主義者のクーデターが起こるおそれがあると警告していた。１９６７年の第三次中東戦争後、ファイサル国王はナセルと和解し、パレスチナ国家の大義を積極的に受け入れた。イランとサウジアラビアの関係は事態を悪化させた。すなわち、アメリカの新しい戦略により、ワシントンはＯＰＥＣで制度化された原油価格と生産量をめぐる湾岸二大国間の対立に巻き込まれることとなったのである。(71)

スエズ危機から10年余り後、西ヨーロッパへのアメリカの石油供給保証と言われるものは一貫性を欠き、不必要な場合もあった。アメリカの大統領は、中東で軍事力を持続的に行使することができず、西ヨーロッパ諸国にソ連の石油に頼るのをやめさせるために金融面での脅しや域外制裁〔訳注　域外的効果を持つ制裁〕をかけることもできず、西ヨーロッパ諸国に湾岸地域からの原油輸入を望むアメリカの期待の最終的な拠り所であったイギリスの軍事的関与が幕を閉じるのを食い止めることもできなかった。１９６８年以降、イラクがソ連陣営に接近したことで、中東におけるソ連の影響力は一段と強まった。いまやイラン国王《シャー》の命運に左右されるところはあまりにも多く、国王の野望はイラクにモスクワからの軍事援助を求めるきっかけを与えるだけであった。

デタント（緊張緩和）

こうした諸国間の亀裂は、アメリカのパワーをめぐる地政学的大変動の一部にすぎなかった。直接の原因はベトナム戦争であった。ベトナム戦争それ自体は、アメリカの大失敗であり、アメリカのパワーに新たな国内政治上の制約を急激にもたらした。しかし、それは同時に、ブレトンウッズに内在する断層はもとより、中東やエネルギーの断層とも交わり、アメリカの冷戦戦略を変化させ、冷戦後の世界にも影響を及ぼした。

スエズ危機と同様、ベトナム戦争でもＮＡＴＯ加盟国間の足並みの乱れが露呈した。アメリカの地上部隊がベトナムに投入されると、ジョンソン政権は英ポンドを支援する見返りにイギリスを参戦させようとして失敗した。また西ドイツを守る駐留米軍の撤退を示唆して脅したにもかかわらず、ボン政府に戦費を援助させることもできなかった。実際、アメリカの圧力は、この問題をめぐってルートヴィヒ・エアハルトのＣＤＵと自由民主党（ＦＤＰ）の連立政権が崩壊するのを促しただけであった。その後、１９６６年にＣＤＵと社会民主党（ＳＰＤ）によるドイツ初の大連立が成立し、70年代に西ドイツがソ連と融和する道筋が開かれ、かつてのドイツもそうであったように、ソ連産エネルギーへの依存が政治的に定着した。(72)

一方、ブレトンウッズ協定がアメリカのドル政策に課した要求により、１９６８年以降のアメリカは損害を最小限に食い止めるためだけの戦争すらほとんど続けることができなくなった。１９４７年にはドルが不足していたが、60年代になると必然的に金《ゴールド》が不足した（これについては第7章で論じる）。１９６８年3月、金準備危機に直面したジョンソンは、アメリカの「財政状況」が「ひどい」という理由で、軍幹部から出された大幅な増派要求には応じられないという判断を下した。(73) この金の不足による制約を受け入れたジョンソンは、68年3月、北ベトナム空爆作戦（北爆）の大幅な縮小を発表し、大統領選に再出馬しないことを表明した。

ベトナムでの失敗は、真珠湾攻撃以来ユーラシアにおけるアメリカの力の行使を可能にしてきた安全保障面での相対的な国内政治のコンセンサスを打ち砕いた。冷戦初期、トルーマンはマーシャル・

プラン、NATO、平時徴兵制にたいする議会の支持を取りつけたが、戦間期のアメリカ大統領が直面したようなユーラシアへの関与を妨げるような国内的な障害はなかった。ベトナム戦争をめぐって、ジョンソンは1964年、わずか2名の反対意見を除き、議会から全面的な派兵の承認を得た。しかし、ベトナム戦争での勝利が見通せないなか、ユーラシアにおける戦争に参加し、その戦費の負担を許容するアメリカ国民の意思は失われていった。この現実を見て取ったニクソンは、1968年に徴兵制廃止のキャンペーンを張ったが、公約が実現するまでには5年を要した。ベトナム戦争後、アメリカ軍は志願制となり、国民は兵士の犠牲を伴うようなユーラシアへの関与に耐えられなくなった。

アメリカのインドシナ撤退後にソ連が台頭してくることを恐れたニクソンと国家安全保障問題担当大統領補佐官のヘンリー・キッシンジャーは、1970年代初頭のようなソ連との戦略的対立を凍結したいと考えていた。それには、軍備制限条約を含むいくつかの問題でモスクワと調整を図るとともに、共産中国との外交関係を樹立する必要があった。中国を対ソ封じ込めの道具として利用したい思惑からである。

デタントはベトナム問題に端を発していたが、エネルギーの論理によってもたらされたものでもあった。1970年代の終わりには、アメリカのエネルギー力が低下する一方、ソ連のエネルギー力は上昇していた。アメリカの原油生産は1970年にピークを迎え、その後シェールブーム8年目となる2018年までピークに達することはなかった。余剰生産能力がなければ、アメリカの石油生産者が西ヨーロッパへの最後の供給者としての役割を果たすことは原理的にも不可能であり、自国も輸入を必要とするアメリカは、ペルシャ湾を通過するNATO加盟国向けの原油に直接利害関係を持つようになった[74]。一方、1960年代に西シベリアで発見された石油は、ソ連の石油産業をさらに活性化させた。68年、ソ連はドルジバ・パイプラインをバルト海沿岸都市ヴェンツピルスまで延長し、西ヨーロッパへの輸出能力を高めた。ソ連は74年までにアメリカに代わる世界最大の産油国となった[75]。西シベリアの巨大な炭化水素盆地には、大量の天然ガスも含まれていた。モスクワにとって、この天然ガスを西ヨーロッパと中央ヨーロッパに輸出することは、ヨーロッパの資金と設備を使って油田開発を行う絶好のチャンスであった。長期的にみると、この天然ガス輸出はソ連にとって石油輸出以上に重要な意味を持ち、とりわけ対独融和のための経済的基盤となった。折しも西ドイツでは、世界最大規模となる環境保護運動の政治的影響力が強まり、原子力発電の発展が著しく制約されていく[76]。

アメリカのエネルギー力が低下してきたことから、ニクソンは対ソ協力に舵を切った。アメリカのコンソーシアムにとって西シベリアの天然ガス田開発が商機となるとみたニクソンは、エネルギー関連の輸出に関するNATOの規則を緩和した[77]。1973年6月の米ソ首脳会談後のコミュニケでは、「シベリア産天然ガスのアメリカへの供給など、アメリカ企業が参加する多くの具体的な（エネルギー）プロジェクト」を挙げ、米ソ両政府が核融合に関する「協力を拡大・強化する協定に署名した」と述べている[78]。

しかし、ニクソンとキッシンジャーのアプローチの多くを国務省も国防総省も支持していなかったこともあり、エネルギー問題は、アメリカ国内ですでに激しい論争となっていたデタントに深刻な影響を与えた。ソ連とのエネルギー貿易を行うためには、モスクワに最恵国待遇を与える必要があり、連邦議会がそれを認めるかどうかは、人権、とりわけソ連邦内のユダヤ人に移住の自由が与えられるかどうかが鍵となった。加えて、ソ連にアメリカ資本への一定のアクセスを認めることも必要であったが、連邦議会はこれを制限した[79]。

何よりもまず、デタントでは中東における本格的な危機を防ぐことができず、その影響は世界中に波及した[80]。エジプトとそのアラブの同盟国が1973年のヨム・キプール（贖罪の日）にイスラエルを攻撃したとき、アラブの産油国には1967年にはなかった利点があった。1973年の戦争〔訳注 ヨム・キプール戦争。1973年にイスラエルとエジプト・シリアなどアラブ諸国とのあいだで起こった第四次中東戦争〕では、ソ連が支持する国とアメリカが支持する国の境界線がなくなり、サウジアラビアはエジプトが編成した連合軍に積極的に参加した。OPECから石油を輸入しているアメリカは、サウジアラビアの石油兵器（oil weapon）にさらされることとなった。サウジアラビアは1971年12月のドル切り下げに不満を抱いており、特にライバルであるイランにアメリカ政府が肩入れしている状況下で、原油価格を引き上げるのは必要な補償措置であると考えていた[81]。ファイサル国王は当初、アメリカとの断交に消極的で、ニクソンに方針転換を迫るようアメリカの石油会社に要請していたが、戦局がイスラエルに有利に傾くと、アメリカへの石油輸出を禁じた。1970年にアメリカの石油生産量がピークに達し、OPECが台頭してきたことで、すでに価格と供給への圧力が高まっていたところに、アメリカと西ヨーロッパの経済・民主主義体制は、激しい集団的オイルショックに見舞われた（これについては、第4章と第8章で論じる）。

ほとんどの西ヨーロッパ諸国政府が自国のアラブ政策や中立政策を見直すなか、ヨム・キプール戦争は辛うじて残っていた中東をめぐるNATOの結束を打ち砕いた。イギリス政府は、多くのEC加盟国とともに、イスラエルを支持するアメリカとは距離を置いたことから、キッシンジャーは米英間の情報共有を停止した[82]。政治学者イーサン・カプスタインの言葉を借りれば、1973年にアラブ諸国は石油をどの国に与え、またどの国には与えないかを決めることで、「西側同盟を分断して攻略した」のである[83]。ソ連がこの紛争に参戦するのではないかと思われたとき、多くの西ヨーロッパ諸国政府は、ソ連とのあいだで中東戦争が勃発したとしても、自国の基地を米軍に使わせるとはかぎらないとアメリカ政府に伝え、イギリスはキプロスからアメリカの偵察機を飛ばすことを許可しなかった。同盟国を当てにできなくなったワシントンは、アラビア海のペルシャ湾口近くにアメリカの軍艦を派遣した[84]。

後にキッシンジャーは、西ヨーロッパ諸国はおしなべて「同盟が存在しないかのように」振る舞っていたと不満を漏らした[85]。しかしNATOは、中東に対処するために構想されたわけではなく、トルコの加盟という点を除けば、そもそもそれに向いていなかった。時として、キッシンジャーらアメリカの高官は、アメリカがあたかも中東の油田を手に入れるのに必要な決定的力を持っているかのようにうそぶくこともあった。あるときキッシンジャーは、アラブ諸国が石油消費国とふたたび協力することを学ばなければ、「ギリシャの都市国家と同じ道をたどるであろう」とジャーナリストに語った[86]。現実には、アメリカ政府にはアラブを同意させるだけの力はなく、ベトナム戦争で疲弊したアメリカの国内政治は、中東で起こる新たな戦争を受け入れるだけの余裕がなかった。実際、オイルパワーの衰えたアメリカは、嘆願国家（supplicant state）に成り下がっていた。

この危機は、NATOにとって何か特定の作戦が失敗したというよりも、一つの報いを受けたということであった。ＮＡＴＯは、二極化した世界のなかでヨーロッパを中心とした軍事同盟として創設され、その欧州加盟国にとってのエネルギー安全保障上の利益は中東に依存していた。軍事力が財政的に厳しい制約のもとに置かれ、その帝国的存在が抵抗運動に火をつけたある加盟国が、ＮＡＴＯ全体の利益を守る主要な責任を担っていた。イギリス軍の退場とともに、ＮＡＴＯは数年間にわたりペルシャ湾から完全に姿を消した。当時、アメリカ自身がペルシャ湾経由で輸入する石油に依存するようになっていたが、モスクワ＝バグダッド同盟はソ連海軍をペルシャ湾に引き入れていた。一方、サウジアラビアとイランはＮＡＴＯ加盟国の石油権益を守ることとされていたが、両国はモスクワとバグダッドの軍事同盟を分断することを条件に、ＮＡＴＯ加盟国の権益を害することを控えるにとどまった。こうした現実に直面して、キッシンジャーは、１９７４年2月に開かれるエネルギーサミットへの参加をヨーロッパ諸国〔および日本〕に呼び掛けた。キッシンジャーは、産油国との関係における石油消費工業国の集団的利益を軸としてワシントン・エネルギー会議を構成した。しかし、二国間の石油取引にはもはや近隣窮乏化の動機しか見いだせなかったことから、フランス政府は、ニクソン政権が国際エネルギー協力を強化するために推進した国際エネルギー機関（ＩＥＡ）への加盟を拒否した。国内産油量が減少している状況下で、アメリカの石油消費者の利益は西ヨーロッパ諸国の利益と競合していた。この緊張に巻き込まれたニクソンは、西ヨーロッパ諸国が集団的アプローチに同意しないなら、ヨーロッパから駐留米軍を撤収させると脅しをかけた。[87] しかし１９７０年代を通じて、西ヨーロッパ諸国の政府には、中東への石油依存を減らすためにソ連からの石油輸入を増やすという選択肢があった。現実には、アメリカは脅しを実行できなかった。キッシンジャーはジェラルド・フォードに仕えていたとき、大西洋をまたいで将来ソ連から〔石油を〕輸入するための基盤を確立しようと再度試みたが、レオニード・ブレジネフと交わした予備的合意は決裂した。[88]

ニクソン政権は、1973年の危機によって戦略的に露呈したサウジアラビアとの関係を修復し、原油価格引き上げは支持しつつも禁輸は支持しなかったイランとの同盟を強化するとともに、エジプトを通じてアラブ・イスラエル和平の仲介を図った。1973年11月、ニクソンは国民向け演説で、将来的には中東産原油への依存から脱却し、シェールオイルの開発を含め、10年後をめざして「プロジェクト・インディペンデンス（石油自給計画）」を実施する必要があるとアメリカ国民に訴えた。[89]

不思議な勝利

1970年代を通じてアメリカのエネルギー力が低下したとすれば、70年代末のイラン革命とそれに続くアメリカ大使館人質事件によって痛手はさらに大きくなり、現在中東で中心的に働いているいくつかの政治力学が生まれた。アメリカが抱くエジプト＝ソ連枢軸への恐怖は、イラン＝ソ連同盟への恐怖となった。ペルシャ湾の重要性から、アメリカの政策は対決色を強めた。[90] その結果、西ヨーロッパ諸国の政府は中東でさらなる苦境に立たされることとなる。彼らが直面したのは、アラブ諸国やイランが石油の輸出を禁止するリスクに加え、アメリカが中東のいくつかの政権にたいして制裁を科したことで、適正価格による石油の供給が脅かされる事態である。

イラン革命の影響は瞬く間にペルシャ湾の西側にも波及した。サウジアラビアでは、中東の別の地域で起こった出来事によって反欧米感情が噴き出すリスクがふたたび高まった。1979年末、サウジ王制の転覆を狙う原理主義者たちがメッカ（マッカ）のグランド・モスクを占拠し、サウジ政権は支配権を取り戻すための戦いを余儀なくされた。その後、サウジアラビアはより厳格なイスラームの規則を守り、宗教保守派をより広く受け入れるようになった。イランもすぐにアラブ諸国のシーア派グループを支援する意思を示し、レバノンではイスラーム革命防衛隊がシリアの支配地域に基地を築き、そこを拠点にヒズボラが勢力を伸ばしていった。

ジミー・カーターは、かつてのニクソンと同様、アメリカがこの地政学的な泥沼から抜け出す唯一の道は、エネルギー自給体制の再構築にあると考えた。「マレーズ（沈滞）スピーチ」と呼ばれる演説で、カーターは次のように語った。

外国産原油へのこの耐えがたい依存は、わが国の経済的自立と安全保障そのものを脅かしております。いまこの瞬間から、この国は１９７７年よりも多くの外国産原油を使用することはなくなります――絶対に。これからは、わが国のエネルギー需要が新たに高まるたびに、自国で生産し自国で貯蔵することによって対応します。

実際、カーターは、連邦政府が支援する合成燃料公社とシェールを頼みの綱とし、「シェールだけでもサウジアラビア数カ国分を上回る石油がある」とアメリカ国民に語った。[91]

しかし、エネルギーの自給という願望は、またしても現状を何も変えられなかった。１９７９年末のソ連のアフガニスタン侵攻は、ソ連によるホルムズ海峡への道が開かれるのではないかと思われ、その後、イラン・イラク戦争でイランが台頭し、１９８２年からはイラン軍がサウジアラビアとクウェートの油田地帯に到達するおそれが出てきたことから、中東におけるアメリカの脆弱性はさらに強まった。カーター政権の国防長官は、ペルシャ湾の石油を失えば「壊滅的な打撃」となり、「ソ連がこの地域を支配すれば、先進国と後進国の大半が経済的属国となる」と述べた[92]。エネルギー長官のジェームズ・シュレシンジャーはさらに踏み込み、「ソ連が中東の原油供給路《オイル・タップ》を支配すれば、１９４５年以来われわれが知る世界は終わりを告げることとなる」と述べた[93]。しかし、ベトナム戦争後、アメリカはアフガニスタンに軍を投入する可能性がなくなったため、カーター政権はパキスタンを通じてイスラーム戦士ムジャーヒディーンに武器援助を行った。またイランに軍を投入する可能性もなくなったため、ロナルド・レーガン政権はイラクとの外交関係を再開し、ＣＩＡに命じてバグダッドを密かに支援させた。

　カーター政権は、アメリカの軍事力を使って、ペルシャ湾岸地域の支配をめざす外部の勢力に対抗する対中東軍事戦略「カーター・ドクトリン」を発表したが、カーター政権自身もそれ以降の政権も、カーター・ドクトリンに基づいて行動するうえで決定的に必要な手段を欠いていた[94]。カーターはアメリカ艦隊のペルシャ湾派遣を命じ、東西ヨーロッパ域外で作戦行動をとるための緊急展開部隊を創設した。しかし、アメリカは中東に地域秩序を樹立するだけの軍事力を欠いていた。アメリカがいかなる軍事力を展開できるかは、中東地域に残されたアメリカの同盟国にとっても問題となった。たとえば、１９８３年にレーガン政権が中東におけるアメリカ軍の作戦遂行を指揮するための恒久的な統合戦闘司令部としてアメリカ中央軍を創設したとき、湾岸諸国はどこもそれを受け入れようとはしなかった。その結果、中東方面のアメリカ軍の後方司令部はフロリダ州に置かれ、現在もそこにある。[95]

イラン革命に端を発したペルシャ湾岸危機でも、NATO加盟国間の足並みの乱れがふたたび顕在化した。ソ連のアフガニスタン侵攻後にインド洋で実施された共同作戦に参加した国はイギリスだけで、フランスはまたもや湾岸でのソ連との融和に期待し、独自の解決策をちらつかせた。[96] イラン・イラク戦争の初期の段階では、フランスはイギリスとともにホルムズ海峡周辺のタンカーを保護するために護衛艦を派遣したが、西ドイツ政府はこの作戦への参加を拒否した。[97]

長期的には、カーター・ドクトリンが「外部」という言葉を使ったことで、もしもイランがサウジアラビアを攻撃し、ソ連の支援を受けたらどうなるかという問題が生じた。[98] 革命イランはかなりの軍事大国であることが明らかとなった。1988年、アメリカの海軍と空軍がイランの領海内でイランの艦船に大規模な攻撃を仕掛けると、イランはようやくイラクとの講和を求めるようになった。しかし、イラン・イラク戦争を通じ、イランの体制は最終的に強化され、アメリカの介入をきっかけに、イラン政権の政治的正当性はアメリカへの敵愾心に一層依存することとなった。イラクが不完全ながらも勝利を収めたことで、その後のクウェート侵攻、サダム・フセインによるクルド人攻撃へとつながった。ジョージ・H・W・ブッシュは1989年に国家安全保障指令を発出し、アメリカは外部のアクターにとどまらず地域内のアクターにたいしても武力を行使することを明確にしたが、これは実際にはイランよりもイラクとの関係においてより重要となった。

★
★
★

ヨーロッパに目を戻すと、ソ連のアフガニスタン侵攻後、冷戦の再燃が明らかとなり、エネルギーをめぐるNATO内の分裂も深まった。1981年、ソ連政府は新ガスパイプライン建設のための融資について、ドイツ銀行（ドイチェバンク）を中心とするドイツの銀行コンソーシアムと合意した。シベリア横断パイプラインは、最終的には西シベリア盆地のウレンゴイ・ガス田から現在のウクライナ西部にあるウジホロドまで敷設され、そこから中央ヨーロッパと西ヨーロッパに天然ガスを輸送することが可能となる。レーガン政権はシベリア横断パイプラインに反対し、1981年12月にソ連支配下のポーランドに戒厳令が敷かれると、このプロジェクトに関与していたヨーロッパ企業にたいして厳しい域外制裁を科した。西ヨーロッパ諸国の政府はこの措置に猛反発した。西ドイツのヘルムート・シュミット首相は、アメリカがどう思おうともパイプラインは推進すると主張した。イギリスの商務庁長官であったコックフィールド卿は、アメリカの禁輸措置は「国際法に反する方法によるアメリカの域外管轄権の許しがたい拡大である」と憤慨した。[99] しかし、レーガン政権にとって、これはドルジバ・パイプラインをめぐるケネディ政権時代の米ソ対立をただ単に再現したものにとどまらなかった。エネルギー輸出から得られるハードカレンシー収入によって、ソ連は国外での軍事力の展開が可能となっていることから、その収入源を断ち切れば戦略的影響を与えることができると上級顧問たちは考えていた。[100] 西ヨーロッパ諸国がソ連産天然ガスを総輸入量の30％以下に抑えることに合意すると、レーガンはパイプライン問題を取り下げた。[101] しかし、冷戦が続くかぎり、エネルギーをめぐるNATO内の米欧対立は避けられないように思われた。

改めて言うまでもなく、1980年代末に冷戦は終結に向かったが、逆説的なことに、エネルギーは米欧の和解を早める役割を果たした。1970年代の原油価格の高騰は、そういう事態でもなければ法外に高いコストがかかっていたであろう北海の石油生産を可能にした。西半球では、メキシコでより多くの石油が発見され、第8章で説明するように、アメリカ国内の石油価格規制が撤廃されたことで、BPをはじめとするアメリカの石油会社数社は高コストなアラスカ産原油の供給を模索するようになった。こうした中東やソ連以外の国からの原油供給の増加により、OPECの価格統制力は低下した。同じ頃、ニューヨークとシカゴに先物取引所（指定日に指定された価格で石油を購入する権利を付与する取引所）が設立されたことで、石油の現物を受け取るつもりのない投資家による投機的な価格変動が助長された。こうした動きに直面したサウジアラビアは、当初OPECを率いて減産に乗り出し、価格を維持しようとした。しかし、1986年にドル安が始まり、サウジ王国のドル収入が減少すると、市場シェア争いに舵を切り、原油価格は急落した。

サウジアラビアが1986年の価格急落を放置した動機については、その後もさまざまな憶測を呼んでいる。レーガン政権の元高官のなかには、アメリカ政府がソ連に圧力をかけるためにサウジアラビアにそうした行動をとらせたと主張する者もいる。[102] それが事実であったという決定的な証拠はない。[103] それにもかかわらず、レーガン政権のホワイトハウスはこの価格の下落を歓迎し、「この13年間で人類に起こった最も有益な出来事の一つ」と表明した。[104] しかし、米テキサス州の生産者にとっては、それどころではなかった。彼らにとって、1986年の逆オイルショックは災難であり、1980年代にテキサス州の石油経済が破綻すると、テキサス州はアメリカの貯蓄貸付危機の震源地となった。[105] テキサス石油会社の保護に動かなかったレーガン政権は、前任者の誰もとらなかったような行動をとった。[106] 1986年に原油価格が急落する以前から、レーガンはカーターやニクソンに比べ、アメリカのエネルギー自給率の回復にあまり関心を示さず、特に合成燃料公社が消滅するのを放置した。[107] その後、サウジ・ショックが到来すると、2007〜08年の金融危機後の原油価格の高騰と極端な低金利がシェールブームを促進するまで、アメリカが中東産原油の輸入を削減する見込みはなくなった。

サウジアラビアの動機が何であれ、原油価格の急落は地政学的に激しい変化をもたらした。1986年当時、ソ連は圧倒的に世界最大の産油国であった。しかし、ソ連はエネルギーの輸出収入に依存しすぎて、それなしには立ち行かなくなっていた。ベトナム戦争によってアメリカがドル危機に見舞われたように、原油安の影響でアフガニスタンでの長年にわたる軍事的泥沼化に拍車がかかり、ソ連の食糧輸入は西側の信用に左右されるようになった。1989年にソ連を呑み込んだ帝国的危機の理由を石油のみに求めることはできない。しかしながら、その年に東ヨーロッパで反乱が勃発したとき、石油を直接の引き金とする経済危機によって、ミハイル・ゴルバチョフはソ連の支配を守りきれない状況に追い込まれたのである。[108]

20世紀前半にオスマン・トルコが崩壊したときのように、1991年のソ連崩壊は、地政学的なエネルギーのご褒美《プライズ》を残してくれた。その場所はカスピ海周辺である。ソ連のエネルギー生産は20年にわたって西シベリアが独占していた。しかし、ソ連末期にアゼルバイジャン沖のアゼリ・チラグ・グナシリ（ACG）油田とカザフスタンの石油・天然ガス田が地質技師たちによって発見された。これにより、ユーラシアに新たなエネルギー供給源の可能性が開けた。しかしそれは同時に、NATO加盟国がエネルギー安全保障上の利害を共有する場所をめぐって、米欧がふたたびいがみ合うことを意味した。

★★★

今日、冷戦期に形成されたＮＡＴＯの古いエネルギー断層は、冷戦終結とともに形成されはじめた新しい断層と、２０１０年代にアメリカが世界有数の石油・天然ガス産出国に復権したことによって生じた断層とのあいだで相互に影響し合っている。アメリカは原油輸入の必要性が低下したことで、結果として、中東からの部分的な戦略的撤退が実現した。しかし、中国も中東のエネルギー資源を必要とするようになったこともあり、ペルシャ湾における米海軍の関与と、戦争に至らない手段による対イラン抑止戦略は依然として生きている。ＮＡＴＯの欧州加盟国にとって、アメリカの政策におけるこの緊張は、従来の米欧対立をより激化させるものであった。エマニュエル・マクロンの目から見ると、中東はさまざまなリスクをはらむヨーロッパの「隣人」である。マクロンの考えでは、アメリカはこうしたヨーロッパの権益を共有することはできず、その結果、ＮＡＴＯはその権益を守るための軍事的手段としてはふさわしくない。そこには、スエズ危機の影響がはっきりと見て取れるが、それに加えて、英仏両国が１９５６年当時のような軍事力を有しておらず、中東、特にイランに関してはアメリカの資金力によって制約を受ける可能性があるという複雑な問題がある。

しかし、ＥＵがスエズ危機の地政学的復讐を果たしたとは言いがたい。エネルギー面でそれがうまくいかなかったのは、西ヨーロッパ諸国が中東産原油の輸入をやめられず、アルジェリアのＥＥＣへの統合も長続きしなかったからである。ＥＥＣ諸国はＮＡＴＯとの関係も断ち切れなかった。フランスはＮＡＴＯの指揮系統から離脱はしたものの、歴代フランス政権は独立した欧州安全保障連合というド・ゴールの夢を実現することはできなかった。

スエズ危機がヨーロッパに決定的な地政学的変化をもたらしたとすれば、それはヨーロッパがソ連からのエネルギー輸入に回帰したことであった。１９７０年代以降、ソ連とドイツの天然ガス供給関係は、ヨーロッパの地政学的状況の決定的な特徴となり、大西洋の向こう側に同等のエネルギー権益が存在しないために生じたＮＡＴＯ内の構造的分裂をもたらした。石油収入はソ連崩壊に大きな影響を及ぼしたが、これは冷戦以後も続く冷戦時代の構造であった。しかし、ソ連とドイツのエネルギー供給関係とロシアとドイツのそれとのあいだには決定的な違いがある。１９９１年以降、天然ガスが供給されていたドイツ東部の領土は、ソ連の一部でも、その支配下にあるわけでもない独立国家によって構成されていたのである。この地政学的変化は、東ヨーロッパの安全保障にとってＮＡＴＯの軍事的重要性を高めると同時に、カスピ海から新たにエネルギー供給の道が開かれるなかで、ロシアのエネルギー輸出をめぐってＮＡＴＯの結束およびＥＵの結束を不可能にした。アメリカがロシアの天然ガス輸出に対抗する手段と、資金力を駆使してヨーロッパ諸国にエネルギー政策の変更を迫る手段とを手に入れる以前から、この困難な状況は、次章で論じるように、きわめて破壊的なものであることが明らかであった。

第3章

生まれ変わるユーラシア

2015年9月、ロシア黒海艦隊の軍艦がボスポラス海峡を通って東地中海に移動し、ロシア空軍がアメリカから支援されたシリアの反体制グループに向けて空爆を開始した。このとき、オバマ政権は何の反応も示さなかった。米国務省のある高官は、「ロシアがこの地域にさらに関与してくるのであれば、われわれは軍事的衝突を回避しなければならない」と語った(1)。

ロシアの介入でパワーバランスがバッシャール・アル・アサド政権の側に引き戻されたことから、2016年夏、オバマはシリア内戦を終わらせるためにロシアと協力することを決断した。9月9日、ジョン・ケリー国務長官とロシアのセルゲイ・ラブロフ外相は、停戦が近いことを発表し、内戦状態が1週間続けば、ワシントンとモスクワはイスラーム国（ISIS）への共同空爆作戦の立案に着手すると述べた。しかしその9日後、米英軍機がシリア北東部で約60人のシリア兵を誤爆して殺害したことを受け、シリア政府は停戦を反故にした。その後、シリアとロシアの航空機がアレッポ近郊の援助輸送隊を攻撃したため、オバマはロシアとの協力を見合わせた。

オバマがシリア問題で方針を転換したのはこれが初めてではなかったが、ドナルド・トランプとヒラリー・クリントンはアメリカが地政学的に何を優先すべきかをめぐって激しい応酬を繰り広げていた。ヒラリーの考えでは、ロシアはシリアで対峙しなければならない相手であった。第二回大統領討論会で彼女は、「ここで問題になっているのはロシアの野心と攻撃性です。ロシアはシリアですべてを手に入れる魂胆です」と述べた。他方、トランプからすれば、ロシアはまだＩＳＩＳと戦ううえでの潜在的パートナーであった。お互いにロシア問題を理由に挙げて、相手がいかに大統領にふさわしくないかを主張した。ヒラリーは、トランプをロシアのあやつり人形であるとし、「彼らは……誰がアメリカ大統領になってほしいかを決めていますが、それは私ではありません」と述べた。他方、トランプは、シリアとイランでロシアが力を得たのは「われわれの外交政策が弱かったから」であり、オバマ政権の初代国務長官を務めたヒラリーに責任があると非難した。(2)

ヒラリーとトランプは、ロシアの力の相対的位置づけについても意見が分かれた。トランプのみるところ、アメリカにとって第一の地政学的脅威は中国であった。彼は、アメリカの製造業部門にたいする中国の攻勢ぶりを指摘し、「わが国の政府には誰一人として中国と戦う者がおりません」と不満を述べた。(3)他方、ヒラリーのみるところ、中国は依然として正味の経済的利益をもたらす存在であった。ヒラリーは、アメリカ経済を支えてきた多国間貿易秩序を台無しにするつもりはないと主張した。ここでもまた、お互いに相手の大統領としての資質を攻撃する材料を中国に見いだしていた。トランプは、ビル・クリントンが中国を世界貿易機関（ＷＴＯ）に加盟させた張本人であることを繰り返し有権者に訴えた。ヒラリーはこれに反論し、トランプはしばしば全米にある自身のビル建設に中国製の安い鉄鋼を使用していると指摘した。

しかし地政学的にみて、２０１６年のアメリカ大統領選挙を中国に対決姿勢を示す挑戦者候補とロシアに対決姿勢を示す与党候補との対決と捉えるならば、この対立図式もねじれが生じている。オバマ政権が中国の台頭を警戒して「アジア旋回（Pivot to Asia）」政策を打ち出したとき、その立役者はヒラリー・クリントンであった。選挙の6週間前まで、オバマはＩＳＩＳに対抗するためにロシアと協力するというトランプの唱えた案と似たような政策をめざしていた。ところが、いざトランプが選挙に勝利すると、オバマ政権はロシアに新たな制裁を科した。(※) トランプがプーチンと友好関係を築くことをどれほど望んでいたかはともかく、トランプは相手陣営から、彼と側近たちはモスクワと結託して選挙に勝利したのだ、という非難を浴びながら大統領に就任した。２０１７年8月、アメリカ連邦議会はさらなる対ロ制裁を科し、大統領の制裁解除権限に法的制限を加えた。逆説的ではあるが、２０１６年の大統領選挙は、アメリカの国内政治がロシア・中国両国との対決を煽り立てる結果となった。

だが、ロシアの行動を変えさせることの難しさは、ヨーロッパの過去の経験から明らかであった。ロシアの軍艦が東地中海に侵入したとき、モスクワはすでに18カ月にわたって制裁を受けていた。制裁理由は、ロシアが２０１４年にウクライナ領であったクリミア半島を併合した後、ウクライナのドンバス地方で反政府勢力を支援したことであった。制裁は個人にも一定の影響を及ぼした。しかし、ロシアが石油や天然ガスを販売することを妨げるものではなく、プーチンに手を引かせる効果はほとんどなかった。

ここにおいて、アメリカの地政学上の選択は、ＥＵの国境周辺における地政学的弱点に直面した。ヨーロッパはロシアからのエネルギー輸入に依存していたため、そのロシアにたいして厳しい制裁を行うことは不可能であった。フランスとドイツはかつてウクライナのＮＡＴＯ加盟に拒否権を行使していたが、そのウクライナ政府にたいし、ロシア志向の経済をとるかＥＵとの正式な経済関係をとるかの二者択一を迫ったことでウクライナ危機を引き起こしたＥＵは、２０１４年2月にロシア兵がクリミア議事堂を占拠した際、どうすることもできず無力さを露呈した。

一方、ロシアのシリアへの影響力により、ＥＵはトルコとのあいだで新たな難民越境問題に直面する。ロシア艦船がボスポラス海峡を通過したとき、ＥＵはすでにトルコの難民キャンプで生活していたシリア難民の惨状から生じた危機に巻き込まれていた。２０１５年9月初め、アンゲラ・メルケルはドイツが難民を無制限に受け入れることを宣言した。何十万もの難民がトルコ経由で南欧や中欧に向かった。しかし、メルケルの新たな政策は、たちまち持続不可能となった。わずか数週間後、ＥＵは難民の流入を食い止めるためにトルコと暫定的な取り決めを結んだ。２０１６年3月、メルケルはトルコのレジェップ・タイップ・エルドアン大統領と二国間首脳外交を行い、この暫定的な取り決めをより実質的な協定に発展させた。それは、ギリシャとイタリアに向かう難民の数をさらに減らすことをトルコに約束させる代わりに、ＥＵは大規模な支援策を実施し、停滞していたトルコのＥＵ加盟交渉を加速させることに同意するというものであった。

※〔訳注　オバマ政権は２０１６年12月29日、ロシアの情報当局高官や政府関係者を対象とする厳しい制裁措置を発表。ロシアが11月の米大統領選への介入を試み、サイバー攻撃を仕掛けた疑いをめぐり報復措置を講じた〕

２０１６年前半のこのときがＥＵ・トルコ関係の転換点であるように思われるが、トルコの地政学的な協調関係はその年の後半から一変する。７月15日夜、トルコ陸軍の将校らが政権奪取を試みて失敗するという事態が起こった。その直後、エルドアンは、自分を支えてくれるのはオバマやＥＵ諸国のリーダーではなくプーチンであるという思いを明らかにした。クーデター未遂後、エルドアンは大規模な粛清に乗り出し、死刑制度の復活を検討することを表明したが、これを受けて、一部のヨーロッパ諸国はトルコのＥＵ加盟への適性に疑念を抱くようになった。その年の末までに、エルドアンはシリアとの国境を越えて軍を進め、アメリカが支援するクルド人武装勢力を攻撃し、国連のもとで進められているものとは別のシリア和平プロセスをロシアやイランと共同で立ち上げた。

こうした背景から、２０１６年のアメリカ大統領選挙ではロシアの力が主要な争点となり、ＥＵの域外国境に圧力がかかることともなったが、それらの出来事は冷戦後の世界に長く存在していた地政学的断層から生じたものである。ウクライナをめぐる断層は、冷戦の終結によって、ＮＡＴＯやＥＵの前身となる組織を生む土壌となったヨーロッパの地政学的環境が、新たな環境が築かれることなく根こそぎ破壊されたときからすでに存在していた。シリアをめぐる断層は、アメリカの中東政策がはらむ長期的な矛盾に起因している面もあると考えられる。トルコをめぐる断層やヨーロッパのロシアからのエネルギー輸入をめぐる断層は、冷戦に端を発し、冷戦終結後も続いている。１９９０年代には、これらの断層がこれほど破壊力のあるものだとは誰も想像していなかったとはいえ、それぞれの断層は地政学的課題として認識されていたはずである。対照的に、中国の経済発展が２０１６年のアメリカ大統領選挙で地政学的争点として取り上げられ、過去に一度も公職に立候補した経験のない実業家が選挙戦の主役に躍り出たことは、大きな衝撃として受け止められた。１９９０年代後半の時点では、米中貿易関係は地政学的な問題ではなく、党派間の問題ですらなく、アメリカが主導する単一の世界経済にとっての成長エンジンにすぎないものと思われていた。

アメリカが主導する新たな世界秩序の幕開けとしてさも素晴らしいことのようにしばしば称賛された10年間は、むしろユーラシアを再編し、その大陸を横断するいくつもの古い断層が結びつく地政学的に危険な世界への序奏となったのである。中国が重要なのは確かであるが、この地政学的な激動を理解するには、まずヨーロッパからみていかなければならない。冷戦の終結によって、ヨーロッパの地政学的地図はロシア、トルコ両国との関係において塗り替えられたのである。

どこまでがヨーロッパか？

１９９１年のソ連解体後も、いったいどこまでがヨーロッパなのか、ヨーロッパのどこかの国や地域がロシアの脅威にさらされる可能性はあるのか、もしそうだとしたら誰が安全保障を提供するのか、といった疑問が依然として残った。このことは、ＮＡＴＯと１９９３年以降にＥＵに加盟した国との、もともとしっくりいっていなかった関係を一層複雑なものにした。ＥＵがヨーロッパ統合の理想を実現するというのであれば、オーデル・ナイセ線〔訳注　現在のドイツとポーランドの国境線。１９４５年8月のポツダム協定で定められた〕のドイツ東部国境までで終わるはずがない。しかしヨーロッパでは、何世紀にもわたりロシアとドイツに挟まれた地理的空間で国家や帝国の存亡をめぐって不安定な状態が続いてきたことから、旧ワルシャワ条約機構加盟国をＥＵに加盟させたことで、それらの国の軍事安全保障をどうするかという問題が生じることとなった。東ヨーロッパ諸国がEUに加盟するということは、冷戦時代の論理からすれば、当然NATOにも加盟するはずであった。しかし、もし東ヨーロッパ諸国が現実にNATOに加盟するとなれば、その場合、NATOはソ連の力が旧ロシア帝国の力を新しくしただけにすぎなかったと主張せざるをえなくなり、東ヨーロッパ諸国にたいする安全保障は見せかけだけのものでは済まなくなるであろう。1991年12月に合意されたマーストリヒト条約では、東ヨーロッパ問題への対処はなされていなかった。しかし、共通外交・安全保障政策を策定することによって、NATOが不要になるという前提は置かなかったものの、EUは安全保障連合となる方向に歩みを進めた。

ユーゴスラビア継承戦争〔訳注　1990年代、ユーゴスラビア社会主義連邦共和国の解体後、連邦を構成していた国家・民族間で争われた一連の紛争〕でNATOの代役を果たせなかったEUは、東方拡大による安全保障上の影響をうまく処理することもできなかった。NATO非加盟のオーストリア、スウェーデン、フィンランドの3カ国は1995年にEUに加盟したが、同じ年フランスは指揮系統からは外れたまま、NATOの軍事委員会に復帰した。一方、EU加盟を希望する東ヨーロッパの主要国は、NATO加盟を求めてアメリカに働きかけた。しかしこうした動きは、1990年代半ばまでに暗礁に乗り上げた。ポーランドなどの諸国が加盟することでEUのNATOへの依存が強まることや、独ロ間の緩衝地帯《バッファー》である東ヨーロッパにNATOが食い込むことでドイツが安全保障問題への関心を失うことを危惧したフランスは、EUとNATOの東方拡大を嫌がった。(4) フランスは正式な安全保障連合としてのEUの仕組みを改めて強化しようと試みた。1990年代後半、ジャック・シラク大統領は、ＥＵにＮＡＴＯから独立した軍事能力を持たせることを主張するトニー・ブレアというかつていなかったタイプのイギリス人に出会う。英仏両政府は１９９８年のサン・マロ宣言において、ＥＵに自立した軍事能力を付与し、それを軸とした意思決定機能を持たせることで合意した。この英仏二国間の合意により、ヨーロッパ安全保障・防衛政策と２００２年の合意（ＥＵがＮＡＴＯの参加しない作戦にＮＡＴＯのアセット〔訳注　装備、人員、技術などの資産〕を活用できるようにすること）が進んだ。[5]その１年後、ＥＵは初めてマケドニアの平和維持活動に部隊を派遣した。しかし、ＥＵに多少の軍事力を与えたところで、やはり東ヨーロッパ問題の解決策とはならなかった。

ＥＵはロシアと国境を接することの意味を直視せざるをえなくなった。１９９６年になってＥＵの東方拡大が急務であることが明らかになると、クリントン政権はポーランド、ハンガリー、チェコのＮＡＴＯ加盟をアメリカの優先事項とすることを決定した。その結果、１９９９年にこれら旧ワルシャワ条約機構加盟３カ国はＮＡＴＯに加盟し、２００４年には旧ソ連構成国のエストニア、ラトビア、リトアニアなどが続いた。ＥＵに先んじて東方に拡大したＮＡＴＯは、民主主義的価値の象徴的存在となったのである。[6]しかし、バルト三国を守る政治的意志が、アメリカの有権者はおろか、ヨーロッパにも十分にあったのかという疑問は払拭できなかった。[7]

２００４年、ＥＵはついにポーランドを含む新規加盟８カ国を迎え入れた。しかし、ＥＵの東方拡大は依然として安全保障問題に悩まされていた。もしフランスが、安全保障連合としてのＥＵが東方への拡大によって危険にさらされることを心配していたのだとすれば、イラク戦争はまさにその不安が的中したということである。シラクは開戦前の数週間、イラク問題でアメリカの立場を支持する東ヨーロッパ諸国政府の姿勢を「幼稚」であると酷評し、彼らは「黙る機会を逸している」と述べた。[8]

こうした緊張はほぼ必然的なものであった。東ヨーロッパ諸国にとって、NATOをEUの安全保障の翼にするという古い論理は、依然として国家にとって自明の理であった。フランスにとって、1989年以降、NATOとの和解が視野に入るようになったのは、少なくとも一部のフランスの政治家が、ソ連崩壊後の世界ではNATOが長期的には無用の長物になると考えたからである。[9] その原因は東方拡大だけではなかった。イラク問題では、イギリス、イタリア、オランダ、デンマーク、スペイン、ポルトガルが東ヨーロッパ諸国の側についた。冷戦期には、中東問題、特にスエズをめぐって、西ヨーロッパ諸国はアメリカと激しく衝突したが、お互いにあれほどまで対立することはかつて一度もなかった。この〔イラク問題をめぐる〕新しい対立軸のもとで、フランスとドイツはイギリスと対立し、英仏の安全保障上の和解は崩れ去った。EUが安全保障連合となるには、地政学上の問題で英仏間の関係を独仏間よりも緊密にする必要があった。統一ドイツが1990年代に国防費を3分の1近く削減していたからである。しかし、それでもEUがNATOに依存するのであれば、フランスは、アメリカ主導の対イラク政策を受け入れた東ヨーロッパ諸国政府を非難し、ヨーロッパにおいて対ロ同盟でなくなったNATOがその存在理由を失うと思われたときにロシアの側につくというリスクを冒した。[10]〔訳注　フランスはイラク問題でロシアとの関係を緊密化させた。2003年3月5日、イラク問題への対応をめぐって、フランス、ロシア、ドイツの三カ国外相が会談し、国連のイラク査察継続・強化とイラク危機の平和的解決を求める共同宣言を発表した〕。

こうしたEUとNATOのあいだの断層線上できわめて重要な位置を占めていたのがウクライナで

ある。[11] ウクライナは1991年のソ連解体によって正式に独立国となった。しかし、黒海周辺に位置するウクライナは、その戦略的重要性のゆえに「ロシアからの」分離独立には不安がつきまとった。1997年、ロシアとウクライナはクリミア半島のセヴァストーポリを拠点とする旧ソ連の黒海艦隊を分割する協定を締結した。この協定により、新しいロシア黒海艦隊は20年間セヴァストーポリを使用し、クリミア半島に軍隊を駐留させることが可能となった。この協定がクリミア半島におけるロシアの軍事的権利を認めることを条件にウクライナの独立を事実上保証するものであったとしても、ウクライナにはEUへの加盟もNATOへの加盟も提示されていない以上、それは外部からの意味のある支援を欠いていた。実際、2004年の加盟国拡大後のEUは、バルト三国と黒海、コーカサス、北アフリカ、中東の国々との関係について、さらなる加盟を排除する「ヨーロッパ近隣政策」を打ち出し、正式にEUへの加盟を認めなかった。

2004年から05年にかけてのオレンジ革命は、ジレンマを抱えるウクライナに最初の危機をもたらした。[12] 親ロシア派候補に有利となるよう不正操作が行われたとみられる2004年11月の大統領選挙後に大規模デモが発生したため、ウクライナ最高裁判所は選挙のやり直しを命じ、親EU派のヴィクトル・ユシチェンコが当選した。2005年1月に大統領に就任したユシチェンコは、EU加盟の実現が自分の政権にとっての「アルファであり、オメガである」と述べるとともに、ウクライナのNATO加盟を実現することを約束した。[13] 拡大したEUは、ウクライナをめぐる地政学的分裂に悩まされることとなった。ウクライナと国境を接する国ポーランド、スロバキア、ハンガリーがEU加盟を果たしたことにより、実質的な経済関係の緊密化を求める域内からの圧力が続くこととなった。しかし、EUはその経済的軌道にウクライナを取り込むことになれば、対ロ関係の悪化を覚悟しなければならず、したがってこのプロセスはウクライナのNATO加盟とセットで進められる必要があることから、フランスは抵抗を続けるであろう。

ふたたび、コーカサスとトルコ

ソ連の崩壊は、独立国家ウクライナを誕生させただけでなく、黒海とカスピ海にはさまれたコーカサス地方とそれぞれの海をめぐる第一次世界大戦後の和解をも破綻させた。これによってユーラシアには、ロシアとトルコの対立など、1914年以前の地政学的世界の光景が戻ってきた。

この変化は、ソ連末期にカスピ海周辺で石油が発見されるとさらに激しくなった。アゼルバイジャンとカザフスタンがそれぞれ独立を宣言したとき、ジョージ・H・W・ブッシュ政権は両国をアメリカのエネルギー同盟国にしようとした。しかし、カスピ海は内陸にあり、アゼルバイジャンは北はロシアと、南はイランと国境を接し、カザフスタンはロシアと長い国境を接しているため、両国から将来的に石油や天然ガスを輸送することは、ロジスティクス上も地政学上もきわめて困難であろう(14)。

1990年代の「ソ連崩壊後の」残りの時期、クリントン政権は、ロシアかイランを経由するアゼルバイジャンからの新しいパイプラインを避けることを優先した。最終的には、バクーからジョージアを経由してトルコ南東部の地中海沿岸にあるセイハン港に至るコストのかかる石油パイプラインを支援した。ヨーロッパでは、中欧・東欧・南欧のEU諸国にとって、カスピ海の天然ガスは、ロシアへのエネルギー依存を引き下げるチャンスであった。2000年、欧州委員会は、ヨーロッパ諸国がロシアからの輸入を減らし、新たなエネルギーの調達先を確保することの重要性について述べたグリーンペーパーを発表した。2002年には、オーストリアとEUに加盟する中南欧4カ国（トルコを含む）の企業が、すでにトルコに輸送されている天然ガスをブルガリア、ルーマニア、ハンガリーを経由してオーストリアまで北上させる「ナブッコ」と呼ばれるパイプラインの開発に携わるコンソーシアムを結成した。しかし、ナブッコ・コンソーシアムは当初から地政学的な制約を受けていた。すなわち、トルコから先に向けて天然ガスを供給するためには、アゼルバイジャンとの合意が必要であったが、その確約が得られなかったことから、EUはこのパイプライン経由でイランから天然ガスを輸入することを受け入れ、それがワシントンの反感を買ったのである。[15]

ロシアとイランを封じ込めようとするビル・クリントンとジョージ・W・ブッシュは、ジョージアを地政学的に重視し、トルコの長年にわたる重要性をさらに高めた。[16] その結果、ジョージア国民の多くは、自国がNATOやEUに加盟する好機と捉え、2003年のバラ革命によって親欧米政権が誕生した。トルコにとって、新しいパイプライン計画は、戦略的に重要なエネルギー経由国となるチャンスを与えてくれるものであった。[17] トルコの地政学的重要性が高まったことにより、NATOとEUのあいだの緊張が東ヨーロッパで強まった。1964年以来トルコはEU〔訳注　当時は欧州経済共同体（EEC）〕の準加盟国であり、1995年、ついにEUとトルコのあいだで関税同盟が締結された。その2年後、EUはトルコに加盟申請国の地位を与えることを拒否したが、その扱いは2004年に加盟した東ヨーロッパ、バルカン、地中海沿岸の国々とは異なっていた。

この決定には地政学的な理由があった。トルコをEUに加盟させれば、イラン、イラク、シリアと国境を接するきわめて未発達なかたちの安全保障連合ができあがる。しかし、最近になって新たに申請してきた国々の加盟を認めながらトルコを除外することは、ヨーロッパの国境に文化的な意味を持たせているように思われた。事実、この決定後、欧州議会のキリスト教民主主義政党は声明を発表し、「EUは文明的プロジェクトであり、この文明的プロジェクトのなかにトルコの居場所はない」と述べていたからである。[18] ドイツのヘルムート・コール首相も、EUはキリスト教の原則に基づいていると語った。[19] これとは対照的に、クリントンの側近たちは文明論的なレトリックには我慢がならなかった。米国務省のある文書によると、彼らはトルコを「西ヨーロッパとアメリカを政治モデルとした民主主義的世俗国家」であると捉えていた。[20] この論理に従えば、NATOとEUは地政学的に補完関係にあったことから、トルコは当然EUに入る資格があった。[21] ワシントンからの強い圧力と、ベルリンに社会民主党と緑の党の新政権が誕生したことによって、EUは軟化し、1999年にトルコを加盟候補国として認めるに至った。それでもなお、トルコの加盟に向けて動き出そうという政治的意思をEU内に見いだすことはほとんどできなかった。

ロシアのエネルギーは、トルコをめぐるEUとNATOの亀裂をいたずらに悪化させ、ウクライナの問題とも結びついた。1990年代、ロシアの天然ガスと石油の生産量(とりわけ後者)は減少した。カスピ海のエネルギー資源は、ソ連崩壊後のロシアにとってヨーロッパ市場への供給競争を意味するところとなる。ソ連の崩壊により、ヨーロッパの天然ガス輸送地理も地政学的に再編された。ドイツと中央ヨーロッパへの天然ガス輸送は、主にシベリア横断(ブラザーフッド)パイプラインを含む一連のパイプラインを経由し、西シベリアの天然ガス田からウクライナ東部・西部を通って当時のチェコスロバキア（その後はスロバキア）まで運ばれていた。独立したウクライナと（その後）ベラルーシを経由する天然ガスの輸送を管理することは、モスクワにとって戦略上の負担となり、自国に供給を迂回させることのできるこの2国とのあいだで輸送料金を調整しなければならなくなった。ロシアがこれらの国との関係をどう処理するかによって、ＥＵは域外諸国との国境問題を抱えることとなった。

ロシア側からすれば、潜在的な解決策を与えてくれたのはトルコであった。１９９７年、ロシア・トルコ両政府は黒海海底にブルーストリーム・パイプラインを建設することで合意した。ブルーストリームは２００３年に開通したが、これによりロシアはトルコへの輸出を拡大し、天然ガスの一部をウクライナやベラルーシを経由せずにヨーロッパの消費者に供給できるようになった。しかしこのパイプラインは、トルコ・ロシア両国との関係をめぐってヨーロッパ諸国に長期にわたる分裂の種をさらに撒くこととなった。これには、商業的な利害も絡んでいた。運営面では、ブルーストリームはイタリアの国営エネルギー企業ＥＮＩとロシアの巨大エネルギー企業ガスプロムとの合弁事業であった。したがって、トルコの正式なＥＵ加盟交渉がついに始まったとき、イタリア政府がドイツ政府よりもトルコの加盟にたいして好意的であったことは何ら驚きではなかった。しかし、やがてロシアが激しくなる市場競争に対抗し、ウクライナ経由への依存を解消する動きをみせると、ＥＵ諸国もロシアからのエネルギー輸入をどのルートで行うかをめぐって意見が分かれた。

トルコからすれば、冷戦後のエネルギー環境は好機であると同時に、歴史的な傷口をふたたび広げるものでもあった。トルコは昔もいまも輸入原油・天然ガスに大きく依存している。しかし、アゼルバイジャンで新たに石油と天然ガスが発見されたことで、トルコはカスピ海地域や中東を南ヨーロッパの消費者と結ぶエネルギーハブの役割を果たせるようになった。こうした原油・天然ガスのフローネットワークは、旧オスマン帝国領を結びつけたが、オスマン帝国の終焉によって、トルコはエネルギーの豊富な中東とコーカサスから締め出された。しかし今後30年のうちに、このユーラシアのエネルギー地図は、NATOの一員でありながら、ロシアとの和解をめざす強い動機をトルコに与えることともなろう。

中東は依然としてアメリカの弱点

中東では、冷戦が終結し、イラン・イラク戦争でイランが敗北したことで、それまで地政学的に脆弱であったアメリカの立場が強まるかにみえたが、ニクソンとカーターがめざした石油の自給回復は、原油価格の低迷とレーガンの無関心によって挫折した。[22] アメリカがごく短期間でイラク軍のサウジ油田到達を阻止し、クウェートから撤退させることに成功したことで、アメリカの軍事力が、アメリカや一部ヨーロッパ諸国が中東からのエネルギー輸入に継続的に依存するための地政学的な拠り所として機能しうることが示されたように思われた。ニクソン、フォード両政権で国防長官、カーター政権でエネルギー長官を務めたジェームズ・シュレシンジャーが当時コメントしたように、アメリカは「軍事的手段によって石油アクセスを確保することを選択した」のである。[23] さらに、国連の承認を得てこの戦争を遂行するために多国籍連合を結成するにあたり、ワシントンはヨーロッパ諸国(フランスを含む)、アラブ諸国(サウジアラビア、エジプトを含む)、そしてトルコの参加を期待することができた。

しかし、湾岸戦争の影響によってすぐに明らかとなったのは、中東におけるアメリカの軍事力とNATOの結束力を制限してきた以前からの理由が、今後も消えることはないということであった。ジョージ・H・W・ブッシュは、サダム・フセインを失脚させるための戦争が長期化する前に手を引いたが、その主な理由は、アメリカ兵の死傷者が国内的に耐えがたいものになることを恐れたからである。一方、ブッシュが組織した有志連合は、NATO内部の亀裂を隠すことができなかった。当時NATOに加盟していた16カ国のうち12カ国が部隊を提供したが、それらの部隊はNATOの指揮下で戦ったわけではない。トルコは、対イラク制裁を実施するための空軍基地を提供し、イラクの石油パイプラインを閉鎖するなど、ロジスティクスの面でこの戦争に欠かせない存在であった。しかもトルコは、戦争の影響によりイラクとの南東部国境で発生した難民問題にも対処しなければならなかった。しかし、トルコがイラクの隣国であるせいで、NATOの全欧州加盟国がトルコ防衛に関与しているのかどうかという微妙な問題も浮き彫りとなったが、実際のところ、そうとは言いがたい状況であった。

レジーム・チェンジを回避したアメリカは、イラクを抑えるためにペルシャ湾で恒久的とも思える軍事的関与を続けていかなければならなくなった。これには、イラク北部・南部上空における飛行禁止区域の維持（北部はクルド人を守り、南部はホルムズ海峡を守るため）や、アメリカ海軍が実施しなければならない石油禁輸体制、イラク国内で実施されるべき兵器査察体制が含まれていた。ペルシャ湾におけるアメリカの新たな軍事的関与は、カーター・ドクトリンの具現化したものであった。しかし、イラクがクウェートに行ったような湾岸諸国への直接攻撃にたいする直接的な対応は、湾岸地域にたいする恒久的な軍事監視とは異なるものであった。サザン・ウォッチ作戦〔訳注　湾岸戦争後にイラク南部で実施された米軍など多国籍軍による飛行禁止区域監視作戦〕は、サウジアラビアの支援を受け、トルコの空軍基地を利用した米英仏の航空作戦となった。この作戦は軍事的には〔２００３年に始まった〕イラク戦争まで続いた。しかし、イラク戦争が勃発する5年前にフランス政府が飛行禁止区域の管理から撤退したことで、この作戦を支えていた政治連合は崩壊した。

ペルシャ湾でここまで軍事力を行使したことで、アメリカは湾岸地域において長期にわたる苦境に立たされることとなる。アメリカの地上部隊をこの地域のどこかに駐留させておくには、その軍事的プレゼンスがアラブの団結を復活させないという前提で、イスラエル・パレスチナ紛争の解決に向けて進展がみられる必要があり、またイスラームの聖地があるサウジアラビアに米軍を駐留させることは、サウジアラビアの国内政治をさらに不安定化させる可能性が高かった。１９９０年代を通じて、アメリカの政治家や政府高官は、イスラエルとアラブ諸国の衝突を食い止め、１９９３年のオスロ合意に定められたイスラエルとパレスチナの和平プロセスを支援しようとした。しかし、中東におけるアメリカの軍事的プレゼンスの継続は、２０００年までの和平プロセスの失敗とも相まって、対立を望む宗教・政治勢力を勢いづかせた。アルカイダの主たる動機が政治的・宗教的なものであったのか、アメリカの行動に反応したものであったのかはいまだ疑問が残る。しかし、２００１年9月11日のアルカイダの攻撃は、ユーラシアで生まれた非国家武装勢力によるアメリカ本土への直接攻撃を防ぐのに核兵器が何の役にも立たないことを示した。

★★★

21世紀に入ると、中東はアメリカの軍事力の影響を受けにくくなり、この地域におけるアメリカとフランスの不和がふたたび高まると、石油をめぐる緊張状態が再燃した。石油発見量が激減し、供給見通しが悪化したのである。1999年までに発見された世界二十大油田のうち、28年から68年のあいだに発見されたのは17の油田であり、最後に発見されたのは86年で、アゼルバイジャンのアゼリ・チラグ・グナシリ油田であった。一方、イラン、イラク、リビアにたいする石油制裁の影響で、既存の油層からの生産は制限された。こうした供給面の制約が厳しくなるにつれ、中国のめざましい経済成長によって最も力強く創出されたアジアの需要が加速した。中国は欧米諸国に比べ、石油をはるかに上回る量の石炭をエネルギー源として使用しつづけるものと思われるが、それでも中国の石油消費量は1997年から2006年までのあいだに2倍以上に増加した[24]。

2005年になると、石油危機が現実味を帯びてきた。その年、アジアの石油需要が急増する一方で、石油生産は停滞した。予想どおり、05年から08年半ばにかけて石油価格は急騰した。

ジョージ・W・ブッシュ政権は、発足当初から石油をシステミックな問題として扱った。ディック・チェイニー副大統領を長とするエネルギー・タスクフォースは、アメリカは国家安全保障を脅かす需給の「根本的な不均衡」から生じる「エネルギー危機」に直面していると結論づけた。チェイニーのタスクフォースは、中東と北アフリカでの石油の増産を可能にするため、イラク、イラン、リビアにたいする制裁のあり方を見直すべきだと勧告した。

イラク戦争が起こった重要な背景には、迫り来る石油危機へのワシントンの不安があった。サダム・フセインによる支配がなくなれば、イラクは石油制裁を受ける必要がなくなる。ブッシュとその側近たちからすれば、バグダッドのレジーム・チェンジは軍事的にもメリットがあるように思われた。石油制裁がなくなれば、サザン・ウォッチ作戦を最終的に終了させ、クルド人を保護する必要がなくなれば、イラク北部での軍事作戦も終わらせることができるかもしれない。イラクのバアス党政権が崩壊すれば、サウジアラビアから駐留米軍を撤退させることが可能となり、ブッシュは「任務完了」を宣言する数日前にそれを実行に移した。その意味で、1991年の湾岸戦争のエネルギー論理を逆転させたのがイラク戦争であった。湾岸戦争でイラクが阻止されたのは、イラクが湾岸地域に埋蔵されている石油の支配をもくろんでいるようにみえたからであり、2003年の戦争でイラクが〔有志連合により〕攻撃を受けたのは、イラクを長期間封じ込めておくと石油の供給が制限され、軍事費が嵩み、地域内の抵抗を激化させてしまうからであった(25)。

イラク戦争の背後にある決定的な動機が何であれ、ブッシュは、大量破壊兵器の脅威に対処するためには武力行使が必要であると訴え、民主主義に関するウィルソン流の言い回しで、戦争を正当化する道を選んだ(26)。武力行使の必要性であれ民主主義を守るためであれ、その主張の背後には、アメリカの航空・地上戦力をもってすれば中東の再編は依然として可能であり、ベトナム戦争で多数の犠牲者を出したことによる〔厭戦・反戦という〕国内的なハードルは、9・11によって大幅に下がったという前提があった。

結局、イラク戦争は地政学的失敗と国内政治の混乱についての新たな物語となった。ここでもまた、アメリカの民主主義政治は、任務に対応した軍隊と財政資源の動員を妨げていた[27]。イラク戦争は、アメリカのエネルギー目標を達成するどころか、逆の結果をもたらした[28]。戦後の混乱により、イラクの石油生産は2000年当時の水準に回復するまでに10年近くかかった。また、カリフ制をめざす国境をまたいだスンニ派の反政府運動であるISISが誕生する素地もできた。フセインのイラクはイランを牽制していたが、2005年12月の議会選挙後に誕生したイラク政府は、シーア派諸政党の連合によって支配された。これによりイランの力が強まった。原油・天然ガス価格の高騰で国家の歳入が増加したこの時期、イランは核開発に着手し、レバノンではヒズボラの影響力が強まっていた。

イラク戦争はNATO内にきわめて深刻な影響を与えた。ジョージ・W・ブッシュ政権とエルドアン率いる与党「公正発展党」の第一次政権は、アメリカがイラク北部を攻撃するためにトルコ国内の基地を利用することを認める協定を結んでいたが、トルコ議会はこれを否決した。一方、ドイツのゲアハルト・シュレーダー首相は、たとえ国連安保理で承認されたとしても、ドイツは戦争を支持しないと明言した[29]。ドイツ、フランス、ベルギーは、トルコがイラクから攻撃を受けた場合にこれを防衛するというNATOの計画を拒否した。当時のアメリカの駐NATO大使は、イラク戦争をめぐるこの対立を、同盟にとっての「臨死体験」であると表現した[30]。ブッシュ政権の国防長官ドナルド・ラムズフェルドは、フランス政府にわざと反感を抱かせるかのように、NATOのヨーロッパの重心は、フランスやドイツの「古いヨーロッパ」ではなく、東欧の「新しいヨーロッパ」にあると嬉々として称賛した[31]。

ロシアも地政学的優位に立って登場した。戦争の舞台となったエネルギー環境において、ロシアはすでに復活を遂げていた。原油・天然ガス収入の増加により、プーチンは１９９０年代にロシアが国際通貨基金（ＩＭＦ）から借り入れた資金の完済を成し遂げ、アメリカが債務を通じて及ぼしていたモスクワへの影響力は消滅した。中国のエネルギー需要が急増すると機会はさらに増大した。中国が原油・天然ガスの輸入大国となったことで、ロシアはその主要供給国となるチャンスを得たのである。

このように急速に発展するロシアと中国のエネルギー関係はイラク戦争によってますます強まり、中国では戦略的見直しが進んだ。中国指導部にとって、イラク戦争におけるアメリカの動機が将来の石油供給に影を投げかけるものであることは自明であるように思われた。[32] アメリカ政府はエネルギー安全保障のためには本格的な武力行使も厭わなかったが、それは結果的に、中国が自国の国外供給網を防衛する能力を強化する口実を与えてしまったように思われる。２００３年11月、胡錦濤国家主席は、彼の言う中国にとっての「マラッカのジレンマ」とは、海洋共同体の自由航行を維持することに実質的な責任を負う海軍大国アメリカが、マラッカ海峡（中国の石油輸入の大半が通過する南シナ海とアンダマン海を結ぶ狭い海峡）を経由する中国の石油輸入を阻止する可能性があるということだと明らかにした。[33] この「マラッカのジレンマ」の背後にある不安から、中国指導部はマラッカ海峡を通過する石油の輸入量を減らす選択肢を探るようになった。習近平のもとで、この願望はペルシャ湾から抜け出す陸路を生み出すこととなる。ただ短期的には、安全保障上の不安を強めた中国指導部は、東シベリア・太平洋パイプラインの建設についてモスクワと正式合意を交わした。中国は１９９３年に石油の純輸入国となって以来、陸路による石油供給の拡大を検討していた。しかし、１９９７年にカザフスタンとは合意に達したものの、それ以前のロシアとの交渉は妥結に至っていなかった。中ロ間で正式合意に至ると、パイプラインが建設される前から、中国のロシアからの石油輸入は加速した。[34]

ヨーロッパの国ロシア

原油生産が停滞した年に、ヨーロッパにおける天然ガス輸送の地政学に大きな変化が起こった。2005年当時、EUが輸入するロシア産天然ガスの約75%は、依然としてウクライナを経由するパイプラインで輸送されていた。[35]このウクライナへの依存は、ソ連崩壊以降、モスクワを苛立たせてきた。2000年代初頭、ドイツの社会民主党・緑の党連立政権も、ウクライナ経由のパイプラインに代わる輸送手段を模索していた。シュレーダーは政権最後の数週間、ロシア政府とのあいだで、フィンランドとの国境に近いロシア領ヴィボルグからバルト海海底を経由してドイツ北東部沿岸のグライフスヴァルトまで天然ガスを運ぶための北欧ガスパイプラインを建設する協定に署名した。このパイプラインはノルドストリーム1となり、2012年に運転を開始した。[36]

ノルドストリームは当初から、ヨーロッパのエネルギー源をロシア依存から脱却させ多角化をめざす本来の目的とは逆の方向に進んだ。シュレーダー首相が退任後ほぼすぐにノルドストリーム運営会社の会長に就任したことで、東ヨーロッパの各地で激しい反発が巻き起こった。ポーランドの国防相は、このパイプラインをポーランド支配下のウクライナをソ連に引き渡したナチス・ソビエト条約（独ソ不可侵条約）になぞらえた。[37]しかしドイツの立場からすれば、ノルドストリームを正当化したのはウクライナ問題であった。ロシアとウクライナが対立し、2006年1月にロシアがウクライナ経由の天然ガスを3日間遮断したとき、ドイツの天然ガス輸入が大きな打撃を受けたわけではなかったが、そのときの恐怖心はあながち根拠のないものではなかったように思われた。

ノルドストリームは、ＥＵを南北に分断した。南ヨーロッパ諸国の政府にとって、ノルドストリームはウクライナ・リスクの救済策とはならなかった。南ヨーロッパ諸国からすれば、トルコとのナブッコ・プロジェクトのほうが有益であったが、それはあまり進展していなかった。カスピ海産と中東産の天然ガスを輸送するこのルートを、プーチンはロシアによるヨーロッパ向け天然ガスの支配を脅かすものと判断し、ガスプロムとイタリアのＥＮＩは２００７年、ウクライナを迂回してロシア産天然ガスを南ヨーロッパに輸送するためのサウスストリーム・パイプラインを建設する覚書に署名した。この海底パイプラインは、黒海沿岸にあるロシアの港からブルガリア（２００７年1月にＥＵ加盟）のヴァルナまで天然ガスを運んだ後、ルートのうちの一つはギリシャを経由し、アドリア海の海底を通ってイタリアに至るものであった。ガスプロムとの第二のパイプライン・プロジェクトにおいてＥＮＩが果たした中心的役割は、１９５０年代にイタリア企業とソ連のあいだで交わされた契約を彷彿とさせる。[38] しかし、当時ＥＥＣのすべての加盟国、そして最終的にはイギリスも、スエズ危機以降のソ連産エネルギーが有用なことを認識していたが、冷戦後のＥＵはロシア産天然ガスとその輸送について合意を形成することができなかった。実際、ドイツがノルドストリームに独自に関与していた時期に、サウスストリームとナブッコが競合したことで、ＥＵ共通のエネルギー戦略は絶望的なものとなった。

ロシアとウクライナの関係が悪化したことにより、冷戦後のヨーロッパにおけるＮＡＴＯとＥＵの断層が露わとなった。２００７年以降、プーチンが一段と対決姿勢を強めているのを見て、ジョージ・W・ブッシュ政権はウクライナとジョージアのNATO加盟に向けた動きを推し進めた[39]。この安全保障政策がアメリカ側にとって価値のあるものであったかどうかは疑わしい。しかし、EUの主要国はこの件について検討しようとしなかった。2008年4月、独仏両政府はウクライナとジョージアのNATO加盟を拒否した。その代わり、1カ月後にはポーランドへの譲歩として、ウクライナをEU経済と一体化させるためのEUへの準加盟について、同国と本格的な協議を開始することで合意した[40]。この動きは、旧ワルシャワ条約機構加盟国や旧ソ連構成国のNATOへの先行加盟またはNATOとEUへの同時加盟という1990年代後半に生まれた事実上の方式を覆すものであった。ウクライナとの経済提携に取り組み、天然ガス輸送では関係を断ち、同国をNATOに加盟させなかったことから、その後10年間でEUとNATOのズレが顕著となった[41]。

ウクライナはエネルギー経由国であったことから、この緊張がヨーロッパ全体に影響を及ぼすことは確実であった。2009年1月、ロシアはウクライナを経由する天然ガスの供給を数日間停止した。その後のヨーロッパガス危機を、欧州委員会は「強烈な目覚ましコール」と表現した[42]。予想どおりヨーロッパの関心は、ふたたびエネルギーの多様化とナブッコに向けられた。2009年、トルコはEUの支援を受けて、オーストリア、ハンガリー、ブルガリア、ルーマニアとのあいだでナブッコ・パイプラインを建設するための政府間協定に署名した。署名式を終えた欧州委員会のジョゼ・マヌエル・バローゾ委員長は、ナブッコを「真のヨーロッパ・プロジェクト」と評した[43]。

ナブッコをきっかけにトルコのEU加盟問題が否応なく再燃した[44]。1999年にトルコに加盟申請国の地位を与えてから10年間、EUはトルコの加盟を促進するための迅速な行動をほとんどとらなかった。正式な加盟交渉が始まったのは、2005年6月に入ってからである。その3カ月後のドイツ総選挙で、キリスト教民主同盟が〔キリスト教社会同盟(CSU)、ドイツ社会民主党との大連立により〕政権に返り咲いたが、彼らのなかにはトルコの将来をいまだに文明的な見地から捉えて喜ぶ者もあった。首相となったメルケル自身は宗教的な主張を控えていたとはいえ、野党時代にはトルコは「特権的パートナーシップ(※)」の地位にとどまるべきだと繰り返し述べていた。(45) 一方、トルコ政府内には、ナブッコ・プロジェクトが息を吹き返したことで、トルコのEU加盟は決まったも同然との見方もあった。(46) しかし、ロシア以外からの天然ガスの供給量を増やすためのトルコのパイプラインは、EU加盟国共通のエネルギー戦略を意味するものではなかった。独仏両政府ともこのプロジェクトへの投資は行っておらず、ゴードン・ブラウン政権下のイギリス政府もそこに政治的資本をつぎ込む用意はなかった。(47) トルコのEU加盟を支持していたイタリア政府でさえ、天然ガス輸送に関してはナブッコのライバルであるサウスストリームを強く支持していた。天然ガスに関してEU加盟国が一致団結する可能性はなく、トルコのEU加盟への道とアンカラに見えていたものはたちまち閉ざされた。この道は2015年の難民危機まで閉じた状態が続く。

アメリカの力の盛衰は同時に進む

大西洋の向こう側では、イラク戦争によって、アメリカの軍事力を中東でどのように展開するかということにたいする厳しい民主主義的な政治的制約がふたたび強まった。9・11までは、イラクでレジーム・チェンジを起こすためのアメリカの武力行使について、国内では幅広いコンセンサスが得られていた。米連邦議会は１９９８年にイラク解放法を可決し、サダム・フセインを権力の座から引きずりおろす努力を支援することを政府に義務づけた。イラクの体制はいかなる反対も許さなかったため、これはアメリカが何らかの介入（軍事力とはかぎらないが）を行わなければならないことを意味した。[48]しかし、ベトナム戦争のときと同様、結局はイラク戦争も、アメリカ大統領がユーラシアのどこかで新たに大規模な軍事行動を始めるのに必要な国内の支持を崩壊させた。２００６年の中間選挙では、イラク戦争の不人気を利用して民主党が上下両院を制した。２００７年１月、ブッシュが「サージ（Surge）」と銘打った軍の増派計画を発表すると、新議会の議員たちはブッシュを阻止するための立法措置を講じようとした。この試みは失敗したものの、翌年、ブッシュ政権はイラク政府とのあいだで、２０１１年12月31日までにアメリカ軍の撤退を完了させるというスケジュールに合意した。[49]サージは２００８年の大統領選挙で主要な争点となった。当時連邦上院議員であったバラク・オバマは増派に反対した。イリノイ州議会上院議員時代から戦争反対を強く訴えていたオバマは、ヒラリー・クリントンを民主党大統領候補者指名争いで破り、共和党のジョン・マケインを大統領選挙本選で打

※〔訳注　「特権的パートナーシップ（privileged partnership）」とは、自由貿易地域などの経済・貿易、中小企業対策、安全保障・防衛、環境対策、テロ対策などの面で関係の緊密化を促進する一方、農業政策、地域政策、人の自由な移動などの面では統合を進めないかたち。ＥＵと特別な関係を持つ「準加盟国」としての扱い〕（岩城成幸「拡大ＥＵ論――なぜ東方拡大を推進したのか」国立国会図書館調査、及び立法考査局『拡大ＥＵ：機構・政策・課題：総合調査報告書』（２００７年３月）所収、９頁を参照）

ち負かした[50]。

反戦候補として大統領選挙に勝利したオバマは、２０１４年までアメリカ軍の対アフガニスタン作戦に関与するが、「アジア旋回」政策によって、アメリカの戦略的関心を中国に向けようとした[51]。２０１１年11月、オバマはオーストラリア議会で演説し、アメリカは「太平洋国家」であり、「ここにとどまる」と語った[52]。

この動きは、ある意味で大きな変化であった。というのも、第5章で論じるように、１９９０年代後半以降の歴代アメリカ大統領は、中国を世界経済に深く取り込むことを、外交政策としてではなく、経済的相互利益の問題として扱ってきたからである。しかしそれは、冷戦以後の米中関係に常に存在していた地政学的断層を拡大させることともなった。この米中の緊張関係は、ワシントンでは気候変動をめぐって、北京ではエネルギーをめぐって、少なくとも暗黙のうちに了解されていた。ビル・クリントンが１９９７年の京都議定書の批准を議会に要求できなかったのは、温室効果ガス削減の約束が中国には適用されず、アメリカはこれに従わなければならないという考えを大半の議員が拒んだからである。中国の場合、ＷＴＯ加盟以降の経済成長は、特に製造業においてエネルギー消費の大幅な増加をもたらした。中国の一次エネルギー消費量は１９８０年から２０００年までの20年間に約２４０％増加したが、それと同じペースの増加が２０００年から２０１０年までのわずか10年間に起こると予想された[53]。中国指導部は、中国の経済発展がアメリカの力によって制限されるべきであるなどとはまったく考えなかった。したがって、１９９３年に中国が石油を輸入する必要が生じた瞬間から、たとえ短中期的には海洋公共財におけるアメリカ海軍のプレゼンスを利用するにせよ、エネルギー安全保障は避けられない地政学的課題であると捉えていた。オバマ大統領の「アジア旋回」よりも前に中国で起こった変化は、海軍のエネルギー安全保障を軸とした軍事的転換であった。2010年、北京は世界の海運の約3分の1が通過する南シナ海が中国の「核心的」利益であると宣言した。(54)

「アジア旋回」は、それだけでも実践するのが困難であった。オバマは、アメリカが主導し、中国を排除する新しい地域貿易圏として太平洋横断パートナーシップ（TPP）〔訳注　日本では「環太平洋経済連携協定」あるいは「環太平洋パートナーシップ（TPP）協定」などと誤訳された〕を推進した。しかしオバマは、TPPの批准について審議することすら議会の支持を得られなかった。2016年の大統領選挙では、ヒラリー・クリントンとドナルド・トランプの両候補をはじめ、バーニー・サンダースら民主党のほとんどの候補者や共和党の候補者の一部もこの貿易協定に反対した。軍事面をみると、オバマ政権は太平洋におけるアメリカの海軍資源を強化し、中国との軍事的対立を想定した作戦教義《ドクトリン》を策定し、他の太平洋諸国との二国間安全保障関係を改善した。しかしこれは、特に習近平が権力の座に就いて以降、中国の戦略的反応をもたらした。2013年に発表された習近平の「一帯一路」構想は、中国経済の方向性を太平洋からユーラシアに転換させようとするものであり、ある中国の将軍はユーラシアを中国の「戦略的後背地《ハートランド》」と表現した。(55)アメリカがさらに西へ進み、太平洋上で最終的に衝突が起こる可能性が高まれば、中国はユーラシア大陸を西に移動するであろう。(56)

予想どおり、石油と天然ガスの安全保障は、習近平の戦略再編の根幹をなしているように思われた。2013年、中国はパキスタンのアラビア海沿岸にあるグワダル港を買収し、中国・パキスタン経済回廊の建設についてパキスタン政府と合意した。ホルムズ海峡のすぐ先に深海港を持ち、パキスタン経由で中国北西部の新疆ウイグル自治区にパイプラインを敷設する合意を得たことで、中国は中東やアフリカからの石油をマラッカ海峡ルートを避けて輸送することができるようになる[57]。２０１４年５月、習近平はガスプロムとの期間30年間の天然ガス売買契約に基づき、西シベリアから中国東北部への天然ガスパイプラインの敷設についてもプーチンから合意を取りつけた。２０１９年12月に稼働した「シベリアの力」は、ロシア初となる東方へのガスパイプラインである。２０１６年、中国は紅海とアデン湾を結ぶ海域にあるジブチに海軍基地を建設する工事に着手し、スエズ運河を経由して地中海からインド洋への航路を確保した。陸路のみならず海路のプロジェクトとして、「一帯一路」は軍事的変化も必要とした。中国の２０１５年版国防白書は、中国を「世界クラスの海洋強国」にすることを目標とし、「中国の国外権益は地球の隅々まで着実に拡大している」ことから、より大規模な海軍が必要であると述べている[58]。２０２０年には、中国海軍が世界最大となったが、アメリカ海軍が世界最強であることに変わりはない[59]。

この中国の戦略的転換に直面したオバマ政権は、難しい対応に迫られた。中国が「一帯一路」を支援するために立ち上げたアジアインフラ投資銀行（ＡＩＩＢ）に多くのヨーロッパやアジアの国の政府が参加する動きをみせたが、それを止めることはできなかった。２０１４年、中国が南シナ海で大規模な埋め立てを行い、人工島を建設しはじめたときも、オバマ政権の対応は鈍く、中国はそうした人工島を対空・対ミサイル防御システムを備えた軍事基地に変えようとしていた。

実際、習近平の登場後、オバマは中国の野心にさらなるブレーキをかけようとするどころか、２００８年から13年にかけて中国の石炭消費量が大幅に増加したことを受け、気候変動対策での協力を求めた。2014年11月、オバマと習近平は北京で会談し、翌年のパリ協定に向けた地ならしとして、中国は2030年からCO_2排出量を削減し、アメリカは2025年までにCO_2排出量を2005年比26～28％削減することで合意したことを明らかにした。2016年9月、オバマと習近平は、杭州市で会談し、米中両国がパリ協定を批准したと発表した。

オバマの大統領任期が終わりに近づくにつれて、米中関係は構造的力学によって相反する方向へと引っ張られていった。一方で、アメリカは太平洋における封じ込め戦略を進め、中国はユーラシアの大部分を経済的影響圏に置くことで「マラッカのジレンマ」を解消しようとしていた。その一方で、気候変動はいまや米中二国間協力の問題となった。エネルギーに関しても、この力学からは切り離せない。気候変動が米中デタント（緊張緩和）の論理を生み出したとすれば、「一帯一路」はいくつもの巨大な炭素集約型プロジェクトを伴い、中ロの石油協力関係に天然ガスをつけ加えた。

2016年のアメリカ大統領選挙で、中国に敵対的な候補者がロシアに敵対的な候補者よりも地政学の問題を効果的に利用することができたのは、一つには、直面する政治課題が中国への配慮から生じたことが何よりも物語っている。実際、トランプの大統領就任によって明らかとなったのは、連邦議会で気候変動問題にトランプよりもはるかに真剣に取り組んでいる議員たちのあいだですら、より強硬な対中政策を支持する超党派の幅広いコンセンサスが存在しているということである。トランプ流のけんか腰の態度は執拗な非難を浴びたものの、第6章で論じるように、関税引き上げ圧力をかけて米中貿易関係の再構築を図ったり、肝心な点として、技術競争を国家安全保障問題にすり替えたりすることへの本質的な批判はほとんどなかった。

中東よりも中国を戦略的に優先し、気候変動問題で中国と協力できるというオバマの自信は、アメリカのシェールオイル、シェールガスブームがもたらした衝撃的な変化なしには生まれてこなかったはずである。シェールオイルがなければ、オバマはイラクでの失敗を帳消しにするための中東への戦略的アプローチに乗り出すことができなかったであろう。またシェールガスがなければ、オバマはアメリカのCO_2排出量について、発電に使用する石炭を国産天然ガスに置き換えるという重大な提案を中国側に示すことはできなかったであろう。こうしたアメリカのエネルギー力の復活は、ヨーロッパでは天然ガスをめぐって、中東では石油をめぐって、巨大な地政学的混乱をもたらした。それは逆説的なことに、アメリカの戦略的選択を難しくした。

★
★
★

シェールガス部門の急速な発展により、アメリカは天然ガス輸出国となったが、ちょうどその頃、海上輸送される液化天然ガス（LNG）の国際市場がすでに成長しつつあった。これによって直ちに、EUではエネルギーの政治問題化が進み、天然ガスの輸入と輸送によってEUとNATOの断層にのしかかるさまざまな圧力がさらに強まった。ポーランドやリトアニアにとって、アメリカ産天然ガスの輸入は地政学的な生命線であった。2017年にアメリカ産天然ガスを積んだ最初の船が到着したとき、ポーランドは「安全で主権を有する（safe and sovereign）国家」と呼べるようになった、と同国の首相が宣言したほどである。[60] 対照的に、ドイツはアメリカ産天然ガスの輸入に魅力を感じていなかった。２０１０年代初頭までに、ドイツとロシアの天然ガス供給関係は30年の歳月を経ていた。２０１１年、メルケルは10年以内に原子力発電を廃止すると表明し、少なくとも再生可能エネルギーを貯蔵する画期的な技術が開発されるまでは、ドイツのエネルギー政策のもとで天然ガス消費量は増加すると明言した[61]。ＬＮＧの輸入は、パイプラインで運ばれる天然ガスよりも割高で、技術的に洗練された港湾インフラの建設が必須となる。ヨーロッパ諸国にとっては、中国向けのものを除けばパイプラインがほとんどないことから、天然ガス価格がより高いアジアへと輸送船が進路を転じる事態にびくびくしなければならない。メルケル政権は、アメリカの新たな天然ガス輸出能力を歓迎するどころか、むしろノルドストリーム２パイプラインを支持し、バルト海経由でのロシア産天然ガスの輸入を拡大した。

ロシアがヨーロッパ市場の獲得をめぐってアメリカやアゼルバイジャンと競合するようになると、南ヨーロッパや中央ヨーロッパ南部への天然ガス供給をめぐる既存の対立が激化した。２０１３年、アゼルバイジャンの国営エネルギー・コンソーシアムが供給契約の締結を拒んだことから、ナブッコの計画は破綻した[62]。これにより、ナブッコとサウスストリームの対立は後者に軍配が上がったかにみえた。しかし２０１４年にロシアがクリミアを併合すると、オバマ政権はサウスストリーム・パイプラインのブルガリア部分の建設を請け負っていたロシア企業に制裁を科し、サウスストリームに参加していたＥＵ加盟国にプロジェクトから撤退するよう圧力をかけた。２０１４年６月、ブルガリア政府は最終的に折れ、パイプラインの工事を中断した[63]。

もちろん、ロシアへのエネルギー依存をめぐってアメリカがＥＵ加盟国に圧力をかけるのは特段新しいことではない。しかし、ワシントンは代替手段を提示できるようになり、アメリカのエネルギー企業はその取引から利益を得られる立場となった。サウスストリームを阻止しようとするオバマの動きを欧州委員会が積極的に支持したことは、EU内での地政学的な亀裂がいかに深刻かを示すものでもあった。欧州委員会は以前から、ガスプロムのサウスストリームへの関与はEUの規制を遵守していないと主張し、ブルガリアを相手取って法的手続きを開始していた。しかし欧州委員会がエネルギー供給を競争法の問題と決めつけたことで、サウスストリームから利益を得ており、ブルガリアよりもワシントンに対抗する力があるEU各国政府を激怒させた。オーストリア政府は〔2014年の〕ウクライナ危機をめぐる対ロシア制裁に逆らい、ブルガリアが撤退する2カ月前にロシア政府とのあいだでサウスストリームのオーストリア部分に関する政府間協定に署名した。イタリアのマッテオ・レンツィ首相も、欧州委員会がサウスストリームについて廃止に向けた動きをみせながら、ノルドストリームについては断固とした行動に出なかったことへの怒りを露わにした。[64]

サウスストリームをめぐって敗れたプーチンは、単純にそれと同じものをつくり直した。2014年12月、プーチンはトルコとのあいだでトルコストリームの建設に合意したが、今度の黒海パイプラインはブルガリアではなくトルコの海岸まで引くこととした。その1カ月後、ガスプロムは、トルコストリームが完成したら、ロシアはウクライナを経由したEU諸国への天然ガス送出を停止する旨を欧州委員会に文書で通告した。[65] これは単なる口先だけの脅しであった。ガスプロムはそのようなことはしないと反発していたが、2019年12月にウクライナの国営エネルギー会社と新たな契約を結び、少なくとも2024年まではウクライナを通る天然ガスパイプラインは維持されることとなった。しかし、それにもかかわらず、トルコストリームはEUの法的権限をすり抜けて建設に成功した。これもまた、ノルドストリームとともにNATOを分断するものであった。2020年1月、ブルガリアとギリシャに天然ガスが届きはじめたが、そのわずか1カ月前には、米連邦議会がガスプロムの次のプロジェクトであるトルコストリーム2に携わる企業に制裁を科していた。EUとNATOの双方にとって、エネルギーに関する内部対立が最初に生じたのは、ソ連崩壊後にトルコとウクライナをめぐってであった。しかし、冷戦時代に大西洋をまたいで生じたNATO内の対立が、ウクライナとトルコのエネルギー経由をめぐってEU内の問題にまで発展したのである。

EUにとってこのジレンマは、ノルドストリーム2にたいするメルケルの姿勢、つまり彼女の言葉を借りれば、それは「何よりもまず経済プロジェクトであり」、「ウクライナは引き続き経由国としての役割を果たさなければならない」という論理によってさらに悪化した。これは、ロシア産やアゼルバイジャン産の天然ガスの多くがトルコ経由で南ヨーロッパに入ってくるとしても、EU南部諸国はウクライナ経由の天然ガス輸送を受け入れるべきだと言っているにすぎない[66]。しかしながら、NATOが抱える問題は、パイプライン・ルートの戦略的影響にとどまらず、ヨーロッパの天然ガス調達先にも及んでいる。すなわち、アメリカがロシアに対抗してヨーロッパに天然ガスを輸出することができる以上、EUの原加盟国である大国がロシア産天然ガスに依存することはNATOを不安定化させるのである。

★
★
★

シェールオイルの地政学的影響が最初に現れたのは中東である。第一次世界大戦後、国内の石油供給を心配したアメリカは、中東への橋頭堡をサウジアラビアに築いた。第二次世界大戦後のアメリカの支離滅裂な中東への関与に影響を与えたのは、西ヨーロッパや日本のためにペルシャ湾産原油へのアクセスを守りたいという願望であったが、１９７０年代初頭になると、アメリカ自身が外国産原油を必要とするようになったためにその姿勢を見直さざるをえなくなった。イラン革命後、次から次へと問題が連鎖的に発生し、なかなか情勢が安定しなかったことから、カーター・ドクトリンに基づいて中東に展開するアメリカの軍事力は増強された。その結果、シェールオイルが登場した当初から、オバマ大統領とその顧問たちにとって、新たなエネルギーの自立に向けた明白な見通しは、中東の戦争から抜け出す魅力的な糸口となりうるものであり、核武装をめざすイランの野望に立ち向かうチャンスでもあった。シェールオイルも、新たな供給がワシントンに与えた戦略的計算も、破壊的な衝撃をもたらした。

こうした力学が働きはじめる前から、中東と北アフリカは２０１１年の「アラブの春」の反乱により混乱に陥っており、その最終的な影響はさらに拡大した。アメリカ軍の一部がまだイラクに駐留していたことから、オバマは一部アラブ諸国も加えたＮＡＴＯ主導による有志連合のかたちで、アメリカの海軍と空軍をふたたびリビアに派遣した。この軍事行動はイラク戦争のときと同様、ＮＡＴＯの内部対立を誘発した。とはいえ、そこには決定的な違いもあった。ヨーロッパ側では、ＥＵの主要３カ国がそれぞれ異なるかたちで対立した。イギリスとフランスは対リビア戦争に深く関与したが、ドイツは国連安保理でその軍事行動を支持すらしなかった。一方、ワシントンでは、オバマはリビア介入について、北アフリカで起こった事態に責任を負い、最前線に立つＮＡＴＯ加盟国であるフランスとイギリスにアメリカは手を貸しているにすぎないと考えている節があった。実際、少なくとも後から振り返ると、オバマは対リビア戦争を、ヨーロッパ諸国がアメリカへの「ただ乗り」をやめて、地理的に自国の利益だけが直接危機に瀕しているところで責任をとることができるかどうかのテストケースと捉えていたのである。[67]

より大きな賭けとなったシリア問題でも同じような力学が働いた。オバマはシリアのレジーム・チェンジを強く望んだことから、彼の政権はシリアの反体制派に相当の支援を行った。しかし、シリアにたいするオバマの行動には、ペルシャ湾の西側で起こっていることはアメリカの問題というよりも、ヨーロッパやトルコ、アラブの問題であるという前提があった。オバマにとっては、アメリカのユーラシアとの関係は変化しており、彼の言葉を借りれば、「大統領が従うことになっている」ワシントンの「プレイブック（方針）」がその変化に追いついていなかったとしても、自らを「パシフィック・プレジデント（太平洋出身の大統領）」と意識するオバマは追いついていたのである。[68] ２０１３年９月、決断の時が訪れる。化学兵器の使用に関して以前から明言していたレッドラインに従ってシリアへの空爆を指示するかどうかの決断が迫られたとき、オバマは怯んだ。

２０１６年の『アトランティック』誌のインタビューから明らかなように、オバマにとってこれは彼の大統領としての決定的な選択であり、中東はヨーロッパとアメリカが共有する地域であるという古い思い込みから解き放たれた自らの判断がいかに優れているかを示す重要な局面であった。[69] しかし、オバマがどのように振り返ろうと、この政治的瞬間に影響を与えたのは、復活したアメリカのエネルギー力ではなく、イラク戦争にたいする民主主義的な反発であった。オバマが空爆を断念するに至った一連の経緯は、デイヴィッド・キャメロン首相がイギリス軍の参戦について議会の承認を得る必要があると判断し、庶民院（下院）で投票にかけて否決されたところから始まる。そこでオバマは連邦議会に軍事行動への支持を求めたが、下院で法案が可決されない見通しが明らかになってからようやく、アサド政権に化学兵器を廃棄させるというプーチンの提案を受け入れたのである。

アメリカの戦後中東戦略

１９５６年の大統領選挙に不安を募らせていたアイゼンハワーという名の男が、イギリスの対エジプト戦争とアメリカ自身〔トルーマン政権〕の戦後中東戦略を木っ端みじんに打ち砕いた。それから60年後、イギリス議会は期せずしてアメリカ大統領の中東撤退政策の一翼を担うこととなった。ヨーロッパ側では、シリア対応におけるオバマのＵターンが、１９５６年のときと同じようにフランス政府を迷走させた。リビアをめぐって、フランスはヨーロッパが北アフリカで軍事行動をとるうえでＮＡＴＯは必要な組織であると認めるようになったが、結局のところ、アメリカが中東において軍事的に睨《にら》みをきかせる存在としての信頼性を維持するつもりがないことに気づいた。フランスは、依然として死活的な利益を有するとみなしている地域において決定的な行動をとるためには、フランス単独で軍事行動をとる以外にない状況に置かれたのである。

現実には、アイゼンハワーがスエズ戦争後のイギリスを見捨てることができなかったように、オバマも中東の戦争から手を引くことができなかった。２０１４年、ＩＳＩＳがシリアとイラクにまたがる広範な地域を占領し、イラク政府が崩壊した後、オバマはイラクとシリアにおいてこのイスラーム過激派勢力に対抗するためアメリカ軍を投入した。ＩＳＩＳ打倒グローバル連合（Global Coalition to Defeat ISIS）はＮＡＴＯ加盟国を中心とし、ドイツも加わっていたことから、この介入はＮＡＴＯの欧州加盟国にとっては負担が少なかった。しかし、この新たな中東での戦争によって、アメリカがユーラシアで軍事行動に関与することの脆さが改めて浮き彫りとなった。ここでもまた、アメリカの民主主義政治がアメリカ大統領を制約した。連邦議会が戦争の承認を留保することを不安視したオバマは、２０１４年のシリア空爆については承認を求めず、シリアの反体制派への後方軍事支援の強化についてだけ承認を求めた。オバマはまた、シリアに地上軍を駐留させないことを約束した。アメリカの軍事的関与を一定の航空援護と特殊部隊に限定したことで、激しい戦闘を行うために現地の民兵を確保する必要に迫られたアメリカ政府は、クルド人民防衛隊（ＹＰＧ）を選んだ。この戦術的選択は、ＹＰＧをテロ組織とみなすトルコ政府との避けがたい対立をたちまち引き起こした。イラクをめぐる軋轢は、国境地帯でのアメリカの軍事行動の受け入れに後ろ向きなトルコ議会とトルコ防衛に後ろ向きな一部のＮＡＴＯ加盟国とのあいだで生じていたが、シリアでは、トルコの米空軍基地がＩＳＩＳへの攻撃に使用されているという事実があるにもかかわらず、トルコの安全保障懸念よりも、中東における別の戦争に米軍を派兵できない国内事情を優先させることがアメリカの意思となった。

この戦争で、中東の非エネルギー問題をめぐるＮＡＴＯ加盟国間の地理的な隔たりが改めて鮮明となった。オバマは介入を正当化するにあたって、ＩＳＩＳから直接テロ攻撃を受けた地域であるヨーロッパとそれほどの脅威を受けていない「アメリカ（our homeland）」とを区別した。[70] ２０１５年のパリ連続襲撃事件後、オバマは中東の武装勢力が発する「誇張されたリスク」の危険性に警鐘を鳴らした。[71] しかしフランスにとって、ＩＳＩＳとの戦いはまったく別の問題であった。２０１４年以降、フランスは立て続けに死者を出す襲撃を受け、ジハード（イスラーム聖戦）の呼びかけに応じる何千人ものムスリム（イスラーム教徒）のフランス市民と戦わなければならなかった。苦境に立たされたフランスは２０１４年9月、イラクで独自の軍事行動を開始した。この空爆は、サザン・ウォッチ作戦から撤退して以来となるフランスの中東における直接的軍事行動となった。フランスの場合も、ＩＳＩＳやその他のイスラーム勢力との戦いは中東で終わったわけではなかった。２０１３年、フランソワ・オランド大統領はフランス軍をマリに派遣し、その後もアフリカのサヘル地域[※]全域に展開した。アメリカではなくフランスの観点からすれば、サヘル地域は中東と同じような問題を抱えており、ＮＡＴＯはそのどちらにも対処することができない。

エネルギー面では、サウジアラビアとの距離がより広がり、イランとの対立が最終的に解消されることが、アメリカ国内の石油生産能力を復活させることから得られる地政学的見返りとなるはずであった。カーターがエネルギーの自立を回復したいと思ったのは、自らのカーター・ドクトリンから解放されたかったからである。カーターはシェールオイルを、いまだ到来しない未来の一部であるとして歓迎した。いまやシェールオイルは採算が取れるようになり、カーター・ドクトリンから解放される希望が見えてきた。

イランについて、オバマはテヘランの核開発への野心を抑え込むための力の誇示が、リセットの前提となることを期待した。この流れを実現するため、オバマはまずEUをイランと対決する方向に仕向けなければならなかった。1990年代、EUはイランのエネルギー部門に投資した企業を対象とするアメリカの域外制裁に猛反発した。2000年代、EUの対イラン制裁はイランからのエネルギー輸入を制限するものではなく、EUの一部の国はイランからのエネルギー輸入に依存していた。2011年12月、オバマは新たな域外制裁を可決するよう連邦議会に要請した。この制裁は、イランの石油収入の受け皿であるイラン中央銀行と取引のある非米国企業がアメリカの金融システムにアクセスするのを阻止するために米ドルの力を利用したものである[72]。ここにきて、オイルショックは不可避と思われていた状況がシェールオイルの供給によって一時的に緩和されたことから、EUはすぐにイラン産原油の輸入禁止に同意した。石油輸出からハードカレンシーを得る能力を直接的に制限する制裁下に初めて置かれたイランは、核開発への野心的な取り組みについて話し合いのテーブルに着く気になった。

※〔訳注　サヘル地域は、サハラ砂漠南縁部に広がる地域。フランスは2013年にイスラーム急進派のテロ組織や現地の反政府武装勢力を制圧するため西アフリカのマリに軍事介入し、14年からマリとその近隣5カ国を対象とした対テロ作戦「バルカンヌ作戦」を展開。マクロンは22年11月9日、作戦の終了を公式に宣言したが、現地の不安定な情勢は依然として続いている〕

イラン核合意

しかし、オバマがアメリカのエネルギー力を展開できたのはここまでであった。２０１５年の核合意は、イランの核兵器開発を一時的に制限するものとなったが、イランの地域的な活動については黙認していた。イランは核爆弾の開発が遅れただけであり、シリアにおいて活動を続け、ヒズボラやハマースを支援することもできるという現実に、米連邦議会は不穏な空気に包まれた。当時、共和党が支配する上院で条約が批准される可能性はほとんどないと判断したオバマは、イラン核合意を立法府の同意を必要としない行政協定として位置づけた。これは将来的に誰が大統領になっても簡単に破棄できるものである。イラン核合意については共和党の有力指名候補全員が反対していたことから、民主党が大統領の座を失えばそれが生き残れる可能性はほとんどなかった。

イラン核合意をめぐるＥＵの思惑はかなり違っていた。ヨーロッパ各国政府にとって、イランのエネルギー部門に科された制裁を緩和することは、テヘランとの新たな経済関係を構築する、特に中東における天然ガス調達の多角化を追求する好機であった。実際、欧州委員会は２０１４年、「エネルギー安全保障のための冷徹な戦略」が急務であると宣言している[73]。したがって、ワシントンとＥＵが対イラン融和について一致した立場を維持できるかどうかは、ひとえに２０１６年のアメリカ大統領選挙の結果次第であった。

ロシアがシリア戦争に参戦したことで、イランとヒズボラがシリアに軍事的プレゼンスを維持することが事実上確実となり、イラン経済の急成長によってイランがペルシャ湾の西側から手を引くのではないかという期待も打ち砕かれた。オバマが核合意を宣言した際に認めたように、イランを核交渉のテーブルにつかせる役割を果たしたのはロシアであった(74)。しかし、ロシア軍がシリアに進駐したことで、イランとの和解もありうるとされていた中東の地政学的環境は根底から覆された。

オバマ政権のイランへの対応とシリアへのアプローチは、サウジアラビアに衝撃を与えた。いずれも、シェールエネルギーによってアメリカは部分的にでも中東からの戦略的撤退をなしうるとの前提のもとに行われた。しかし、サウジアラビアにとって最も破壊的な影響をもたらしたのは、膨大な量の新しい石油であった。第2章の冒頭で述べたように、２０１４年後半、サウジアラビアはすでに下落していた原油価格を大幅に引き下げた。その直後、すでに苦境に陥っていたイラク政府は著しく弱体化し、イランが支援する反政府勢力のフーシ派がイエメンで政権を握るとともに、イラクにおけるイランの影響力が強まった。アメリカのシェール部門を排除できなかったサウジアラビア政府は、モスクワとの協力を模索しはじめ、ＯＰＥＣよりもＯＰＥＣプラスのほうが重要な存在となった。やがて、イラクに進出している西側の石油メジャーは、ＩＳＩＳからインフラを攻撃されたうえに、モスクワで決定された生産制限を受けることとなる。２０１９年までには、トタルを除くすべての企業が、少なくとも投資の一部から手を引く道を探りはじめていた。

このサウジアラビアを中心に起こった混乱は、その後アメリカに逆流した。２０１５年にサウジアラビアがイエメンに軍事介入した際、オバマ政権は後方支援を行ったが、これによりアメリカは中東において新たな紛争に巻き込まれることとなった。新しいカルテルから外れた唯一の主要産油国であることは、アメリカのシェール企業にとって有利に働き、２０１６年後半から20年3月まで、ＯＰＥＣ

プラスが行った減産によってもたらされた原油価格の上昇から恩恵を受けることができた。しかし同時に、サウジアラビアの弱体化により、アメリカの消費者向け価格はロシアの決定に左右されることとなった。カーター・ドクトリンがペルシャ湾からソ連を締め出すために構想されたのだとすれば、サウジアラビアとロシアの石油枢軸、シリアにおけるロシアの軍事的プレゼンス、イランの体制にたいするロシアの支援は、ほぼその逆を行くものであった。

カーター・ドクトリンの影響

トランプ政権は、2008年以降のオバマ政権以上にカーター・ドクトリンの失敗の罠にはまった[75]。サウジアラビアを言いたい放題に非難していた候補者が、サウジアラビアの首都を初の外国公式訪問の地に選んだ大統領となったのである。トランプの行きすぎがかえってこの豹変を促した面もあり、トランプはサウジアラビアのサルマン国王やムハンマド・ビン・サルマン皇太子と自分や自分の家族との関係が、新たなサウジ戦略の代わりとなり、個人的利益に結びつくと考えるようになった。その結果、2017年にサルマン皇太子がサウジアラビア政府内の粛清を行い、王室のメンバーを拷問にかけたとき、トランプと皇太子の関係は、過去にトランプが利益を得ていた米サウジ関係が持つ国内政治の毒性を煽っただけであった。しかし、問題は構造的な面もあった。アメリカは秩序を押しつけることも中東から手を引くこともできなかったのである。湾岸危機の早い段階で、トランプは「われわれはそこにいる必要はない」とツイートしていた[76]〔訳注 「ツイッター」は2023年7月24日に「X」に名称が変更されたが、本書では当時使われていた「ツイッター」、「ツイート（する）」の語を用いる〕。しかしトランプは、2019年にアメリカの特殊部隊をシリア北部から撤退させると、それをサウジアラビアに派遣した。

前任者のオバマと同様、トランプが抱える当面の問題はイラクの不安定な情勢であった。2019年10月、イラク国内で大規模な抗議デモが発生し、2020年末まで続いた。もともとは、イラク国内におけるイランの活動や2014年以降にイラクを見舞った経済危機への怒りがきっかけであった。イランの民兵とイランが支援する治安部隊が引き起こした暴力がエスカレートするなか、トランプは空爆を命じ、2020年1月には無人機攻撃によりガセム・ソレイマニ将軍を暗殺した。ソレイマニは国外での作戦を指揮するイラン特殊部隊の司令官であった。この暗殺を機に、抗議行動は反米的な色彩も濃くなっていく。イラク議会がすべての外国人兵士の国外退去を決議した後、またしても不完全なかたちで駐留米軍の撤退が始まった。

アメリカのエネルギー生産力は復活したが、カーター・ドクトリンから脱却することはできなかった。2019年、ペルシャ湾を経由するアメリカの石油輸入量は、イラン革命前1977年の最初のピークから250%減少し、2001年の二度目のピークからは290%も減少した。[77] しかし、アメリカのエネルギー自立は、たとえアメリカが石油の輸入を完全に止めたとしても幻想であり、アメリカの製油所がシェールオイルを処理する能力に限界がある以上、すぐに実現するとは考えにくい。OPECプラス内部で起こることは、原油価格が上がりすぎればアメリカの消費者に、下がりすぎればアメリカの生産者にそれぞれ影響を及ぼす。そのため、アメリカの大統領や連邦議会は、サウジ・ロシア関係やイラクの不安定な情勢に翻弄されることとなる。

実際、シェールの影響で中国がアメリカに代わる世界最大の石油輸入国となった世界のエネルギー環境は、カーター・ドクトリンの戦略的論拠を逆説的に補強することとなった[78]。現在、ホルムズ海峡を通過する石油のほとんどは、中国などアジア諸国向けである。パキスタンのグワダル港を手に入れて以来、中国はホルムズ海峡を通る海運輸送を監視することができるようになった。中国はペルシャ湾岸周辺に常設の海軍拠点を持たないが、中国の指導部はイランを地政学的に重要な国と捉えている。イランは陸路でも海路でも「一帯一路」におけるきわめて重要な地理的位置にある。中国は２０１７年にホルムズ海峡付近でイラン海軍と合同演習を行い、２０１９年にはロシア、イランと3カ国合同演習を行った〔訳注　以後、２０２２年、２０２３年と続けて実施〕。中国政府が中国海軍の力を使って、ペルシャ湾岸地域における自国のエネルギー安全保障に直接責任を負いたがっているとは到底思えない。しかし、米中の地政学的対立が加速するなか、たとえペルシャ湾に米軍を駐留させておくことが中国向けの石油輸送を守っているように見え、それによりアメリカ国内の政治的反発を招くおそれが常にあるにせよ、ペルシャ湾で中国に優勢な海軍力を維持させることはアメリカ大統領にとってリスクとなりうる。

★★★

新型コロナパンデミックの予期せぬ影響から、ユーラシアにおけるアメリカの力をめぐる断層に圧力が加わった結果、いくつかの断層が交差している様子が浮き彫りとなった。２０２０年1月、トランプ政権と中国政府は貿易戦争を終結させる暫定合意に達したが、このデカップリングからの後退は長くは続かなかった。同年第1四半期に中国では需要が激減したため、アメリカの輸出品を約束した量だけ購入できる状況にはなかった。2020年6月、北京政府は香港に香港国家安全維持法を課し、1984年にイギリスとの共同宣言で合意された統治体制を事実上終了させ、これにより米中関係は一段と悪化した。

一方、プーチンは2020年初め、前年の12月に発動されたノルドストリーム2とトルコストリームへの制裁をめぐり、一時的にOPECプラスを見捨ててワシントンに報復する姿勢を示したが、これは米ロ両国のヨーロッパ向け天然ガス供給競争が石油問題に波及する可能性を示していた。その後、2020年4月に世界の三大産油国のあいだで原油価格を下支えするための調整が行われたが、化石燃料エネルギーをめぐる地政学的力学を安定させることはできなかった。3月から4月にかけて原油価格が大幅に下落したため、中国は備蓄用に大量の原油を購入した。アメリカのシェール生産者が大きな打撃を受けたとの観測に後押しされたのか、ガスプロムの船が2020年5月、ノルドストリーム2の最後の区間を完成させる目的でドイツのムクラン港に到着した。トランプは連邦議会の圧力を背景にさらなる制裁を命じたが、その数日後、ドイツ駐留米軍の4分の1を撤退させると発表した。

2020年アメリカ大統領選挙でトランプが敗北すると、連邦議会はトランプが大統領退任前に撤兵を実施できないように動いた。バイデンは大統領就任から半年も経たないうちに、ノルドストリーム2にたいする制裁を解除した。しかし、LNGの海上輸送とOPECプラスの時代において、ヨーロッパ諸国がロシア産天然ガスを大量に輸入することをアメリカの政治家たちが当然のこととして受け入れる可能性は低かった。特にドイツ政府がＮＡＴＯに東ヨーロッパにおける反ロシアの防波堤となることを期待しているあいだはなおさらである。ドイツにとってトランプショックのようにみえるものは、はるかに構造的なものであった。もしそうでないとするなら、メルケルが国連の場でアメリカよりもむしろロシアや中国の企業に熱を上げているように時々みえることにオバマの側近たちが常々気をもんでいた理由を説明することができないであろう。[79] トランプの行動から明らかなのは、ヨーロッパにおけるドイツの安全保障のジレンマを解決するというアメリカの取り組みが終わりつつあるということである。

それにもかかわらず、２０１９年と２０２０年に起こった出来事によって、アメリカのエネルギー力は弱まった。シェールオイル企業は、２０２０年3月から4月にかけての原油価格の暴落と石油会社への投資の低迷によって打撃を受けた。ＯＰＥＣプラスの減産により、２０２１年2月には原油価格は１バレル60ドルを超えたが、シェールオイル企業の倒産の波がすでに押し寄せており、２０２０年末のアメリカの原油生産量は、年初より日量２００万バレルほど減少した状態が続いた。一時的とはいえ、２０２０年5月から6月にかけて、アメリカの石油輸入量は輸出量をふたたび上回った。[80] バイデンは大統領就任当初から、気候変動に関するアジェンダを掲げていたため、シェール生産者を奨励しているとはみられていなかった。しかし、シェール部門が回復しなければ、アメリカは中東を含む外国産石油への大幅な依存に逆戻りしてしまう。折しも、シェールオイルの先行きが不透明となった２０２１年1月には、またしても不完全なかたちでイラク駐留米軍の撤退が共和党の大統領から民主党の大統領に引き継がれた。マクロンは、バイデンの大統領就任を受け、中東へのアメリカの軍事的関与を拡大するよう求めた。

アメリカのLNG輸出は、パンデミックの期間中より力強く推移した。2021年の初めには、月間輸出量が過去最高を記録した[81]。しかしそれは、気候問題が米欧の天然ガス供給関係における新たな緊張要因となったからである。2020年秋、フランス政府は、国が資本参加し、ノルドストリーム2の資金援助を行っているフランスのエネルギー企業エンジーにたいし、シェールのメタン排出量が多いことを理由に、アメリカからの天然ガス輸入に関する長期契約を結ばないよう要請した[82]。

気候変動の地政学はいまや、米中対立とそのヨーロッパへの影響とも絡み合っている。化石燃料を大量に輸入するEUと加盟各国が、世界最大の石油・天然ガス生産国であるアメリカよりも世界最大の炭素排出国である中国を気候問題でパートナーとみなすなら、環境問題への野心は米欧のエネルギー関係をさらに不安定にする可能性が高い。またアメリカがグリーンエネルギー分野での経済的劣位を克服しようと行動すればするほど、米中対立は激しくなるであろう。バイデンが大統領就任当初、グリーンエネルギー製造部門への数十億ドル規模の投資を約束する一方、気候変動対策の大統領特使に就任したジョン・ケリーは、気候問題を米中関係の他の部分から切り離したいとの意向を示した。しかし、再生可能エネルギーの製造とそれに必要な金属では中国が圧倒的優位に立っていることから、これらの目的は両立しない。アメリカのグリーンエネルギーは中国の製造部門を助けることとなり、そうなれば、中国を敵視する政治的アウトサイダーを大統領の座に就かせることとなった恨みの連鎖を止めることはできない。

分離主義的なＥＵ

２０１０年代の中東の混乱は、ヨーロッパが経済的に依存する地域が、単なるエネルギーの豊富な地域にとどまらなくなったことを意味する。シリアから追い出された数百万人の難民は、ＥＵに人道的危機のみならず政治的危機をももたらした。２０１６年にメルケルとエルドアンのあいだでＥＵへの人の移動を止める合意が交わされたことで、トルコのＥＵ加盟交渉は加速するはずであったが、メルケルがこの合意を追求した理由は、ＥＵがトルコの加盟を容認できない理由でもあった。実際、２０１７年に行われたドイツの総選挙期間中、メルケル自身が「トルコがＥＵに加盟すべきでないことは明白だ」と発言したことで、この問題が決着しそうにないことがすぐに明らかとなった。[83] しかし、ＥＵは依然として、陸と海の国境を越えてやってくる移民をめぐってトルコの協力を必要としていたことから、ＥＵ加盟交渉を正式に打ち切ることは別の問題であることがはっきりした。

この混乱は、ブレグジットの国民投票が行われるに至った地政学的背景の一部をなしていた。１９９０年代以降、イギリス政府は党派を問わず一貫してトルコのＥＵ加盟を支持していた。キャメロン政権からみて、２００９年にＥＵを襲った天然ガス供給危機はそれをより緊急性の高いものにした。[84] 首相就任直後にアンカラを公式訪問したキャメロンは、トルコのＥＵ加盟にたいして「考えうるかぎり最強の擁護者」であると自ら任じていた。[85] その1年後、キャメロン政権はトルコと新たな二国間軍事協力協定を結んだ。しかし、トルコのＥＵ加盟をめぐるイギリスの超党派の地政学的コンセンサスには、国内的な正当性という問題が隠れていた。すなわち、現実には、イギリス国民の支持は低く、ＥＵの平均をやや上回る程度しかなかったのである。[86] イギリスの民主主義政治がこの問題で紛糾することを恐れてか、キャメロン保守・自民連立政権は、２０１１年欧州連合法（ＥＵ法）（イギリス議会からＥＵへのさらなる権限委譲の前に国民投票を実施することを保証した法律）から新たな国の加盟を適用除外とした。すでにフランスとオーストリアがトルコのＥＵ加盟合意に関する国民投票の実施を法的に義務づけていたにもかかわらず、である。

　こうした状況から、イギリス自身のＥＵ残留の是非を問う国民投票においてトルコの存在がクローズアップされる可能性は十分にあった。しかし、２０１５年から16年にかけての難民危機とメルケルの行動によって、トルコのＥＵ加盟問題はさらに大きな影響をもたらすこととなった。これには、国民投票に先立つ数カ月前からヨーロッパに大量の難民が押し寄せてきていたという単純な事情もある。しかし、この危機にたいするＥＵの対応をメルケルが取り仕切ること自体が、ＥＵ内におけるイギリスの政治的地位の低下を示すことでもあった。ＥＵの難民庇護政策の場合と同様、イギリスが適用除外（オプトアウト）を選択したときでも、他の加盟国が主導するＥＵの決定は影響力を持った。ＥＵ離脱派の攻撃から直接的な圧力を受けると、キャメロンは大きくＵターンし、トルコは「３０００年まで」加盟準備が整いそうにないと思われることから、国民投票反対派は恐怖を煽っていると主張した。[87] しかし、２００５年のＥＵ憲法条約に関するフランスの国民投票でもそうであったように〔訳注 反対票の割合（54・87％）が賛成票の割合（45・13％）を上回り、ＥＵ憲法条約の批准は否決された〕、トルコのＥＵ加盟問題も、おそらく国民投票の結果に影響を与えるに足る有権者の支持を得て、親ＥＵ派の主張に打撃を加えた。

他にも、トルコのEU加盟をめぐる構造的な行き詰まりは、新たな独仏対立によって深まった。ドイツ政府にとって、トルコ経済はドイツとEUのリスク領域として扱われなければならなかった。2018年にFRBが利上げを行った際、トルコは金融危機に見舞われた。これは、金融危機後のトルコ経済の構造的脆弱性が露呈したもので、トルコの中央銀行が緊急時にドルを供給するスワップラインを持たないなかで、トルコの銀行は大量のドル債務を抱え込むこととなった。トランプが発動した貿易制裁によって、この金融面の打撃は一層厳しいものとなった。トルコの経済破綻によって2016年のEU・トルコ協定が破棄されることを恐れたドイツ政府は、アンカラへの経済援助を検討しはじめた。しかし、マクロンからすれば、トルコは中東におけるフランスの敵対国となっていた。2016年に始まったトルコのシリア軍事介入は、ISISとの戦いにおけるNATO欧州加盟国の利益に反するとマクロンは判断した。2019年に「NATOは脳死状態にある」と発言したのは、トルコが長期的にはNATOに属さないという考えを示唆しているのか、と尋ねられたマクロンは「それは言えない」と答えた(88)。

こうした不協和音によって、エネルギーをめぐるEUの断層に必然的に圧力がかかった。トルコが、ロシア産天然ガスの経由国の役割を果たすこととは関係なく、EU南部のエネルギーハブになるという見方は2018年には消え去っていた。実際、トルコと一部のEU加盟国は、東地中海に眠るエネルギー資源の権益をめぐって争うようになっていた。こうした緊張状態は、2010年から11年にかけて、イスラエル、エジプト、キプロス周辺のレバント盆地で発見された天然ガス田をめぐって初めて表面化したが、北キプロスを国家承認していたのはトルコだけであった。この緊張状態がさらに高まったのが、難民危機が起こった2015年の夏、イタリア企業ENIがエジプトの領海で大規模な天然ガス田を発見したときであった。欧州委員会は、部分的ながらEU域内で新たな天然ガスが供給される見通しが立ったことから、キプロスやイスラエルからギリシャやイタリアへ、そしてさらに広くヨーロッパ市場へと海洋天然ガスを送るための新たなパイプラインのプロジェクトを支援し、2020年初めには、キプロス、ギリシャ、イスラエルの各政府がその建設に向けた協定に署名した。東地中海のすべての天然ガス田開発から締め出されたトルコ政府は、「北キプロスの法的権利」なるものを積極的に主張しはじめた。2018年初頭、トルコの軍艦がキプロス沖においてENIの掘削を阻止し、2019年にはトルコの船舶が独自の操業を開始したため、EUはトルコに制裁を科した。エルドアンはこれにたいし、2016年以来お決まりとなった脅し文句で、「こちらはドアを開け、こちらのダーイシュ（ISIS）をそちらにお送りしましょう」と返答した。[89] トルコは包囲されていると考えたエルドアンは、2019年11月、苦境にあるリビア政府とのあいだで両国間の新たな海洋境界線を画定することで合意したが、これはギリシャとキプロスの主権を侵害するものだとEUは非難した。その直後、トルコ議会はリビアへの派兵を承認し、トルコはロシアに支援された反乱軍と軍事的に対峙するに至るが、これに激怒したのはメルケルではなく、マクロンであった。

EUとNATOのズレ

トルコをめぐる独仏対立の激化は、従来のEUとNATOのズレた関係を横断するかたちで生じたが、折しも起こったブレグジットは、基本的にEUがNATOへの安全保障上の依存を解消する道を提供することとなった。ＥＵを安全保障連邦のような組織にしたいという冷戦後の願望は、イラク戦争をめぐる英仏の対立から回復しない状態が続いた。しかし２００７〜08年の金融危機以後、英仏関係は大幅に改善する。２００９年、フランスはＮＡＴＯの統合軍事機構への復帰を果たした。その１年後、英仏両政府は、防衛費を抑えたい相互の思惑もあり、ＥＵの枠組みを超えた50年間にわたる二国間の軍事協力を強化することで合意した。この新たな協力関係はリビア戦争のときも続いたが、２０１３年秋のアメリカのシリア撤退によって、フランスではヨーロッパの戦略的自律性にたいする疑念が再燃した。ＥＵが安全保障分野でより大きな権限を持つべきだという考え方がふたたび高まるなか、キャメロンは、ＥＵの軍事司令部を別に設置し、ＥＵの防衛アセットに参加するという提案に反対した。イギリスで国民投票が行われたのと同じ月、ＥＵ上級代表はイラク戦争の開戦以来初めてとなるＥＵの安全保障戦略を発表した。翌年、ＥＵはイギリスの反対を気にせず、防衛協力を深化させ、加盟国のうちの小グループが共同軍事能力の開発に取り組めるようにするための措置に合意した。

マクロンにとって、これは独仏枢軸を安全保障分野に移行させ、後に彼が述べたように、ヨーロッパが「軍事的主権を取り戻す」ための好機であるように思われた[90]。２０１９年の独仏協力統合条約（アーヘン条約）締結で、マクロンは安全保障に関する二国間統合の拡大を受け入れるようメルケルを説得した。しかしＥＵが戦略的自律に向かうためには、ドイツはＮＡＴＯがＥＵの東部加盟国に提供している安全保障を再現し、中東と北アフリカにたいするフランスの積極的関与を支援するしかない。だが現実には、冷戦後のドイツ軍は最も基本的な運用能力を欠いていた。２０１８年初頭の時点で、戦車の半分以下と戦闘機の３分の１しか運用できる状態になく、２０１７年末現在、運用可能な潜水艦は1隻もなかった。[91]

マクロンの地政学的野心とドイツの願望との隔たりが鮮明になるにつれ、安全保障問題におけるEUの構造的無能力が、NATOとEUの断層にますます重くのしかかるようになった。2019年、このフランス大統領は対ロ関係の見直しを主張しはじめた。ここでマクロンは、ド・ゴールの冷戦戦略を再現したのである。しかし、ド・ゴールはより有利な地政学的環境にあったにもかかわらず失敗した。現在のEUはロシアと国境を接しているため、その加盟国がフランスのようにNATOの指揮権を拒否したり、西ドイツのようにモスクワと融和したりすることはないであろう。中東と北アフリカは、一部のEU加盟国にとっては、かつてアルジェリアが加盟し、原加盟国の3分の1が地中海沿岸諸国であったEECの頃よりもはるかに遠い地域である。

苛立ったマクロンは一方的行動に出た。最も劇的だったのは、2019年10月、北マケドニアと約束していたEU加盟交渉に拒否権を発動し、アルバニアの加盟交渉も他の国と共同で阻止し、EUが拡大を続ければ戦略的アイデンティティも意思決定能力も育たないと断言したことである。しかし、これは独仏の膠着状態を深めただけであった。マクロンが拒否権を発動した後、メルケルはマクロンにたいし、彼の「破壊的な政治」の「破片を拾い集め」、彼が「壊したコップを接着剤でくっつける」のに自分は疲れたと告げたとされる。[92]

その一方で、メルケルは、EUとNATOの関係の矛盾を声高に主張することを躊躇しないアメリカの大統領がNATOにもたらすリスクを抑え込むことを優先した。メルケルがとった戦術は時間稼ぎであった。しかし、ノルドストリームへのドイツの取り組みの正当性を主張したところで、結局はロシアへの天然ガス依存に関するＥＵ加盟国間の立場の相違が浮き彫りになるだけであった。２０１９年後半、米連邦議会がノルドストリーム２にたいする新たな制裁措置を可決したとき、ドイツ財務相はこれをドイツの「主権」のみならず、ヨーロッパの「主権」の「重大な侵害」でもあると非難したが、他のＥＵ加盟国政府が主権に関してまったく異なる考えを持っている事実を無視していた。[93] その後、２０２０年8月下旬から9月上旬にかけて、ベラルーシの大統領選挙にたいする国内の抗議活動とロシアの野党指導者アレクセイ・ナワリヌイの殺人未遂事件により、こうしたＥＵの分裂がドイツ政治にも波及した。ドイツの大連立政権内で比較的コンセンサスが得られていたものが崩れ去ったようにみえ、メルケルはノルドストリームへの取り組みについて、同じキリスト教民主同盟（ＣＤＵ）の議員を含む国内からかつてないほどの批判を浴びることとなる。[94]

この論争は、もともとはスエズ動乱の中心にあったエネルギー問題や、石油が地政学の一部となって以来のヨーロッパの長い歴史にまでさかのぼる。この50年間、中央・南ヨーロッパのロシアへのエネルギー依存は、まぎれもない地政学的な事実であった。実際、第一次世界大戦の終結以降、ドイツが旧ロシア帝国やソ連の石油や天然ガスを敬遠したのはごくわずかな期間であった。かたちはまったく異なるが、ヒトラーがソ連侵攻に転じたときと冷戦の最初の10年間は例外であった。現在のドイツとロシアの天然ガス供給関係は、旧ソ連時代に構築された。ドイツは冷戦以後30年間、モスクワが天然ガスを権力の道具として使用する世界を生き延びてきた以上、ソ連崩壊後のロシアと国境を接する国で起こったことについては、その国がＥＵ加盟国であろうと非加盟国（たとえば、ウクライナ）であろうと、責任を免れることはできない。

ヨーロッパと中東におけるオスマン帝国の終焉に抗おうとするエルドアンの動きも、ＥＵの置かれた現在の地政学的環境を１９５０年代よりもはるかに厳しいものにしている。２０２０年６月には、第二次リビア内戦（２０１４年）にトルコが軍事介入したことで、トリポリ政府はロシアとフランスが支援する反乱軍をリビア北西部から追い出し、トルコは地中海沿岸南部に海・空軍基地を構築するチャンスを手に入れた。それから数カ月、エルドアンは東地中海でさらに敵対的な動きを繰り返した。[95] オスマン時代の名を持つトルコ海軍の艦船に守られたトルコの調査船が、キプロスとギリシャの領海に移動した。ファアット・オクタイ副大統領はトルコ政府の行動について、「われわれは、自分たちを本土に閉じ込めている東地中海の地図を捨てようとしているだけだ」と弁明した。[96] 同じ年の夏、エルドアンはアヤソフィアをはじめとする旧ビザンティン教会を博物館からモスクに改築する法令を発布した。

トルコとの断交を恐れたドイツは調停を求めた。しかしＥＵ内部では、２０２０年8月にエジプトと海洋主権に関する合意を一方的に結んだギリシャ政府がそれを妨げていた。ドイツとは対照的に、マクロンは対決姿勢を強く打ち出し、フランスの艦船とジェット機を東地中海に派遣して同じＮＡＴＯ加盟国に対抗する一方、キプロスには実効性のある二国間安全保障を提供した。その年の後半、フランスは同盟を組むギリシャとキプロスの支持を得て、ＥＵとトルコの関税同盟の解消を含む、強力な対トルコ制裁措置をＥＵに強く求めたが、それよりもはるかに穏便な措置を主張するドイツ政府とそれを支持するイタリアとスペインによって阻止された。

この独仏の不一致は、トルコの戦略的野心にＥＵが共同で対処することを不可能にした。マクロンからすれば、エルドアンの新オスマン主義的な言説は、修正主義者の領土的野心を示すものにほかならなかった。もしこの判断が、両国ともNATO加盟国であることを無視したものであるとすれば、マクロンからみて、それはNATOの有用性にたいしてさらなる疑念を投げかけるものでしかない。もしEUもトルコを牽制する手段としては不十分であるとなれば、フランスにはサウジアラビアやアラブ首長国連邦といったヨーロッパ以外の同盟国があり、後者にはフランス海軍の航空基地が置かれている。[97] 一方のドイツは、トルコにとって最大の貿易相手国であり投資元国でもある。ドイツはフランスよりも石油・天然ガスの面でロシアを重視しているため、将来的に北アフリカや地中海沿岸諸国からの輸入を促進することはあまり考えていない。

これらは偶然の不一致というわけではなく、むしろ冷戦後のEUの東部と南部の国境、現在も続く石油・天然ガスエネルギーへの依存、NATOを必要としながらもNATOとのズレによって生じたEUの地政学的断層の表れである。アメリカとトルコの関係が分断されたことで、EUがワシントンから加盟交渉圧力を受けることなくトルコに対処できるようになったとすれば、トルコはその方向転換によって、EUの南部地域における地政学的競争相手であると同時に、同地域の相対的重要性をめぐる対立の原因ともなっている。

★★★

過去30年にわたる地政学的苦況は、多かれ少なかれ、すべて経済問題によって拡大した。ドルの信用が成長の中心となり、企業にとってアメリカの銀行システムにアクセスすることがしばしば不可欠となる世界経済のなかで、アメリカは巨大な金融力を誇っている。ここ10年間の政治的混乱が構造的に相互に連関しているのは、このアメリカの金融力が一因である。しかし、１９７０年代以降に起こった大きな経済変動は、地政学的選択肢を狭めるなど、西側民主主義諸国の政治を不安定化させるうえで独自の影響も及ぼしてきた。その始まりはブレトンウッズ体制の崩壊である。これは、１９４５年から73年までの期間をブレトンウッズ時代としてまとめることでうまく説明できるからというわけではない。むしろその崩壊は、アメリカのエネルギー力の衰退、アメリカのデタントへの動き、国際的なドル信用環境の重要性の高まり、債務水準の大幅な上昇など、相互に関連した多くの要因から切り離すことができないものなのである。

１９７３年にブレトンウッズの固定相場制が変動相場制に替わって以来、一つの国際通貨秩序や金属貨幣に戻ることはなかった。ドルと金の交換ができなくなった世界だからこそ、量的緩和が可能となったのであり、非常に寛大な信用条件がアメリカのエネルギー力を回復させることができたのである。中国が組み込まれた国際経済には為替相場に関する決まったルールはなく、２０００年代に深刻化した米中貿易摩擦の最初の原因となったのは、中国の通貨管理であった。ブレトンウッズ体制の終焉がなければ、ユーロ圏が救い主となるような通貨問題は発生せず、ＥＵ内においてドイツの力が現在のような特別なかたちをとることもなかったであろう。ドル、通貨政策、債務、エネルギーは、経済変動、地政学、民主主義政治が決定的に交わる結節点である。現在の政治的混乱の経済的起源は１９７０年代にあり、そこから本書の第二の物語が始まる。

第Ⅱ部

経済

第4章

ドルはわれわれの通貨だが、それはあなた方の問題だ

2011年の初夏、イタリア国債の利回りは上昇し、イタリアはベイルアウト（救済措置）なしには借り入れができないところまで来ていたが、ユーロ圏にはそれだけの余力がなかった。2011年8月5日、欧州中央銀行（ECB）のジャン＝クロード・トリシェ総裁とマリオ・ドラギ次期総裁は、イタリアのシルビオ・ベルルスコーニ首相に書簡を送った。彼らは「金融市場の現状の深刻さに鑑み」、6つの政策分野における行動を要求し、「可及的速やかに法令を定め、然る後、2011年9月末までに議会の批准を得る」ことを求めた。さらに書簡は、「憲法を改正して財政ルールを厳格化することも適当であろう」と述べ、「イタリア政府におかれてはあらゆる適切な措置を講じられるものと信ずる」と結んでいる(1)。この書簡を受け取って24時間以内にベルルスコーニは行動を起こすことを約束した。8月7日、トリシェはベルルスコーニの動きを歓迎する声明を発表し、ECBが間接的にイタリア国債を購入すると表明した。ベルルスコーニは8月末、イタリア議会に緊縮予算案と構造改革法案の可決を求めた。しかしながら、法案の一部が否決されることが明らかになると、ベルルスコーニは約束を撤回した。8月7日以降下落していたイタリア国債にたいする市場の圧力が9月から10月にかけて高まったが、ECBは対抗策として少量の買い入れを実施するにとどまった。11月3、4

日の両日開かれた主要20カ国・地域（G20）サミットでは、ドイツの首相とフランスの大統領が、断固とした行動をとらなければ、もはや支持することはできないとする最後通牒をベルルスコーニに突きつけた。[2] サミット後、ＥＣＢはイタリア国債の買い入れを停止し、アンゲラ・メルケルはイタリアのジョルジョ・ナポリターノ大統領に電話をかけ、内閣を交代させるべきだと伝えた。[3] 数日後、ベルルスコーニは辞任し、ナポリターノはマリオ・モンティ元欧州委員会委員を新首相に任命し、彼を中心とする完全にテクノクラート型の内閣が誕生した。この政治的瞬間から２０１９年9月まで、イタリアの経済・財務相に選挙で選ばれた政治家が就くことはなかった。

モンティ就任後初めて実施された総選挙では、反体制政党「五つ星運動（Movimento 5 Stelle）」が4分の1の票を獲得した。イタリアの政治階級全体が非民主主義的で腐敗していると主張する五つ星は、最多議席を獲得した民主党を中心とする中道左派グループとの連立政権樹立を拒否した。その結果イタリアに誕生したのは、中道左派、ベルルスコーニ率いる中道右派、さらに二つの中道政党からなる大連立政権である。5年後の総選挙では、「五つ星運動」はすべての政党のなかで最大得票率を獲得した。その後、北イタリアの分離独立を折に触れ主張していたイタリア北部同盟「レーガ・ノルド」から発展したユーロ懐疑派の右派政党レーガと連立政権を組んだ。レーガの党首マッテオ・サルヴィーニはその選挙活動中、ユーロは実際には「ユーロの名を騙《かた》るドイツマルク」であったことから、「ユーロがわが国の経済にとって失敗であることは誰の目にも明らかだ」と述べた。[4]

ベルルスコーニの退陣から五つ星＝レーガ連立政権の誕生に至るまでのあいだ、２０１１年11月にＥＣＢ総裁に就任し、２０２１年2月には首相に就任することとなるマリオ・ドラギによって、イタリアの債務は維持できるようになった。2012年7月にロンドンで演説したドラギは、ECBの誰にも相談なく、「われわれの権限の範囲内で、ECBはユーロを守るために必要なことは何でもする覚悟があります」と宣言した。ドラギは一拍置いてこう続けた。「信じていただきたい。それで十分なはずです」[5]。この演説によってユーロ圏の危機が直ちに収束したわけではない。実際、ドラギにそれができるはずもなかった。というのも、彼の言葉を裏打ちするような合意されたECBの政策はなく、さらに重要なこととして、ECBが急進的な行動をとることをドイツ政府がまったく認めていなかったからである。それゆえドラギは同じ年の夏、メルケルに納得してもらえるような新たな国債購入計画を策定しなければならなかった[6]。ドラギがたどり着いた解決策は、国債買い入れプログラム(OMT)であった。ドラギの言葉とメルケルの受け入れでイタリアは時間稼ぎができたが、ユーロ圏の立て直しはならなかった。実際、政治的に打てる手は何もなかった。ユーロ圏はその構想段階でも、また実現してからも、一連の解決不可能な問題を抱えており、そのいくつかはユーロ圏の誕生以前から存在していたのである。

ブレトンウッズ体制の終焉

現在の世界経済における他の多くの出来事と同様、ユーロ圏の物語は1970年代、とりわけブレトンウッズ体制の終焉から始まる。ドル秩序としてのブレトンウッズ体制のもとで、アメリカの通貨は金と交換可能な唯一の通貨となり、多くの国際貿易で使われる通貨となった。この体制がアメリカに明白な恩恵をもたらしたのは、ヨーロッパ諸国が競争的な通貨切り下げを容易に行うことができず、アメリカが国際通貨基金（ＩＭＦ）を通じて融資を行う際に借入国に経済政策の変更を要求することができたからである。他方、ブレトンウッズ体制のもとで西ヨーロッパ諸国は、国際収支の小幅な赤字をファイナンスするためにドル建て融資を受けられるようになり、自国からアメリカへの資本流出を制御することができるようになった。ジョン・メイナード・ケインズ（ブレトンウッズ会議に出席したイギリス側の首席交渉官）のみるところ、資本逃避の問題を軽減し、政府が失業率との関係で金利を設定できるようにするこの通貨制度は、ヨーロッパにおける民主主義政治の安定性を見通すうえできわめて重要であった(7)。

実際のところ、ブレトンウッズ体制は、ドル不足の世界において景気を回復させるという問題の解決には不十分であり、ローズヴェルト政権の後継者にとっても好ましいものではなかった。１９４７～48年のヨーロッパ経済危機の折、ハリー・トルーマンは西ヨーロッパ諸国にドルを供給する際にブレトンウッズの制度を利用せず、代わりにマーシャル・プランを開始した。トルーマンはまた、ニューヨークの銀行がヨーロッパからの違法な資本流入の受け入れを阻止する努力をほとんどしなかったが、ヨーロッパの通貨が取引目的で交換できない状態がしばらく続くことは容認した。

１９４７～48年のヨーロッパ経済危機は、ブレトンウッズが終焉を迎えるまで続くドルと金の関係をめぐる根本的な断層も明るみにした。ハリー・デクスター・ホワイト（ブレトンウッズ会議に出席したアメリカ側の首席交渉官）は、ドルの優位性を確保しつつも金への依存を続けられる解決策を模索するなかで、自国通貨が物理的に拘束された国際準備資産として機能するような仕組みを生み出した。結果的にこのシステムは、１９４７～48年のようにドルが少なすぎるか、１９６０年代のように金が少なすぎるかのいずれかの状態でしか機能しなかった[8]。

このうち後者は、オフショア通貨であるユーロダラーの増大によって非常に深刻化した。1960年代後半までに、FRBが発行したドルよりも金の裏付けのないドルのほうが世界経済に多く出回るようになっていた[9]。ユーロダラーは第二次世界大戦後初期にアメリカの銀行統制の適用を受けないアメリカ国外の銀行にあるドル預金として始まった[10]。1950年代の終わりには、こうしたオフショアドルの売買や貸付けはロンドンで行われていた[11]。ロンドンのオフショアドル市場では、ヨーロッパ各国政府による戦後の資本規制や米財務省による金利規制のくびきを解かれた資本が移動していた。1960年代半ばには、大規模なユーロダラー金融市場が出現する。この市場は、参入を狙ってロンドン支店を設立したアメリカの銀行が次第に支配するようになり、ヨーロッパの企業がオフショアドルで借り入れを行えるようになった。こうしたユーロダラー金融市場が機能して加速度的に大量のドルが生み出される仕組みは、透明性からは程遠いものであった。マネタリスト（貨幣主義者）の経済学者ミルトン・フリードマンは、ユーロダラー・システムに関する重要な論文のなかで、「貨幣創造の神秘性」について解説し、ユーロダラーは「ほとんどが帳簿係のペンの産物」であると述べた[12]。1968年12月、FRBはユーロダラー金融市場の最後の貸し手とみなされるようになることのリスクについて議論した[13]。しかし、ユーロダラー・システムで起こったことは、結局のところ、どの国の中央銀行も制御することができず、その権限も及ばなかった。アメリカの政治経済学者ジェフリー・フリーデンが的確に表現しているように、「イギリス国内にあるドイツの銀行の支店に預けられているドル預金を誰が監督するというのか。答えはすぐに出た――誰もいない[14]」。

ユーロダラー市場によってドルと金の交換原則さえも破綻し、アメリカの意思決定者たちはブレトンウッズ体制を設計どおりに機能させることができなくなった。1965年以降、地政学的優先事項がこのジレンマを悪化させた。アメリカの戦闘部隊をベトナムに派遣することを決定したリンドン・ジョンソン大統領は、アメリカ政府の借り入れを増やし、FRBに促されて、インフレの進行を許した。ドルの対外価値をあからさまに無視したこのやり方は、フランスのシャルル・ド・ゴール大統領を激怒させた。1965年以降、フランスのドル準備を金と交換するよう要求したド・ゴールは、この体制のもとでアメリカは「莫大な負債」を積み上げて戦争に必要な資金を調達することができるが、そのせいで他国は「苦しい思いをしなければならない」と非難した。[15] ド・ゴールによる反ドルの姿勢とジョンソンによる事実上の反金本位制の姿勢は解消不可能な構造的対立を生み出した。[16] 第2章で述べたように、ジョンソンは1968年3月、金準備危機のなかでベトナム政策の方針転換を決断したが、これはドルと金の交換がいかに厳しくなってきたかを示していた。

1970年代以降、こうしたアメリカの選択を難しくしたのが石油である。シェールオイル以前の国内の石油生産は1970年にピークを迎えたため、アメリカは以後10年間石油を大量に輸入するようになった。[17] 石油の輸入増加は、構造的に貿易赤字を拡大させた。ブレトンウッズ体制が想定していたのは、国内の石油供給が旺盛で、巨額の貿易黒字をあげている圧倒的な経済大国であって、世界最大の石油消費国が世界最大の石油輸入国になるような世界ではなかった。

石油がアメリカの貿易赤字に与えたこうした圧力は、それ以前からあった問題を増幅させた。ブレトンウッズ体制のもとでアメリカの輸出競争力は確実に守られると考えたデクスター・ホワイトの見方は間違っていた。1960年代後半になると、西ドイツと日本は為替平価の恩恵を受けるための通貨切り下げを行う必要がなくなり、大幅な切り上げに抵抗するだけでよくなった。一方、アメリカの政治家たちは、繊維をはじめ、国際競争によって最も脅かされている部門を保護するために、貿易関税〔の引き上げ〕をちらつかせて脅すことくらいしかできなかった。こうした力学から出てきたのが、国際通貨システムを維持するか、国際貿易秩序を維持するかの選択肢であった。[18]ある意味、これは1930年代初頭にアメリカの政治家たちが直面した選択肢と同じであった（違うのは、ドイツへの賠償金をめぐる複雑な問題が存在しなかったこと）。このときは、フーヴァーと連邦議会は関税を支持し、ローズヴェルトはドルを金から切り離すことを望んだ。[19]今回は、1968年という政治的に激動の年であったことから、決断の重責は否応なくリチャード・ニクソンにのしかかった。大統領に就任したニクソンは、1960年の大統領選挙で自分がジョン・F・ケネディに敗れたのは、当時のFRBの金融政策が慎重であったからだと固く信じていた。

1971年8月、ニクソン大統領はドルと金の交換停止という劇的な宣言を発するとともに、輸入品に関税を課し、他国がドル切り下げに同意するまでその関税を維持することとした。その4カ月後、ニクソンはスミソニアン協定の一環としてドル切り下げを実施した。スミソニアン協定によってブレトンウッズ体制はリセットされるはずであった。ニクソン政権の内部にはこの国際通貨システムの改革を望む者もあったが、ニクソン自身はこれを終わらせたいと考えた。実際、1972年に、ニクソン政権の財務省は、アメリカと国外のあいだの資本移動を制限する法律から資本を解放したいとの意向を示した。石油の輸入により貿易赤字が拡大したアメリカ経済は、その赤字を賄うためにドルを国外に供給する必要が出てきた。アメリカに自制心が働く気配すらなく、為替平価はますます厳しい状態に追い込まれた。１９７３年３月、固定為替相場を維持するすべての試みが放棄された。以後、通貨価値は変動し、外国為替市場における日々の取引によってその価値が決定されることとなる。翌年初め、ニクソン政権はアメリカの資本規制をすべて撤廃した。本来ならば貿易戦争になりかねなかったものが、数十年にわたる為替相場競争となり、ワシントンとＦＲＢがドルで何をしようとしているのか、その金融政策の責任を誰が負うべきなのかということが問題となった。[20]

ブレトンウッズ体制以後の通貨世界では、ユーロダラー市場と石油がアメリカの金融力の基盤となった。できるだけ国内コストをかけずにドルの国際的地位を維持すること、それをはるかに容易にしたのがユーロダラー・システムである。このオフショア市場によって、ドルは銀行取引と信用取引における主要通貨となったのである。その後、次章で説明するように、１９７３年のオイルショックによってユーロダラーの動きは活発化した。[21]またＯＰＥＣに加盟するアラブ産油国のドル収益がアメリカに還流した。[22]１９７４年、ニクソン政権の財務長官は、サウジアラビアがそのドル収入をヨーロッパ諸国に貸し出したい誘惑を抑えるため、国債が売りに出される通常の競売とは別に、財務省が購入量を公表することなく、リヤドが米国債を購入するという合意を取りつけた。それと引き換えに、サウジアラビアはアメリカからさらなる軍事援助を受け、新たな武器購入の機会を得た。[23]ニクソン大統領の後継者たちは、このペトロダラー・リサイクリングを継続した。１９７０年代後半、ドル安の影響から、サウジアラビアをはじめとするＯＰＥＣ諸国は、原油価格を世界の主要通貨バスケットに固定しようとした。しかしカーター政権の仲介で、ＩＭＦにおけるサウジの出資比率と議決権が引き上げられ、ＯＰＥＣはドルの価格設定に縛られることとなったが、これは軍事援助の拡大によって魅力的な取引であったと思われる。[24] この意味で、１９７０年代のペルシャ湾岸地域におけるアメリカのエネルギー安全保障にとってサウジアラビアが果たした新たな役割は、中東においてＯＰＥＣの国営企業が欧米の大企業に取って代わろうとしていた時期に、アメリカが自国通貨建てで石油を輸入できるようにするためにサウジアラビアが果たした役割とそっくりであった。

★ ★ ★

このブレトンウッズ体制以後の世界、すなわち貨幣が金属に交換できない世界（不換紙幣の世界）は、人類史上前例のない貨幣現象であった。かつて経験したことのない貨幣状況は、オイルショックと相まって、経済に深刻な変化をもたらした。官民の債務は爆発的に増加し、１９７４年から２０１６年までのあいだに世界のＧＤＰに占める世界の債務総額の割合は2倍以上に増えた。[25] インフレは、過去には戦争に伴って加速した。ケインズ派の経済学者たちは、インフレ率が上昇すれば失業率は低下するものと確信していたが、事実上すべての欧米諸国で失業率が上昇した。

このインフレと債務からなる新しい世界の政治的意味合いは複雑であった。実際、誰が政治的に利益を得て、誰が損をしたのか、またなぜそうなったのかが激しい論争となった。よく知られた説は、１９７０年代が経済組織と経済政策にたいする反国家的アプローチが政治的に台頭しはじめた時期であったことを指摘する。[26] それによると、１９７８年にポール・ヴォルカーがＦＲＢ議長に任命され、その1年後にイギリスでマーガレット・サッチャーが政権に就き、1980年のアメリカ大統領選挙でロナルド・レーガンが勝利したことが決定的な分岐点となったとされている。サッチャーの場合もレーガンの場合も、その助言者たちが魅了されたのは、1970年代を特徴づけた高インフレと低成長の原因が第二次世界大戦後の国家による介入にあるとするオーストリア人経済学者のフリードリヒ・ハイエクとアメリカ人マネタリストであるミルトン・フリードマンの主張であった。1970年代後半から80年代にかけて彼らの政策が大量の失業者を生んだことから、米英両国の経済は教条的イデオロギーの犠牲になったという批判が巻き起こった。ずっと後になって、このイデオロギーは新自由主義（ネオリベラリズム）と呼ばれるようになったが、〔その呼び名がつく前から〕一貫して新自由主義と呼ぶことのできる思想の起源は、ハプスブルク帝国の滅亡と、その擁護者たちが見抜いたように、立憲君主制に代わる民主主義と結びついた破壊的ナショナリズムのインフレ後の猛威に端を発している[27]。

しかし、1970年代の経済の物語をイデオロギー台頭の物語とすることは、それ以前の政治家や中央銀行の態度とは関係なく、ここ10年間に起こった数々の危機の構造的な物質的原因を必然的に軽んずることとなる[28]。特に、国家が何をなしうるか、何をなすべきかという1970年代の一見イデオロギー的にみえる論争に大きな影響を及ぼしているのが、エネルギーなのである[29]。大西洋両岸の政治家は、増大する石油輸入代金を支払うためにドルへの容易なアクセスを必要としていたことから、資本の流れを規制することを嫌がる傾向が強かった。第8章で論じるように、アメリカでは、1970年代に経済の規制緩和を提唱した人びとは、何よりもまず、連邦政府機関がエネルギー価格を規制し、石油を特定の用途のために各州に配給することをやめるべきだと主張した。[30] レーガンが最初に発した大統領令は、石油価格と割当量に関する連邦政府の統制を全面解除するものであり、「１９７０年代はアメリカのエネルギー史における暗黒時代であった」と宣言した。[31] しばしば新自由主義の代表的提唱者とされるフリードマンは、エネルギー問題に固執し、エネルギー不足の責任はすべて政府による価格統制と連邦政府による事実上の石油配給にあると主張した。[32] 実際、インフレは常に貨幣的現象であるがゆえにエネルギーショックの影響を受けないというフリードマンの論理的な主張は、政治的には、供給不足を解消するためには石油価格の上昇が必要だという彼の信念の帰結とみなせるかもしれない。端的に言えば、エネルギーを真剣に考えないかぎり、１９７０年代から80年代にかけての経済の軌跡やその政治的影響（ユーロ誕生に至るまでのものを含む）について、説得力のある物語を語ることはできない。

また、新自由主義を主に英米の現象として捉えることは、１９８０年代にインフレ抑制の規律を最も強力に推進したのがワシントンでもニューヨークでもロンドンでもなく、フランクフルトとボンであったという事実を曖昧にしてしまう。後述するように、これらは別々の問題ではない。西ドイツの中央銀行が１９８６年の原油価格の低迷をインフレ時代の終焉とはみなさなかったからこそ、フランス政府はブレトンウッズ体制末期に浮かんでは消えていった欧州通貨統合構想に回帰しはじめたのである。

双子のヨーロッパ通貨圏

西ヨーロッパ諸国の政府は、ポール・ヴォルカーの言葉を借りれば、１９７１年8月のニクソンの行動に「唖然」とした[33]。その後、ブレトンウッズ体制が崩壊に向かうのではなく、修復されることを期待した。しかし、西ヨーロッパ諸国は逆境に立たされている点では共通していたが、危機への認識とそれに対処する能力、また変動相場制という新しい環境下での自国通貨の見通しに関して各国間に存する決定的な相違を覆い隠すことはできなかった。

当時の西ドイツの政治家や政府官僚たちは、ブレトンウッズ体制の危機をユーロダラー市場を軸に考えていた。銀行や企業がより高い金利を回避するためにロンドンでドルを借りることができるのであれば、実際のところ、ドイツ連邦銀行（ブンデスバンク）は信用条件を引き締めることはできない。西ドイツ首相であったヴィリー・ブラントからすれば、ユーロダラー市場はヨーロッパの通貨自主権（monetary autonomy）、とりもなおさず西ドイツの自主権を危殆に瀕せしめるものであった。ブラントが見いだした解決策は、ＥＣＢの設立である。一方、フランスの政策当局者にとっては、ブレトンウッズ体制が抱える問題は、金にたいするアメリカの傲慢な態度に主たる原因があるように思われた。だからこそ、ニクソンが決断を下す数日前、ジョルジュ・ポンピドゥー大統領は、フランス軍艦に大西洋を渡ってニューヨークにあるフランスの金塊を回収するよう命じていたのである[34]。

こうした政治判断の相違は、重大な相違によってさらに深刻なものとなった。西ドイツのドイツマルクには、フランにはないインフレ抑制への信頼性があった。ドイツマルクが優位に立てたのは、一つには、西ドイツが貿易黒字を出していたからであり、また一つには、西ヨーロッパの大半の国で金利を決めていたのが中央銀行ではなく政府であった時代に、ドイツ連邦銀行は民主主義的統制から独立していたからである。やがて、この二つの要素が互いに影響し合うようになる。ドイツ連邦銀行が国内の物価安定を優先した結果、西ドイツ経済は輸出志向となったのである。

こうした相違にもかかわらず、ＥＣは１９６９年に通貨協力についての議論を始めた。１９７０年のウェルナー報告は、通貨同盟（monetary union）への三段階の移行を提案する一方で、フランスと西ドイツの意見が最も対立すると思われる問題、すなわち誰がヨーロッパの金融政策を決定するのかという問題は避けていた。[35] １９７１年初頭までに、ドイツマルクの対ドル平価にはかなりの上昇圧力がかかり、西ドイツ企業は国内よりも金利の低いユーロダラー市場でドルを大量に借り入れて、それをドイツマルクで売却した。[36] ＥＣ諸国がウェルナー計画を正式に採択してからわずか２カ月後の１９７１年５月、西ドイツとオランダは自国通貨を一方的に変動させた。ポンピドゥーは、そうした通貨高誘導は「共同体の道徳」に反すると非難した。というのも、それは自動的に他のＥＣ通貨にたいする西ドイツとオランダの通貨の価値をも変えてしまったからである。[37] 西ドイツのある政府高官は、ドイツマルクの一方的な変動は「共同体を破綻寸前まで追い込んだ」とコメントした。[38] ユーロダラーとヨーロッパ域内の為替相場の不安定さという二つの問題に同時に対処できる政策はなかったが、一方的な変動相場制の導入にたいするフランスの怒りに押され、ブラントはなんとかヨーロッパ内で解決策をみつけようとした。１９７２年、ＥＣは「トンネルの中のスネーク（蛇）」として知られる加盟国共同の為替変動幅に関する取り決めを採択した。これは、ブレトンウッズ体制の為替平価よりも狭い幅にＥＣ諸通貨間で相互に固定するものであった。その結果、加盟国通貨相互の変動幅は、それぞれの通貨の対ドル変動幅よりも小さくなった。これに参加したのは、ＥＣ原加盟6カ国と１９７３年1月にＥＣに加盟したイギリス、デンマーク、アイルランドの3カ国、それにノルウェーであった。

しかし「トンネルの中のスネーク」は、ほどなくして米ドルとドイツマルクをめぐって生じるやや異なるかたちの二重為替相場のジレンマを如実に示すようになった。ニクソンがドルと金の交換を停止した後、ほとんどのＥＣ通貨は対ドル上昇圧力を受け、これがドル建て生産国との輸出競争に悪影響を及ぼし、ドイツマルクにたいする下落圧力はインフレを押し上げた。その結果、西ドイツ政府は他のＥＣ諸通貨とドルにたいするドイツマルクの上昇に直面し、その一方で、ドイツ連邦銀行は他のＥＣ加盟国から利下げを求められた。１９７３年3月、固定相場制が廃止されると、こうした相反する緊張関係が頂点に達した。ニクソンがふたたびドルを切り下げ、日本が円の変動相場制を採用すると、ＥＣ諸国は外国為替市場を閉鎖して対応を協議した。１９７１年5月のヨーロッパ〔通貨圏の〕分裂の傷がまだ癒えないなかで、西ドイツ政府は共通性を探っていた。実際、ブラントはこの状況を、通貨同盟を進める好機とみていた。しかし「トンネルの中のスネーク」がすでに示していたように、ＥＣ通貨を互いに安定させるには、通貨安の国が、それぞれ自国の政府が政治的に思いつかないような政策変更を行わなければならないということであった。そのため、名目上は共同的なアプローチであっても、9カ国のＥＣ通貨すべてを取り込むことはできなかった。暫定的な解決策として、ＥＣは二つの通貨グループに分けられた。一方は西ドイツが主導し、スネークを改革して加盟国通貨を相互に固定するグループ。もう一方は、イギリス、アイルランド、イタリアをメンバーとし、自国通貨を米ドルとドイツマルクの両方にたいして変動させるグループである。

この分裂によって、フランスは西ドイツの通貨圏に属することとなった。しかし、これは独仏の政治的合意の必要性から生じた結果であり、すぐに明らかとなったように、マクロ経済的な親和性によるものではなかった。フランス政府はドイツ連邦銀行の金融政策に従うことができず、1974年1月にフランをスネークから離脱させたが、75年7月に復帰させる。そこで、ドイツ連邦銀行に改革を要求したが、改善がみられなかったことから、76年3月にふたたび離脱した。早くも74年には、フランスのジスカール・デスタン財務相がポンピドゥー大統領に、「最終的には、フランとドイツマルクが互いに離れていくのを防ぐことはできない」と述べている。76年には、ブラントの後任の首相ヘルムート・シュミットは、ドイツを中心とするスネークとそれ以外の大きなグループとの分裂を「二層構造の共同体」とみなしていた[39]。

ECを通貨面でふたたび結束させることができるのは、加盟国に共通するドル問題しかなかった。しかしその結束は、ヨーロッパ域内における西ドイツの通貨特権を制度化するという代償を必然的に伴うものであった。1977〜78年の長期にわたるドル安はシュミットを苛立たせた。シュミットからみて、西ドイツが、より激化するアジアでの貿易競争に対応し、アメリカの赤字を補填するために米国債を購入し、米ドルやスネーク参加国以外のヨーロッパ通貨にたいするドイツマルクの上昇を抑制し、ユーロダラー市場で対外貸付を行いながら国内の金融状況を管理するというのは不可能であった。短期的にはドル側でできることは何もなかったが、中期的にドルによるヨーロッパ経済への影響を抑えるためには、シュミットが1978年にドイツ連邦銀行の定例理事会で語ったように、フランスとドイツが「二つの異なる通貨圏」を続けることは不可能であった。[40]

シュミットは、欧州為替相場メカニズム（ＥＲＭ）を中心とする欧州通貨制度（ＥＭＳ）を強力に推進した。シュミットは、やや神経質な性格ながら同志となる人物をみつけた。フランスのジスカール・デスタン大統領である。ジスカール・デスタンは、フランスにとって、インフレの進行を容認するか、ドイツ主導の通貨規律を受け入れるかの二者択一を迫られ、後者を選んだ。新しいヨーロッパの固定相場制に参加するすべての当事国は、この制度に内在する通貨権力構造を隠蔽しようとし、金融史家のチャールズ・キンドルバーガーが「フランス名のドイツマルク」と呼んだ人工通貨ＥＣＵに自国通貨を固定した。[41]

後にユーロが誕生したときと同様、イタリアの立場は、ブレトンウッズ体制末期からヨーロッパの通貨ヒエラルヒーがほとんど変わっていないことを明らかにした。ＥＲＭはイタリアに特別の取り決めを認めざるをえず、リラは他通貨よりも上下の変動幅が大きくなるように設定された。西ドイツ、フランス、イタリアの各政府はいずれも、イタリアの加盟を主にＥＣ統一の問題として扱いたいと考えていた。ＥＣが単一通貨圏となるには、その内部にイタリアを組み込む必要があった。そうでなければ、ＥＣは加盟国間に階層を設けることとなる。

★ ★ ★

ＥＣの一体化がどれほど望まれていたにせよ、ＥＲＭにイギリスは加えられていなかった。イギリスは当初からＥＣの通貨協力から切り離されていたのである。これは、イギリスのＥＣ加盟を果たしたエドワード・ヒース政権が政治的に将来のヨーロッパ通貨同盟に強く反対していたからというわけではない。それどころか、ヒース首相とアンソニー・バーバー財務相は１９７３年3月の危機に際して、あたかもヨーロッパの通貨同盟が望ましい未来であるかのように語っていた。[42]しかし、英ポンドのドイツマルクとの為替平価を守るための経済的・国内政治的代償は計り知れないものがあった。

イギリスが初めてＥＥＣに加盟申請したときから、イギリスのスターリング圏（Sterling Area）が加盟の障害となっていた。１９３０年代に誕生したスターリング圏は、イギリスの旧植民地やイギリスと密接な関係にある諸国が自国の通貨をスターリング（英ポンド）に固定し、外貨準備として多額のポンド残高を維持し、資本規制をイギリスのそれに合わせるという、通貨と為替相場に関する取り決めであった。英ポンドが国際的に使用されることで、ブレトンウッズ体制におけるイギリスの利害は西ヨーロッパ諸国の利害よりもアメリカの利害に似たものとなり、通貨危機の際にポンド残高がＥＥＣの問題となることを恐れたド・ゴールは、スターリング圏がＥＥＣ内に食い込んでくることを望まなかった。実際、ハロルド・ウィルソンが１９６７年にポンドの切り下げを決定すると、ド・ゴールは二度目の拒否権を発動した。このときド・ゴールは、「スターリングの状態は、現時点では、フラン、マルク、リラ、ベルギーフラン、ギルダーが一体となった強固で、相互依存的で、安定した社会の一員になることを許さぬであろう」と述べた。[43]ヒースは、三度目の申請が却下される事態を未然に防ぐため、ポンド残高を保有する国がドルに切り替えれば、ポンド残高は徐々に解消されるとジスカール・デスタンに確約した。[44]しかし、スターリング圏の廃止は深刻な資本流出を引き起こす可能性が高かった。イギリスのインフレ率はドイツよりもイタリアのそれに近かったこともあり、共同体の一員としてのイギリスの信用を維持したいヒース政権でさえ、利上げによって新しい通貨平価を守ることは選挙上得策ではなかった。

ヒースは1972年5月に英ポンドを「トンネルの中のスネーク」に参加させたものの、困難の兆しがみえはじめるや、翌月ふたたびスネークから離脱させた。1973年3月にスネークについて協議が行われた際、EC加盟9カ国すべてが参加しなければ共同変動相場制（フロート）に移行する意思がないとフランスがドイツに伝えていたことを承知していたヒースは、ヨーロッパのアプローチに戻ろうとした。[45] しかし、スネーク内に英ポンドをとどめる責任はドイツ連邦銀行ではなくイギリスの政治家にあること、フランス政府がドイツの一方的な変動制への移行を容認しないことが明らかになると、ヒースはその後20年間イギリス政府を悩ますこととなる選択を迫られた。欧州通貨制度に参加するためのマクロ経済的・国内政治的代償は考えられないほど高いものであったが、イギリスはこれに参加しなかったせいで、EC内での政治的影響力を失ってしまう。シュミットがERM計画を推進しはじめたとき、英労働党のジェームズ・キャラハン首相は、フランスの消極的な態度によって、英仏が同じ側に立つ二つのEC通貨圏が維持されるものと期待した。しかし、ジスカール・デスタンがフランスはもっと通貨規律を受け入れるべきであると決断した後、EC側にかかる排除コストは増大した。イタリアとアイルランドが参加を決めたことから、イギリスだけが一方の通貨圏に取り残された。[46]

ヴォルカー・ショック

ＥＲＭがＥＣをドル安から守ろうとする試みであったとすれば、ヨーロッパが抱いた恐怖の元凶はアメリカのインフレであった。しかし、ＥＲＭのスタートと同時に、ＦＲＢはこのインフレをどの程度、いつまで許容できるかをすでに心配しはじめていた。カーターがポール・ヴォルカーをＦＲＢトップに任命した後、アメリカの金融政策は急転換した。１９７９年10月、ヴォルカーはマネーサプライを制限することでインフレを体系的に撲滅する方向へと金融政策のあり方を見直した。(47) その後続く高金利は、１９８４年秋までほとんど二桁台で推移し、１９８１年から85年春にかけて大幅なドル高をもたらした。

ヴォルカー・ショック(※)はＥＣ諸国に多くの問題を引き起こした。１９７９〜80年の第二次オイルショック以降、ドル建て原油価格が徐々に下落した後も、ドル高によって原油輸入価格は高騰した。１９８１年から84年までフランスの財務大臣を務めたジャック・ドロールは、81年から85年までの期間を第三次オイルショックと呼んだ。(48) 一方、アメリカの高金利によって資本逃避の条件が整ったのと時を同じくして、イギリスや西ドイツをはじめとするヨーロッパ諸国が資本規制を撤廃した。

アメリカによる金融政策の決定はここでもまた波紋を呼んだ。１９８１年、ドイツ連邦銀行は金利を引き締め、賃金凍結を推し進めた。ドイツの中央銀行はシュミット政権によるサウジアラビアへの与信枠の開放を阻止したことで、選挙を実施することなく社会民主・自由民主両党の連立政権を終わらせる大きな役割を果たした。(49) 自由民主党が連立パートナーを切り替えたことで、キリスト教民主同盟が政権に返り咲き、16年間政権を維持した。

これとは対照的に、フランスには政治家に金融対応を強制できるような独立した中央銀行が存在しなかった。政治状況の如何にかかわらず、〔政治と中央銀行の関係の〕この隔たりはＥＲＭに緊張感を与えていたはずである。しかし、１９８１年の大統領選挙でフランソワ・ミッテランが勝利し、さらに国民議会で社会党が過半数を獲得したとき、つまり第五共和制下で社会党が初めて政治的勝利を収めたとき、ＥＲＭは完全に崩壊する危機にさらされた。ドイツ連邦銀行の金融引き締めがなかったとしても、ミッテランとその閣僚たちは、ジスカール・デスタンが制度化することに同意した制約に尻込みしたはずである。しかし、ミッテランが大統領になった時期は、ちょうどＥＲＭに参加するために特に高い金利水準が要求されたときであった。何度かフランを切り下げた後、彼は１９８３年３月に決断を迫られた。ドイツマルクに追随し、そうすることでドルの抑制を決定するのはドイツ連邦銀行であることを受け入れるか、それとも西ドイツと通貨面で決別するか。ミッテランは両方の選択

※〔訳注　第二次オイルショックの期間については、資料によって多少のばらつきがある。資源エネルギー庁の資料では、「１９７８年10月～１９８２年４月」とされており、「ＯＰＥＣ（石油輸出国機構）が昭和53年（１９７８年）末以降段階的に大幅値上げを実施、これに翌年２月のイラン革命や翌々年９月に勃発したイラン・イラク戦争の影響が重なり、国際原油価格は約３年間で約２・７倍にも跳ね上がった」とある（エネこれ【日本のエネルギー、１５０年の歴史④】「２度のオイルショックを経て、エネルギー政策の見直しが進む」から引用）。本書の１９７９～80年は、まさにそのイラン革命とイラン・イラク戦争が起こった時期にあたる〕

肢をあれこれと考えた末、ＥＲＭに留まることを選んだ。彼の「強いフラン（franc fort）」という新たなアプローチは、フランスのマクロ経済政策全体をフランとドイツマルクの平価維持に従属させるものであった。これ以降、フランスの政治家たちは、フランス銀行とドイツ連邦銀行の通貨同盟を支持し、輸出部門の賃金規律を達成し、経常収支の黒字化をめざさなければならなくなった。

ＥＲＭに不参加のイギリスは、ヴォルカー・ショックに見舞われたとき、フランスとは異なる立場にあった。実際、サッチャー政権はすでにヴォルカーに近い金融政策に移行していた。ヴォルカーがインフレ退治を優先させたのと同じ月に、サッチャー政権は資本規制を撤廃したが、サッチャーとヴォルカーの政策はイギリスへの影響をより強めることとなった。結果的に、ドル高が加速する前の１９７９年から81年にかけて、ポンドは急激に上昇した。アメリカと同様、高金利と通貨高によってイギリスの製造業と雇用は壊滅的な打撃を受けた。１９８１年の大半の期間、ドイツ連邦銀行がＥＲＭ参加国に利上げを迫るなか、サッチャー政権は、インフレを再燃させることなく、ポンドを下落させようと格闘していた。

しかし、ドル高が加速していたため、この戦略はＥＲＭ諸国が抱えるドル建て通貨問題にイギリスを近づけただけであった。１９８１年の秋以降、サッチャー政権はポンド安を食い止めるために継続的な利上げを余儀なくされた。その必要性に迫られて、サッチャー政権の内部ではＥＲＭへの参加について初めて本格的な討議が行われた。１９８５年以降、イギリスがＥＲＭに参加する90年の直前まで、この討議はサッチャーとその幹部とのあいだで信じられないほど険悪な論争となった。(50) しかし、１９８１年当時も85年当時も、サッチャー内閣の誰ひとりとして、これをＥＣ内でのイギリスの立場にかかわる問題だとは考えていなかった。その背景には、資本が自由に移動する環境下で不換紙幣と為替相場がもたらす大きな問題があった。1986年から経済情勢が落ち着きはじめ、ヨーロッパ問題が再燃すると、サッチャー政権はマクロ経済の柔軟性を利用して、イギリス経済をERM参加国からさらに差別化した。その結果、イギリスのERM参加を支持する地政学的主張とマクロ経済的主張が一致することはなかった。

完全なドイツの単一通貨とはいかず

ヴォルカー・ショックが収束し、第二期レーガン政権がアメリカの輸出に及ぼすドル高の影響を警戒したことで、ECは金融面で一息つくことができた。ニクソンが最終的に関税よりもドル切り下げを選択したように、レーガンは1986年の中間選挙後、民主党が上下両院を支配する議会がある程度保護主義的な立法を進めていたにもかかわらず、急増するアメリカの貿易赤字を何よりもまず通貨問題として取り組むことに決めたのである。[51] ドル安をめざすレーガン政権は、西ドイツ、イギリス、フランス、日本に協力を求めた。1985年のプラザ合意で、アメリカを含むこれら5カ国は為替を安定させるためドル安に向けて協調行動をとることに合意した。さらに、カナダを加えた6カ国は、プラザ合意に続く1987年のルーブル合意で、ドル安に事実上の下限を設けた。[52]

しかし、ルーブル合意は米独の金融政策の相違を改めて浮き彫りにした。アメリカの貿易赤字はドル安の恩恵をほとんど受けなかった。ジェームズ・ベーカー米財務長官は、もしこの貿易赤字を通貨問題として対処するのであれば、諸外国の政府や中央銀行は、アメリカの輸出にたいする需要を創出するために国内消費の拡大を促すような政策をとらなければならないと考えていた。日本政府は日本銀行が遵守するような金融緩和策（それは日本経済に悲惨な結果をもたらした）に合意することができたが、西ドイツ政府はドイツ連邦銀行を大西洋諸国の保証（Atlantic assurances）によって縛ることはできなかった。ドイツ連邦銀行は金融緩和策に消極的で、実際1987年10月には利上げに踏み切ったことから、プラザ・ルーブル時代の為替協力体制は崩壊した。

この不安定な状況はその後、原油価格が急落したときに独仏の金融政策の不一致を再燃させた。1986年の逆オイルショックは、第2章でも説明したように、ドル安の産物ではあったが、あくまでもその一部にすぎなかった。[53] その複雑な原因が何であれ、逆オイルショックはインフレを押し下げる構造的な力となった。ドイツ連邦銀行にとっては、そのおかげでゼロインフレを達成することができた。一方、フランスにとっては、FRBの金融政策が10年前のそれよりもはるかに緩和的であったことから、金利を引き下げて高成長を促す好機となるはずであった。しかしERMのもとで、フランス銀行はドイツ連邦銀行に従わなければならなかった。

フランスの立場からすると、ERM内のドイツ型の制約はもはや情け容赦ないものとなっていた。1987年末、ミッテランは西ドイツのヘルムート・コール首相を説き伏せて、金融を含むマクロ経済政策の調整を行う独仏理事会の設置を受け入れさせた。しかし、コール首相が譲歩した事実を知るや、ドイツ連邦銀行はこの話を白紙に戻した。1988年1月、フランスのエドゥアール・バラデュール財務相はEC財務相会合において通貨同盟案を提出し、最終的にマーストリヒト条約（欧州連合条約）とユーロにつながる道を開いた。[54] このフランスによる単一通貨の推進は、それまでのヨーロッパの金融の動きとは一線を画していた。ウェルナー報告とERMは、ドルがヨーロッパ諸国にもたらした問題に対応するものであった。他方、バラデュールの提案は、ドイツ連邦銀行が引き起こしたヨーロッパ内部の問題に対応するものであった。(55)

通貨同盟は、ドイツ連邦銀行の通貨権限を廃止し、西ドイツ国民にドイツマルクを放棄させる手段として構想されたものであることから、ドイツ国内ではこれに反対する声が強かった。コール政権は、単一通貨の利点を重視することとした。それは主に、他のERM参加国との通貨切り下げ競争がなくなるという見通しと、ECを新たな目的のために利用し、改革する機会が得られるということであった。ドイツ再統一を口実に撤回することもできたかもしれないが、コール首相は通貨同盟の選択を貫いた。(56)とはいえ、その犠牲を考えれば、ドイツ国民の根本的な懸念を払拭できないような通貨同盟をドイツ政府が容認することは考えられなかった。

金融政策に即して言えば、それは、提案されているECBが、金融政策の唯一の目的である物価の安定をマーストリヒト条約によって法的に義務づけられ、民主主義的な政治的統制から自由な、ドイツ連邦銀行のような存在とならなければならないことを意味していた。ECBが実際にドイツ連邦銀行のようになれるかどうかは、もちろん別の問題である。ドイツの金利を設定するドイツ連邦銀行の事実上の政治的権限は、金融政策においては物価の安定を優先すべきだという国内の強い政治的コンセンサスに由来していた。(57)ECBを設立するマーストリヒト条約が批准された時点では、同様のコンセンサスはEUには存在しなかった。実際、もしヨーロッパにドイツ連邦銀行が行うような金融政策を支持するコンセンサスが存在していたなら、そもそも通貨同盟を求める政治的要求は起こらなかったであろう。いざ通貨同盟が始まると、条約で保証されたＥＣＢの独立性が批判され、すぐさまコンセンサスの欠如が露呈した。[58]

ドイツ政府もまた、その判断は明確には示されなかったものの、通貨同盟にＥＣの全加盟国を参加させることはどう考えても不可能であると主張した。そのため、１９９１年に合意されたマーストリヒト条約には、インフレ率、為替相場の安定、財政赤字、国家債務など、各締約国が単一通貨参加国となるための厳格な収斂基準が盛り込まれた。[59]加入と除外（ins and outs）の線引きをすることで、ドイツはブラントやシュミットのときとはまったく異なる立場をとることとなった。１９８８年に通貨同盟が進みはじめたとき、当時のＥＣ南部諸国のうち、ＥＲＭに参加していたのはイタリアだけで、しかも加入時の幅広い為替変動幅を維持していた。当時、他の国々はともかく、イタリアが経済的惨状に至ることなく、西ドイツとの為替相場を恒久的に固定しつづけられると考えること自体、ありえないことと思われたはずである。[60]１９７８～79年の頃とは違って、イタリアをフランスのように扱うには、ＥＣＢがイタリアの債務を大幅に支援するか、財政統合によってイタリアに歳入を再分配することが必要であったように思われるが、西ドイツではいずれも政治的に実現不可能であった。したがって、マーストリヒト条約で定められた通貨同盟へのドイツの歩みは、ＥＵを二層構造にしてしまうように思われた。

加入と除外の線引き問題と通貨同盟

実のところ、マーストリヒトの収斂基準では、加入と除外の問題を解決することはできなかった。

当初、ドイツ政府とドイツ連邦銀行とのあいだでは、収斂基準によって除外される可能性のある国についてまとまった意見はなかった。通貨同盟の規模をできるだけ小さくすることが、ドイツ連邦銀行が最も重視するインフレ抑制に適していたのかもしれない。しかし、それはドイツの輸出業者が単一通貨圏外からの継続的な通貨切り下げに直面するリスクをはらんでいた。[61] ただ一方で、南ヨーロッパ諸国に収斂基準をそのまま適用することはできなかった。もし1991年に財政赤字基準が適用されていれば、ベルギーは除外されていたはずであり、イタリアが参加要件を満たす可能性はないと思われたかもしれないが、スペインについても同じことが言えるとはかぎらなかった。マーストリヒト条約には、ある国が参加要件を満たしているか否かについて欧州理事会が「柔軟な」解釈を行うことができるという条項があるため、ドイツ政府はドイツ連邦銀行よりも優位な立場にあるように思われた。[62] しかし、最低2年間は自国通貨の切り下げが行われていないことがERMに加入するための収斂条件であったことから、ドイツ連邦銀行は南ヨーロッパ諸国を追い出す手段を持っていたのである。

実際には、マーストリヒト・サミットの閉幕から9日後、ドイツ統一によるインフレの影響に対処するため、ドイツ連邦銀行は金利を引き上げた。この動きをきっかけにERMは1年半にわたって混乱し、この間、イギリスは永久に離脱、イタリアは一時的に離脱、スペイン、ポルトガル、アイルランドの通貨は切り下げられ、1993年7月にはドイツとオランダ間のものを除くすべての通貨バンド（為替変動幅）が停止された。これにより、通貨同盟はしばらく遠のいたかに思われた。さらに、一部の国が先行することで、EUが中核国とその他の国に二分されるかに思われた。ところが実際、1999年にユーロ圏が誕生すると、わずかにイギリスとデンマーク、一時的にギリシャが、条約上の選択的適用除外《オプトアウト》を認められただけであった。

この大規模な通貨同盟は、ドイツ国内では広範な政治的支持を得られなかった。最初の反対運動は、マーストリヒト条約にたいするドイツ連邦憲法裁判所への一連の異議申し立てであった。1993年、同裁判所は、マーストリヒト条約の批准は合憲であるとの判決を下すとともに、特にある国家が参加要件を満たしているか否かを決定するのはドイツ議会であることを強調した。これにより、通貨同盟の規模についてはドイツの民主主義政治のなかで争われることとなった。1994年のドイツ連邦選挙で社会民主党は、南欧諸国を単一通貨から締め出すことを主張して戦い、一時は勝利するかに思われた[63]。その選挙を有利に運ぼうとしたコールは、通貨同盟を過去になかったもの、すなわちヨーロッパ統合の象徴的な問題に変えた。翌年、コールはさらに踏み込んで、通貨同盟は「21世紀の戦争と平和」の問題であると述べた[64]。1994年の総選挙では、キリスト教民主同盟と自由民主党の連立政権が維持されたものの、この選挙でユーロの構成国が決まったわけではなかった。1995年、コール政権のテオ・ヴァイゲル財務相は、イタリアが収斂基準を満たすことはないであろうと断言した。イタリアは通貨同盟にふさわしくないというこの考えは、1997年になってもドイツ政府内に根強く残っていた[65]。しかし、ヴァイゲルとドイツ連邦銀行は、自分たちの意思を押し通す手段を欠いていた。東西ドイツの統一によってドイツ自身が財政難に陥ったことから、国家債務と財政赤字に関する収斂基準を厳格に守ることができなかったからである。単一通貨からの除外を決定する確実な技術的方法がない以上、重要なのはヨーロッパの統合であるというコールの主張は、そうでなければ持ちえなかった説得力を持っていた。

それにもかかわらず、大規模な通貨同盟にはリスクが伴うことから、コール政権はドイツマルクを放棄する際のマーストリヒト条約の条件を見直す必要に迫られた。1990年代半ばには、ユーロ発足後の通貨統合のための法的な財政ルールを求め、後に安定・成長協定（Stability and Growth Pact）となるものを提案した。この動きはフランスの閣僚たちを当惑させた。なぜなら、フランスの財政赤字をこの収斂基準に沿って削減しようとしたところ、国内で激しい政治的抵抗に遭っていたからである。ゴーリスト（ド・ゴール主義者）であるジャック・シラク大統領は、マーストリヒト条約を柱とする改革の推進力を強化するため、フランス議会総選挙を1997年5月に前倒しで実施することを決めたが、大統領就任からわずか2年で、社会党にフランス国民議会の過半数の議席を奪われる結果に終わった。第9章で論じるように、シラクから新首相に任命された社会党のリオネル・ジョスパンは通貨同盟に懐疑的であり、選挙戦では安定・成長協定に反対していた。しかしジョスパンは首相就任後、フランスが最弱メンバーの一角を占めるような小規模な通貨同盟を阻止することに腐心し、ドイツがイタリアの加入を容認するのと引き換えに、協定の財政ルールを受け入れた[66]。

マーストリヒト条約に同意するにあたって、南欧諸国政府は自らに大きな負担を課した。彼らはERMよりも運用が難しく、ギリシャとポルトガルがこれまで経験したことのない単一通貨への参加に努力する条約上の義務を負うことに同意した。その努力のために政治的にいかなる犠牲を払おうとも、他国から参加を阻まれる可能性があることを承知のうえで同意したのである。イタリアを除く南欧諸国は、EUの構造資金を増額するというかたちのサイドペイメント（見返り）によって懐柔された面もある[67]。しかし、現実的には彼らに選択の余地はほとんどなかった。もし参加を断念すれば、通貨が不安定となり、インフレが進み、金利が上昇するリスクがあった。参加要件を満たそうとしたからこそ、外国為替市場においてインフレ防止に努める国としての信用が得られ、金利も大幅に下がったことで、利払いが軽減され、マーストリヒト条約に定める（GDP比）3％以内という財政赤字の収斂基準を達成することがいくらか容易になったのである。

第9章で論じるように、イタリアにとって問題は根深く、民主主義政治に深刻な影響を及ぼした。イタリアがERMに復帰するのは1996年11月である。1992年9月の離脱から復帰までにリラの価値は4分の1近く下落した。[68] イタリアが通貨同盟への参加をめざして歩みはじめた1992年から、通貨同盟に参加した1999年までの平均成長率は1％強にすぎなかった。1980年代を通じて10％以下であった失業率は大幅に上昇した。

イタリアの歴代政権がこのように自国の成長を制限してしまうようなコミットメント〔訳注　財政的義務を負う約束〕を受け入れる構えをみせたのは、もしそうでもしなければ、EUを複数の通貨圏に分離する案に同意しなければならなかったからである。1997年2月、当時イタリアの首相であったロマノ・プロディは、「もしわが国が第1グループに入らなければ、わが国の通貨は攻撃にさらされ、わが国の経済は無防備となり、わが国の国際的信用は失墜するであろう」と断言した。[69] プロディが収斂基準を緩やかに解釈するようドイツに訴えたのは、かつてコールがドイツの有権者に向かって「ヨーロッパの目的は通貨のみにあるわけではない。ヨーロッパがその偉大なラテン文化から切り離されることを想像するのは不可能だ」と語ったのと似ている。[70]

単一通貨への参加をめぐるイタリアの格闘は、その後のユーロ圏の展開について多くのことを明らかにした。通貨同盟をフランス中心に行うことを正当化する理由はマクロ経済的なものであり、その標的はドイツ連邦銀行にあった。しかし、マーストリヒト条約はＥＣＢにドイツ連邦銀行と同じ物価の安定という任務を与えることで、ユーロからマクロ経済的な目的を取り払った。その結果として、ドイツ中心の構造は小規模な通貨同盟を必要とした。しかし実際には、１９９０年代を通じてドイツの通貨権力が衰退するにつれ、南欧諸国に配慮したユーロ圏の規模は、各国のＥＵへのコミットメントを試すものとなった。折しも、参加に必要なマクロ経済政策は、経済的にも政治的にも安定を欠いていた。

★
★
★

イギリスのユーロ離脱はまた別の問題であった。ただし１９９２年9月初旬、英伊両政府がＥＲＭへの参加要件を維持しようと必死になっていた時点では、この現実は違ったふうにみえたかもしれない。イギリスはＥＵ加盟国としては特異な金融政策を続けてきており、その歴史は逆オイルショックにまでさかのぼる。１９８６年以降、サッチャー政権はレーガン政権やＦＲＢと同様、インフレ率が低下し失業率が高止まりしているときにインフレ抑制策を優先しつづける理由はないと考えた。自国の金融政策をドイツ連邦銀行のそれに従属させなかったイギリス政府には、通貨主権を放棄することにたいするサッチャーの本能的な嫌悪感を抜きにしても、フランスのように単一通貨を追求する動機がなかった。

だからといって、イギリス経済にとって為替相場の問題がなくなったわけではない。実際、1989年6月にEC加盟諸国が通貨同盟の推進に合意した時点では、イギリスの金利はポンド安のせいで大半のERM参加国よりも大幅に高くならざるをえなかった。しかし、この時期のポンド安は、ERM参加国とは異なり、サッチャー政権がオイルショックへの対策としてインフレ抑制措置をとらなかったことに原因がある。結果的に、1990年10月、サッチャーはついに譲歩しERM加入に踏み切ったが、それはあくまでもポンドを安定させるための短期的なマクロ経済政策上の方便にすぎなかった。しかし、サッチャーが譲歩したのは、通貨同盟に関する政府間会議が始まる寸前であったことから、閣内では通貨同盟への扉を決定的に閉ざしてしまえば、イギリスがECのヒエラルヒーのなかで劣位に立たされてしまうのではないかと危惧する批判が強くなった。その年の秋、〔第一次サッチャー政権で〕財務大臣を務めたジェフリー・ハウは、英ポンドあるいは通貨主権の放棄は絶対に認めないというサッチャーの発言に憤慨して閣外に去った。ここにサッチャー退陣へとつながる一連の流れが生まれることとなる。

しかしながら、イギリス通貨の孤立を防ぐためのマクロ経済的な道筋を見つけることは、想像以上に困難であった。マーストリヒト条約に関して、ジョン・メージャーは不参加を選択すると思われたが、実際には加入に向けた時間稼ぎを行っていた。しかし、イギリス経済が不況に陥っているときにドイツ連邦銀行は金融政策を引き締めていたため、ERMに留まることは不可能であった。1992年9月のブラック・ウェンズデー（暗黒の水曜日）でのポンド暴落は、議会保守党とイギリスの有権者に向けてヨーロッパ通貨への一層強力なコミットメントを提示する可能性を失わせたことで、選択的加入《オプトイン》を実質上の選択的適用除外《オプトアウト》に変えてしまった[71]。

しばらくのあいだ、ポンド安を受けて、メージャー政権も選択的加入《オプトイン》の道を残すことに賭ける気になっていたかもしれないが、１９９５年半ばになるとドルが上昇に転じ、ポンドもそれと連動するように上昇した。その結果、メージャーの後継者たちは、第一次世界大戦終結以来ほぼ休みなくイギリスの政権を制約してきたポンドへの圧力から約10年間事実上解放されたのである。大規模な通貨同盟もイギリスの助けとなり、２００１年までの不参加国は、同じく選択的適用除外《オプトアウト》を選択したデンマークとスウェーデンだけとなり、通貨安国のクラブではなくなった。トニー・ブレアは不参加のせいでＥＵ内での影響力が低下したことに不満を抱いていたが、１９９３年から２００８年までのあいだ途切れることのなかったインフレなき成長は、労働党政権にとって手放すにはあまりに貴重なものであった。この経済実績は、第５章で論じるように、イギリスやユーロとは無関係な中国のインフレ抑制力に依存していた面もある。ともかくも、インフレが起こらなかったおかげで、ポンドをめぐるマクロ経済問題は、ＥＵ内でのイギリスの地位という地政学的問題から切り離された。さらに、ユーロ圏が誕生すると、ロンドンがヨーロッパ随一の金融センターとしての地位を失ってしまうのではないかという懸念があって、それがサッチャーを退陣に追い込む動機となり、理由ともなったが、その心配もなくなった。それどころか、ロンドンはユーロ圏の金融センターとして急速に台頭したのである[72]。

★
★
★

ユーロはあまりにドイツ的であるがゆえにイタリアには役立たず、あまりにイタリア的であるがゆえにドイツには耐えられないという相矛盾する主張は、ユーロ圏の歴史の始まりにまでさかのぼることができる。通貨同盟は１９９９年に始まり、２０１２年にはドラギ総裁の主導で改革が行われたが、それはけっして意図されたものではなかった。そもそもユーロ圏は、ドルを基軸とする通貨秩序であるブレトンウッズ体制の崩壊にたいする西ドイツの対応から生じた一連の問題に解決策を見つけようとしたフランス主導のプロジェクトであった。ドイツ政府は、多額の債務を抱えるイタリアを加えないというドイツの条件を呑んでもらうことで通貨同盟をしぶしぶ受け入れた。実際には、そうした通貨同盟は阻止された。その代わりに、イタリアを加えた通貨圏が誕生したが、ＥＵ法に明記されたルールは、イタリアの債務負担を考慮したものとはなっていなかった。ドラギ総裁はＥＣＢ改革を専断的に進めることで、通貨同盟の基礎となる条約の見直しを行うことなく、この苦境を打開する道を探ったのである。

ＥＣＢが２０１５年にようやく量的緩和に踏み切り、ユーロ諸国の債務を直接買い取ったことは、一つの重要な転換点となった。これにより、マーストリヒト条約で定められたドイツの条件に基づく通貨同盟は、ドイツ政府がドイツマルクを放棄する代償として同意したとは思えないようなものに変貌した。１９８６年、ドイツ連邦銀行はドイツのインフレ率をゼロ以下に押し下げた。それから30年後、ＥＣＢはマイナス金利を主導した。１９９３年、ドイツ連邦憲法裁判所は、ドイツにおけるマーストリヒト条約の批准を合憲とする裁決を下した。２０２０年、ＣＯＶＩＤ‐19の危機により欧州委員会が単一市場のルールを一時停止したことを受けて、同裁判所はドイツ政府と連邦議会がＥＣＢに異議を申し立てなかったことはドイツ国民の権利を侵害するものであるとの判断を下した。しかし、ＥＣＢが最後の貸し手として機能する中央銀行へと変貌を遂げたことで、イタリアとギリシャの政治家たちが気づいたように、どの国の債務を、どの政権政党を支援することができるのかという疑問も生まれた。

当初のＥＣＢが２０１０年以降に変貌していたのだとすれば、ＥＣＢが拠り所としていたインフレ抑制という根拠はすでに失われていたことになる。２０００年代に入ると、ドイツ経済は政策当局者が他国のインフレ圧力からそれを守らなければならないような経済環境のもとにあって、もはや以前のように機能しなくなっていた。実際、世界経済の構造力学とドイツ国内のそれとは、正反対の方向に進んでいたのである。中国からの輸入品はインフレを抑制する力として働いたが、折しも新たなオイルショックが進行中であり、ドイツの金融部門はユーロダラー市場の混乱から守られるべき安定性の支柱とはもはやみなされなくなっていた。ドイツの複数の有力銀行がユーロダラー市場に深く関与していたことは、ＥＣＢがユーロ危機にたいして自らを変革することで対応した理由の一部となった。こうした世界経済の構造的変化が、中国とユーロダラー・システムをめぐってどのようにして生じたのかを、次に考えなければならない。

第5章

メイド・イン・チャイナにはドルが必要

2015年5月まで、連邦準備制度理事会（FRB）の主要金利であるフェデラルファンド（FF）金利は7年半にわたって0・25％のままであった。ジャネット・イエレンFRB議長は同月、ロードアイランド州プロビデンスで講演を行い、経済が自分の予想どおりに改善しつづければ、FRBは年内にもFF金利を引き上げるであろうと述べた。(1)

イエレンが「金融政策の正常化」と呼ぶものは、自国通貨の為替相場をドルに固定している国にとっては厄介なことであり、金利上昇に魅力を感じた資本がアメリカ資産に流れ込むことを意味する。(2)

2008年以降、自国の一部企業がユーロダラー金融市場に手を出していた中国には、災難が待ち受けていた。中国経済の伸びはすでに過去25年間で最も鈍化しており、経済の躍進を下支えしていた輸出も減少しつつあった。FRBの動きに先んじて、中国の中央銀行である中国人民銀行は2015年8月11日、中国通貨・人民元を大幅に切り下げたことから、中国にとどまらず世界中の株価が暴落し、新興国の為替相場は大混乱に陥った。(3) 中国人民銀行は資本逃避を食い止めるため、人民元をふたたび切り下げ、2週間で中国のドル準備のうち約1000億ドルを売却した。

大半の観測筋は、9月のFRB会合でアメリカの利上げが行われると予想していた。しかし、中国の混乱がもたらした金融情勢を受けて、利上げは見送られた。イエレンは記者会見で、中国の「成長懸念」が「金融市場の著しい変動につながった」とし、「国外で不確実性が高まっていること」や「予想されるインフレ経路がやや落ち着きをみせていること（原油価格の下落を意味）」を考慮し、利上げを行う前に「さらなる証拠を待つことが適切と判断した」と述べた。(4)

利上げが実施されないまま年末となり、通貨をめぐる米中間の緊張がふたたび高まった。中国人民銀行は12月11日、人民元をドルだけでなく、通貨バスケットにも固定すると発表した。FRBは12月15、16日の会合で、ついにFF金利を0・25％引き上げた。その結果、中国では資本流出が相次ぎ、中国人民銀行は人民元をさらに切り下げた。これが中国の通貨大転換の序章にすぎないことを懸念したオバマ政権の財務長官〔ジャック・ルー〕は、2016年2月にG20の中央銀行総裁と財務相を説得し、各国政府が「通貨の競争的な切り下げを回避する」ことを誓約する上海合意に署名させた。(5)ドルの上昇圧力は数カ月間緩和されたが、FRBは2016年12月までFF金利を再引き上げするリスクを冒そうとはしなかった。

オバマの大統領任期最後の年が、米中の通貨・為替関係を協力して管理しようとする試みであったとすれば、ドナルド・トランプの大統領任期最初の年は、米中貿易関係への本格的な攻撃の幕開けとなった。2017年8月、トランプは中国の貿易慣行について調査を開始した。2018年1月には、まず中国製のソーラーパネルと洗濯機への関税引き上げを発表し、その後対象を中国からの輸入品1300品目以上に拡大した。その1カ月後、中国は報復措置に出た。米中の貿易条件を再構築するための話し合いは二度にわたり行われたが、結局決裂した。二度目の協議が打ち切られた後、米財務省は中国を為替操作国に指定した。

トランプの政策は、米中の経済関係に言及した地政学的表現の変化に如実に現れている。２０１７年12月に発表されたアメリカの国家安全保障ドクトリンは、「大国間競争」が「戻ってきた」と述べている。それは、「グローバルな通商」が「ライバル」を「良識ある行為者、信頼できるパートナー」に変えるという誤った「想定」から、ワシントンが「大きな戦略的慢心」をみせたと指摘するとともに、今後アメリカは「国内経済を若返らせ、アメリカの労働者に恩恵を与え、アメリカの製造基盤を活性化し、中間層の雇用を創出し、技術革新を奨励し、技術的優位性を維持し、環境を保護し、エネルギー支配を達成する経済戦略をめざす」と約束している。[6] ちょうどその1年後、マイク・ペンス副大統領は演説のなかで、中国が「国際支配」を企んでいると主張し、「アメリカの政治と政策にたいする北京の邪悪な影響力と干渉」を嘆き、それはロシアよりも桁違いに大きいと述べた。[7] その演説後、ある中国政府関係者は、かつての鉄のカーテンに代わって「竹のカーテン」が下ろされたと発言した。[8]

トランプの戦略的リセットは、明らかにアメリカにおける政治的立場を超えた支持を得た。民主党議員の一部にトランプの煽動的な物言いを批判する者もいたが、現状維持を望む者はほとんどいなかった。しかし、このようにアメリカが対中姿勢を転換したとしても、ＥＵにはＥＵの事情があった。２０１８年7月、中国の貿易慣行にたいする対応をＥＵに求めなかった理由を尋ねられたトランプは、「ＥＵはおそらく中国と同じくらいひどいからだ。ただ、いくらかましなだけだ」と言い返した。[9] ２０１９年、中国のハイテク企業ファーウェイに攻撃的な態度で臨んだトランプは、ＥＵとイギリスにも同調を求めたものの断られた。

ＦＲＢの金融政策決定が中国のドル問題によって制約を受けるようになった経緯や、トランプが対中貿易・技術戦争を宣言した理由は、２００７～08年の金融危機までの数十年間、さらにはその後の数年間に起こった現象に端を発している。そこには二つの大きな物語がある。一つは中国の経済成長の影響に関する物語、もう一つはユーロダラーにおけるグローバルなドル金融市場の出現に関する物語である。この二つの物語が相まって、国際通貨・金融環境の激変、巨大オイルショック、そしてアメリカ経済の広範囲に及ぶ混乱を引き起こした。最初の二つの現象の相互作用から２００７～08年の金融危機が起こり、第三の現象からは、トランプのような中国に敵対的なインサイダー兼アウトサイダーが大統領選に出て勝利することを可能とする政治環境の一部が生まれた。

チャイナ・ショック

２０００年から07年にかけての中国の目覚ましい経済成長は、ピーク時には年率14％にも達し、世界経済に衝撃を与えた。このチャイナ・ショックは、そのほとんどが貿易面に現れた。中国政府が米ドルにたいする人民元の競争力を維持しようとあらゆる手を尽くすなか、中国は輸出主導型の成長を実践した。中国がそうした成長を遂げるきっかけとなったのは、２００１年の世界貿易機関（ＷＴＯ）加盟に先立って、２０００年に米連邦議会が中国にたいして恒久的正常貿易関係の地位を承認したことであった。この新たな世界貿易における中国の主要な輸出品は製造品であった。その結果、アメリカと多くのヨーロッパ諸国は対中貿易において巨額の赤字を抱えることとなり、アメリカの対中物品貿易赤字は１９９９年から２００８年までのあいだに約４倍も膨らんだ。(10)

こうした中国の製造業輸出の急増は、北米と西ヨーロッパの労働市場、とりわけアメリカの労働市場に影響を及ぼした。[11] その衝撃の大きさについては議論の余地があるものの、中国の輸出が集中している部門が受けた衝撃は間違いなく大きく、現地のサプライチェーンにも影響が及んだ。[12] 2001年以降、アメリカでは製造業の雇用が激減しはじめ、2000年12月の1720万人から2009年12月には1150万人にまで落ち込んだ。これは近年にみられなかったほどの落ち込みぶりであった。アメリカの製造業における雇用のピークは1979年半ばの1950万人であった。1989年末の時点でも依然として1790万人、1999年末で1730万人の雇用があった。その後の雇用激減の多くは2000年代初頭に起こった。2001年だけで製造業の雇用者数は1710万人から1570万人に激減し、2003年12月には1430万人にまで減少した。[13] こうした雇用者数の減少のうちどれだけが対中貿易を原因とするものなのかはともかく、その影響の大きさとタイミングからみて、対中貿易関係の正常化は、それによって痛手を被っている人たちからは災難と受け止められた。[14]

雇用ショックは、クリントン政権が中国との恒久的正常貿易関係によって起こると約束していたものではなかった。ビル・クリントンは2000年に、「経済的な影響という点では、これはアメリカにとってプラスにしかならない取引だ」と述べていた。[15] クリントン政権の農務長官［ダン・グリックマン］は、恒久的正常貿易関係法案について、「まったく思い悩む必要のない取引だ」と断言し、アメリカの市場はもうすでに中国に開かれている以上、「譲歩するのはすべて相手側であり、利益を得るのはすべてわれわれの側である」とまで言い切っていた。[16]

この約束と現実との乖離は、すぐに議会の反発を招いた。その怒りの多くは、中国の為替相場政策に向けられたものであった。もし中国が自国通貨を変動させていたら、貿易黒字の拡大によって人民元が上昇し、中国からの輸入品価格はもっと高くなっていたはずである。ところが１９９４年以来、中国は自国通貨を米ドルにたいして固定していた。中国人民銀行は人民元の上昇を容認するのではなく、それを阻止するために２００３年から大規模な為替介入を実施した。その同じ年、中国が人民元にたいして貿易中心のアプローチをとっていることにたいする怒りの声が、米連邦議会の有力議員たちから表明されはじめた。チャック・シューマー民主党上院議員とリンジー・グラハム共和党上院議員は、中国が人民元を切り上げないかぎり、中国の輸出品に大幅な関税を課すという一連の法案の第一弾を提出した[17]。彼らの取り組みは２００５年前半に山場を迎え、上院で法案可決に十分な票を得たかにみえた。

しかし、２０００年以降の米中貿易関係はたちまちワシントンで政治的に確立されたものとなった。シューマーとグラハムが推進した法案は、ジョージ・W・ブッシュ政権の支持を得られなかったのである。アメリカにとって都合よく利用できるような安全保障上の依存関係が〔対中関係には〕なかったことから、ブッシュは前任の３人の大統領が日本にたいして行ったのと同じように、中国にたいして変化を求めることはできなかった。しかも中国は、アメリカにとって最大の債権国でもあった。実際、自国通貨の平価を維持しようとする中国政府の確固たる意思は、中国人民銀行にマクロ経済戦略として米国債の大量購入を促した。シューマー・グラハム法案がなおも可決される可能性があることを懸念した中国は、２００５年７月、為替相場にたいする姿勢を改めた。表面的には、これらの動きは人民元の対ドル固定相場を解消し、人民元にある程度の変動幅を認めるものであった。しかし実際には、中国は対米ドルで2％の切り上げしか認めなかった。翌年の秋、ブッシュ政権の財務長官ハンク・ポールソンは、為替相場と貿易問題について協議するための制度的枠組みを受け入れるよう中国側に迫った。ポールソンが明らかにした目的は、意味のある人民元切り上げを実現することであった。[18]しかし、このときも最低限の調整しか行われなかった。2007年5月、中国は人民元の変動幅を拡大することに同意し、その後確かに人民元は上昇したが、米ドルが他の通貨にたいしても下落したため、その効果は薄れた。

ワシントンの政治的対立は、一見すると、フーヴァーからレーガンにかけて、議会が行政府に保護主義的な圧力をかけた過去の再現のようにみえた。しかし、一部のアメリカ企業が中国をはじめとする国境を越えた大規模な生産とサプライチェーンから利益を得ている度合いは明らかに異なっていた。ハイテクメーカーや電子機器メーカーは中国で商品を組み立てることで大きな利益を得ており、ウォルマートのような大手ディスカウント小売業者も中国製の安価な輸入品を販売することで利益を得ている。[19]たとえば、かつてのアップルは製品のほとんどをアメリカ国内で製造していた。実際、アップルの共同創業者の一人、スティーヴ・ジョブズは1980年代に、アップル・コンピューターは「アメリカ製のマシンである」と豪語していた。[20]しかし2004年以降、アップル製品のほとんどは国外、とりわけ中国で製造されるようになっている。あるアップルの幹部は『ニューヨーク・タイムズ』紙の取材に「一晩で3000人の従業員を見つけ、寮に住んで働くよう説得できるアメリカの工場があるだろうか」と語っている。[21]このような特別のうまみを得られるがゆえに、対決色の強い反中レトリックの響きが弱まった面もある。確かにｉＰｏｄを中国で製造すれば、アメリカの貿易赤字は増えるかもしれないが、製品価値のほとんどは依然としてアメリカで獲得されていた。[22]しかし、ｉＰｏｄはアメリカの民主主義政治における階級対立も助長した。最終的に得をしたのは株主と高給取りの経営陣であり、損をしたのは工場労働者たちであった。[23]

★★★

貿易はアメリカ政治において目に見えるかたちとなったが、チャイナ・ショックは一気に石油にまで及んだ。中国は１９９３年まで石油を自給自足していたが、この石油の自立という点で、中国の産業発展における初期の軌跡は、日本をはじめとする他の東アジア諸国のそれとは一線を画していた。２０００年代半ばになってようやく、中国の石油消費量の増加が世界に影響を及ぼすようになった。２００８年までに、中国はサウジアラビアの生産量の70％に相当する石油を消費するようになった。他のアジア諸国、特にインドの石油需要も加速したことから、一部ヨーロッパ諸国で経済の落ち込みがみられたにもかかわらず、世界の石油消費量は１９９４年の日量６８００万バレルから、２０００年には７７００万バレル、08年には８７００万バレルへと急増した（一方、１９７３年から93年までの20年間は、５７００万バレルから６７００万バレルに増加した程度であった）。[24]２００５年、中国の石油需要ショックが落ち着くと、第４章で説明したように、シェールブームが始まるまで石油生産は停滞した。[25]その結果、原油価格は10年以上にわたって安値で推移した後、２０００年代半ばから世界経済はかつてない原油高に見舞われた。２００６年５月には、原油価格は１バレル90ドルに達し、第一次オイルショックが収束した1974年3月と比べてインフレ調整後の価格は約80%も高くなった。2008年6月のピーク時には1バレル約150ドルに達し、第二次オイルショックのピーク時よりも実質ベースで3分の1以上高くなった[26]。

この2000年代半ばのオイルショックは、1970年代の二度のオイルショック、1981～85年のドルショック、イラクのクウェート侵攻に端を発するミニオイルショックとはかなり異なっていた。それら過去のショックは、いずれも需要サイドに大きな問題があったわけではない。また、これといった構造的な原因もなかった。アラブの石油禁輸措置は一時的なものであった。イランの原油生産量は革命後、少なくとも部分的には回復し、イラクも1990年以降に制裁が科されるまでは同様であった。1985年以降ドルは下落し、86年以降には原油価格も劇的に下落した。しかし2000年代半ばのオイルショックでは、中国とインドの大規模な追加需要が世界経済の特徴として定着した。原油価格の上昇が常態化するのを防ぐには、新たな供給が生まれるか、経済成長が著しく鈍化するしかなかった。逆説的ではあるが、石油消費の加速に対応するための増産は2007～08年の金融危機のあいだも続いたが、後述するように、原油価格に起因する問題そのものが金融危機の発生に影響を及ぼしたのである。

ユーロダラー金融

ユーロダラー金融の物語は、1970年代にまでさかのぼる。ブレトンウッズ体制の終焉に影響を及ぼしたユーロダラー市場は、二度のオイルショックによって大きく活性化した。中東の産油国が稼いだドルを原資に、アメリカやヨーロッパの銀行は莫大なドル預金を貸し付けた。途上国を含む原油輸入国は、多額の貿易赤字を補塡する必要があったが、国際通貨基金（ＩＭＦ）はそうした巨額で構造的な赤字に対処する能力がなかったことから、ユーロダラー市場はきわめて利用価値が高かった。その結果、金融、とりわけ国際化した金融が、アメリカや西ヨーロッパ諸国の経済において果たす役割が、第二次世界大戦後の30年間とは比べものにならないくらい大きくなったことも事実である。[28] しかし、ヨーロッパの銀行によるユーロダラーの業務規模が拡大したことで、この業務を誰が監督するのか、そして誰がこの市場の最後の貸し手としての役割を果たすのか、という古くからの疑問がふたたび持ち上がり、１９６０年代よりも一層強く意識されるようになった。[29] 実際には、二番目の疑問にたいする答えはＦＲＢしかありえない。しかし、その事実を口にすることは、いささか勇み足であった。１９７４年にG10中央銀行総裁会議がこの問題について議論した際、彼らは危機が到来すれば解決策が見つかるという確信を表明することしかできなかった。[30]

その決定的な危機は２００７年8月に訪れる。それまでに、ユーロダラー市場は想像を絶する成長を遂げた。ユーロダラー市場の拡大に伴い、銀行はその市場で運用資金を調達する手段として、現先取引（レポ取引）への依存を強めていった。レポ取引とは、一方の当事者が有価証券を売却して現金に換え、その有価証券を将来少し高い価格で買い戻すことに合意するもので、短期（しばしば翌営業日まで）の担保付借り入れの形態である。１９９０年代には、ユーロダラー市場においてドルを創造して貸し出す銀行の能力が国内金利をじわじわと低下させるというドイツ連邦銀行が当初から抱いていた不満がＦＲＢにも広がった。当時ＦＲＢ議長であったアラン・グリーンスパンは１９９６年の講演で、「残念なことに、マネーサプライのトレンドは数年前から経済全体を総括するものとして役立つものではなくなっている」と指摘し、「今後、金融政策を決定する際にマネーサプライに大きく依存することは期待できない」と述べた(31)。グリーンスパンはまた、こうした世界における金融政策は、銀行のバランスシートと資産価格を評価することによって行われなければならないとも語った(32)。

しかしこれは、言うは易く行うは難しであった。同じ演説で彼が述べているように、「根拠なき熱狂（irrational exuberance）」が「資産価値を過度につり上げている」のである(33)。銀行のバランスシートを監督することさえ容易なわざではなかった。１９８８年からG10で合意された一連のバーゼル合意では、銀行の監督規制はバランスシートの資産側に集中していた。しかし、１９９０年代後半になると、銀行も他の金融機関と同様に、金融派生商品（デリバティブ）を利用してバランスシートの大きさをごまかす方法を考え出した。さらに、ユーロダラー市場の主要プレーヤーはヨーロッパの銀行であったことから、ＦＲＢはアメリカ国外の銀行のバランスシートを監督する立場にはなかった。

またグリーンスパンは、資産価格の変動に応じて金利を変更することを望んでいたわけでもない。１９８０年代半ばからの数年間は、資産価格の変動がますます大きくなっていた(34)。これは新興国や新興市場において顕著で、１９９７～98年のアジア通貨危機で頂点に達した。しかし、１９８７年の株式市場暴落など、欧米経済においてもそれは顕著であった。グリーンスパンの「根拠なき熱狂」演説の頃には、インターネット新興企業に投資家が殺到するというドットコム・ブームが起こるなど、アメリカの株式市場ではすでにバブルが膨らんでいた。しかし、２０００年3月にバブルがはじけた後

もなお、グリーンスパンは、バブルは前もって見極めることも、発生後に封じ込めることもできないと公言していた。(35)

銀行それ自体は、1990年代後半から業務の国際化が一段と進んだ。ここでもやはり、この国際化の深化を牽引したのはヨーロッパの銀行、なかんずくドイツの銀行であった。(36)こうして国際化の一途をたどる銀行のバランスシートがますます肥大化したことで、今世紀に入ってからの国際資本フローは飛躍的に増大した。(37)そのフローのかなりの部分は、ユーロ圏から生まれたものである。通貨同盟によってEUのほぼ全域で信用条件が統一されたようにみえると、北欧の銀行はユーロ圏南部やアイルランドの企業や政府に大量の資金を貸し付けた。

また同じ北欧の銀行が、融資と債券・証券の購入を通じてアメリカで貸し付けを行い、バランスシート上の国際資産を大幅に増やした。この貸し付けは、レポ市場やユーロダラー市場などの金融市場で調達された短期のドル資金で賄われていたため、そうした北欧の銀行は多額の外貨建て負債を抱え、長期に保有するアメリカの資産と短期のドル借り入れとのあいだにミスマッチが生じていた。(38)アジア通貨危機のときにこれと同じ力学が悲惨な結果を招いたことから、中国をはじめとする東アジアの中央銀行は、2000年代を通じて大規模なドル準備の積み増しによって対応してきた。しかし欧州中央銀行(ECB)とイングランド銀行は、自国の銀行部門が運用する通貨の大幅なミスアラインメント〔訳注　為替相場が適正水準から大きく乖離した状態〕によって現実的に外貨支援が必要になることはありえないかのように行動し、それどころか、いざ危機が到来してもFRBが解決策を提供してくれるという1974年の想定を信頼していたようである。

つかの間の「大いなる安定」

2007～08年の金融危機までの10年間は、中国の急速な経済成長と銀行業務の国際化が相まって、アメリカでは1980年代半ばに金利と原油価格の低下から初めて生まれた穏やかな金融・信用環境が、さらに深化するようにみえた。後のFRB議長ベン・バーナンキは2004年の講演で、自らが「大いなる安定（Great Moderation）」と呼ぶものを「マクロ経済の変動が大幅に縮小すること」と説明し、1970年代や80年代初頭に比べてインフレ率が大幅に低下したと指摘している。[39]この変化の原因については、さまざまな議論があった。バーナンキをはじめとする一部の人びとは、経済政策の意思決定、特に金融問題にかかわる意思決定が大幅に改善されたからだと考えた。[40]また、原油価格の下落という幸運や、金融イノベーション、製造業の重要性の低下といった経済構造の変化を指摘する声もあった。[41]しかし、それらの原因の相対的な重みがどうであったにせよ、2001年以降の中国の輸出は、衣料品その他の消費財のコストを引き下げることで、インフレを抑制する重要な力として働いた。ただ一方で、中国の石油需要の高まりは、エネルギー価格を通じてインフレを誘発する要因ともなった。[42]

少なくとも1990年代から、「大いなる安定」は、インフレ期待の変化だけでは説明しきれない世界的な金利の低下ももたらした。[43]これは歴史的な異常事態のように思われた。20世紀には、それ以前にも実質金利が低い時期があったが、そのときはインフレ率が低く、銀行規制が緩やかな環境ではなかった。[44]この構造的と思われる金融緩和の原因についても、いろいろと議論があった。[45]グリーンスパンやバーナンキら一部の人びとは、中国の通貨・為替政策が決定的な影響を与えたと確信していた。

バーナンキは2005年に、金利低下をもたらした「世界的な貯蓄過剰」の原因の大部分は中国にあると主張した。(46) 確かに、中国をはじめとする東アジア諸国は、いかなる基準でみても、低利で大量の資本をアメリカに流入させた。中国はアメリカ国債の莫大なポートフォリオを取得し、最終的には米連邦議会公認の住宅ローン会社であるファニーメイ（連邦住宅抵当公庫）とフレディマック（連邦住宅貸付抵当公社）が発行する債券や証券を買い入れた。これを受け、FRBは2001年に実効FF金利を2％以下に引き下げ、2004年後半までそれを維持することができた。このような金融緩和環境により、ジョージ・W・ブッシュ政権1期目のアメリカの財政赤字は急速に拡大したが、その結果、アメリカは以前にも増して財政的に一つの国家に依存するようになった。(47) また、ドットコム・バブルの崩壊を生き延びたアマゾン、グーグル、イーベイなどのテック企業が、利益を創出するビジネスモデルがなくても成長できる環境も整った。

21世紀初頭の世界経済において、アメリカが得た経済的利益と中国が獲得した貿易上の優位性は、事実上の新しい国際通貨秩序を確立し、予見可能な将来にわたって低金利が続くとみる向きもあった。この新しい秩序を「半分復活した（semi-resurrected）ブレトンウッズ」と表現する者もいた。(48) 経済史家のニーアル・ファーガソンとモリッツ・シュラリックは、この経済環境を「チャイメリカ（Chimerica）」と呼んだ。(49) クリントン政権のローレンス・サマーズ元財務長官はむしろ、ドルが崩壊すれば米中双方とも壊滅的な打撃を受けるという恐怖に支配された「金融恐怖バランス」をそこにみながらも、米中経済関係には「短期的にみれば計り知れない機能性と快適さ」があると評価した。(50)

しかし現実には、世界経済全体に影響を及ぼすような短期的な不安定要素が少なくなかった。とりわけ石油は、中国の経済成長が穏やかな信用環境を生み出すにはほど遠いものであることを証明した。実際、2000年代半ばから、中国の石油需要は、供給面の制約が強まるのと相まって、2004年6月にFRBがおそらく石油価格の上昇によるインフレの影響を懸念して金融引き締めを行ったのをきっかけに、金融面にも影響を及ぼすようになった[51]。中央銀行首脳にとって、原油価格の再高騰は決定的な転換点であった。グリーンスパンにとっては、原油高を回避することがイラク戦争を正当化する理由となった[52]。グリーンスパンは『ワシントン・ポスト』紙のインタビューで、石油市場を機能させるためにはフセインを排除することが「不可欠」であったと語っている[53]。より悲観的な見方として、当時イングランド銀行総裁であったマーヴィン・キングが2005年に行った講演で、原油価格の上昇は、彼が言うところのNICE、すなわち1992年に始まったインフレなき持続的経済成長(non-inflationary consistently expansionary growth)の時代を終わらせたと述べた。キングによると、この新しい環境のもとでは、インフレ率、成長率とも以前に比べて不安定になるという。キングはさらに、NICE終焉後、中央銀行が金融政策によって安定を実現できるようになると考えるのは幻想だとも述べた[54]。その3年後、ジャン＝クロード・トリシェECB総裁はさらに踏み込み、「一次産品輸入国から一次産品輸出国への所得移転」が起こっており、欧米の政府と国民はこの変化を「受け入れ」なければならないと述べた[55]。

だが、こうした状況はドル金融の国際化によって複雑化した。キングとトリシェに言わせれば、資本収益率が世界的に上昇し、北米と西ヨーロッパにおける労働収益率が低下したとはいえ、経済環境はある面1970年代に戻りつつあったのである。しかし、中央銀行はもはや自分たちの掲げた金融政策の目的を達成できなくなっていた。グリーンスパンが２００５年2月に米上院〔銀行・住宅・都市問題〕委員会で語ったように、そこには一つの「謎（conundrum）」があった。ＦＲＢが原油高を受けて２００４年6月に金融引き締めを実施したにもかかわらず、長期金利には何の影響も与えなかったのである。[56] 実際、グリーンスパンが証言したように、米財務省が発行する10年国債の利回りは、ＦＲＢがＦＦ金利を引き上げる前よりも低くなっていた。これが、グリーンスパンが主張したような異常な現象なのか、それとも中国その他アジア諸国の中央銀行による国債の買い入れで説明がつくものなのかは明らかでない。しかし、信用状況がＦＲＢの金融政策によって期待されていたものとは違っていたというグリーンスパンの発言は、この時期の原油高対策としての金融引き締めについて何か重大なことを示唆していた。すなわち、金利の引き上げは非金融経済、特に住宅にかなりの影響を与えたものの、金融部門の信用状況にはほとんど影響を与えなかったということである。クレジット・デフォルト・スワップ〔訳注　企業の倒産リスクや国の破綻リスクを売買する金融派生商品〕などのクレジット・デリバティブは、金融市場参加者のリスク負担にたいして事実上の保険を提供することで、金融政策の変更と信用の利用可能性とのあいだの緩衝材として機能した側面もある。しかし、少なくともそれと同じくらい重要な点は、ＦＲＢの金融引き締めが米国内で営業するアメリカの銀行から生み出されるドル建て信用にいかなる影響を与えたにせよ、ユーロドル建て信用にはほとんど影響を与えず、このユーロダラー信用はすぐにアメリカの銀行システムに戻ってきたことである。[57] 金融政策と国際的なドル金融市場の整合性という問題に解決策を見いだせなかったグリーンスパンは、２００６年初めにこの問題を後任のベン・バーナンキに引き継いだ。

複合危機

２００７～08年の金融危機は、中国の経済的台頭、その原油価格への影響による生産活動の停滞、ユーロダラー市場、そしてそれぞれが信用状況に与えた影響という複雑な相互作用が積み重なった結果として起こった。２００７～08年の金融危機を、アメリカのサブプライムローン、１９８０年代以降の金融規制緩和、東アジア諸国の中央銀行という枠組みによって安易に説明することは、常に誤解を招くものであった。ヨーロッパでも、そうした歪曲した説明は自分たちに都合がよく、ユーロダラー市場を通じて北欧の銀行がきわめて重要な役割を担っていたことをひた隠しにするものであった（後に明らかとなったが）[58]。バーナンキが中国で起こった「過剰貯蓄」による金融危機として説明したものは、むしろヨーロッパで起こった「銀行の過剰貸付（banking glut）」による危機であり、そこにはドイツ、フランス、イギリスの銀行の区別はほとんどない[59]。しかし、２００７～08年の金融危機は、この二つの要因に単純に還元できるものでもない。実際、２００７～08年の金融危機は一つの危機ではなく、複数の危機であった。

住宅バブルの崩壊

第一の危機は、アメリカの住宅バブル崩壊である。１９９７年に住宅ブームが始まったときの住宅価格は、２００６年初頭にピークを迎え、以後６年間下落傾向をたどったが、特に07年、08年、09年初頭の住宅価格は急激に下がった[60]。この住宅ブームは、製造業の雇用が縮小する一方で、２０００年代前半のアメリカの経済成長を力強く牽引した[61]。それまで信用力が乏しいとみなされていた人びとにも住宅ローンの利用を可能にしたサブプライムローンは、このブームの唯一ではないが重要な要因であった。原油高を受けてFRBが2004年6月から06年にかけて利上げを実施したことで、金利の支払いが困難となるサブプライムローンの借り手が増えた。サブプライムローンは、住宅価格の上昇が続くかぎり、借り手はいつでも借り換えができるという前提に立っていた。しかし、いざ住宅価格が下落しはじめると、この安全装置は機能しなくなった。サブプライムローンの借り手が次々と債務不履行に陥り、銀行が住宅を差し押さえたことで、住宅価格の下落に拍車がかかり、さらに多くの抵当権者（債権者）が苦境に立たされた。2007年後半には、全米規模の住宅差し押さえ危機が始まった[62]。

住宅バブル崩壊の初期の段階では、FRBは何の反応も示さなかった。住宅差し押さえが急増するなか、FRBは依然として原油価格に気を取られていた。ただその一方で、金融引き締め政策が住宅市場に悪影響を及ぼし、原油価格それ自体も景気後退の状況を生み出し、住宅ローン金利への上昇圧力を強めていることはわかっていた。FRBが2007年9月に利下げに踏み切ったのは、ちょうどオイルショックが加速した時期であった。しかしFRBは、その年の秋に利下げを行った際、住宅ローン危機の大きな引き金となった原油高によるインフレリスクについて、これを十分に認識しながらも敢えて見ないふりをしようとしていたことを露呈した。要するに、2007年までにFRBは二つの相反する問題に対処するための金融政策を講じることができなかったのである[63]。

欧米の景気後退

第二の危機は、景気後退《リセッション》である。それが始まったのは、アメリカでは２００７年第４四半期、ユーロ圏とイギリスでは08年第２四半期であった。この景気後退は、オイルショックとそれにたいする中央銀行の政策対応が発端となった。利上げが成長を鈍化させたのである。その後、２００７年後半から08年前半にかけて原油価格の高騰が加速したため、消費者信頼感は低下し、個人消費も落ち込んだ[64]。このときの景気後退は、特にヨーロッパの政策立案者を驚かせた。実際、ＥＣＢが２００８年７月に利上げを行い、原油価格がインフレを招くおそれがあるとみてこれに対処しようとしたとき、ユーロ圏の経済はすでに景気後退に陥っていた。

その年の夏、ＮＩＣＥ（インフレなき持続的経済成長）の終焉に関するキングの判断は正しかったように思われた。リーマン・ブラザーズの破綻が世界経済に激しい衝撃を与える前の年の夏、ある妖怪《スペクター》が中央銀行の政策担当者たちにつきまとっていた。物価の上昇《インフレーション》と失業率の上昇が同時に起こるスタグフレーションという妖怪である。ユーロ圏にとって、これは経済的試練であると同時に政治的試練でもあった。もし１９７０年代が一つの前例であったとするならば、それは単に、インフレリスクと成長リスクのどちらに優先的に対処するかをめぐるＥＵ内の意見対立を意味するにすぎなかったかもしれない。もちろん、ユーロ圏の存在自体が、物価の安定を優先する方向でこの意見対立に決着をつけるはずであった。２００８年７月の金融引き締め以前でさえ、07年にＦＲＢとイングランド銀行が相次いで金融引き締めを緩和したとき、ＥＣＢはそれに追従しなかった。トリシェは、原油価格の上昇に対応して政策を調整する必要があると主張し、マーストリヒト条約に謳われている中央銀行のインフレ抑制義務に固執した。[65] しかし、物価の安定を優先すべきだというトリシェの主張には、スペイン、フランス両政府が激しく反発した。[66] ２００８年７月に原油価格が暴落すると、金融政策をめぐるこのユーロ圏の深刻な亀裂は一時的に解消された。しかし、次章で述べるように、石油がユーロ圏内にもたらした構造的な金融の断層は、またしても危険なかたちで露呈した。

銀行の破綻

第三の危機は、銀行破綻である。それは２００７年８月９日、レポ市場における取り付け騒ぎから始まった。フランスの銀行ＢＮＰパリバを皮切りに、銀行各行は住宅ローン担保証券を担保にして資金を調達することができなくなり、インターバンク市場におけるすべての銀行の借り入れコストが跳ね上がった。住宅ローン担保証券がこうした銀行の資金調達危機を招いたことから、２００７〜08年の銀行破綻は実際以上にアメリカの住宅バブル崩壊に結びついているように思われた。バーナンキが２０１０年に米金融危機調査委員会（ＦＣＩＣ）で語ったように、「グローバル金融市場の規模との関係から判断すれば、サブプライムの損失見込みは、それだけで危機の巨大さを説明できるほど明らかに大きいわけではなかった」。むしろ、「この〔サブプライムローン〕システムの脆弱性」は、「金融市場環境の大転換」による影響をまともに受けていたのである。[67] ヨーロッパの銀行は一つの困難に直面した。外貨での資金調達が必要であったにもかかわらず、彼らが依存していたユーロダラー金融市場は機能不全に陥り、修復が望めなかったのである。８月９日以降、ユーロダラー実効金利

ＬＩＢＯＲ（ロンドン銀行間取引金利）はＦＦ金利に追随しなくなり、ＦＲＢが銀行の資金調達圧力に対応して金融措置を講じても、オフショア・ドル金融市場の状況は緩和されないことが確実となった。[68]

ＦＲＢがその金融政策でもってユーロダラー金融市場を是正できなかったことから、ユーロダラー制度は30年前にＧ10の中央銀行総裁たちが想定していた危機の瞬間を迎えることとなったのである。２００７年の残りの期間、ＦＲＢの政策当局者はＬＩＢＯＲとＦＦ金利のスプレッド（利回り差）の開きに気を取られるようになった。２００７年12月には、ＦＲＢは既存の政策手段を用いて完敗したことを事実上認めた。その代わりに、ＥＣＢ、イングランド銀行、スイス国立銀行にドルスワップを提供し、ユーロダラー金融市場に参加するヨーロッパの銀行にドルを供給する方向に動いた。このドルの流動性供給で、ＦＲＢによるヨーロッパ主要銀行の救済が始まり、ＦＲＢがユーロダラー市場にたいする最後の貸し手であるかどうかという１９７４年の疑問にたいする実質的に唯一考えうる答えが示されたのである。

金融危機の広がり

しかし、ドルスワップでも金融危機の拡大を防ぐことはできなかった。ファニーメイとフレディマックを経由して東アジアの資金がアメリカの住宅ローン市場に流れ込んだことで、アメリカの住宅バブル崩壊、銀行の資金調達危機、さらに原油高による景気後退が一挙に起こったのである。ドル投資からより大きな利益を得たい中国は、２００７年初めに政府系ファンドを設立した。その年の後半、この中国の政府系ファンドは、アメリカの五大投資銀行の一角を占めるベアー・スターンズをはじめ、多くのアメリカの銀行に資本増強のための投資を行った。しかし、２００８年初頭に資金調達危機が深刻化したベアー・スターンズは、さらなる資本注入の協議から撤退し、ＪＰモルガンに身売りせざるをえなくなった。ベアー・スターンズの破綻はその後、レポ市場の状況を急速に悪化させた。中国と日本の中央銀行はこの流動性リスクの増大に対応するためにファニーメイとフレディマックの債券を売却したことから、これら二つの住宅ローン会社は破綻に追い込まれた。２００８年９月、米財務省とＦＲＢはファニーメイとフレディマックを連邦管財人の管理下に置き、その債務を全額保証することを明確にした。

この救済によって、世界経済は「チャイメリカ」の大爆発から救われたが、そうしなければ全面的なドル危機に陥っていたであろう。しかし、ファニーとフレディの住宅ローン担保証券ポートフォリオの規模からして、それは銀行の資金調達とユーロダラー市場にさらなる混乱をもたらすこととなった。この新たな混乱によって、アメリカの信用市場にユーロダラーを還流させる主要な窓口であったアメリカの投資銀行リーマン・ブラザーズの危機がますます深刻化した[69]。わずか数日前、新たに巨額の負債を引き受けたばかりのアメリカ政府にとって、リーマン救済は大きな政治的リスクとしか考えられなかったであろう。しかし、アメリカ政府が１５８年の歴史を持つ投資銀行を破綻させたことで、銀行の資金調達市場は完全に凍りついてしまった。この狂乱のなかで、ブッシュ政権とヨーロッパ各国政府は、銀行のみならず、アメリカの保険コングロマリットであるＡＩＧを含むその他の金融会社も救済せざるをえなくなる。

ドル資金調達市場における危機的状況の再燃に備えて、ＦＲＢはヨーロッパの中央銀行が利用できるスワップの規模を倍増させた。その1カ月後、FRBはECB、イングランド銀行、スイス銀行とのスワップ協定を増額し、「必要とされる量の米ドル資金調達」に対応すると発表した。[70] FRBがこうした資金調達市場の安定化を図ろうとしていた矢先、銀行破綻が原油不況に追い打ちをかけた。北米やヨーロッパ、一部アジア諸国では、生産と雇用がさらに落ち込んだ。需要の低迷が広がるなか、国際貿易の急速な縮小が中国の輸出部門を直撃した。経済成長と政治的安定に危機感を募らせた中国政府は、2008年11月、製造品と原材料の国内需要に重点を置き、石炭火力プロジェクトを盛り込んだ6000億ドル弱の債務による景気刺激策を打ち出した。

それは止まらなかった

2007～08年の複合危機の後、経済成長がふたたび始まった。実際、2019年には、07～09年の景気後退からのアメリカ経済の回復が1850年代以降で最長を記録した。しかし、回復の足取りはぎこちなく、しかも奇妙であった。シェールブームによる大幅な押し上げにもかかわらず、この10年間にアメリカ経済が3%の成長率を記録した年は一度もなかった（それに比べ、1991年の景気後退後、アメリカ経済は4%を超える成長率を数年間記録し、金利上昇と原油価格の影響が出る前の2004年には4%近い成長率を示していた）。労働参加率（求職者を含む能動的な労働者を示す）は2015年後半まで低下しつづけ、COVID-19危機が起こった時点でも07年の水準を数%ポイント下回る水準にとどまっていた。[71] さらに深刻なことに、イタリアはさらに二度の景気後退に見舞われ、2018年の景気後退後の回復は、20年に経済閉鎖が始まる少し前から失速していた。パンデミック以前から、イタリアの国民一人当たりＧＤＰは２００７年の水準を大幅に下回っていた。

しかし、この10年間、金融政策はまずアメリカとイギリスで、２０１１年以降はユーロ圏でも、きわめて緩やかに行われてきた。この緩和的な金融環境が高成長を促さなかった理由は何であれ、アメリカ企業がシェールオイルを採掘できるようになると、エネルギー危機は緩和された。これにより、ＦＲＢの金融政策決定は中国にたいする金融面での制約となるのと同時に、金融政策と石油がふたたび結びつき、２００４年から06年にかけてＦＲＢが中国の石油需要増加の影響に対処するために利上げを行っていた金融危機（２００７～08年）以前の力学が逆転した。

この相互作用は、新たな破壊的影響をもたらすこととなる。退任を控えたイングランド銀行のマーク・カーニー総裁は２０１９年の講演で、ＦＲＢが金利をわずかに引き上げただけで世界経済全体が苦しむようになったと指摘した。[72] カーニー総裁はまた、イングランド銀行の調査では、アメリカのＧＤＰが世界に占める割合が大幅に縮小しているにもかかわらず、ＦＲＢの金融引き締めの継続的な波及効果は、１９９０年から２００４年までのあいだの平均と比べて2倍になったと述べた。[73] カーニー総裁は、ドルの長期的な優位性のせいで、「金融政策決定者は、インフレ率の安定と潜在生産力の維持という国内任務を達成することがますます困難となっている」と主張した。[74]

構造的にみれば、金融政策がなしうることにたいする懐疑的な見方は、14年前に前任の総裁マーヴィン・キングがＮＩＣＥの終焉を宣言したときと同じ判断であった。キングの場合、問題はドルではなく石油であった。彼は半ば正しく、半ば間違っていた。キングが見逃していたのは、金融政策によって石油の供給が増加する点であった。その石油はアメリカ産であったことから、石油が西側諸国からの資金移動を強力に促すというトリシェの前提も〔カーニーのそれと〕同様に誤りであった。

２００８年以降、アメリカのエネルギー力と金融力はともに増大したのである。問題は、次章で明らかにするように、石油とドルのいずれもが、地政学的な大混乱のうえに新たな経済問題を引き起こすことであった。とりわけ、２００８年後半にアメリカの政策当局がすべてを懸けて実施した金融政策手段にとって、それは大きな問題であった。

第6章

ここはもうカンザスじゃない

2020年3月7日から8日にかけての週末、サウジアラビアのムハンマド・ビン・サルマン皇太子は、石油需要が急速に落ち込むなか、大量の石油を市場に供給するという重大な決断を下した。週明け月曜日の朝、原油価格の暴落は株価と債券価格にも影響し、ドル金融市場に依存するアメリカ国外の銀行や企業は資金調達に奔走した。いかなる歴史的基準に照らしても、その後の株価の暴落は凄まじいものであった。3月16日のダウ平均株価の下落率よりも下げ幅が大きかったのは、わずかに1987年10月の株価大暴落（ブラックマンデー）だけで、3月12日の下落率は2008年にみられた下げ幅とは比べ物にならないくらい大きかった。2020年3月の株価大暴落から2週間後、S&P500種株価指数は1カ月前の史上最高値から30％近く下落した。(1) 3月9日から18日にかけて、アメリカの長期国債の利回りは250ベーシスポイント余り上昇した。(2) 本来、いかなる危機に際しても、米国債は安全資産として機能するはずである。ところが、その米国債までもがパニックに巻き込まれた。

新たな金融危機に直面したFRBは、2007～08年の金融危機時に確立した手法に立ち返った。3月15日（日曜日）の夕方、FRBは市場再開前に投資家の不安を鎮めようと金利をゼロまで引き下げ、量的緩和（QE）の第五弾を開始し、恒久的なスワップ協定を承認していた中央銀行のスワップライン〔訳注　中央銀行同士で通貨を融通し合う仕組み〕を再開した。しかし、この措置は無駄に終わった。投資家はありとあらゆるものを、金（ゴールド）さえも売りつづけた。現金ドルだけあればよかったのである。

ヨーロッパでも、危機の1週目にどこかしら既視感が漂った。3月12日、ECB総裁に5カ月前に就任したばかりのクリスティーヌ・ラガルドは、記者会見の場で「われわれはスプレッドを埋めるためにここにいるのではない」と発言した。(3) ラガルドは、2012年夏に「ユーロは後戻りできない」と言って投資家の説得に乗り出した前任者マリオ・ドラギの「いかなる手段を使っても」〔ユーロ圏を守る〕という言葉を否定したのである。イタリア国債の利回りは急上昇し、イタリア人の怒りも爆発した。しかし、ラガルドの言葉遣いが冷淡だというだけで、ドラギがつくり上げたECBの存在を無視するわけにはいかなかった。それから1週間も経たないうちに、ECBは7500億ユーロの新たなQEプログラムである「パンデミック緊急購入プログラム」を発表した。

世界の中央銀行がこの混乱の収拾に取り組むなか、米ドルはほぼすべての通貨にたいして上昇した。中国の2015～16年の金融危機によって、新興市場諸国は米ドルへの資本逃避にたいする脆弱性を露呈した。しかし、そのような為替相場の制約は、もはや先進国が経験するものではないと考えられていた。パンデミックによる金融危機が2週目に入ると、ユーロ、英ポンド、カナダドルは、四面楚歌の新興国通貨とほとんど変わりがないようにみえた。ECBが行動を起こしたその日、英ポンドは急落し、イギリスの債券市場は大混乱に陥った。FRBはさらに多くの国の中央銀行にスワップを提供した。しかしながら、ドル金融市場は悪化の一途をたどり、外国為替市場の動揺は収まらなかった。

どうみても対処に失敗したと思われるＦＲＢは、今度はさらに過激な政策手段に打って出た。３月23日、ＦＲＢは「無制限の量的緩和（QE Infinity）」を発表した。これは、企業の負債を含むほぼすべての投資家資産を対象とするバランスシート購入プログラムである。この措置によって、アメリカの金融市場とＦＲＢから米ドルを調達できる国の為替相場は落ち着きをみせた。しかしＦＲＢの動きには、依然として大きな疑問が残されていた。もし必要とあらば、ＦＲＢは米ドル・スワップラインの対象を中国まで拡大できるのかという問題である。明快な答えはなかったものの、論理的には可能であった。中国はスワップを受け入れなかったが、ＦＲＢは３月31日、スワップラインを持たない国でも、中国が膨大なポートフォリオを保有している米国債を担保にして借り入れができると発表した。(4)

２０２０年３月の株価急落は、ある意味、２００７～08年の金融危機、２００９～12年のユーロ危機、２０１５～16年の中国金融危機をわずか数日間に凝縮した事態であった。これにたいする各国中央銀行の対応も大規模に拡大した。ＦＲＢは市場に出回っているあらゆる投資家の資産を買いはじめた。ＥＣＢは自らにその権限があるかどうかを悩みながらも、ＦＲＢからわずか３日後、イングランド銀行よりも１日早くQEに踏み切った。中国人民銀行（中国の中央銀行）はドル準備を使って人民元の防衛に動いたが、そのためにはＦＲＢの支援に公然と頼らざるをえなかった。

しかし、こうした図式は、２０２０年３月に何が問題となっていたのか、またそれ以前の12年間にいかなる経済的・地政学的変化が生じていたのかを物語る一部にすぎない。国際銀行業における中国とヨーロッパの立場は一部逆転していた。実際、中国の銀行はヨーロッパの銀行を凌ぐほどにその重要性を高めていた。２００７年の時点では、資産規模ランキングで世界の大手銀行10行のうち9行がヨーロッパ系で、中国系の銀行は1行もなかった。[5]ところが、２０２０年3月までに、資産規模ランキングの上位4行が中国系の銀行となった。時価総額ランキング上位10行では5行が中国系で、香港に強いプレゼンスを持つヨーロッパ系の銀行はＨＳＢＣの1行のみであった。[6]このように中国系の銀行が成長したことにより、米中経済関係の地政学的対立は深まると同時に、中国はＦＲＢが最後の貸し手の役割を果たす国際金融環境に組み込まれることとなった。

２０２０年3月の株価急落から数週間後、香港で起こった政治的危機は、中国の世界経済への金融面での統合と米中貿易・技術戦争との区別を崩してしまうおそれがあった。香港は中国を世界につなぐ国際金融センターの役割を果たしていた。２０１９年後半、香港は民主化デモに沸き立ち、時には暴力的な抗議も行われた。当時ドナルド・トランプは、香港問題は中国の責任だと言い放った。[7]しかし、２０２０年5月に香港でふたたびデモ参加者が街路に繰り出すと、香港問題が米中関係全体に影響する対立要因の一つとなった。中国は香港に香港国家安全維持法を課すことで、１９８４年にイギリスと合意した香港統治に関する取り決め〔訳注　「英中共同声明」で合意〕を事実上破棄した。これを受けてトランプ政権は、香港の貿易上の特別な地位を取り消すことを宣言した。それは、アメリカが以後、香港を経済的に中国の一部として扱うことを意味した。

石油、ドルスワップ、国際金融センターとしての香港の地位などをめぐって、世界経済はパンデミック以前から地政学的に過熱状態にあった。こうした状況のなか、２００８年以降の金融環境は２０２０年3月に一つの大きな区切りを迎えた。しかし、この新しい環境で中央銀行が債務を支援する能力は、各国政府が同時に世界経済の大部分を数カ月間停止させることすらも可能にした。２００８年以降の経済状況から生じた破壊的な流れと、それがパンデミック期間中にもたらした好影響を理解するためには、２００７〜08年の金融危機にたいするＦＲＢの対応からみていく必要がある。その対応がなければ、現在の経済・エネルギーの世界は存在しえなかったと考えられるからである。[8]

ＦＲＢがつくり上げた世界

２００７〜08年の金融危機はただの危機ではなかった。信用環境が正常に機能していれば、ＦＲＢは金融政策を大幅に緩和することによって信用市場を活性化させ、実体経済の成長を回復させることもできたであろう。しかし、ユーロダラー市場は金融システムの仕組みが複雑に入り組んでいた。金利を引き下げるだけでは銀行の資金調達市場を安定させるのに十分とは言えなかったことから、ＦＲＢがユーロダラー市場にたいする最後の貸し手となった。ＦＲＢの行動はヨーロッパの大手銀行の破綻を防いだ。しかしそれはまた、地政学的に緊張感のある金融・通貨のヒエラルヒーを生み出した。２００８年以降の金融環境では、どの国の銀行のドル借り入れを支援するかを判断するのはＦＲＢであった。[9] 特筆すべきは、ＦＲＢがアジアにおいては、シンガポールと韓国の中央銀行を支援しながら、インドと中国の中央銀行は支援しなかったことである。[10]

ＦＲＢはユーロダラー市場の救済に動いたが、その市場機能を２００７年８月以前の状態に戻すことはできなかった。[11] 全体的にみると、国際的な信用環境は縮小した。世界のＧＤＰに占める２０１９年の国際資本フローの割合は、２００７年のそれを大幅に下回った。しかし、この縮小は主にヨーロッパ、とりわけイギリスの銀行に原因があった。中国をはじめとする新興国市場については、国境を越えた信用フローが増加した[12]。その結果、2008年以降、中国経済はドルの信用環境に影響されやすくなった。たとえ中国がFRBによるドル建て対外債務の支援体制から外れていたとしてもである。

FRBの三つのQEプログラムと7年にわたるゼロ金利政策によって、通貨・金融環境はそれ以前の状況から一層かけ離れたものとなった[13]。量的緩和第一弾（QE1）を決定づけたのは、アメリカの住宅ローン危機である。2008年11月、FRBはファニーメイとフレディマックが発行する債券と住宅ローン担保証券の購入を開始した[14]。その後の6年間にFRBは2兆3000億ドル相当の住宅ローン担保証券を購入した[15]。こうした購入によって、それらの会社と結びついた住宅ローンの名目長期金利は史上最低水準にまで落ち込んだ。しかし、QEによっても住宅差し押さえ危機を収束させることはできなかった。むしろ、QEによるファニーメイとフレディマックの支援は、アメリカの住宅ローン保有者のあいだに深い溝をつくった。政府系住宅ローン会社2社が保証するローンをすでに組んでいる者、あるいはローンを組む資格を得ている者は、低利で借り換える仕組みを利用することができたものの、サブプライムローンを組んだ他の借り手にはそれができなかった。これは、第9章で論じるように、アメリカの民主主義政治にとって重大な意味を持っていた。

QEはたちまち連邦政府の借り入れを支える手段ともなった。FRBは2009年3月にQE1に米国債の買い入れを追加した。2010年11月から2012年6月にかけて実施された量的緩和第二弾（QE2）と2012年9月から2014年10月にかけて実施された量的緩和第三弾（QE3）では、米国債が中心となった。この国債買い入れによって、アメリカ政府は2008年以前よりもはるかに巨額の財政赤字を計上することが可能となった。

そのマクロ経済的有効性はともかく、QEは破壊的影響を広範囲に及ぼした。その一部は資産価格インフレが原因であった。FRBは国債利回りを押し下げるための措置を講じることで、必然的に資産価格を押し上げた。これにより銀行のバランスシートは改善され、資金調達が容易となり、銀行の借入金利はほぼゼロに抑えられた。しかし、資産価格の下支えと低利の信用供与を同時に行ったせいで、企業が生産能力に投資するよりも自社株買いのために借り入れを行う強い誘因を生み出した。国際通貨基金（IMF）が2019年の『国際金融安定性報告書（*Global Financial Stability Report*）』で警告したように、自社株買いの急増は、金融リスクを厭わないアメリカ大企業の急増にもつながった。[16]新型コロナパンデミックが発生したとき、結果的に彼らの手元資金は少なくなっていた。一般的にみれば、資産価格の上昇によって恩恵を受けたのは、すでに資産を保有している層であることは明らかである。[17]高齢者ほど資産を保有している傾向が強いため、QEは世代間の富の不平等を拡大させたと言える。[18]この二つの傾向はすぐに住宅市場にも現れた。不動産がますます国際的な投資資産となったことから、一部の国では大都市の住宅価格が凄まじい勢いで上昇した。住宅価格の上昇に伴い、2007〜08年の金融危機前よりもはるかに高い頭金を要求する住宅ローン業者が増え、若年層の持ち家率は低下した。[19]賃貸市場から抜け出せない人が増えるなか、住宅価格の急激な上昇が起こった都市では、家賃も急上昇した。

QEは投資資金の流れにも影響を与えた。米国債の利回りが極端に低かったことから、他に収益を求める動きが出てきた。2008年直後の数年間は、そうした欲求から大量の資金が新興国市場に流れた[20]。この投資意欲はジャンク債市場にも火をつけた。ジャンク債市場では、高いデフォルトリスクを補償するために利回りが高めに設定されていたからである[21]。生産経済においてこの利回り追求の主な受益者となったのは、容易に現金を手に入れられるシェール・エネルギー企業であった[22]。２０１１年から２０１４年後半にかけて原油価格が高止まりするなか、企業が実際に利益を挙げられる見込みが立たなかった時期にシェールオイル生産が財政的に成り立ったのは、そうした信用があったからである。ニクソン、フォード両政権で国防長官、カーター政権でエネルギー長官を務めたジェームズ・シュレシンジャーは湾岸戦争当時、シェールオイルについて、「こうした新技術のコスト障壁を克服するメカニズムはいまだ見つかっておらず、国として、国内供給を拡大するために高値でエネルギーを買い取る用意はない」と述べていた[23]。中国の石油需要により原油価格の早期回復が確実となった時期に、ＦＲＢが２００７〜08年の金融危機後に行った金融緩和は、依然として大いに伸び悩んでいた在来型石油（伝統的な掘削方法で生産される石油）の生産量を期せずして回復させることとなった。

ＱＥが当初一時的な措置と考えられていたとしても、実際には金融を正常な状態に戻すことは不可能なことがわかった。２０１３年5月、ベン・バーナンキＦＲＢ議長は上下両院合同経済委員会で証言し、経済成長が続けばＦＲＢは今後数カ月のあいだに開かれるいずれかの会合で国債の買い入れ縮小を決定する可能性があると述べた。パニックに陥った金融投資家は債券売りに走り、国債金利は上昇した。この市場の極端な反応として知られるようになった「テーパー・タントラム」〔訳注　ＦＲＢが量的緩和として実施していた国債など資産の買い入れ額を「順次減らしていく（taper）」こと（＝テーパリング）への警戒から、金融市場が「癇癪（tantrum）」を起こすことを指す〕の影響で、ＦＲＢは9月17、

18日の会合で国債の買い入れ縮小を見送った。それから3カ月後、FRBはようやくテーパリングを開始した。しかし、今度は警戒感が優勢となり、QE3は2014年10月まで継続された。

時を経ずして、原油価格は金融政策に新たな制約を課した。第2章と第3章で論じたように、シェールが引き起こした2014年後半の原油価格の暴落は、すでに生じていたインフレ率の低下傾向を加速させた。2015年半ばまでに、IMFは債務デフレスパイラルに警鐘を鳴らす一方、FRBは金融正常化に向けて必死に利上げを模索していた。[24] FRBが2015年12月にようやく行動を起こしたとき、アメリカのインフレ率はわずか0・1％であり、短期的にはふたたび景気後退に陥る可能性があることは明らかであった。

QEとゼロ金利からの遅ればせの離脱は、世界経済に地政学的・経済的な衝撃を与えた。FRBによる方向転換の試みは、ドルスワップを緊急に利用できない一部の国にとっては災難であったが、それは米国債の利回りが上昇するという見通しを投資家にもたらすものであった。それらの国が直面した問題のなかには、地政学的に大きな影響を及ぼすものもあった。なかでも最大の影響を被った国がウクライナである。バーナンキがテーパリングの可能性を示唆するや否や、投資家はウクライナ国債を投げ売りした。このため、ヴィクトル・ヤヌコヴィッチ政権は債券市場で債務のロールオーバー〔訳注　返済期日が差し迫った債務の借り換え〕ができなくなり、資金援助と割安な天然ガスを求めてモスクワに頼らざるをえなくなったが、その背景にはIMFとEUによる支援の弱さが挙げられる。[25] 中国をはじめとする他の諸国にとっては、金融不安と成長の鈍化が問題となった。2015年夏、FRBが2007〜08年の金融危機後初めてとなる利上げに向けて準備に入ると、中国は金融危機に陥った。中国が巨額の資本逃避に対処しようとドル準備を売却したことで、中国の金融不安はＦＲＢの利上げ継続を困難にした。中国の人民元切り下げはアメリカ議会の保護主義者の怒りに油を注いだが、折しもその時期、２０１６年の大統領候補指名争いの予備選が始まったところであった。

ユーロ圏がつくり上げたヨーロッパ

ＦＲＢが２００７〜08年に行った通貨・金融措置によって経済環境をつくり変えたとすれば、ＥＣＢはまず第一に、ＦＲＢがやらなかったこと、少なくとも部分的にはできなかったことによってＥＵをつくり変えた[26]。当時はよく理解されていなかったが、ユーロ危機は２００７年８月に欧州銀行危機が起こり、ＦＲＢが北欧のさまざまな銀行に大規模な資金援助を行う必要性に迫られたところから始まった[27]。その後、２００９年後半からギリシャの財政問題の深刻さが浮き彫りになると、ユーロ圏に二重の危機が発生した。一方では、債券市場に悪影響が及び、南欧諸国とアイルランドは借り入れコストの急激な上昇に見舞われた。もう一方では、莫大なドル資産を取得し、短期のドル資金調達に依存していた同じ銀行が、南欧諸国とアイルランドに貸し出していた多額の資金を回収できなくなる事態に陥った。こうした資産のデフォルトリスクのせいで、投資家や他の銀行が北欧の銀行に融資するのを躊躇するようになった。その結果、２０１０年半ばから12年夏にかけて、南欧諸国の政府や企業が債券市場で債務をロールオーバーできなくなると、北欧の銀行もドル資金調達市場で同様の問題に直面した[28]。

この危機は、通貨ブロックとしてのユーロ圏を分断することとなる。投資家にとって、ドイツへの融資は他のユーロ参加国への融資と本質的に変わらないという考えは消え去った。したがって、各国政府は自国が借り入れ可能な金利とドイツが借り入れ可能な金利の差（スプレッド）をできるだけ縮める必要があった。ある時、フランスのフランソワ・フィヨン首相は、「毎日朝一番に確認するのはフランスとドイツのスプレッドだ」と語った。[29]

構造的には、このスプレッドが欧州為替相場メカニズム（ERM）の非対称性を新たなかたちで復活させたのである。それを助長したのは、ドイツの貿易黒字をめぐって、ドイツ経済（もともとのERMと同様、ここでもオランダはドイツと同等）とその他のユーロ圏諸国の経済とのあいだに生じたもう一つの乖離であった。2004年、ドイツの経常黒字は1989年のピーク時を上回った。それ以後も、黒字は膨れ上がり、絶対額で世界最大となった。これは偶然の結果ではない。むしろそれは、ドイツで1998年から2005年にかけて社会民主党と緑の党の連立政権が行った労働市場改革の結果であり、2005年には国民のそれまでの所得を失業から概ね保護する旧ドイツの福祉国家制度に終止符が打たれた。このドイツの巨額な構造的貿易黒字の結果、他の多くのユーロ圏諸国は必然的に貿易赤字となった。[30]

ユーロ圏の弱小国にとって、その結果として生まれた力学はERMよりもひどかった。各国政府はスプレッドに対処するため、金融市場において自国の信用を守る必要があった。しかし、各国にはもはや、債券市場からの圧力を軽減するための金融政策を決定できる中央銀行がなかった。さらに、マーストリヒト条約が禁じているように、ECBはソブリン債の保証人としての役割を簡単に引き受けることができなかった。国またはヨーロッパの最後の貸し手としての能力がなければ、借り入れコストの格差に歯止めをかけることはできない。[31] ２０１０年から11年にかけて、それぞれ異なるタイミングでギリシャ、アイルランド、ポルトガルがそうであったように、資本市場から締め出された国は、マーストリヒト条約で禁止されていたにもかかわらず、救済を必要とした。

ユーロ圏の成長後退

２０１０年と11年、ギリシャ、アイルランド、ポルトガルの３カ国は、ユーロ圏財務相会合（ユーログループ）を代表する欧州委員会、ＥＣＢ、ＩＭＦとのあいだで与信プログラムに合意した。これら三つの債権機関は「トロイカ」と総称されるようになった。このトロイカ融資はドイツ主導の条件が課され、貿易黒字国ドイツに見習うという建前で、これらの国の政府に公共支出削減、増税、労働・福祉改革を強いるものであった。しかしながら、ドイツが貿易黒字を削減する政策をとらないかぎり、期待された結果を出すのは現実的に不可能であったことから、こうした力関係は、結局のところ、ユーロ圏の存続を脅かすスプレッド問題を助長するものでしかなかった。[32]

ユーロ圏存続のためには、ＥＣＢが変わらなければならなかった。そのため、２０１０年５月に最初のギリシャ救済が合意された直後、ＥＣＢは流通市場で間接的にソブリン債の買い入れを行う証券市場プログラム（ＳＭＰ）を立ち上げた。しかし、改革に着手してすぐにＥＣＢは政治的困難に直面する。このソブリン債買い入れプログラムがマーストリヒト条約の背後の意図と両立するものであるかのように装うことには無理があった。[33] ユーロ圏諸国にこの問題を無視できる国があるとしても、少なくともドイツではそういうわけにはいかなかった。ドイツ連邦銀行はＳＭＰに反対票を投じた。その後、ドイツ連邦銀行総裁とＥＣＢ理事会のドイツ代表がこの問題で辞任した。最も致命的であったのは、ユーロ圏の法体系を変えずにその場しのぎで改革を進めようとしたため、それまで眠っていた政治的緊張に火をつけてしまったことである。そのきっかけは、１９９３年にドイツ連邦憲法裁判所が下した「ＥＵの権限をさらに拡大してもドイツ基本法と両立しうる」という判決であった。その結果、ドイツ政治をめぐっては慎重さが求められ、ＥＣＢは債券買い入れプログラムを確立したものの、すぐさまその活用にきわめて慎重な姿勢に転じた。注目すべきは、ＥＣＢがギリシャ国債の買い入れを開始してから数週間で中止したことである。[34]

マリオ・ドラギがこの行き詰まりを打開するよりも前に、２０１１年には原油価格が高騰し、ユーロ危機が深刻化し、それ以前から長く続いていた金融政策をめぐる対立が一段と深まった。中国の石油需要が増加しつづけ、シェールの大規模生産がいまだ実現していなかったこともあって、原油価格は２０１１年初頭にふたたび１バレル１００ドルを超え、14年半ばまで概ね１００ドル前後で推移した。インフレ率の上昇が予想されていたにもかかわらず、ＦＲＢは利上げを見送った。これとは対照的にＥＣＢは、ＥＵの条約上の義務を優先して物価の安定をめざした。実際、２０１１年に実施された二度の利上げを正当化するため、ジャン゠クロード・トリシェは２００８年７月のときとほぼ同じ論法で、原油がインフレを引き起こす危険性を訴えた。このとき、ユーロ圏の一部の国の経済がひどい苦境に立たされていたことは間違いない。ＥＣＢが最初の措置を講じたとき、ギリシャ、スペイン、ポルトガルは景気後退に陥っており、二度目の措置を講じたときには、イタリア、スロベニア、キプロスも同様の状態にあった。[35] ＥＣＢの一連の措置は成長をさらに難しくした。２０１１年末にはユーロ圏全体が景気後退局面に入り、2013年初めまでその状態が続いた。

もしECBが政府債務を断固として支えることができず、物価安定の義務に縛られつづけるのであれば、当然の帰結として、ユーロ圏は国債の借り入れにたいする強い条約上の制約を有し、かつ政府がインフレ抑制の規律を受け入れる国から構成される必要があった。しかし、そのどちらも存在しなかった。ユーロ圏の財政ルールは、安定・成長協定で定められていたが、その信頼性は2003年に決定的に損なわれた。フランス、ドイツ両政府がそのルールを破りながら何のお咎めもなかったからである。[36] しかも、不況にあえぐ経済を舵取りする各国政府にとって、目先の成長を阻害するような政策変更は最も考えたくないことであった。

暗黙の拒否権

2011年夏、イタリアとスペインがギリシャ、アイルランド、ポルトガルと同じ状況に陥りそうにみえたとき、何かしらの手を差し伸べる必要があった。[37] ギリシャのために設けられた救済の枠組みは、それら経済規模の大きな国を支援するには不十分であり、イタリアやスペインにたいするフランスやドイツの銀行のエクスポージャーの大きさが、ドル資金の調達問題を再燃させた。同年8月、ECBは方針を転換した。トリシェと次期ECB総裁のドラギは、イタリア首相のシルビオ・ベルルスコーニに政策変更を求める書簡を送り、第4章の冒頭に書いたような一連の出来事を引き起こしたが、最終的にはイタリア大統領がマリオ・モンティのテクノクラート内閣を任命するかたちで決着した。

ベルルスコーニへの対応についてメルケルとサルコジから協力を求められたオバマ政権の財務長官〔ティモシー・F・ガイトナー〕は、ベルルスコーニ追い落としの裏にあるユーロ圏の残酷な論理を後日明らかにした。「ベルルスコーニがあの国を支配しているかぎり、ドイツ国民が金融防火壁（ファイアウォール）の強化やヨーロッパへの資金援助の増額を支持することはあるまい」と、彼はメモに記している。(38) 要するに、ECBがユーロ圏を救うために有意な最後の貸し手として機能するためには、ドイツの同意が必要であり、それはとりもなおさず、誰がいかなる目的で債務を発行するのかについて、ドイツが暗黙の拒否権を持つことを意味した。

イタリアのケースほど劇的ではなかったが、2011年夏のECBの行動は、スペインの民主主義政治において経済政策が争点となる事態も防いだ。トリシェとドラギがベルルスコーニに書簡を送ったのと同じ日、トリシェとスペイン中央銀行総裁は社会労働党のホセ・ルイス・ロドリゲス・サパテロ首相に書簡を送り、さまざまな政策措置、特に労働市場にたいする厳しい措置を8月末までに講じるよう要請した。野党・国民党が勝利する公算がきわめて高いとみられていた11月の総選挙を前倒しで実施することをすでに発表していたサパテロは、レームダック状態で政権運営を行っていた。(39) ECBの定める期限が迫るなか、サパテロにはECBが要求する労働市場改革を実現するための議員の票など何もないことが明らかとなった。打開策を模索していたサパテロは、国民党のマリアーノ・ラホイ党首とのあいだで、緊急立法手続きによって将来の財政赤字に憲法上の上限を設けることに合意した。総選挙で国民党が勝利すると、新首相となったラホイは労働市場の問題に直面するが、前任のサパテロと同様、議会で法案を通すのに必要な票を得られなかったことから、政令を発してECB

の要求に従った[40]。

緊縮財政の要請

こうした国内の民主主義的な政治手続きにあからさまな介入を行うことは「非常事態」下の政治に等しかった[41]。２０１１年のユーロ圏は、マーストリヒト条約のもとで憲法上想定されていたようには機能しなかった。金融政策についてはＥＣＢが決定し、その他の経済政策については、選挙で選択されたそれぞれの国の政府が決定するというやり方は、死へと突き進むユーロ圏の姿にほかならなかった。とはいえ、ＥＣＢが必要と考える経済政策を実現するために、各国の民主主義的な政治手続きに絶えず介入しなければならないというのであれば、ユーロ圏は永遠に政治問題に悩まされつづけることとなるが、そうした現実をＥＣＢは十分に認識していた。ＥＣＢに欠けていたのは、トリシェの言葉を借りれば、ユーロ参加各国に要求を突きつけるための「強固な民主主義の錨《アンカー》」であった[42]。しかしそれと同時に、各国の債務を買い入れるＥＣＢの行動がドイツ基本法に反するか、それともＥＵ法に反するかについては、ドイツ連邦憲法裁判所がいつでも判断を下すことができた。したがって、ドイツの同意は諸刃の剣であった。ＥＣＢがイタリアを支えるために国債を買い入れることが許されていたなら、メルケルはベルルスコーニを許すことができなかったであろう。しかし、イタリア大統領にベルルスコーニの罷免を迫れば、ＥＣＢはより多くの請願者をドイツの裁判所に送り込み、職権濫用で訴えられる可能性が高かった。

ユーロ圏が通貨と経済の不一致を解消しようと思うなら、ＥＵの諸条約を改定するしかなかった。

しかし、改定への野心は政治的現実に反するものとなる。条約を改めるということは、ただユーロ参加国にとってのみ必要な改定の議論に不参加国をも巻き込むことを意味した。ＥＣＢの法的権限を変更するような条約の改正は、政治的にもドイツでは受け入れられなかった。メルケルにとって唯一の道は、ＥＵ加盟国にそれぞれの国の国内法や憲法に基づいて財政の健全性に責任を負わせるようなかたちの条約であった。２０１１年末から12年初めにかけて、メルケルはイギリスとチェコを除くすべての加盟国政府を説得し、後に「財政協定（Fiscal Compact）」と呼ばれる条約に同意させた。しかし、この条約はＥＵ法とは微妙な関係にあった。ＥＵ加盟国のうち2カ国が不在であったため、この条約はあくまでも政府間協定であり、法的実体としてのＥＵの条約ではなかったからである。さらに問題なのは、各国が財政均衡を維持するためには、経済政策についてユーロ圏全体の政治的コンセンサスが必要であったが、少なくともフランスにはそれが存在しなかったことである。これはいつ爆発するとも知れない爆弾であった。フランスのサルコジ大統領は財政協定を渋々支持したが、２０１２年のフランス大統領選挙では社会党の対立候補がこれに強硬に反対した。その選挙では、第9章で論じるように、フランソワ・オランドが財政協定の再交渉を公約に掲げて戦い、勝利を収めた。オランドは最終的に財政協定の批准を実現させたものの、その遵守を急ぐそぶりはみせなかった。

結局、２０１２年の夏、マリオ・ドラギとアンゲラ・メルケルはユーロ圏存亡の危機を収束させた。二人は協力して、大ユーロ圏の存続を期待するよう投資家たちを説得した。この点、ドラギの言葉で決定的な意味を持ったのは、「いかなる手段を使っても（whatever it takes）」ではなく、「ユーロは後戻りできない（the euro is irreversible）と考えている」であり、最後の一語（後戻りできない）は「もはや空虚な言葉ではない」[43]。これらの言葉に内実を与えたのは、ドラギ総裁がＯＭＴ（Outright Monetary Transactions）という新たな国債買い入れプログラムを打ち出したことではなく、メルケルとヴォルフガング・ショイブレ財務相がＯＭＴを公式に認めたことであった。あるポーランドの外交官は、ドラギ演説の前にこの問題を次のように説明していた。「ドイツについて言えば、危険なのは、産湯とともに赤子を流し、ユーロを崩壊させてしまうことだ。市場はまだ、ユーロ救済のためにドイツが必要な措置を講じるという明確なシグナルを必要としている」[44]。メルケルとショイブレはＯＭＴに応じることで、そのシグナルを送ったのである。

ギリシャ危機

しかし、ギリシャ政府にとって、ドイツの首相と財務相を後ろ盾とする事実上のＥＣＢ改革は、ギリシャ経済を破局的状況から救い出すには不十分であり、ユーロ圏内におけるギリシャの将来的な立場への疑念を払拭することにはならなかった。２０１１年の夏になると、ＥＣＢはギリシャ国債の買い入れをほとんど行わなくなっていたことから、ギリシャは新たな救済を必要としていた[45]。２０１１年11月、ギリシャのヨルギオス・パパンドレウ首相は、第二次ギリシャ救済の条件案を国民投票にかけると発表した。メルケルとサルコジは直ちに、そのような国民投票を行うならば、救済を進めることはできないとパパンドレウに伝えた。むしろ、ギリシャのユーロ圏残留とＥＵ残留の是非を問う国民投票を実施することを求めた。舞台裏では、欧州委員会の幹部が野党・新民主主義党の党首と手を組み、ＥＣＢ元副総裁ルーカス・パパデモス率いる挙国一致内閣を樹立させた[46]。パパデモスの首相就任後、ＥＣＢはギリシャ政府や中央銀行の代表者抜きでグレグジット（Grexit）作業部会を設置した。[47]翌２０１２年、ギリシャで総選挙の投票が行われる数日前、メルケルがギリシャ大統領〔カロロス・パプーリアス〕に、総選挙と同時にギリシャのユーロ圏残留の是非を問う国民投票も実施するよう提案したとされる。[48]だが、そのような国民投票は行われなかった。メルケルはその後も納得せず、その夏の数カ月間、ユーロ圏からのギリシャ追放について協議した。メルケルがギリシャ追放を断念したのは、不確定要素があまりにも多すぎると判断したからであった。[49]しかしギリシャは、ＥＣＢからの支援が得られぬままユーロ圏から脱落しそうな状態にあった。[50]ギリシャはＯＭＴの適用対象外であることをドラギが示唆したとき、「いかなる手段を使っても」という言葉がギリシャには当てはまらないという現実が、これ以上ないほど明確となった。[51]

２０１５年夏に起こったギリシャ危機の政治的解決は、ドラギによるユーロ圏へのＱＥ導入を背景に展開された。２０１４年6月、ＦＲＢがＱＥ３の終了を見据えていたのと同じ頃、ＥＣＢは資産買い入れプログラムの準備を急がせていると発表した。半年後、ギリシャで政権が倒れ、２０１５年1月25日に新たな総選挙が実施された。急進左派連合シリザ（ＳＹＲＩＺＡ）が勝利すれば、イタリアとスペインでスプレッド問題が再燃するおそれがあった。[52]もはやＱＥは、より高い成長を刺激するための手段にとどまらず、ギリシャから他の南欧諸国に悪影響が及ぶのを防ぐための手段でもあった。1月22日、ＥＣＢは２０１５年3月にＱＥプログラムを開始すると発表した。その3日後の総選挙で、シリザはギリシャ議会で最大勢力となった。ＥＣＢは直ちにギリシャをキプロスとともにＱＥの適用対象外とすることを示唆した。[53]ＥＣＢはまた、ギリシャの銀行に流動性問題が発生した場合における緊急支援へのアクセスを制限した。

　シリザを与党とするギリシャ政府が直面していた苦境は、ユーロ圏からのギリシャ追放を望むドイツ国内の勢力がふたたび行動を起こす機会を得た状況で、いかにしてユーロ圏にとどまるかということであって、シリザの初代財務相であるヤニス・バルファキスが考えたように、ギリシャのデフォルト危機に乗じて、ギリシャの債務再編やユーロ圏改革をいかに実現するかという問題ではなかった。それはギリシャの存亡に関わる問題であり、２０１５年６月の国民投票でギリシャの有権者が第三次救済の条件を拒否すると、その現実が明白となった。ショイブレは譲歩案を提示するどころか、そもそもギリシャのアレクシス・ツィプラス首相がそれを呑むはずもなく、ギリシャがユーロ圏離脱に踏み切るものと想定し、融資の条件として厳しい追加措置を提案するよう各国財務相に働きかけた。だが、実際にギリシャに示された選択肢は、ショイブレが想像していたよりも厳しいものであった。ユーロ圏離脱を促すための追加融資や債務再編の見通しが暗黙のうちに提示されたとしても、ギリシャがユーロ圏から整然と離脱する道はなかった。ギリシャは巨額の外貨建て債務を抱え、EU内での自国の将来にたいして大きな疑問を抱きつづけたであろう。ツィプラスは奈落の底を見つめながらも、メルケルによる若干の譲歩に助けられ、ショイブレが不可能と判断した条件を呑み、ギリシャのユーロ圏残留を決めた(54)。

　ギリシャの経験は、大規模な通貨同盟に当初から内在していた断層に直撃した。ショイブレの考えでは、ギリシャは絶対にユーロに参加させるべきではなかったし、ユーロ参加国の要件はギリシャ国内の民主主義政治とはほとんど相容れないものであった。その後、ギリシャが追放の危機を乗り切ったのは、イタリアをユーロに引き込んだのと同じように、ヨーロッパ統合をめぐる象徴的な規範が依然として意味を持っていたからである。にもかかわらず、ギリシャはOMT以前の通貨同盟に固執しつづけた。2018年夏にギリシャが救済プログラムから脱却したとき、ドラギはギリシャが依然としてQEを受ける資格がないことを明言した[55]。その1年後、ECBがQEを再開したときにも、やはりギリシャをプログラムの適用対象外とした。

しかしながら、EUとユーロ圏それ自体の断層にとどまらないパラドックスが残っていた。ECBから直接支援が得られなかったにもかかわらず、ギリシャは予定どおり2018年8月に第三次救済プログラムから脱却し、2019年3月には国際資本市場でふたたび10年物国債を売り出したのである。ユーロを後戻りさせないというECBのコミットメントはギリシャには適用されなかった。しかし、FRBがつくり上げた国際的な信用環境のおかげで、収益率がプラスであれば投資家を魅了することができ、ギリシャは2008年以前であればGDPの180%近い債務を抱える国家には不合理と思われるような金利で借り入れを行うことができた。やがてこれは、ユーロ圏におけるギリシャの正式な立場にも影響を与えることとなる。ECBがパンデミック緊急購入プログラムを発表した際、ギリシャもその対象となり、ECBの債券買い入れによる債務支援体制からギリシャが10年近く排除されていた状態に終止符が打たれたのである。

★
★
★

ギリシャのケースとはまったく異なり、ユーロ危機はイギリスのEU離脱への流れをつくった。もちろん、ユーロ危機がブレグジットを決定づけたわけではない。しかしそれは、イギリスのEU残留をめぐる既存の断層とのあいだで致命的な相互作用を引き起こした。最も直接的なのは、ユーロ危機が、通貨同盟に属さないイギリス、単一市場に属するイギリス、さらにユーロ圏の金融センターとしてのロンドンの地位それぞれのあいだの関係に強い影響を及ぼしたことである。ユーロ取引にたいする規制当局の裁量権拡大を望んでいたECBは、ユーロ建て金融商品（特にデリバティブ）の売買を仲介するロンドン・クリアリング・ハウスの優位性を終わらせたいと考えていた。イギリス政府にとって、2011年にECBが提案した新しいユーロの清算ルールは、ユーロ圏の国と非ユーロ圏の国を差別するもので、単一市場法に違反していた。イギリス政府はこれを欧州司法裁判所（ECJ）に提訴し、最終的に勝訴した。しかし、同裁判所は判決を下すにあたって、単一市場と通貨同盟とは分けて考えることができるというイギリスが長年前提としてきた無差別原則については判断を示さなかった。[56]

単一市場とユーロ圏が相互に影響し合い、危機的状況下で異なる結果を生み出すにつれ、EU内部で影響力を行使するために最も有力な政治的通貨も、イギリスにとって不利な方向に変化した。ドイツは、救済措置や財政目標未達にたいして寛容になることを通じ、事実上のサイドペイメント（見返り）を新たに手に入れた。これとは対照的に、イギリス政府は同じユーロ不参加国のなかに経済問題で味方をみつけるのに苦労した。なぜなら、イギリスだけがロンドン問題を抱えていたからであり、イギリスと同じくユーロに参加していない北欧の2カ国、スウェーデンとデンマークは、金融危機後その金融政策をＥＣＢとほぼ一致させていた。
ユーロ危機によってイギリスの政治的影響力がどれほど弱まったかは、２０１１年12月のＥＵ首脳会議で露わとなった。会議では、イギリスを除くＥＵ加盟国が、後に財政協定となった内容に合意した。[57]キャメロンは、メルケルが新しいＥＵ条約を望んでいるのをみて、単一市場内で、ユーロ圏主導の規制の決定からイギリスの金融サービスを守るための新たなセーフガードを確立する好機と捉えた。しかし、メルケルからすれば、２０１１年にイギリス議会で成立した欧州連合法（ＥＵ法）によって、イギリスではＥＵに権限を移譲する際に国民投票の実施が義務づけられたことから、イギリスが新ＥＵ条約に参加することはデメリットでしかなかった。[58]ロンドンの地位を守るための要求を通すことができなかったキャメロンは、新ＥＵ条約案に拒否権を行使した。ユーロ圏の必要性をイギリス民主主義政治の人質に取られたくないメルケルは、イギリスの同意を必要としない政府間協定に切り替えた。[59]
２０１３年１月、キャメロンは、保守党が多数を占める将来の政権がイギリスのＥＵ残留条件を再交渉した後、残留の是非を問う国民投票を実施するという決断を下したが、その背景には、２０１１年12月の自らの失敗があった。しかし、２０１５年の総選挙で保守党が勝利し、キャメロンの公約が果たされた頃にはすでに、ユーロ危機がイギリスにもたらした問題は、ユーロ圏主導の金融規制の影響を受けるだけでは済まなくなっていた。
ユーロ危機は、イギリスとユーロ圏諸国とのマクロ経済状況の違いを改めて浮き彫りにした。２００８年秋の金融メルトダウン後の数カ月間、イングランド銀行はＥＣＢよりもＦＲＢに近い行動をとっていた。２００９年３月、イングランド銀行はＱＥプログラムを開始したのである。さらに、イギリスのインフレ率がユーロ圏内のインフレ率を数％ポイント上回っていたにもかかわらず、原油価格が上昇しても２０１１年に利上げを行うことはなかった。こうした政策決定によって、イギリス経済とユーロ圏経済のあいだに明らかな乖離が生まれた。２０１２年からのイギリスの景気回復とユーロ圏の景気後退により、南ヨーロッパから仕事を求めてイギリスにやってくる人びとの数が大幅に増加した。イングランド銀行とＥＣＢの長年にわたる金融政策の相違が、ついには単一市場の労働分野にまで波及したことで、イギリスはドイツとともに、ユーロ圏の雇用を引き受ける事実上最後の砦となった。この結果、保守党と自由民主党の連立政権のもとで、移民受け入れ削減を掲げた保守党の２０１０年マニフェストの公約に従って導入された移民削減目標を達成できる可能性は完全に潰えた。こうした状況のなか、２０１２年の世論調査でイギリス独立党の支持率が上昇しはじめ、ＥＵに関するあらゆる問題について、キャメロンへの党内圧力が強まった。２０１５年の総選挙後、他のＥＵ諸国との交渉を開始した時点で、キャメロンは移動の自由や金融サービス規制に関して大幅な譲歩をもぎ取りたいと考えていたが、これらの分野におけるキャメロンの希望はＥＵ法とは相いれないものであり、メルケルはすでにそれが不可能であることを示唆していた(60)。

ここに至って事態は行き詰まる。ＥＵ諸国からの移民の権利は憲法で保障されてはいたが、政治的支持が不十分であったことから、イギリス民主主義政治［の圧力］から移動の自由を守ることができなかったのである。政治的圧力を緩めることができるとすれば、わずかにイギリス経済が低迷したときくらいしかなく、それもユーロ圏が回復したときだけである。またイギリスのどの政権であれ、単一市場がユーロ圏諸国間で取り決められた統治の取り決めに組み込まれていくスライドドアになることを容認するとは考えにくかった。イギリスがEUに残留していれば、単一市場は不安定なものとなり、ユーロ圏諸国はロンドンを差別するような金融規制に絶対に賛成できなくなることを受け入れざるをえなくなったであろう。結果的に、キャメロンは自ら行った再交渉で、イギリス政府にはEU内で問題に対処するための政治的手腕がないことを露呈した後、イギリスの有権者に現状維持に伴う問題よりも離脱を選ぶほうがまずい選択であることを受け入れるかどうかを問うことしかできなかった。[61]

★
★
★

結局のところ、2009～15年のユーロ危機は、EUを政治的に安定させることなく、そのあり方を変えてしまった。この危機によって、EUと通貨同盟の内にいるのはどの国で、外にいるのはどの国かという点をめぐって明確な線が引かれた。

2004年以降にEUに加盟した国のうち、キプロス、マルタ、スロベニア、スロバキアは危機の発生前にユーロに加入していた。エストニア、ラトビア、リトアニアは、厳しい緊縮財政に乗り出すことで、2011年から15年にかけてユーロへの加入を果たした。東ヨーロッパ諸国のうち、チェコ共和国、ハンガリー、ポーランドは通貨同盟の外に残された。いずれの国も条約上は自国通貨を廃止することになっていた。チェコの場合、それが早急に実行される見込みがないことは、危機のかなり前から明らかであった。一方、ポーランドとハンガリーについては、ユーロ加入が比較的近いうちに実現する可能性が高かったにもかかわらず、ユーロ危機のせいで政治的にかなり困難な状況に追い込まれた。イギリスの国民投票が行われた時点では、ハンガリーのヴィクトル・オルバン政権もポーランドの「法と正義（PiS）」政権もユーロ加入を望んでいなかった。しかし、イギリスはユーロ不参加国のうち政治的に最も扱いにくい国であったことから、ブレグジットでイギリスが離脱してくれたおかげで、EUは形式的にはより緊密な統合に取り組みながら、現実的には多通貨同盟として存在するという矛盾の解消に向けて絶好の機会を得たのである。

欧州委員会のジャン＝クロード・ユンケル委員長は、これを千載一遇のチャンスと捉えた。ユンケルは2017年のEU一般教書演説で、「ユーロはEU全体の単一通貨となるべきもの」であるとし、その実現のために行動すべき時がやって来たと宣言した。(62) ユンケルの呼びかけは、当然のことながら、ユーロ不参加国が加入させられる可能性のある通貨同盟の構造にたいして疑問を投げかけるものであった。イタリアとギリシャはすでに、資産買い入れをめぐって「どの」国や「どの」政府に問題があるのかを明らかにした。ユーロ圏をポーランドやハンガリーまで拡大すれば、そうした問題はさらに深刻化し、QEが連邦憲法裁判所でいまだ合憲とされていないドイツにおいて反対意見が噴出する可能性が高まるだけであった。また一部には、ユーロ圏に債務を直接負担させることを望む政府もあった。マクロンはユンケル演説の数週間後、共通予算、財務大臣、議会、共通銀行預金保険の導入などを内容とする自らの通貨同盟改革構想の概要を明らかにした。(63) マクロンはユンケルとは対照的に、債務を抱えたユーロ圏は、ユーロ参加国か不参加国かで分けられたEU加盟国のヒエラルヒー構造を伴うようになると想定していた。(64)

しかし、ユンケル、マクロン、いずれにも軍配は上がらなかった。ユーロ不参加国を強制的に通貨同盟に加入させるという動きは存在しなかった。一方、ユーロ危機、ユーロ圏の拡大、差し迫ったイギリスのEU離脱という政治的非対称性は、マクロンの改革構想の破綻を大きく決定づけた。2017年9月にマクロンが打ち出した改革案を受けて、新ハンザ同盟(※)と呼ばれるEU諸国の新しい政治ブロックが結成された。オランダ、フィンランド、アイルランドといったユーロ原参加国、エストニア、ラトビア、リトアニアといったユーロ新規参加国、デンマークとスウェーデンという長年ユーロに参加していなかった国から構成され、かつて同じユーロ不参加国であったイギリスは加わらなかった。(65) これらの国は、マーストリヒトの「通貨」と「経済」の区別をユーロ圏も維持すべきであると公言した。また、債務に関する超国家的権限をこれ以上拡大しても、国内の政治的支持が得られないと主張した。2019年10月、ユーロ参加国の政府は小規模な改革には合意したものの、新ハンザ同盟はマクロンの急進的なアジェンダを骨抜きにする一方、ドイツ政府はその姿勢が厳しく問われることはなかった。

ユーロ危機から10年を経ても、EUは危機以前と変わらず、ユーロ圏よりも強力な諸機関を持つ多通貨同盟として存在した。こうなった理由は、利用可能な政治的解決策がなかったという事情がある。

※〔訳注　オランダ、アイルランド、北欧の3カ国（デンマーク、フィンランド、スウェーデン）、バルト三国（エストニア、ラトヴィア、リトアニア）の8カ国からなる。EU内における独仏の大国主導に対抗する小国連合〕

「その場しのぎ」が決定的な対応策となった。そのほうが、救済策をめざすよりもはるかに容易だったからである。

★★★

それにもかかわらず、2020年にイタリアがヨーロッパで最初にCOVID‐19の危機に見舞われたとき、過去の無策のつけが回ってきたように思われた。ECBがパンデミックへの対応として緊急的な量的緩和（以下、パンデミックQE）を開始した後も、イタリアはそれ以前からの債務を抱えていたことから、新規に発行できる債券額に一定の限度があった。対照的に、ドイツ政府は2020年3月初旬、財政赤字にたいする憲法上の歯止めを取り払い、大規模な財政刺激策を実施することを決定した。フランスのマクロンにとって、この危機はユーロ圏の共通債務問題をふたたび取り上げる機会になると思われた。2020年3月下旬、マクロンはイタリアを含むユーロ圏8カ国の政府と共同で欧州理事会議長宛に書簡を送り、「コロナ債」と呼ばれる共通債券の発行権限を持つEU機関の設立を要求した。一方、ドイツ政府はいくつかの新ハンザ同盟の国と公然と手を結び、この案を「ありえない」と一蹴した。[66] しかし、ドイツの立場は、ECBがイタリアの債務支援を強化することに疑問の余地がないときにのみ通用するものであった。ところが、ECBがパンデミック緊急購入プログラムを発表してから2カ月も経たないうちに、その確実性は失われた。ドイツ連邦憲法裁判所によりQE第一弾に関する最終判決が下され、その驚くべき判決文書で、ECBの行動を容認したドイツ政府と連邦議会の行為が違憲とされたのである。さらに、欧州司法裁判所の判断がドイツにおいて法的権威を欠くことが初めて明言された。本件におけるドイツ連邦憲法裁判所の推論では、パンデミックQEがドイツで法的に争われた場合、ドイツの法規定にも抵触することが強く示唆された。

ドイツ政府にとって、マーストリヒト条約で法的に定められた通貨同盟と、ユーロ圏諸国の結束維持に伴って生じる現実的な要請とのあいだに乖離が生じた場合に、その場しのぎでこれを切り抜ける戦術はもはや限界に達しているように思われた。春先にマクロン提案を一蹴したメルケルはその方針を転換した。ドイツ連邦憲法裁判所の判決が下されてからわずか数週間後、メルケルはマクロンとともに、新たなEUの共同借り入れ枠を設けるという劇的な提案を行った。[67] ユーロ圏の意思決定にたいするドイツの憲法上の制約を率直に受け入れるかどうか、またそれが他のユーロ圏諸国の債務にどのような影響を及ぼすかについて判断を迫られたメルケルは、彼女の言葉を借りれば、むしろ「統合を進める」ことを選択したのである。[68] 新ハンザ同盟のなかには、これに抵抗しようとした国もあった。しかし、2020年7月、メルケルとマクロンはEU復興基金〔訳注　コロナ禍が深刻な加盟国への財政支援〕の設立についてEU全体の合意を取りつけることに成功した。この基金によって、欧州委員会はEU名義で債券を発行し、加盟各国の復興プロジェクトに資金提供することが可能となった。

EU復興基金は、1790年にアメリカ連邦共和国が債務を共有化する連邦《ユニオン》になったときのような、ある種の「ハミルトニアン・モーメント」にも似た画期的なものにみえた[69]〔訳注　アメリカの初代財務長官アレグザンダー・ハミルトンが各邦（州）の債務共有化を主導し、財政統合によってアメリカ連邦体制を確立した瞬間をHamiltonian moment（ハミルトン的瞬間）と呼ぶ〕。第8章で論じるように、税金に関する同様の動きがみられない以上、これは誇張された捉え方であった。憲法に組み込まれたマーストリヒト条約の義務に背を向けたドイツの最終的な方向転換も、その場しのぎの対応にすぎなかった。メルケルは、ユーロ参加国の支援を主な目的とする復興基金はEU予算を通じて運営されるべきであると主張したが、これはEUを多通貨同盟にした断層をさらに悪化させるだけであった。メルケルは、ユーロ圏への新制度の導入を避けることで、過去の債務に苦しむユーロ圏諸国のための景気刺激策として行われる債券の発行について、ユーロ不参加国に正式な拒否権を与えた。これによって、ハンガリーとポーランドの両政府は、条約を遵守する見返りとして、ユーロ圏外の問題について有利に事を運べるようになった。その結果、EU復興基金の運営条件を確定するのに数カ月を要し、開始予定の2021年1月までに加盟国に資金が行き渡らないことが確実となった。

パンデミックの緊急事態は、ユーロ圏の力学と単一市場が生み出す力学とのあいだに残る緊張関係が、イギリスのEU離脱によって解消されたわけではないことも明らかにした。2020年の経済危機に対処するため、欧州委員会は国家補助に関する規則を含む一部の単一市場規則を一時停止した。しかし、ドイツのように債務がきわめて少ない国のほうが、イタリアのようにECBの支援に頼って低利で借り入れを行っている国よりも、こうした規則の一時停止からはるかに恩恵を受けやすい立場にあった。[70]

この新たな混乱が、2020年のユーロ危機をきっかけに、より広くEUの秩序へと構造的に広がっていく様子は、2010年に最初のユーロ危機が本格的に始まったときの状況とよく似ている。当時はEU内でドイツの力が強まり、ドイツ連邦憲法裁判所への恐怖心がECBの行動を左右するようになっていた。これは、単一市場を経由してイギリス政治に特有の問題を引き起こした。イギリス政府もユーロ圏諸国も、それぞれ危機の衝撃を弱めるためにすぐに打てる手がなく、その手詰まり感がEU内でのイギリス政府の政治的弱さを際立たせた。それから10年後、ポーランドおよびハンガリーとユーロ圏諸国との関係が最も喫緊の課題となっている。今度の場合、ドイツの意思決定は、イギリスのように拒否権を弱めるのではなく、非ユーロ圏の国の拒否権を強化することで、EU離脱の可能性を低くする役割を果たした。しかし、この動きによって、ユーロ圏の他の諸国では、改革の遅さにたいする苛立ちが強まっている。[71] さらに厄介なのは、それがEUにおけるユーロ圏諸国と非ユーロ圏諸国のあいだの断層を、NATOをめぐる断層の一部と結びつけてしまったことである。

中国でつくられ、中国で壊される

2009年にユーロ危機が始まり、2020年3月に危機が再来するまでのあいだ、EUが首尾一貫性を保ちつつ困難な決断を回避することがきわめて難しくなったが、2008年以降の中国の戦略的転回によるものである。2008年から数年間にわたって中国が試みたのは、国際通貨の獲得であり、より付加価値の高い製造業の構築に向けた経済の再編であり、国内消費の拡大であり、さらには経済の軸足をユーラシアに転換することであった。概ねそのどれもが、中国の経済発展を確固たるものとし、中国の国力を高めるという観点から考えられたものである。とはいえ、2008年以降の中国の物語を、地政学的な理由で関係をリセットしようとするアメリカ主導の試みが中国の凄まじい台頭によって引き起こされたように描くのは単純すぎる。あくまでも部分的なものであるにせよ、そうした中国の台頭は世界経済を不安定にした。それは、中国がＦＲＢのつくり上げた世界に金融面でさらされるようになったからである。２００８年以降、世界経済は中国の通貨安を取り込むのと同時に、中国の製造業の強さとエネルギーへの野心をも取り込んだ。その後の10年間、これらの競合する力学は、香港危機が高まるなかで展開した。その相互作用は、とりわけヨーロッパに破壊的影響を及ぼした。

２００７～08年の金融危機後、北京指導部は、中国が「ドルの罠」にまんまとはめられたと悟った。つまり、中国は大量のドル準備を保有し、ほぼすべての貿易をドルで行う一方で、ワシントンはドル安を容認することができる、というわけである。[72] ２００９年３月、当時の中国人民銀行総裁は、ドルに代わる「スーパーソブリン（超国家）準備通貨」の創設を提唱した。周《ジョウ》小《シャオ》川《チュアン》総裁はその挑発的な論考のなかで、「国の通貨」が国際的準備通貨として機能する場合に起こる問題について苦言を呈し、世界が必要としているのは「安定した価値」を持つ通貨であると述べた。[73] しかし、中国にドルの地位を変える力があるとは考えにくい。[74] かろうじて期待できるのは、中国国外で人民元を使いやすくすることによって「ドルの罠」を緩和することくらいであろう。そうすれば、石油や天然ガスの輸入を含め、中国は貿易の多くを自国通貨で取引できるようになる。[75] それを実現するためには、外国人が中国国債を購入できるように債券市場を開放し、人民元のオフショア取引を認めることが必要であった。[76]

中国は部分的ながら成功を収めた。対外貿易金額に占める人民元建て決済金額の割合が、２０１６年までに０から30％に増加したのである。[77] ２０１８年３月、中国は上海国際エネルギー取引所に人民元建て原油先物契約を上場し、欧米の原油価格指標から独立したアジアの指標を打ち立て、中国のトレーダーが人民元建てで原油先物の一部を取引することができるようにした。

しかし、こうした人民元を国際化する試みには代償が伴った。人民元のオフショア取引を許可したことで、香港の経済的プレミアムが高まったのである。香港は外国資本が中国に進出し、中国企業がドルを調達するための金融ポータル（窓口）として長年機能してきた。[78]香港が上海や深圳に比べて優れている点はコモン・ロー（英米法）にあった。法学者のデイヴィッド・ドナルドが端的に述べているように、香港は「中国国家のなかでイギリス由来の法制度を運用する外国のオフショア金融センター」として機能していたのである。[79]しかし、中国が香港を人民元の取引センターにしようとしていたのと同じ頃、香港では1997年に一国二制度の原則に基づいて中国に返還されて以来最も激しい政治闘争が繰り広げられていた。2014年、中国政府は2017年の行政長官選挙に出馬できる候補者を制限すると発表し、これに反発した香港の若者たちが「雨傘」抗議運動を巻き起こしたのである。その後、この政治状況を背景に、中国の国際金融センターとしての香港の地位は損なわれはじめ、抗議運動は香港の金融市場に一時的なパニックを誘発した。

より一般的に言えば、中国は「ドルの罠」から逃れるどころか、ますますその深みにはまっていったのである。[80]当時退任を控えていたイングランド銀行のマーク・カーニー総裁が2019年の講演で述べたように、FRBがつくり上げた2008年以降の金融環境は、中国を含むすべての国の経済を縛るドルの足枷を強化した。[81]中国政府が債務主導の財政刺激策を実施すると、中国の銀行システムはGDPの伸びをはるかに上回るスピードで成長した。この中国の銀行システムと中国企業は、以前にもまして国際的なドルの信用環境に深く組み込まれていった。２０１４年には、中国の総対外債務は、公式の数値によると（これは過小評価かもしれないが）、２００８年に比べて４５０％以上増加した[82]。この債務の大部分はドル建てであった。２０１５年夏、ＦＲＢの利上げ観測をきっかけに国外への大規模な資本逃避が起こり、中国政府は国内金融の不安定化か、国際通貨としての人民元の信用を守るかの二者択一を迫られた。中国指導部は前者を取り、資本規制を強化した。その結果、２０１５年以降、人民元の貿易決済とオフショア人民元建て債券（点心債）市場での債券発行は激減した[83]。

こうした金融リスクの積み重ねが、中国の成長にとって大きな足枷となった。中国の成長が最初に減速したのは２０１１年で、ユーロダラー市場におけるドル不足問題をめぐる継続的なリスクがヨーロッパの銀行に顕在化したときであった。その後、２０１５年後半から16年にかけてさらに減速し、18年後半からふたたび減速した。中国のドル債務の脆弱性がこの国を低成長パラダイムに閉じ込め、国の将来的な経済発展と政治的安定を脅かしているとの懸念を反映し、習近平の最高経済顧問とみられる匿名の人物が２０１６年５月、中国共産党機関紙の『人民日報』に「木は空まで成長できない」とする記事を寄稿し、警鐘を鳴らした[84]。

少なくとも２０１５年から、おそらくそれ以前から、世界経済の成長ペースは中国のこうした金融情勢の影響を受けやすいとみられていた。２０１７年と18年前半に再度の金融刺激策を背景にして中国経済が回復したとき、ＩＭＦは「世界経済の同時成長」について語りはじめ、成長見通しは２０１０年以降のどの時期よりも明るいと述べた[85]。しかし、この楽観論はすぐに吹き飛ぶ。２０１８年後半から19年にかけて中国の成長率が30年ぶりの低水準に落ち込むと、ＩＭＦは、ＦＲＢの金融緩

和にもかかわらず、「世界経済は同時減速に陥っている」との見方を示した。(86)

香港危機

2019年には、香港も危機的状況に陥っていた。この年の6月、中国本土への犯罪容疑者の身柄引き渡しを可能にする法案（「逃亡犯条例」改正案）にたいする大規模な抗議行動が新たに始まった。この法案が撤回された後も抗議行動は年内いっぱい続いた。一方、トランプ政権は、中国のハイテク企業について、ニューヨーク証券取引所からの上場廃止を口にしはじめた。2019年11月、中国のEコマース・AI企業アリババは、資金調達の必要性がないにもかかわらず、香港にセカンダリー上場を果たした。中国政府からみてこの行為は、中国の金融センターとしての香港にたいする信頼と、中国企業のニューヨーク証券取引所への依存度が低減することへの期待の表れであった。(87) しかし年末までに、香港は景気後退に陥り、景況感は悪化した。2020年5月、抗議者たちが街頭に戻ってきた。同じ月、米連邦議会上院はアメリカの証券取引所への中国企業の上場廃止法案を全会一致で可決し、中国企業がアメリカで資金調達する道を塞いだ。上院の採決から2日後、中国政府は香港に香港国家安全維持法を押しつける行動に出た。

対照的に、2015〜16年の金融危機と香港危機によって中国は内向きとなり、成長の鈍化がみられる一方、習近平の権力強化によって中国の経済的野心、とりわけエネルギーへの野心が拡大した。2015年5月、中国指導部は「中国製造2025」と称する戦略（中国をハイテク製造大国にするための国家主導の開発計画）を打ち出した。「中国製造2025」は、ロボット工学、グリーンエネルギー、電気自動車など10の分野で中国を世界のリーダーに押し上げることをめざすもので、世界に向けて中国が進める工業政策の方向性を変えた。この新たな工業国家・中国は、２００７〜08年の金融危機以前の中国よりも保護主義を強め、中国のハイテク製造業をグローバル・サプライチェーンに組み込もうとした。[88]ドイツとアメリカにとって、これは「工業ショック」とでもいうべき衝撃であった。ドイツ経済にとっては、最も名高いドイツの製造企業が高いプレゼンスを誇っていた分野で中国の工業メーカーと直接競合することを意味した。アメリカにとっては、自国の防衛産業に近接する分野でのサプライチェーンにたいする中国の野心が国家安全保障上の問題となった。したがって「中国製造２０２５」は、トランプが２０１６年の大統領選に出馬する前から米中貿易関係に地政学的影響を及ぼしていた。ひとたびハイテク製造競争の幕が開けると、アメリカの国防当局者や情報機関は、中国への経済的関与を深めることについて危機感を募らせた。トランプは選挙期間中、２０００年代に起こったアメリカ製造業の雇用喪失問題に頻繁に言及した。しかし、大統領選挙勝利後にトランプが確立した新たなコンセンサスは、ハイテク経済競争の時代において「中国製造２０２５」がアメリカの地政学的な力に及ぼす影響への懸念から生まれた。

習近平はまた、彼自身の言葉を借りると、中国経済を地政学的に再調整しようとした。中国の軸足をアメリカの輸出市場からユーラシアに移す動きを強めたのである。この地理的転回は、ヨーロッパ向けの貿易や投資を拡大する動きから始まっていた。２００９年以前は、中国からヨーロッパ諸国向けの直接投資はほとんどみられなかったが、その後２０１６年にかけて急激に増加し、アメリカ向け投資を大幅に上回った。[89]第3章で概要を説明したように、習近平は２０１３年に「一帯一路」構想を発表した。そこでは、主に中東と中央アジアから中国に至るエネルギールートの開発と確保に重点が置かれていた。しかし「一帯一路」にはヨーロッパの要素も濃厚に含まれていた。中国は輸出品をヨーロッパに運ぶための新たな鉄道網と港を求めるとともに、新設されるアジアインフラ投資銀行（AIIB）への出資をヨーロッパ諸国に促した。AIIBは「一帯一路」構想を資金面で支えるために2013年に創設が提唱された銀行である。

「一帯一路」とユーラシア貿易ルート

中国のユーラシアへの転回はヨーロッパの分裂を招いた。その要因の一つは制度的なものであった。2012年、中国の音頭で新たなユーラシアフォーラム「中国・中東欧諸国協力」（2021年にリトアニアが脱退するまでは「17＋1」と呼ばれた）が設立されたが、ヨーロッパ側からはEU加盟国の一部と非加盟国がともに参加した。このフォーラムは、中国が経済的に関与する範囲を拡大することも重要な目的となった。2016年以降、FRBが引き起こした2015〜16年の金融危機に対処するために中国では資本規制が課され、中国からヨーロッパへの投資は激減したが、必ずしもすべてのヨーロッパ諸国への投資が減少したわけではなかった。[90] 西バルカン半島、ギリシャ、イタリアでは、中国からの投資がむしろ増加した。依然として中国の投資から恩恵を受けていた南ヨーロッパ諸国のなかには「一帯一路」に参加した国もあった。その結果、EUは中国による経済的分断がますます進んでいく様相を呈した。EUの外側に位置する〔EU加盟候補国〕セルビアは、自国を外から経済的に支援してくれる代替的な存在として中国を位置づけたが、[91] そのことと2019年3月にイタリアが

「一帯一路」に参加し、独仏両政府がこれを厳しく批判したこととは、まったく別の問題であった。

ただし、この独仏の非難は偽善であるとの反論も招いたが、それはまさにEUの経済的分断の根幹に突き刺さるものであった。ドイツは「一帯一路」の正式メンバーでなかったにせよ、実際のところ中国のユーラシア貿易ルートのきわめて重要な一角を担っていた。たとえば、ドイツのデュースブルク市は、中国からヨーロッパに製品を輸出する際の鉄道と河川港のハブとなっていた。ドイツのムクラン港は、ロシアがノルドストリーム建設のために利用した港であり、中国中央部から延びる新しい鉄道ルートの終着点でもある。実際、中国との貿易とサプライチェーンの規模が拡大したことで、ドイツにとってヨーロッパ単一市場の持つ相対的な重要性は変わりつつあった。１９８０年代以降、ドイツは中国との特異な経済関係を維持してきた。他のヨーロッパ諸国とは異なり、ドイツの対中輸出は２００８年以前から伸びていた。ドイツの自動車メーカーは、米中両国にまたがる生産チェーンによって、中国の巨大自動車市場に依存するようになった。ドイツの貿易相手は依然としてヨーロッパ諸国が大半を占めているが、２０１０年代には中国がドイツにとって単独で最大の貿易相手国となるなど、大きな変化が起こった。２００９年にユーロ危機が始まったときは、ドイツのユーロ圏内での貿易のほうが非EU諸国との貿易をはるかに上回っていた。ところが２０１２年には後者が前者を上回るようになり、その状態は17年まで続いた[92]。

２０１０年代の半ば頃には、ドイツのこの特異性が原因で、ユーロ圏は非対称的ショックを受けやすくなった。２０１５年以降、15～16年の中国金融危機、米中貿易戦争（ドイツの自動車メーカーがアメリカの工場から中国に自動車を輸出する際、中国の関税が課されるようになった）、「中国製造２０２５」

などの影響によって、ドイツは成長面で激しい打撃を受けた。２０１８年と19年のドイツ経済は、これらのショックによって景気後退局面をさまよっていたが、他のほとんどのユーロ圏諸国は比較的高い成長率を示した[93]。

ところが、ドイツ政府は中国から撤退するどころか、中国におけるドイツの商業的プレゼンスを強化する方向へと突き進んだ。イタリアが「一帯一路」に参加したのと同じ月、メルケルはマクロンとともに、ＥＵは6年間協議が止まっていた中国との投資協定交渉を妥結させるべきであるとの結論に達した。メルケルらは、そうした協定が締結されることで、中国がヨーロッパ企業による投資に開放され、南ヨーロッパや東ヨーロッパに向かう資本と釣り合いが取れるようになると期待していた。その恩恵を受けるのは、17＋１のどのＥＵ加盟国の企業よりも独仏の企業となる可能性が高い。メルケルは、ヨーロッパ最大の電気通信会社ドイツテレコムとファーウェイ（２０１９年までにトランプ大統領は5Ｇネットワークから同社を締め出すようすべてのヨーロッパ資本に圧力をかけていた）のあいだの緊密な事業関係の進展に特に関心があるようにみえたが、このメルケルの動きによって、ＮＡＴＯをめぐる米欧対立が将来のＥＵ・中国関係に飛び火する可能性も出てきた[94]。

イギリスが中国に接近

２０１５～16年の中国金融危機後も対中関係の維持を決めたこのドイツの決断の地政学的影響は、２０１６年以降に英中間の経済関係に起こった出来事によってさらに拡大した。２０１０年から18年にかけてＥＵに流入した中国からの投資のうち最大のシェアを占めていたのがイギリスである[95]。最も重要なのは、キャメロン政権が、ロンドンをシティと香港を結ぶ国際的なネットワークにする機会を得たことである。(96) キャメロンは英中関係の強化を誇示し、「西側世界で中国からの投資にこれほど開かれ、中国人消費者の需要に応えられている国はない」と豪語した。(97) 2015年に習近平が国賓で訪英した際、彼を乗せた王室の馬車がザ・マル〔訳注 バッキンガム宮殿とトラファルガー広場を結ぶ通り〕を移動中、キャメロンと中国政府高官たちは英中関係の「黄金時代」について語り合っていた。(98)

キャメロンによる中国への媚びは、当初から地政学的リスクをはらんでいた。2015年初頭、イギリスが先陣を切ってAIIGに参加し、他のいくつかのヨーロッパ諸国も後に続くと、オバマ政権は慌てふためいた。続くトランプの対中貿易・技術戦争によってリスクはさらに高まったが、当時はテリーザ・メイとボリス・ジョンソンの両政権がブレグジット後のアメリカとの貿易協定を望んでいた時期であった。2019年6月に始まった香港危機が激化すると、イギリスが旧植民地で起こる出来事にたいしてきわめて脆弱であることが一層明らかとなった。香港で抗議デモが始まったとき、イギリス政府は他のEU諸国よりもはるかに批判的であったことから、中国はイギリスの干渉を激しい言葉で非難した。その年の秋、香港に在住する一部の民主活動家たちから、イギリスの海外パスポート所持者への完全な市民権の付与を求める訴えがジョンソン政権に寄せられるようになった。

COVID–19の危機が起こった最初の数カ月間、この状況の変化にイギリスはついに打つ手がなくなった。2020年1月のほんの一時期、ジョンソンは中国との経済関係をなんとかつなぎ止めようと、窮余の一策として、ファーウェイをイギリスの5Gネットワーク開発に参加させることを決定した。しかし、2020年5月、中国の行動とそれにたいするトランプの反応を受け、ジョンソン政権はファーウェイに関する先の決定を覆し、イギリス国籍の海外パスポートを持つ300万人の香港市民にイギリス市民権が取得できる道を開いた[99]。

2016年までのイギリスの対中政策が破綻したことで、ヨーロッパでは中国をめぐって新たな軋轢が生じた。EUは香港の自治を抹殺した中国にたいして控えめな制裁を科すことしかできなかった。香港の事態はドイツ最大の貿易相手国との関係を冷え込ませるような問題ではないとするメルケルの態度は、国内から強い批判を浴びた。しかし、またしてもメルケルは、潜在的危機に直面した独中関係をEUの集団的枠組みのなかにはめ込むことによって対処した[100]。2020年12月、アメリカでバイデン新政権への移行が目前に迫っていたにもかかわらず、メルケルはマクロンとともに2020年の最後の数週間まで、EU・中国包括的投資協定の締結に向けた取り組みを進めた。メルケルにとって、これは商業的な現実政治《リアルポリティーク》であった。中国において生産能力と市場シェアを持つ旧来の工業企業が皆苦戦するなか、ドイツのハイテク企業は中国市場でプレゼンスを確立する見通しがみえてきた。マクロンにとってこの投資協定は、ハイテク競争が激化するなかで、ヨーロッパのアメリカからの戦略的自立を宣言するに等しいものであった。しかし、協定が発表された後、EU加盟国のいくつかの政府は直ちに懸念を表明した。そのなかには、中国資本が自国のインフラに注ぎ込まれることによる利益と対米関係に生じる亀裂とのあいだに明らかな緊張関係があるとみる「一帯一路」のメンバーも含まれていた。また、メルケルとマクロンが交渉を妥結させるために一方的に行動し、EUの将来的な対中関係について象徴的な声明を出したことへの不満も上がった[101]。それらは概ね間違っていなかった。その協定が、7カ月前に中国が香港にたいして行動を起こした後のイギリス政府にとって想定外の内容であったことから、メルケルらはもはやイギリスが含まれていないＥＵについての声明を発表したということでもある。

総じて言えば、２００８年以降の中国とヨーロッパの経済関係がたどった運命は、経済的・地政学的混乱という他のいくつかの大きな物語の一部をなすものであった。中国のユーラシアへの転回と２０１６年以降の資本規制の強化に伴う後退は、ともにヨーロッパを経済的に分断した。それぞれが、ＥＵとユーロ圏におけるドイツの経済的立場の特異性を強めるものとなった。一方、「チャイメリカ」が米中の戦略的ライバル関係となり、香港のポータル機能が崩壊するにつれて、このような経済的勢力争いは地政学的対立を先鋭化させた。中国は、ロシアとともに、ＮＡＴＯをめぐるＥＵ内の分裂をもたらした元凶となり、イギリスがＥＵから離脱する際の明白な地政学的理由をつくり出したのである。

もう家には帰れない

２０２０年代に入ると、パンデミック（とりわけ中国発のパンデミック）によって、それまでの10年間の混乱が一気にクローズアップされた。２０２０年の春、ＦＲＢは07～08年の金融危機後につくり上げた通貨・金融環境を守るべく、その主要な役割である最後の貸し手（lender of last resort）としてふたたび行動した。２００８年のときとは異なり、ＦＲＢは中国をその間接的な影響下に置こうとしたが、このとき米中関係は他の多くの面でほころびをみせはじめていた。この変化は、ユーロダラー市場の仕組みからくる論理的帰結である。システミックなレベルでは、いざ危機が訪れた瞬間にオフショア・ドル金融市場の誰もがドルを求めて奔走するとき、最後の貸し手が存在しなければならないが、地政学とは無関係に、中国はいかなる保護もないまま放置するにはあまりに弱い存在となっていた。

その他の面でＦＲＢが行ったことは、２００９年以降の金融政策が引き起こした混乱の諸条件をふたたび強化するものであった。ＦＲＢは無制限のＱＥによって、実質的に信用市場を乗っ取ったのである。ＦＲＢはもはや「万能の貸し手（lender of all resorts）」と皮肉られる存在となっていた[102]。過去の行動の遺産《レガシー》から考えれば、ＦＲＢに選択の余地はほとんどなかった。多額の負債を抱え、手元資金がなく、収益が激減している企業は、より多くの融資を容易に得られなければ生き残ることはできない。しかし、ＦＲＢが社債の買い手となったことで、自社株買いプログラムの資金調達を含め、企業に社債による負債発行を促してきた力学が大いに増幅された。予想どおり、３月23日以後の数カ月間に企業の社債発行額は大幅に増加した[103]。

結果として、２００７～08年の金融危機の少なからぬ影響が、ＣＯＶＩＤ－19パンデミックのときも繰り返しみられた。ＦＲＢが買わないものはほとんどないと確信した株式市場は、今後の金融政策に関するＦＲＢ自身の声明を除く非金融的な経済的・政治的リスクにたいしてすぐに無頓着となった。アメリカの失業率が２０２０年4月に15％前後にまで跳ね上がったにもかかわらず、月例雇用統計の株式市場への影響はほとんどみられなかった。万能の貸し手であるＦＲＢの活動によって、社債を通じて安価な負債を発行できる大企業とそれができない中小企業とのヒエラルヒーも鮮明になった。

２０２０年春、できるだけ多くの融資を切実に必要としていた企業のなかにシェールオイル企業があった。ＦＲＢの買い入れプログラムには企業のジャンク債が含まれていたことから、シェールオイル企業は基本的に救済された。しかし、石油生産の将来はすでに２００７～08年の金融危機直後の数年間に出現した世界からは大きく様変わりしていた。当時、石油・ガス産業、特にシェール部門は、過大な投下資本を吸収していた。２０１１年から14年にかけての原油価格の高止まりと相まって、QEはシェールブームを後押しした。対照的に、COVID－19ショックに見舞われる前の原油価格は、大半のシェール生産者の負債を賄えるほどの水準にはほとんど達しておらず、石油会社はグリーンエネルギーを優遇する投資家たちによって資本市場から部分的に締め出されていた。トランプ政権が原油価格の押し上げに力を入れ、FRBが新たな買い入れプログラムを導入したにもかかわらず、シェール大手のうち3社が２０２０年半ばまでに倒産に追い込まれていた。

もしエネルギー源としての石油が急速に廃れつつあるのなら、アメリカのシェール部門への打撃が構造的な影響を及ぼすことはもっと少なかったであろう。しかし、実際は違った。２０１９年の世界経済、とりわけ中国経済の成長は減速したことから、この年の石油減産の影響は比較的軽微であった。しかし、２０２０年後半から21年初頭にかけて冬が到来すると、ヨーロッパの大部分で何らかのかたちのロックダウン（都市封鎖）措置がとられ、ヨーロッパ以外の多くの地域でも依然として規制が敷かれていたが、原油価格は２０１９年のピーク時の水準まで上昇した。しかし今度は、アメリカのシェール産業が、どれほど合理的な成長水準にあるにせよ、世界経済を長期的な価格の高止まりから救えるような状況にはない。パンデミックによる株価急落の後にやってくるのは、２００８年半ば以前の世界経済の姿かもしれない。つまり、中央銀行の幹部たちが、石油だけでなくガス・電気などのエネルギー価格の上昇によって、インフレと消費者需要に同時に悪影響が及ぶことを懸念する姿である。

緩やかなインフレは、債務の実質価値を下げるために２０１４年以来インフレを必死に追求してきた中央銀行の幹部たちにひとときの安堵感をもたらすであろう。しかし、利上げ圧力の高まりとともに、エネルギー主導のインフレが加速すれば、多くの債務者が債務の返済に苦しむこととなる。政府債務にかぎって言えば、残された唯一の選択肢は、中央銀行が政府に無利子で直接融資を行うことくらいであろう。

シェール産業が一時的に復活するかどうかは、経済的な問題であると同時に、政治的・地政学的な問題でもある。石油の将来は、いまや複雑で破壊的な影響力を持つエネルギー界の行方を左右する不可欠の要素であるが、まさにそのエネルギー界では、石油・天然ガスをめぐる旧来の地政学と商業的競争が、再生可能エネルギーや電気自動車分野の工業生産をめぐる熾烈な商業的・地政学的ライバル関係と併存する状況にある。この競争の中心近くで現在繰り広げられているのが、10年前であればシェール部門のエネルギー企業が楽々と勝ち取ることができた民間投資資金の獲得競争である。

★★★

地政学が世界経済全体に影響力を持つようになった今日、EUはこうした競争へのEU全体のアプローチによって得られる規模の利益によって、集団的妥協に伴う加盟国それぞれの不利益を埋め合わせることができるかどうかという根本的な問題に直面している。[104] 折しもEUは、域内最大の経済大国とその他の加盟国とのあいだで、中国との関係をめぐってすでに激しい意見対立が生じている状況下にある。

構造的にみて、ＥＵがこうした地政学的苦境と闘っているのは、それが民主主義的国民国家を中心に構成されていると同時に、その民主主義的国民国家に取って代わろうとする動きも引き寄せており、さらに域内の最有力国家に自国の直接的な対外環境に影響力を及ぼす機会を与えているからでもある。ユーロ圏の誕生で、この難題は一層深刻なものとなった。ＥＵの制度的コミットメントは、ヨーロッパの民主主義諸国が経済変化に適応するのを難しくし、経済戦略をめぐって許容される政党間の競争を制限している。ＥＵ内部の不完全さは、ユーロ参加国と不参加国との関係を揺さぶっている。ユーロ危機によってイギリスの立場が不安定となったとき、経済の領域で始まった事態が、民主主義的国民国家のイギリスにとって政治的に手に負えない問題へと急速に発展した。欧州単一市場は、憲法によって一部の経済政策事項を各国の国内民主主義政治から守ることで機能しているからである。その結果として起こった事態について争うことは、必然的にＥＵの憲法秩序へのイギリスの参加それ自体を問うこととなった。なぜなら、ＥＵの憲法秩序にたいする民主主義的な同意は国民国家「イギリス」の内部から得られなければならないからである。

この点で、ブレグジットは民主主義国についてのより大きな物語を示すものであった。民主主義国は地政学的・経済的変化によって不安定な状態となり、その変化に適応できなければ民主主義国としての将来が危ぶまれる。同時に、民主主義国は、国内におけるパワーバランスの変化によって不利益を被る人びとに民主主義的な国家が決定権を持つことを承服させる必要がある。これがどれほど困難であるかという話は、民主主義国が時とともにどのように機能するのか、そして民主主義国とネイションフッドとの複雑な関係について述べた本書第三部の冒頭に譲ることとする。

第Ⅲ部

民主主義政治

第7章

民主主義の時代

パンデミックが始まって数カ月が経った頃、イギリスの閣僚でＥＵ離脱派のベテラン議員マイケル・ゴーヴは、公共サービスについての講演を行った。１９３０年代の「経済のグローバル化」と「貴族主義的自由主義」の時代の終焉から話を始め、将来は「福祉制度を持つ民主主義的国民国家」の時代となることを確信していたフランクリン・ローズヴェルトを称讃した。ゴーヴによると、「実験志向」を持つこのアメリカの大統領は「資本主義を救い、民主主義への信頼回復に成功した」という。ゴーヴの認識では、２０１６年にイギリスの有権者の過半数が「政府のほぼすべての部門と政府部内で強い発言力を持つ連中」に異を唱えたのを受け、ブレグジット後の保守党政権は、民主主義の再生に取り組むローズヴェルトの衣鉢を継いだのである(1)。

ブレグジットに関するゴーヴの主張は単純化されすぎている。何と言っても、ＥＵ離脱運動を行っていたときのゴーヴは政府の一員であり、議会保守党の3分の1以上が彼の側にいたのである。しかし、ブレグジットは、代議制民主主義政治の制約にたいする民主主義の反逆を象徴するものであった。イギリスの有権者は、イギリスの憲法秩序、地政学的方向性、対外経済関係を同時に変えることとなる問題について、国民投票による多数決で決める機会を与えられたのである。有権者の52％がＥＵ離脱を選択する一方、国会議員の70％以上がＥＵ残留を支持するという結果は、十分な数の市民《シティズンズ》とその代表者たちとのあいだに民主主義を危機に陥らせるほどの深刻な溝があることを明らかにした。

こうした危機の余波を受け、フランクリン・ローズヴェルトに触発されたゴーヴが、このアメリカ史上最長在職期間の大統領を「貴族主義的自由主義」と「経済のグローバル化」に対抗する「民主主義的国民国家」の側に置くのは、ことさら驚くにはあたらない。[2]往々にして民主主義国は大胆な改革を行うことが困難なことから、ローズヴェルトのニューディールは、民主主義の再生に取り組んだ政治の代表的事例として位置づけられている。ローズヴェルトが金本位制を廃止して、第二次世界大戦後の将来的な「福祉制度を持つ民主主義的国民国家」への道を切り開いたのである。しかしまた、民主主義的国民国家をめぐるローズヴェルトの物語は、ゴーヴが語っているよりもはるかに複雑である。実際、ローズヴェルトがアメリカの民主主義を再生するためにたどった、人種的に制限された経済的ネイションフッドの道は、いまだにアメリカ共和国にとって重荷となっている。というのも、その道は、歴史の長きにわたってアフリカ系アメリカ人をアメリカ市民権の物質的・政治的恩恵から排除してきたが、ローズヴェルトのアプローチはそこから生まれてきたからである。

民主制は、特定の時代の特定の場所に存在する。それは地政学的・経済的条件の変化を通じて機能することから、他の政治形態と同様、不安定要因としての時間を経験する。この条件の変化が、しばしば改革への衝動を生み出す。時にはローズヴェルトのように、時間の経過とともに歪んでしまった多様な市民《シティズンズ》の物質的利害のバランスを回復しようとすることもある。しかし、立憲主義的な形態を維持しながら、参政権の拡大を通じて民主化を進めてきた民主主義国は、アメリカ共和国がまさにそうであったように、このような民主主義の再生に取り組む際に一つの問題に直面する。民主主義の原点に立ち返ることで、失われた市民間の政治的均衡を取り戻そうとするとき、その民主主義国を構成する市民が時間の経過とともに根本的に変化しているという現実と向き合わなければならないのである。

民主主義政治が時間とともに不安定になる傾向があることは、20世紀のほとんどの期間を通じて、政治観察者の誰も驚かなかったであろう。1990年代になって初めて、リベラルな民主主義が普遍的で時を超えた理想として論じられるようになった(3)。そうした言説は、ネイションフッドを民主主義的規範にとっての普遍的脅威とみなし、それぞれの民主主義国の複雑な歴史から切り離された普遍的進歩を軸に民主主義の物語を紡ぐことによって、現在の政治的混乱に関する説明を含む政治分析を歪めてきた。現在の西側民主主義諸国がなぜ不安定な状況にあるのかを理解するには、民主主義とネイションフッドの歴史的関係、そして政治的時間の問題から考えていく必要がある。

ネイションフッド

歴史家のベネディクト・アンダーソンは、国民《ネイション》とは、明確な出発点を持つ過去を共有するという観念によって形成される「想像の共同体」であると述べている(4)。場合によっては、ネイションフッドにたいする想像力豊かな主張が、民族《エスニシティ》についての集団的な物語を語ることもあった。しかし、諸ネイションがこれらの用語でもって自分たちを理解しなければならない理由は何もない。実際、ヨーロッパでは、共通性をより強く確認するために、文字文化というものが頼りにされる場合が少なくなかった。なぜなら、共通の言語を用いることで、共有された歴史的経験についての物語が表現されるからである。[5]「ネイション」という言葉に付随する想像の共同体は、代議制民主主義が出現するはるか以前から、政治的アイデンティティを定めるためにこの言葉が使われた場所を含めて存在していた。しかし、フランス革命を機に、ネイションフッドに関する新しい政治言語が力を持つようになった。そのため、ヨーロッパ諸国は総じて、ネイションの名のもとに国内での権威と権力を正当化し、その統一体を代表していると主張した。自分たちを支配する帝国（かつてのイギリスであれ、フランスであれ、ロシアであれ、オスマントルコであれ）からの解放を望む人びとは、ほとんどの場合、ネイションの名のもとに国家《ステートフッド》としての地位を要求した。19世紀以降、政治的権威を正当化する理念としてのネイションフッドも絶えず批判されてきたが、イスラーム世界以外では、それを正当化するための他のいかなる根拠もまだ現れていない。歴史家のマイケル・ハワードが指摘するように、共産主義革命が既存の国民国家を破壊した例は一つもない。[6]冷戦は、ソビエト帝国にたいする諸ネイションフッドの強力な主張によって幕を閉じた。ベルリンの壁崩壊後、西ドイツ首相のヘルムート・コールがドイツ統一のための計画を発表したとき、彼は直接的に「ネイションフッド」という言葉を発し、ドイツ連邦共和国は「ネイションの統合という意識を持ちつづけ、研ぎ澄まさなければならない」とし、自らの政権は「ドイツ人民《ピープル》が自由な自決権によってその統一を取り戻すことができる」ように取り組んでいると述べた。[7]EUが、一つの多国籍《マルチナショナル》・多民族大陸の名のもとに、国民国家を超えた大きな政治的権威を構築しようとする試みであることは間違いないにせよ、それでもなお、EUの執行権者に直接選出されるのは、それぞれの国の市民《シティズンズ》である選挙民によって選ばれた者である。

代議制民主主義国は、ネイションフッドがもたらす政治的資源なしには歴史的に存在しなかった。[8]

概念的には、ネイションフッドは代議制民主主義における「ピープル（人民）」の役割を果たす。古代民主主義国が自己を統治することのできる人民を必要としたように、代議制民主主義国には、集団で代表者を選び、必要であれば憲法を承認することのできる人民が必要なのである。そうした人民が誰であったかという歴史的な問いへの答えが、ネイション（国民）となったのである。実際、しばらくの間、「ネイション」と「ピープル」は置き換え可能な言葉であった。[9] 民主主義的な政治的ネイションは、ネイションフッドの文化的主張と一致する必要はなかった。たとえばスイスのように、共通の文化的ネイションフッドという理念や共通の言語がなくても歴史的に機能してきた民主主義国もある。しかし、ネイションが代議制民主主義国のピープルとして機能するためには、包摂と排除の基準によって定義される必要があった。実際には、これはナショナルな市民権を意味する。[10]

その結果としての、市民権を共有する民主主義的なピープルという考え方が、国家の権威を揺るがすような代議制民主主義に付随する争いを阻止する。代議制民主主義には、敗者の同意を得るための政治的手段が必要である。統治形態にかぎって言えば、成人した市民全員に誰が政治を行うべきかを決めてもらい、そこで選ばれた一部の市民にのみ代表者の資格を与えるのである。したがって、選挙を通じた権力の交代には、選挙に敗れた者が暴力に訴えたり分離独立に走ったりすることなく選挙結果を受け入れられるような暗黙の正当化が必要となる。このきわめて重要な政治上の問題にたいする歴史的な答え、それがネイションフッドであった。

図式的にみれば、アメリカのネイションフッドにたいする信念が不十分であったことが、南北戦争を招いたと言える。憲法は「われらアメリカ合衆国の人民《ピープル》」という言葉で始まっているが、その憲法に基づいて建設された連邦共和国は、国を構成する州（邦）間の経済的利害対立が深刻化し、市民と奴隷のあいだに人種的な隔たりが存在し、奴隷制をめぐって道徳的な亀裂を抱えていた。古代ローマ共和国（共和政ローマ）では、人民の言語と奴隷制の慣行が難なく共存していたが、アメリカ共和国では、市民の多くがキリスト教プロテスタントを信仰し、人間の平等は神から授けられたと宣言する想像力豊かな建国物語があった。(11) アメリカ合衆国憲法は、1788年に樹立された連邦《ユニオン》が恒久的なものと考えられていたのかどうかという問題をひとまず脇に置きつつ、共和国内各党派の政治的影響力とは無関係に、人びとが同じ政治的権威に服する人民《ピープル》であるという共和国市民のあいだの確定的な合意を示すものではなかった。やがて奴隷所有州の政治力が弱まると、南部白人のほとんどが自分たちのことをアメリカ人である前に南部人であると思っていたことが政治的に大きな問題となった。連邦への加盟があるたびに、奴隷州と非奴隷州のどちらがより多くの有権者に影響を与えるのかが論争となった。1860年の選挙後、南部11州は選挙での敗北から奴隷制を守るために連邦から離脱した。

ネイションフッドが代議制民主主義にとって重要な政治的意味を持つとすれば、この二つは歴史的に連動して生まれたものでもある。ネイションという言葉は、代議制民主主義に向かう動きを加速させた。イングランドのように、君主制がある程度独立した権限を持つ立法府と共存していた場合、改革者たちはネイションの名のもとに、より多くの階級に政治的権利を認めるよう要求した。(12) 1789年、フランスでは、君主制に対抗して主権を主張するためにネイションフッドが動員された。人間と市民の権利の宣言（フランス人権宣言）は、「あらゆる主権の原理は本質的に国民《ナシオン》に存する」〔第3条〕と宣言した。コスモポリタン革命を望み、反ナショナリストとして出発したジャコバン派は、やがてナショナリストとなり、ヨーロッパ諸国の軍隊を凌駕する強さを持つフランス市民軍への道をネイションフッドに見いだした。[13]

ネイションフッドを徴兵制に結びつけることで、ジャコバン派はその影響を永久にとどめる政治的関係をスタートさせた。[14] 1914年にネイションフッドを利用して市民軍を動員したヨーロッパ各国政府は、第一次世界大戦の終結までに民主主義諸国を必ず再建しなければならないとした。かつてアテネが市民海軍を持つ必要性からアテネの民主主義を推し進めたように、国家のために死を厭わず、敵を殺すことを求められた市民は、その後、選挙における投票から排除されることはなくなった。[15] スペインやポルトガルのような非交戦国とは対照的に、ほぼすべての交戦国が戦時中または戦後に完全な男性普通選挙を立法化した。女性が経済面で戦争努力の中心となった国では、女性も参政権を獲得した。[16] フランスでは、兵役に服することをきっかけに、北アフリカからフランスに移住したイスラーム教徒（ムスリム）たちがフランスの市民権と選挙権を獲得した。[17]

★★★

しかし、ネイションフッドが代議制民主主義国と必然的に絡み合うようになるとすれば、それは代議制民主主義国にとって危険なことでもある。ネイションフッドは、ある意味、政治的権威を正当化するために領土主体について語られた古来の神話＝歴史的な物語に似た機能を果たした。国家の権力は眼前の死の恐怖によって最もたやすく正当化できるというトマス・ホッブズの仮説とは裏腹に、ネイションフッドは民主主義的権威を過去や、始まりのある過去と結びつけた[18]。

古代ローマでも同様に、トロイからの難民やロムルスとレムスによる都市建設という神話的起源をもとに、最初は共和制、次に帝王的君主制（imperial monarchy）の権威を打ち立てるためにかなりの想像的な努力が払われた[19]。しかし歴史的にみると、ネイションフッドをめぐる物語は、ローマ起源の神話よりもはるかに現実的であり、それゆえ、はるかに危険であることが証明されている。ヨーロッパは、共通の言語、歴史的記憶、神話を持つまとまった集団によって領土が分割されていなかったため、諸ネイションは国家の行動とそれについて語られる非神話的な物語によって政治的に創造される必要があった。

アレクシ・ド・トクヴィルが言うところの「愛国精神（patriotic spirit）」は、ヨーロッパ帝国に服属する国の民衆はともかく、大半の自国民にたいしては比較的穏やかな方法で醸成されることがあった[20]。19世紀後半、新生統一国家ドイツでは、ビスマルクが福祉国家政策を通じて自国の市民に一定の経済的保護を与えるために国家《ステート》の力を利用しはじめた。それは、建国の起源を過去に求めるのではなく、ネイションというものを、物質的運命を共有する現実の共同体としたのである。

しかし実際には、ネイションフッドを重視するあまり、国家はしばしば自国民にたいして強制力を行使するようになった。既存の文化的ネイションフッドが脆弱な場合、国家は政治的ネイションフッドを創造するために国民（populations）を均質化し、過去にたいする共通認識を形成する必要があった[21]。政府が求めたのは、同一言語を話し、国の歴史を含む共通の教育を受け、宗教的信条や慣習を共有し、また1890年代からは国際社会主義のような国境を越えた政治的取り組みを否定するような市民であった[22]。これは、言語的・宗教的な統一を強制し、政治的破壊活動を排除するために法律を利用することを意味した。フランス政府はバスク人やブルトン人にフランス語を話すことを強制し、フランス語以外の文学を禁止した。アメリカでは、先祖からマグナ・カルタのさまざまな自由にたいする情熱を受け継いでいるとされるイングランド系とスコットランド系の人びとは、自分たちを共和国建国の政治的継承者であるにとどまらず、民族的継承者でもあると考えた[23]。米墨戦争後、英語はすぐに国民の言語（national language）として強制された[24]。そうした強制が多くの国で、少数民族やマイノリティへの暴力、強制移住、人口の大量移動、時として大量虐殺《ジェノサイド》を引き起こした[25]。

こうした言語などの強制と過去について創造された物語は、ネイションフッドとは矛盾しなかった。エイブラハム・リンカンは、連邦政府の強制力を発動して南部連合国を軍事的に打ち負かし、奴隷制を廃止し、連邦《ユニオン》への再統合のために憲法上の条件を課すことによって、アメリカ共和国を再統一した。しかしリンカンは同時に、ゲティスバーグ演説において、戦争で流された血を受け止め、アメリカ共和国建国の物語を、共有された民主主義的ネイションフッドの物語へと想像力豊かにつくり変えようとした。その新しい物語では、現在世代の先人たちが築いた一つのアメリカ「国家《ネイション》」が常に存在していたのであり、その先人たちは「すべての人が平等に創造されたという命題に献身した」のである。それゆえ「人民《ピープル》の、人民による、人民のための政治」という先人たちの遺産が「地上から滅びる」ことのないようにすることが、現在世代の責任なのである[26]。

ネイションフッドが脆弱であればネイションフッドを強化し、ネイションフッドがなければネイションフッドを創造するという試みは、民主主義国の許容範囲を超えた強制を伴いかねない。アイルランド系カトリックをイギリスのネイションフッドという理念に吸収できるそれなりの見通しが立たなかったことから、民主主義国であるイギリスは結局、アイルランドをその憲法秩序に組み込むことができなかったのである。第一次世界大戦までの数十年間、いわゆるアイルランド問題がイギリスの議会政治を支配し、１９１０年から14年にかけて憲政上の危機が深刻化した。１９１８年、アイルランドに徴兵制を導入する法案を可決し、イギリス国家に国家としての正当性をほとんど認めていない市民を強制的に軍隊に入れようとしたことで、イギリス政府はアイルランドが何らかのかたちで独立国家となることを避けられなくする方向に大きく舵を切った。

ピープルという概念を必要とする政治形態においてネイションフッドを実現することは非常に困難であることから、民主主義国には絶えず重い負担が課せられていた。「ネイション（国民）」としての「ピープル（人民）」という用語は不可欠なものとなり、あまりにも安易に使われ、たちまち消えていった。[27] ピープルとしてのネイションは、敗者の同意を許容する統合の源泉となるはずであったが、民主主義国の権威に服するすべての人びとが同じ政治的権利を持つべきだという主張を否定するためのレトリックとして安易に用いられることもあった。国民《ネイション》としての自己認識を持たないことを示す者、あるいはその振る舞い方に関係なく他の国家《ネイション》への忠誠を疑われる者は、排除される可能性があった。[28] 実際、選挙の際には、国民《ネイション》をナショナルな政治的市民権以外のものを共有する人びととして再定義することによって得られる票があった。

この力学は、ユダヤ人を人種的に邪悪で、国家《ネイション》への忠誠心を欠いているとみなす、新たなかたちの反ユダヤ主義を助長した。反ユダヤ主義は、特にそれが常習的に権力を行使して繁栄してきた人びとにたいする階級的不満と不当に結びつけられるような場合には、民主主義政治における選挙の武器となった。世紀末のウィーンほど、そうした政治的現象がはっきりと現れたところはなかった。ウィーンでは、カリスマ的なカール・ルエーガーに率いられたキリスト教社会党が、1895年と96年の選挙で勝利を収め、都市社会主義、カトリック教、ハプスブルク家への忠誠心、そして反ユダヤ主義を結合させることで、30年にわたる自由党の帝都支配を終わらせた。ウィーン市長のルエーガーは、ユダヤ人から法的権利を剝奪する行動をとるようなことこそしなかったものの、彼のレトリックはユダヤ人を排除したキリスト教徒のオーストリア国民《ピープル》を想起させるものがあり、キリスト教社会党の支持者には、オーストリア国民《ピープル》の構成員にたいして働き口を含む市の戦利品を分配することを約束した。(29)

1914年までには、ネイションフッドが、新たに生まれつつある民主主義政治の言葉となり、選挙を平和的な権力闘争にするのに寄与する一方で、国家の権威にたいする市民の同意を弱めるような分断を生じさせていることを示す証拠が有り余るほどあった。民主主義国はネイションフッドと分かちがたく結びつくと同時に、ネイションフッドによって脅かされてもいたのである。

時間と過剰

民主主義的ネイションフッドがはらむこの構造的な緊張はさて措くとしても、時間の経過は必然的にあらゆるネイションフッドの主張を動揺させる。ある特定の民主主義国において、ナショナルな市民権にたいする比較的強い信念が生まれたとしても、国家《ステート》とその国家が代表していると主張する想像の共同体に政治的に同一化する意思と能力を持つ国民（population）とのあいだの整合性が一定に保たれることはないであろう。地政学的・経済的状況が時とともに大きく変化するにつれ、集団や個人が別の国家に移動することはしばしば起こる。民主主義国がこうした移動を制限しようとする場合、過去の移住者をナショナルな市民権の理念に包摂するために用いられたネイションフッドという言葉は損なわれてしまう。

歴史家ジョン・ポーコックの言葉を借りて言えば、政治における時間は「不安定性の次元」であるという考え方は、かつては政治思想の常識であった[30]。ヨーロッパでは、ポリュビオスが時間的衰退(temporal decay)というレンズを通して統治形態を概念化する試みを始め、マキァヴェッリのもとでそれは知的頂点に達した。ポリュビオスは紀元前2世紀にローマ共和国の勃興について著した古代ギリシャの歴史家である。「すべて現存するものは衰退を免れない。それは、ほとんど証明を要しない命題である。なんとなれば、自然の絶え間ない流れがそのことを十分に納得させてくれるからである」とポリュビオスは言う[31]。始めには常に混沌があり、それは大洪水によってもたらされる。「いかなる種類の国家」も、それが建設された時点で「二つの要因から衰退する可能性があった。一つは外部から来るもので、もう一つはそれ自体の内部に起こる変化によるものである」。外部要因による国家の衰退には一定の法則はなかった。しかし内部の変化による衰退には「一つの定式」がある、とポリュビオスは考えた。混沌の後、独裁制、王制、僭主制、優秀者支配制(貴族制)、寡頭制、民主制、そして大衆が支配する衆愚制(ochlocracy)が訪れ、その混沌のなかから一人のデマゴーグが権力を主張するようになり、ふたたびこの循環が始まるのである[32]〔訳注　上記の「独裁制」と「優秀者支配制」(著者が引用するペンギン・クラシックスの英訳では、それぞれmonarchy, aristocracy)は、いずれもギリシャ語原典からの翻訳である城江良和訳のポリュビオス『歴史2』に準拠〕。

ポリュビオスによると、それぞれの統治形態はそれ自体の過剰によって崩壊するという[33]。この循環を制御し、彼が「平衡状態」と呼ぶところの長い中間を成り立たせる唯一の方法は、王制・優秀者支配制（貴族制）・民主制という三つの肯定的な統治形態の均衡をはかり、互いに拮抗させることである[34]。対外的な力の増大と物質的な繁栄の拡大は、特に政体の均衡を脅かす、と彼は続ける。ローマの場合、対外的な成功と「長く続く繁栄」を背景に、優秀者支配制（貴族制）から寡頭制へ、さらには民主制〔訳注　事実上はその堕落形態としての衆愚制〕へと移行することを彼は予見していた[35]。ポリュビオスは、個々人が富と地位をめぐる競争にのめりこみ、「虚栄と奢侈が蔓延」するなかで、「貪欲の犠牲になって正当な権利を奪われたと感じたり、官職志望者の阿諛《あゆ》に乗せられてのぼせあがったりした」大衆に引きずられて〔統治体制が〕「全体的に悪化する時期」がやってくると予想した[36]。

ポリュビオスがローマについての予言者であったとしても、政治的時間が必ずしも常に彼の指摘したとおりの経過をたどったわけではない。とはいえ、どこであれ統治形態はいずれ終焉するものであり、フランスのアンシャン・レジーム（旧体制）が典型的に示すように、体制それ自体の過剰が、地政学的・経済的変化に耐えきれず終焉に至ることもある。わざわざポリュビオスの循環図式に従うまでもなく、貴族主義や民主主義の過剰が積み重なっていくという考え方は、統治形態が時とともに不安定化する過程を理解する助けとなるかもしれない。

代議制民主主義のどこに過剰リスクがあるのかという問題は、代議制民主主義にたいする根本的な疑問を投げかける。そもそも代議制民主主義とは、民主主義的な統治形態なのか、それとも貴族主義的な統治形態なのか、という疑問である。代議制民主主義が歴史的に初めて出現したとき、それは概ねポリュビオスが言うところの優秀者支配制（貴族制）であったことは明らかである。ヨーロッパでは、議会政治は君主制に接ぎ木されたものであり、選挙権は、被選挙権と同様、財産資格によって制限されていた。ドイツのように、君主が政府を任免する権限を事実上も法律上も保持しているケースもあった。一方、連邦共和制国家アメリカは奴隷制と共存し、州議会が上院議員を選び、選挙人団（electoral college）が大統領を決めることから、憲法は人民《ピープル》とその代表者のあいだに緩衝装置を置いた。

代議制民主主義はまた、時代とともにより民主主義的になったようにみえる。フランス、ドイツ、オーストリアでは君主制が消滅した。アメリカでは奴隷制が廃止され、奴隷農園を所有する階級の富は破壊された。どこの国でも、参政権はいつしか広く認められるようになり、富裕層に多くの税金を納めさせ、貧困層に所得を再分配するために、個人の所得や財産に課税することが議会で承認されるようになった。

それにもかかわらず、代議制民主主義国が進化して「完全な」民主主義国に生まれ変わるという時間軸の物語は、少なくとも部分的に誤解を招きやすい。代議制民主主義は近代国家の統治形態であったことから（アメリカの場合は連邦制によって複雑な形態となったが）、代議制民主主義国では、統治者はその権力を行使するかどうかは別にして、当初から富裕層に課税する強制力を持っていた。[37] さらに、立憲主義政体をより民主化するようにみえた政治的動きは、実際には必ずしもそうではなかった。イギリスの１８３２年改革法は、参政権を拡大したとはいいながら、実際には、長年参政権を享受していたイギリスの一部自治区の労働者階級の男性や有産者の女性から選挙権を取り上げ、議会が選挙権を持たない人びとからの請願に反応しにくくすることで、イギリス立憲主義政治の民主主義的要素を減らしてしまったのである。[38]アメリカでは、南北戦争後に可決された憲法改正によってアフリカ系アメリカ人が選挙権を獲得し、南部全域で数千人の当選者を出したが、南部諸州は最高裁の支持を受け、彼らの参政権を組織的に剝奪した。その結果、連邦共和制国家アメリカは１９６０年代まで、政治的権利を持つ市民と名ばかりの市民を分離したまま運営された。

代議制民主主義と経済

経済的には、参政権の拡大は必ずしも貧困層に恩恵をもたらす経済改革にはつながらなかった。古代ローマでは、改革派のグラックス兄弟が、元老院階級が所有できる公有地面積を制限していた以前の農地法を復活させ、返還された土地を土地を持たない兵士に分配することで、共和国における貴族主義の過剰を止めようとした。しかしながら、イギリスでは、１８３２年から１９１８年までの四度にわたる選挙制度改革法によって有権者の範囲が拡大したものの、過去3世紀間のエンクロージャー（土地の囲い込み）によって失われた共有地の回復はならなかった。[39]アメリカでは、南北戦争の数年間とそれに続くアメリカ先住民からの西部の土地の収奪によって、約１５０万人のアメリカ市民に土地を分配する改革が行われた。しかしながら、南北戦争後の南部の土地改革は、土地所有における人種間の著しい不均衡を変えるには至らなかった。[40]

代議制民主主義国は、再分配的な経済政策を行うどころか、しばしば高度の物質的不平等を生み出すような経済組織と長く共存しており、実際、民主主義国内部のパワーバランスがそうした不平等を維持する政治状況をもたらすこともあった。[41] 富裕層の政治力を削ぐことを目的とした初期の改革は、しばしば失敗に終わった。１８９４年、アメリカ連邦議会は平時において初めて所得税の導入を採択した。[42] この税は富裕層だけに課されるものであった。１年後、連邦最高裁判所はこの税法を無効とした。所得税が導入されたのは、１９１３年に憲法修正第16条が批准されてからである。第一次世界大戦中、連邦議会はこの権限を使って、戦争利潤や相続財産だけでなく、富裕層の所得にも多額の税を課した。しかし、アメリカの最富裕層の政治的策略によって、第一次世界大戦後に所得税の負担は軽減された。[43] 歴史的にみて、労働者への所得配分を高めるとともに富裕層に多額の税を課すための税制に必要な条件は、完全参政権に基づく選挙ではなく、戦争であることがはっきりしている。[44]

代議制民主主義の貴族主義的な傾向は、しばしばレトリックでごまかされてはいるが、広く見受けられるところである。代議制民主主義は、大多数の被代表者とごく少数の代表者とを区別する。そして、有権的な意思決定は行政府における一握りの個人に集中させるが、大統領制の場合、彼らのうちの一部は選挙で選ばれるのではなく、大統領によって任命される。選挙で選ばれた多数派の代表者が下すことのできる政治的決定は、通常、憲法によって制限されている。民主主義国では何らかのかたちで司法審査が行われており、選挙で選ばれた議会において可決された法律が憲法裁判所によって無効とみなされる場合がある。この立憲主義の慣行は少数派を保護し、そこで保護される少数派には、財産権保護というかたちで富裕層も含まれる。[45]

代議制民主主義の先にあるもの

まず第一に、代議制民主主義は、時とともに貴族主義の過剰を増幅させる傾向が強いようである。それにはいくつかのケースが考えられる。従来から立法府に属していた権力や立法府によって制約されていた権力を行政府が簒奪するケース。行政府も立法府も経済的支配階級に取り込まれるケース。かつて民主主義政治の場で争われていた事案について憲法裁判所が司法権を行使するケース。選挙という手段が選挙運動資金の提供者によって金で買われるケース。決定を下し、影響力を行使し、助言を与える立場にある者が権力に接近する便宜を施すのと引き換えに私腹を肥やすケースなどである。

それでもなお、代議制民主主義には、選挙権の平等をはじめとする民主主義の特徴が皆無というわけではない。それゆえ、民主主義の過剰は、時とともに民主主義の特徴を揺るがしもするが、均衡を回復するために逆方向に押し戻そうとする動きをもたらすこともある。立法府は行政府の統治を立ち行かなくすることがあり、選挙で多数派を占めた代表者が党派的な目的のために、法律を解釈する裁判官を任命することもある。政府は財産を没収することも、債務不履行に陥ることも、マイノリティにたいする憲法上の保護を停止することもある。政党は票を集めるために、守れるはずのない重大な約束をしたり、市民の復讐心を焚きつけたりすることもある。20世紀初頭、ドイツの政治経済学者で社会学者のマックス・ヴェーバーは、代議制民主主義は永遠にデマゴーグを生み出すと考えた。ヴェーバーは、ひとたび参政権の拡大がなされた民主主義は、有権者が選挙で指導者を選ぶ必要性から、容易にカエサル主義という独裁制に堕するおそれがあると主張した(46)。

歴史的にみて、民主主義の過剰が時とともに民主主義の解体につながる最大の原因は債務であると認識されてきた。債務そのものが時間的な問題であることから、そうした見方が生まれてきた面がある。利子は、将来の収入を前もって手に入れるために支払われるものである。しかし、現在の所得に占める消費の割合が増えつづけると、過重な債務負担も時とともに増えていく。そのため、古代の社会では、債務が世代を超えて引き継がれ、土地が少数者の手に集中するのを防ぐために、一定の周期で債務免除を定めていたのである。[47] 古代アテネでは、強制的な債務整理は民主主義にとって避けられないものと考えられていた。18世紀のフランス革命とアメリカ革命が債務不履行と紙幣を生み出したからこそ、民主主義の批判者は、民主主義者をデマゴーグと同一視したのである。[48] イギリスでは、債権者は国家の債務処理に必要な課税に賛成してくれるものと信じられていたが、1832年と1867年の参政権拡大によって、そうした従来の議会と債権者のあいだの緊密な関係は断ち切られた。[49] この断絶が新興の民主主義にもたらす問題に気づいた19世紀半ば以降の政府は、市民の預金口座や市民債の発行を通じて、国の債務をできるだけ多くの有権者に分散させようとした。[50] エイブラハム・リンカンが言ったように、「人は自らが負う債務によって虐げられることはあまりないことをすぐに理解する」のである。[51] 19世紀後半から20世紀初頭にかけて代議制政府が利用した債権者は、市民債権者（citizen creditor）だけではなかった。代議制政府は国際資本市場でも借り入れを行っていたのである。ただし、市民債権者は、代議制民主主義の国が債務によって不安定化しないよう一定の予防策を講じた。

債務には時間的衰退へと向かう矛盾した性質が内包されているが、それが民主主義国の修復《リペア》と改革《リフォーム》をとりわけ難しくしている。政治的時間という一般的な問題を歴史的かつ体系的に考察したマキァヴェッリは、共和国をはじめとする国家は時間に抗して自らを維持するために変革しなければならないという前提から出発した。多くの場合、国家は外部の出来事によって変革を余儀なくされ、内部の時間的循環が中断されると彼は主張した。しかし、変革はまた「刷新（renovation）」によってもたらされ、法律が国家を「本来の姿に戻す」こともあれば、有徳な個人が自らに課すこともあった。[52]「刷新」は常に困難なものであったが、マキァヴェッリにとって、ローマ共和国（共和政ローマ）の運命が証明するように、貴族主義の過剰によって重荷を背負わされた共和国を改革する試みは特に厳しいものであった。紀元前2世紀後半、帝国拡張のために戦わずローマにとどまった元老院のパトリキ（貴族）たちが、借金を背負ったプレブス（平民）の兵士たちから土地を奪うといったかたちで貧富の対立が激化するなか、グラックス兄弟はプレブスの護民官を務めた。グラックス兄弟は、市民が所有できる土地の面積を制限した共和国の初期の農地法〔訳注 リキニウス・セクスティウス法〕を復活させようとした。彼らの改革は必要であったとマキァヴェッリは示唆している。しかし、元老院が事あるごとに土地改革に反対したため、グラックス兄弟の行動によって「ローマは収拾のつかない大混乱に陥り」、「内乱となって、多くの血が流された」とマキァヴェッリは述べている。[53]グラックス兄弟の改革はローマを安定させるどころか、共和国の軍事独裁、ひいてはカエサル主義への転落を加速させたとマキァヴェッリは主張する。[54]

アメリカ共和国における「過剰」

古代ローマ共和国の運命は、マキァヴェッリの解釈で理解するにせよ、しないにせよ、初期の代議制民主主義に暗い影を落とすものであり、アメリカほどその影響が色濃く現れた国はない。ローマと同様、初期のアメリカ共和国も領土拡張に励み、奴隷人口を抱えて出発し、債務をめぐる階級政治と闘った。アメリカ共和国の歴史そのものが、民主主義政治が生み出す対立、民主主義政治とネイションフッドとの関係、貴族主義と民主主義の過剰という点から捉えられる諸問題を是正するための改革をめぐる争いについて明らかにしている。しかしそれは同時に、アメリカ共和国が現在直面している民主主義の危機を考えるうえでも重要である。というのも、この危機に内在する対立のいくつかは、アメリカ最初の憲法に起因するものだからである。

利害をめぐる堅苦しい政治用語で言えば、アメリカ憲法をめぐる争いは、債務と領土拡張をめぐる政治的な戦いであった。アメリカは安全保障連合としてイギリスから独立を勝ち取った。しかし1787年、連合規約（Articles of Confederation）のもとで結成されたその連合は、債務を履行することができなくなった。多くのアメリカ人が独立の重要な報酬とみなしていたのがアパラチア山脈以西への入植であったが、これに抵抗するアメリカ先住民を軍隊でもって打ち負かそうにも、信用が失われたまま、軍隊を動かすための資金調達もままならない状況に置かれていた。[55] 連邦憲法以前に中央政府としての役割を果たしていた連合会議（Confederation Congress）と各邦〔訳注　以下、歴史的に「邦」とすべきところも「州」と表記〕は、いずれも対英戦争の資金調達のために国内外の債権者から多額の借り入れを行っていた。連合規約のもとで13州はそれぞれ課税権を持っていたため、基本的に債務を履行することはできたが、債務者と納税者の反乱に直面した一部の州の議会は債務不履行を決めた。他方、連合会議には直接的な課税権がなく、各州に要求した歳入を強制的に徴収する権限もなかった。1787年にアメリカの連邦憲法を起草した人びとは、各州において民主主義の過剰とみられるものを除去することで、アメリカの信用力を回復したいと考えた。そのため、州から課税権の大部分を取り上げ、連邦政府が債務を履行するための第一次課税権を設け、上院と大統領を直接選挙から守るように憲法を設計した。

憲法批准の闘いにおいて、連邦主義者《フェデラリスト》たちは過去の歴史に目を向け、民主主義の過剰にたいして危惧を表明した。ジェームズ・マディソンの考えでは、アメリカの上院は、「同じ市民に毒薬〔の服用〕を命じた日の翌日に彫像〔の建立〕を命じるというぬぐいがたい恥辱」をアテネ市民に味わわせるような「民衆の自由（Popular Liberty）」から守るための安全装置であった(56)(※)。アレグザンダー・ハミルトンの考えでは、歴史の教えるところ、「共和国の自由を転覆するに至った連中の大多数の者は、その政治的経歴を、民衆《ピープル》への媚びへつらいから始めている。すなわち、煽動者《デマゴーグ》たることから始まり、専制者《タイラント》として終わっているのである(57)」。これとは対照的に、憲法に強く反対した人びとは、連邦共和制は貴族主義的な構造を持ち、やがて貴族主義的な性格を強めると考えた。「ブルータス」というローマ人のペンネームを名乗ったある有力な反連邦主義者は、憲法は富裕層の支配につながるだけであり、富裕層は自分たちのためだけに支配すると主張した。この憲法〔＝政体（constitution）〕をめぐっては美辞麗句でもって美徳が称揚されてはいるが、「それはまさに多数の人びとから収奪するために少数者の手に握られた政府となるであろう」と彼は主張した[58]。

貴族主義の過剰を恐れる人びとにとって、アメリカ共和国は瞬く間にローマ史でおなじみの事態に陥った。原因は、またしてもアメリカの債務であった。1790年、アメリカの初代財務長官ハミルトンは『公信用に関する報告書（*Report on the Public Credit*）』を発表した。ハミルトンは、連邦政府が各州の債務を引き受け、すべての債務に額面どおりの利子を支払い、減債基金（Sinking Fund）〔訳注　公債の償還に充てるための資金を事前に積み立てておくもの〕を設立して長期にわたって債務を返済することを提案した。マディソンとその友人トマス・ジェファソンは、ハミルトンの計画は憲法違反であると直ちに非難した。マディソンらは、ハミルトンの計画が寡頭制の腐敗をもたらすものであると主張し、特に報告書の発表に先立って、ハミルトンが北部の金融業者に国や州の証券をきわめて安値で大量購入するよう奨励した点を論難した[59]。ハミルトンにはマディソンらの批判が、共和国を終焉に導こうとするデマゴーグたちの所業としか思えなかった。

※〔訳注　古代アテネの将軍で政治家のポキオン（フォキオン）がマケドニアのポリュペルコンの陰謀による告発を受けて死刑（服毒死）となるが、すぐにそれを後悔したアテネ市民は逆に告発者を死刑に処し、ポキオンの彫像を建立することを決定した。プルタルコス『英雄伝5』城江良和訳（京都大学学術出版会、2019年）の「ポキオン」の項を参照〕

債務、階級、ネイションフッド

アメリカ共和国の政治は、こうした債務をめぐる力学とその階級闘争との関係、さらにアメリカのネイションフッドという対立概念をめぐって繰り返し争われるようになった面がある。南北戦争以降の工業化と鉄道の発展、スタンダード・オイルの台頭は、そうした事業の資金需要を通じてニューヨークの銀行と否応なく結びつき、貴族階級への新たな経済権力の集中をもたらした。その後の数十年間、この新しい経済貴族は政治的影響力を獲得し、それぞれの部門で独占的権力を保持する能力を通じて共和国の政治を支配した。こうした露骨な貴族主義の過剰は、共和国建国時にまでさかのぼって訴える力強い民主主義的な反発を引き起こした。

1890年代の経済恐慌の際、アメリカ人民党は農民と債務者の連合を動員して腐敗に異議を唱え、金融改革と信用供与の改善を要求した。7月4日という象徴的な日〔訳注　独立記念日〕に発表された1892年のオマハ綱領は、共和制が崩壊したと公然と述べ、信用によって「道徳的、政治的、物質的に破滅寸前まで追い込まれた国民《ネイション》のただなかにわれわれはいる」と宣言した。人民党員たちは、上院の直接選挙、大統領任期の制限、銀貨の無制限鋳造、所得税、労働時間の短縮などとともに、信用供与を要求することで、自分たちが最初の憲法〔訳注　連合規約〕を復活させ、「共和国の政治をその生みの親の階級である平民（plain people）の手に取り戻す」ことができると考えたのである。[60]

その後の数年間、アメリカの人民党員たちによる民主主義的改革への試みは、そうした試みが特に長い歴史を持つ立憲共和制国家にもたらすいくつかの不安定化傾向を示した。[61]その一つは、人民党員たちが美辞麗句を並べたてて国内の統一を強調し、共和国の救済をそれに委ねたことである。オマハ綱領のなかで、彼らは「この共和国は、全人民《ピープル》の相互の愛と国民《ネイション》への愛のうえに築かれているときにのみ、自由な政府として存続しうる」と宣言した。しかし、彼らの美辞麗句は、特定の市民グループの票を得ようとしてネイションという概念に訴えれば、分断が生じることを示していた。人民党員たちは、アメリカ共和国を階級的視点から思い描いていた。すなわち、農民や工場労働者からなる民主主義的で「アメリカ的」な生産者階級と、非生産的で貴族主義的で国際主義的で寄生的な債権者階級を対立させたのである。[62] 人民党員たちの言葉は、反ユダヤ主義と容易に結びついた。1896年に民主党の大統領候補指名を獲得したポピュリストのウィリアム・ジェニングス・ブライアンは、経済的貴族制をアメリカ・ネイションフッドとは相容れない裏切り者のコスモポリタニズムと結びつけた。金《ゴールド》は「外国の有力者や権力者」にアメリカの主権を破壊させたニューヨークに住む大西洋志向のイギリス崇拝者やユダヤ人の金融家のものであるとブライアンは言い放った。[63] 民主党の指名を受けたブライアンは、アメリカの農民にのしかかる金の重荷を「いばらの冠」や「人類の磔刑」になぞらえた。[64] 一方、銀は「アメリカ人のためのアメリカのお金」であるとしたが、ここでのアメリカ人とは生産者階級のことを指していた。[65] 初期の南部ポピュリストのなかには、人種を超えた階級同盟を築き、アフリカ系アメリカ人の選挙権を求めて戦った者もいたとはいえ、共和国当初の階級的均衡を取り戻そうという考え方それ自体は、もともと政治的均衡から排除されていた奴隷を先祖に持つ人びとを暗黙のうちに締め出すものでもあった。

　このように共和国の建国時にまでさかのぼってネイションフッドを制限的に捉えていたのは、人民党員にかぎらなかった。人種的に隔離された旧南部連合国と北部の和解という考え方に依りつつ、南北戦争後のアメリカで民主主義的な政治家たちが展開したネイションフッドという言葉は、人種的な要素が強かったが、それをさらに複雑にしたのが、1790年の帰化法で確立され、1882年の中国人排斥法でふたたび強化された、アジア系移民は市民にはなれないという前提であった。[66] 人民党員の特徴は、ネイションフッドをめぐる排外主義的な言葉を、債務や立憲共和国をめぐる階級的に偏った言説と結びつけたことである。そうしたかたちの政治的不満の表明は、アメリカにとどまらず、民主主義諸国の政治において繰り返しみられる。

人民党の反逆に続く政治の時代は、貴族主義の過剰にたいする民主主義的改革の時代という側面があった。経済的には、進歩主義者たちは鉄道会社のオーナーやスタンダード・オイルの独占的権力を糾弾し、連邦所得税を認める憲法修正を実現した。彼らはまた、汚職や賄賂のない選挙をめざした。進歩主義者たちは予備選挙を導入し、一部の州では州民投票とその実施を請願する権利を確立し、上院の直接選挙と最終的には女性の投票を定めた憲法修正を実現した。[67] セオドア・ローズヴェルト元大統領が共和党を割って進歩党を結成したとき、彼は「国民の政府（national government）」が個別部門の企業の影響力に抗して共通の経済的福祉の実現に向けて行動することを「新しいナショナリズム」と呼び、これを1912年の大統領選で選挙運動のレトリックの中心に据えた。しかし、セオドア・ローズヴェルトの進歩主義政治は、経済的ネイションフッドに目を向けることで、アフリカ系やアジア系のアメリカ人を排除する露骨な人種差別的な言説をふたたび展開することとなった。[68]

進歩主義者たち

進歩主義者たちは、代議制民主主義がかたちを変えた貴族制を生み出すことがありうることも示した。それは、テクノクラート（技術官僚）が政治的特権を握るテクノクラシーである。進歩主義者たちは、富裕層による富の集中や腐敗を共和国への脅威とみなしたが、進歩主義者のなかには、科学的・技術的知識人からなる独自の貴族制を生み出す行政国家が成長しつつあるとみて、そうしたエリートは時代を経ても腐敗に陥ることはないと考える者もいた。[69]

20世紀初頭、アメリカの債務と金融の対立は、ニューヨークの金融界を中心とする旧来の貴族主義的な権力の集中と、技術的専門知識を政治的権威の源泉とする新たな主張を融合させるかたちで解決された。アメリカ共和国の初期には、中央銀行が存在すべきか否かが繰り返し問われたが、答えはそのつど否定された。中央銀行が設立されたところで、いつしか貴族主義の過剰に屈するようになるからである。1791年、ハミルトンは激しい反対を押し切って最初の合衆国銀行を設立した。1811年、銀行の勅許がまもなく失効すると、上院は副大統領の決定票によって勅許の更新を見送った。1812年の対英戦争で連邦政府が多額の債務を抱えると、1818年に連邦議会は20年を勅許期限とする第二合衆国銀行の設立を承認した。しかし、アンドリュー・ジャクソン大統領が、第二合衆国銀行が人民《ピープル》にたいして権力を行使する「政府のような存在」になっていると非難したことから、1836年にまたしても勅許は更新されなかった。[70] 連邦準備制度が連邦準備法（Federal Reserve Act）によって創設されたのは、それから70年後の1913年のことである。

FRBの提唱者たちは、1907年に起こったような銀行パニックを未然に防ぎ、ドルを国際通貨とするために必要な進歩主義的改革として、アメリカに中央銀行を設立することを提案した。[71] しかし、現実に中央銀行が設立されても、旧来の階級対立から逃れることはできなかった。ウォール街の銀行家グループがジョージア州沿岸にある島で草案を作成したが〔訳注　このグループは島の名をとって「ジキル島クラブ」と呼ばれた〕、法案の筆頭提案者であるネルソン・オルドリッチは、政治的影響力を金儲けの手段として利用していたのではないかとの疑惑の目が向けられるなか、私腹を肥やしていた。[72]

連邦準備制度の内部構造は、大統領が理事会メンバーを任命するという貴族主義の過剰を防ぐと同時に、民間銀行が12の地区連銀を所有するという民主主義の過剰をも防がなければならないという二つの政治的要請のあいだの緊張を封じ込めていた。金融政策の決定は形式的には連邦準備制度理事会（FRB）が行ったが、実際にはモルガン家が支配するニューヨーク連邦準備銀行に委ねられていた。この断層は、第一次世界大戦によってすぐに拡大した。第1章で論じたように、JPモルガンはイギリスとフランスの債権者として行動し、1916年のアメリカ大統領選挙はモルガンが支持する参戦派の候補と当時参戦に反対であったウッドロー・ウィルソン大統領との争いとなったことから、アメリカ共和国における長年にわたる債務をめぐる階級対立は、1914年以降、ユーラシアにたいするアメリカの地政学的影響力〔の行使の是非〕をめぐる対立によってさらに悪化した。

戦間期

ナチス・ドイツの侵攻によって一部のヨーロッパの民主主義諸国が崩壊する以前から、すでに戦間期において代議制民主主義の弱点が如実に露わとなっていた。ヨーロッパは民族自決（national self-determination）〔＝国民の自己決定〕の原則に基づき民主主義諸国により構成されるべきであるとするウッドロー・ウィルソンの空しい主張は、ヨーロッパの諸帝国が終焉を迎え、民主主義的国民国家の時代が到来するという共通の前提を表明したものであった。しかし、繰り返しになるが、ネイションフッドは諸刃の剣であった。特に少数派の市民グループに向けて強制力が行使された場合、ネイションフッドの追求は往々にして不安定を助長する結果となった。

第一次世界大戦が終結する頃にはすでに、ヨーロッパ民主主義諸国の許容範囲を超える多くのナショナルな帰属意識がヨーロッパに存在していた。多民族国家のオーストリア＝ハンガリー帝国とオスマン帝国が崩壊し、ドイツが領土を失ったとしても、ネイションフッドを求める既存の政治的主張とぴったり一致する後継国家が誕生することはありえなかった。それどころか、後継国家では、支配的な民族共同体（national community）が、旧帝国に抵抗してすでにネイションフッドを明確にしていたマイノリティやドイツ国外にあってドイツ人であることを自認するマイノリティと政治的に共存しなければならなかったのである。

多くの民主主義諸国の政府は、ネイションフッドというものは、少なくとも部分的には、福祉国家政策を通じて市民に物質的保護を与えることによって築かれるもの、というビスマルクの理解に立ち返ろうとした。しかしながら、そうした試みは、債券市場の制約、債権者銀行からの要求、そして金本位制下で通貨の地位を維持する必要性といった問題にぶつかった。金融危機の際には、政府は国際貿易を脅かすような、より本格的な経済ナショナリズムを推進するか、福祉国家への支出を抑制するかの二者択一を迫られた。

経済的ネイションフッドがいかに困難であったとしても、政治家にとって制限的なネイションフッドに訴えることは相変わらず手軽に利用できる手段であった。とりわけ、反ボリシェヴィズムの掛け声として使える場合はそうであった。ヨーロッパでは、マイノリティから完全な市民権を剝奪した政府もあった。アメリカでは、１９２０年代初頭の経済恐慌のさなか、連邦議会は大多数のユダヤ系アメリカ人の出身国を含む南ヨーロッパと東ヨーロッパからの移民を抑制する法律を可決し、日本からの移民を禁止した[73]。

しかし、民主主義政治がネイションフッドを必要とすることは、戦間期（とりわけ、ネイションフッドがほとんど存在しなかった時期）にもはっきりと示された。オーストリア第一共和国では、キリスト教社会党（黒）と社会民主党（赤）という二つの政党（黒は地方を支配し、赤はウィーンを支配）が拮抗し、カトリックと反聖職者主義をめぐって、今日でいうところの文化戦争《カルチャーウォー》を繰り広げていた。各政党は、それぞれが培ってきた文化的・宗教的アイデンティティに沿ってオーストリア共和国の変革をめざし、それぞれが準軍事組織を利用した。１９３３年、キリスト教社会党の首相エンゲルベルト・ドルフースは、厳格なキリスト教とカトリックによるオーストリア統一の名目で、すべての政党の反対派を締め出す独裁体制を敷いた。１年後、オーストリアは内戦に突入した。その後の混乱状態がようやく収まると、オーストリア文化戦争を戦った両陣営の退役軍人たちは、ある社会主義者が言ったように、「われわれはオーストリア人であり……独立した人民《ピープル》でありつづけたい」という考えに、戦後オーストリアの民主主義にとって唯一の拠り所を見いだした[74]。

参政権と税金の問題

その一方で、すべての国民が投票できるようになったら誰が税金を払うべきか、国際通貨制度のもとで戦時債務や福祉国家政策の財源をどうするかといった問題は、激しい民主主義的対立を生んだ。完全な参政権を保障する民主主義は、富裕層のあいだに税にたいする恐怖を呼び起こした。アリストテレスが考えたように、多数者による政治は貧しき者のための政治を意味し、富裕層はしばしば自分たちの所得や財産が没収される未来を民主主義に見て取った。非居住者や国外事業が主体の法人がきわめて低い税負担で済む管轄区域、タックス・ヘイヴン（租税回避地）が誕生したのは19世紀後半である。スイスとオランダは第一次世界大戦中は中立を維持したことから、戦後はヨーロッパの富裕層が民主主義的な議会で決められた税金を回避するために多額の資金を移動させる場所となった。英王室属領もそうした場所の一つであった[75]。

最も顕著なのは、こうした税負担にたいする富裕層の懸念によって、1920年代半ばに民主主義国フランスの課税能力が低下したことである。当時、フランを金本位制に戻せなかったフランス政府は、資本市場から資金を借り入れることがほとんどできなくなっていた。政権が交代し、フランスの民主主義が混乱の様相を呈したことから、富裕層は短期金融資産を売却し、資本をフランス国外に移動させた。これによってフランの対外価値は下落を続け、資本逃避は自己増殖的な現象となった[76]。

タックス・ヘイヴンと資本逃避への不安が相まって、完全な参政権に基づく民主主義政治のもとで生まれた税制は、結局のところ、民主主義の過剰と同じ程度に貴族主義の過剰というリスクを生むこととなった。1920年代半ばまでに、各国政府は富裕層が自分たちの財産と所得を課税から守る現実的な手段を持っていることを前提として税制を決定するようになった。最富裕層のアメリカ人による租税回避が非常に効果的に行われていたことから、連邦議会は租税回避を減少させるための減税案を可決した。しかし、これにより、富裕層はより多くの税を負担すべしという憲法修正第16条の意図が大幅に薄まってしまった。[77] 1928年、フランス政府も所得税の大幅減税を実施した。フランス首相宛に提出された報告書のなかで、大口納税者にとって所得税は「ますます自発的な寄付のかたちをとる傾向がある」と指摘されていたことがその背景にある。[78]

それにもかかわらず、持続不可能な債務を民主主義と結びつける古い考え方が戦間期に強まった。最も悪名高いのは、ドイツの債務問題に対処するために紙幣を増刷するというヴァイマル共和国初期の無謀で破滅的な無責任ぶりである。[79] ドイツ・ヴァイマル共和国は、第一次世界大戦とその賠償金支払いのために巨額の債務を抱えた状態から出発した。さらに、ヴァイマル政府から法的に独立していたドイツの中央銀行ライヒスバンクは、ハイパーインフレ下で独自の役割を果たした。[80] しかし、国家が借金をできるかどうかは、債務処理に必要な税金が議会で承認されることを債権者がどれだけ確信しているかにかかっている、という古くからの問題がドイツで復活したのである。ドイツが債務を履行するための新たな税金が国会（ライヒスターク）を通過するという確信が持てなかったことから、債権者は資金の新規貸し出しや既存の債務の繰り越しに消極的となり、中央銀行は国家の歳出を賄うために紙幣を増刷せざるをえなくなった。[81]

1970年代もそうであったが、平時のインフレは、貴族主義の過剰と民主主義の過剰にたいする恐怖心に火をつけ、制限的なネイションフッドへの訴えを新たに呼び起こした。ドイツでは、ハイパーインフレが貯蓄者に与えた衝撃があまりに大きく、それまでヴァイマル共和国を支持するのが当然と思われていた階級的地位にある人びとの多くが、その後の危機の時代に反民主主義勢力に好意を寄せるほど深刻な不安を抱えることとなった。[82] しかし、インフレは貴族主義の過剰という認識ももたらした。ヴァイマル体制を終わらせたいと望む者にとって、インフレは排外主義、とりわけ反ユダヤ主義の新たな口実となった。最も致命的だったのは、ドイツがハイパーインフレに見舞われるなか、ヒトラーが「経済のユダヤ化」を執拗に攻撃し、ユダヤ人をマルクス主義者と利潤追求者の二重の悪者に仕立て上げたことであった。[83]

戦間期の金本位制も、それが廃止されるまでは、同様に民主主義を不安定化させた。金本位制は、通貨の安定を約束することで、民主主義の過剰にたいする懸念に歯止めをかけるものとして認識されていた。しかし、金本位制のもとで、政府は福祉国家政策よりも金融の安定を優先させることが求められたことから、金融政策は民主主義政治になじまないという金本位制の基本的前提にたいする民主主義的な反発が起こった。1929年の大恐慌以後、それ以前のアメリカ共和国でもよくみられたように、ヨーロッパの中央銀行は政治色を強めた。イギリスやスウェーデンのように、政府が金融政策を政治的にコントロールし、アメリカのように、大統領が銀行と対立するような場合、民主主義それ自体が求める国民経済の自律を名目に、金本位制は放棄された。フランクリン・ローズヴェルトが1933年にドルを金から切り離したとき、ある銀行家はこの行動を「暴徒の支配」と非難し、「われわれはフランス革命よりも過激な革命の渦中にあることに気づくかもしれない」と述べた。[84]

ニューディール

それは極論である。しかしながら、ローズヴェルトの行動は、後に財務省の高官らがケインズとともに第二次世界大戦後の国際通貨制度に埋め込もうとした、経済的ネイションフッドを軸とする民主主義的改革という従来とは質的に異なる考え方の先駆けとなったのである。ローズヴェルトからすれば、資本が自由に行き交う国際経済を巧みに利用して（特に税制との関連で）自分たちの重大な利益を守る銀行や富裕層の能力は、貴族主義的な力であり、民主主義のもとでは抑えられなければならないものであった。

失われた階級間の均衡と共和国の基本的価値を回復するプロジェクトを主導したローズヴェルトは、アメリカ人民党党員の後継者であった。[85] 彼の政治連合には、経済的絶望にあえぐ中産階級のほかに農民や工場労働者も加わった。ローズヴェルトは最初の就任演説で、「両替屋（money changers）は、われわれの文明という神殿の崇高な座から逃げ出した」と述べ、両替屋がいなくなれば、神殿は「古代の真理を取り戻す」ことができると宣言した〔訳注 「マタイによる福音書」第21章12および13節を参照〕。それはつまり、「人口が工業中心地に偏って国土のバランスを逸している」状況に対処するということである。国際貿易は「健全な国民経済を確立するためには、必然的に二の次になる」とローズヴェルトは言った。この就任演説の最初の一文には、「われら国民（our Nation）」という言葉が含まれていた。[86] 労働組合を結成する権利を連邦レベルで労働者に認めた法律が、全国労働関係法（National Labor Relations Act）である。労使ともに経済的国民（economic nation）となったのである。両者の相互依存関係は、全国産業復興法（National Industrial Recovery Act）で制度化された。ローズヴェルトは、1776年に「政治的専制が一掃された」地、フィラデルフィアで1936年の民主党大統領候補指名を受諾した際、1932年の選挙は「経済的王党派」の「独裁」に終止符を打つことを命じる「人民《ピープル》の委任」であり、「多くの者にとって、かつて勝ち取った政治的平等は、経済的不平等の前では無意味であった」と述べた(87)。

事実上、ニューディール改革は、アメリカの富裕層にたいする新たな課税によって賄われた。改革の大半は、連邦政府の権威と権力を確立することが必要であった。連邦政府は、銀行を規制し、住宅所有者や農家の借り入れコストを引き下げ、農産物価格を引き上げ、大手エネルギー会社が無視してきた農業地域に電力を供給した。こうした新しい連邦政府の権力を行使するため、ローズヴェルトは、あたかも国家が戦争状態にあるかのように、行政府に緊急権を与えることを要求した。連邦議会で可決されたニューディール法の半分以上が最高裁で却下されると、ローズヴェルトは上院に阻止されるまで、6人の新しい判事を最高裁に送り込もうとした。

しかし、ニューディールは、民主主義的な経済的運命を共にするというネイションフッドの理念とネイションフッドという排他的な言葉とのあいだの緊張関係を示していた。ローズヴェルトは、国民経済の復興を約束するなかで、1920年代に成立した制限的な移民法によってアメリカのネイションフッドから排除された南ヨーロッパや東ヨーロッパからのカトリックやユダヤ系の移民を民主党の政治的連合に引き入れた。しかしそれと同時に、ローズヴェルトは、民族的に白人で、ヨーロッパ出自の人びとを基準にアメリカのネイションフッドを定義するという、一般的な政治的言説を受け入れていた。特にローズヴェルト政権は、ニューディール法によって確立された住宅および住宅ローン金融に関する数々の連邦政府の権限を利用して、もっぱら白人のアメリカ人による住宅所有を支援した。その結果、ニューディールは住宅における人種隔離を激化させた。[88] 政治的にみて、ローズヴェルトが改革を進めようとするならば、それ以外にほとんど方法がなかった。連邦議会で南部民主党の支持がなければ、ニューディールは実現しなかったと思われるからである。[89] しかし、第9章で説明するように、アメリカ共和国における富の分配に及ぼしたその長期的影響は、今日なおアメリカに重くのしかかっている。

ニューディールの政治は、石油を介して、アメリカ共和国と人種のあいだの歴史的関係とさらに強くつながっていた。アメリカ国内の石油生産者にとって原油価格の低迷は、アメリカを襲った経済恐慌の中心的な要因であったことから、石油はニューディールの根幹をなしており、ローズヴェルトは採算のとれる水準まで価格を押し上げるために厳格な生産制限を法律で定め、生産枠を割り当てた。これは、アメリカ共和国内の地域的パワーバランスにも影響を与えた。ローズヴェルトが支援を求めた独立系石油生産者は、主にテキサス州で操業していた。１９３５年、テキサス州を中心とする６つの産油州が州際石油規約を結んだ。これらの州は、かつて奴隷制を擁護するために利用された「諸州の権利（states' rights）」という古くからの南部の大義名分を盾に、石油産業を全米で規制するというニューディーラーたちの抱いていた当初の希望を打ち砕いた。[90] この政治的戦いに勝利したテキサス州は、テキサス鉄道委員会という石油規制機関を使って、その後40年間にわたって、世界の原油価格を決定する力を手に入れた。[91] この経済的な力によって、テキサス州議会の代表団は、サム・レイバーンからリンドン・ジョンソンに至るまで、テキサス州選出の議員たちが次々と指導的地位に就いたことに表れているように、傑出した政治的影響力を持つようになった。「諸州の権利」という主張は歴史的に根強く、連邦《ユニオン》の一部では現在でも選挙権を制限するのに利用されているが、連邦と州の権限にかかわる古くからの対立に火をつけた石油生産をめぐる政治は、アメリカ共和国の深い断層を直接圧迫した。

他の点と同様、この点でも、アメリカの民主主義にとって戦間期の遺産は、民主主義が存続したヨーロッパ諸国とはまったく異なるものであった。1933年以降、アメリカ共和国は経済を改革し、階級間の影響力配分において均衡が保たれるようになったが、完全な参政権に基づく民主主義とはならず、この連邦憲法を備えたエネルギー生産国では、各州が経済的ネイションフッドという理念を制限するかたちでそれぞれ一定の構造的権力を獲得した。ニューディールがその後30年間のほとんどの期間、アメリカ政治における経済・選挙の基盤となったとしても、このニューディール共和国は依然として民主主義の名のもとに異議を唱えられる可能性があり、やがてそれは、アメリカのエネルギー力が衰退しはじめるのと同時に起こるであろう。他方、ドイツ、イタリア、フランスでは、戦間期と大戦期の惨禍を経て確実に新しい民主主義国が建設された。ドイツの場合、アメリカのような参政権をめぐる特別な歴史的重荷を背負うこともなく、切り取られた領域国家として建国された。実にニューディールは、民主主義的国民国家と国際化・金融化の遅れた経済からなる世界の先駆けであった。しかし、その未来がよりはっきりとしたかたちで現れたのは、ヨーロッパであった。

第8章

民主主義的租税国家の盛衰

ドナルド・トランプと欧州委員会が結びつくような問題はほとんど存在しなかった。ただし、デジタル小売業界の巨人アマゾンだけは例外である。2018年を通じて、トランプはツイッターで同社を攻撃し、アマゾンが税金を納めていないことは「納税している小売業者にとって大損害だ」とツイートしたこともあった。[1] さらに重大なことに、アマゾンはヨーロッパの他の場所で事業を展開する際に税金をほとんど納めなくても済む取り決めの一部としてルクセンブルクから税制優遇措置を認められていたが、2017年10月、欧州委員会はこれを違法な国家補助とみなし、2億5000万ユーロの返済をアマゾンに命じた。欧州委員会は、「税金を納めることは、ヨーロッパでビジネスを行うことの一部である」と主張した。

しかし、EUがこの考えに基づいて行動するのは容易ではない。2020年5月、アンゲラ・メルケルとエマニュエル・マクロンは、欧州委員会がEU名義で借り入れる資金を原資とするEU復興基金案を発表した際、EUの新たな債務を返済するためのEU税の提案は行わず、「EUにおける公正な税制の枠組みを改善することが引き続き優先課題」であり、共通の法人税制の基盤を確立することができれば「理想的」であると述べるにとどまった。その後の正式な提案では、単一市場へのアクセスと結びついたEU法人税とテック大手企業にたいするEUデジタル税が提案された。しかし、2020年7月のEU首脳会議で交わされた復興基金に関する実際の合意には、EU法人税は含まれておらず、各国の法人税率を調和させるという約束すらなかった。その代わりに、EUはリサイクル不可能なプラスチック廃棄物に課税する権限を獲得し、過去10年間にわたって議論されてきた金融取引税に加え、炭素税やデジタル税についても将来的に話し合うことを約束した。

EUが法人税に関する共通のアプローチに合意できないのは、税制をめぐってEUが直面している政治的困難の始まりにすぎない。復興基金をめぐる議論で欠けていたのは、新たな債務当局を支えるためにEU市民が〝市民《シティズンズ》〟として課税されるべきであるという提案であった。それどころか、フランスのティエリー・ブルトン欧州委員（域内市場担当）などは、首脳会議後のツイッターで、そのようなことはありえないと誇らしげにこうつぶやいた。「ヨーロッパは初めて、ヨーロッパとヨーロッパ市民のためにお金を借りる。だから、わが同胞たるヨーロッパ市民には税金を課さない。われわれが税金を課すのは、域内市場の境界においてだけだ(2)」

租税、債務、民主主義のあいだの歴史的関係にかぎって言えば、そこにEUは存在しない。民主主義的な租税国家《タックス・ステート》として残っているのは、ナショナルなレベルだけである。法秩序としてのEUにとって、市民であることは債務や租税とはまったく無関係な意味を持つようになった。こうした断絶がいかにして生じたのか、またEUを超える民主主義政治にどれほど広範な影響を及ぼしたのかを理解するには、第二次世界大戦後の西ヨーロッパとアメリカの代議制民主主義にまでさかのぼり、税制との関連を含め、経済政策をめぐる民主主義的な特徴のいくつかが1970年代にどのようにほころびはじめたのかを知る必要がある。

経済的ネイションフッド

第二次世界大戦後に民主主義が再建された地域では、決定的な時間的リスクがどこにあるのかについての認識はさまざまであり、債務にたいしてEUがどのように対応したのかはいまだに重要な問題である。戦後、共産党が躍進したフランスとイタリアでは、民主主義への気運が高まった。イタリアでは、国民投票の結果、君主なき第一共和制が成立した。フランスでは、第四共和制憲法が制憲議会で合意された後、国民投票で正当化され、強力な立法府が設置された。これとは対照的に、連合国によって押しつけられた西ドイツ憲法には、民主主義の過剰にたいする強力な歯止めが含まれていた。(3) 西ドイツ憲法は、新憲法の制定や西ドイツを構成するレンダー（州）の再定義を除いて国民投票を認めていなかった。同憲法のもとで、個人の権利は厚く保護され、強力な権限を持つ憲法裁判所が設置された。ヨーロッパの民主主義諸国のなかで、ドイツ連邦憲法裁判所が有するほどの権限を司法機関に与えた国はない。ドイツ連邦憲法裁判所だけが政党を違憲と宣言することができ、実際に1950年代にはネオナチの社会主義帝国党（SRP）と共産党（KPD）を禁止した〔訳注　SRPは1952年に、KPDは1956年にそれぞれ解散〕。ドイツ連邦憲法裁判所が1958年に下した判決は、事実上、あらゆる法的・政治的決定が司法審査の対象となりうることを意味し、同裁判所の判事たちはその後、本部のあるカールスルーエの地から、公的債務やEU条約を含むさまざまな政治問題について判決を下した。(4)

こうした憲法上の問題にとどまらず、第二次世界大戦後の地政学的・経済的世界は、第一次世界大戦後の環境よりも、民主主義国の将来にとってはるかに好都合であった。ブレトンウッズ体制は、その構造上、経済的ネイションフッドの理念を促進することで戦後西ヨーロッパの民主主義諸国を支援した。もちろん、ブレトンウッズ体制が西ヨーロッパの民主主義諸国にとって政治的な保護手段であったというのは言い過ぎかもしれない。戦後国際通貨秩序の原動力となったのは、第2章で説明したように、アメリカが競争的な通貨切り下げや国境を越えた金《ゴールド》の移動といったリスクから解放され、ドルを基盤とする金融・貿易秩序を構築することにより経済的自律性を享受したいというハリー・デクスター・ホワイトの願望であった。ホワイトと財務省の同僚たちは、アメリカの通貨力、アメリカの金融的安定性、特にホワイトの場合はソ連の支援に主眼を置いていた(5)。その後、トルーマン政権が違法な資本逃避を止めようとせず、マーシャル・プランを利用して共産主義者を権力から締め出すことでイタリアの民主主義政治を封じ込めようとした結果、ブレトンウッズ体制は大きく損なわれた。ヨーロッパ通貨が貿易決済の目的で実際に交換できるようになる頃には、ユーロダラー市場が立ち上がり、第5章で説明したように、ブレトンウッズ体制の最終的な終焉が始まっていた。

とはいえ、ローズヴェルト政権がアメリカの対外的な短期信用供与を約束すると同時に、国家の資本規制を容認する姿勢を示したことは、ヨーロッパの民主主義諸国にきわめて大きな影響を与えた。金融ナショナリズムによって、民主主義政府は通貨政策に関する政治的自律性が持てるようになった。また、資本逃避の機会が減ったことで、富と所得への課税が政治的に争われるようになった。戦後の各国政府が国民経済を民主主義政治に対応して経済的運命を共有する共同体として示すことを望んでいたとするならば、実際そうであったが、その限界がどうあれ、ブレトンウッズ体制はそれを試みるための十分とは言えないまでも必要な条件であった。

国家《ステート》は、国民《ネイション》のために、雇用を確保し、インフレを抑制し、国内農業を支援し、経済を危機から守る最終的な責任を負っていた。戦後西ヨーロッパの政治家たちは、公式・非公式の経済的権利を与える国家《ネイション》の市民である有権者に語りかけ、その権利を現実的にどのように実現するのが最善なのかをめぐって激しく争った。そのため、政府や行政官は、国民経済計算や国内経済成長率など、国単位で経済を考えた。(6) もちろん、だからといって、経済的ネイションフッドの利益が均等に分配されるわけではなく、すべての階級が政治的影響力を同等に得られるわけでもなかった。イタリアでは、工業労働者階級は少なくとも部分的には経済的ネイションから排除されていた。しかし、国家《ステート》が経済的に行ったことは、戦前のアメリカと同様、西ヨーロッパ諸国の政治家たちに、政治的共同体としての国民《ネイション》があたかも共通の物質的運命を共にしているかのように語るための手段となった。

シャルル・ド・ゴール政権下のフランスにおいて、この考えはことさら拡大解釈された。ド・ゴールにとって、経済的ネイションフッドとは、外国への依存がないことを必然的に意味した。もし国民国家が帝国から独立した政治的実体として定義されるのであれば、ド・ゴールの考え方からすると、アメリカは軍事・金融帝国であり、フランスはアメリカの核兵器から自由であるように、アメリカの資本からも自由でなければならなかった。しかし同時に彼は、経済的ネイションフッドだけで十分だとも考えていなかった。ド・ゴールにとって、ネイションフッドは向上すべきものであり、それゆえ国民経済はより人間らしく包摂的な観念であるフランス国民《ネイション》に資するものでなければならなかった。

ドイツでは、経済的ネイションフッドはそこまで拡大解釈されたわけではなかったが、それゆえにかえって政治的重要性を高めることとなった。西ドイツ経済は、戦後世界においてほぼどの国よりも大きな成功を収めたことから、戦後民主主義憲法とそれに基づいて設立された諸機関（民主主義的な政治の統制から独立した中央銀行である連邦銀行《ブンデスバンク》など）を効果的に正当化するナショナル（国民的）な物語をつくり上げることができた。(7) ドイツ民主主義の正当性は、国民経済の成功、とりわけ国内生産や国内物価の安定とほとんど切り離せないものとなった。歴史家のチャールズ・マイヤーは、１９８０年代末を振り返って、「ほぼ40年間、連邦共和国はいわばパンのみにて生きてきた」と述べた。(8)

イギリスでは、１９３０年代に実践された帝国主義的な貿易・通貨政策とそれまで支配的であった自由貿易への信頼に代わって、経済的ネイションフッドという強い言葉が使われるようになった。特筆すべきは、食料を海外からの輸入に依存していたイギリスが両大戦期に飢餓の危機に陥った後、イギリス政府は１８４６年の穀物法廃止の決定を事実上覆し、食料生産の国内自給を推し進めたことである。(9)

イタリアでは、比較的まとまった経済的ネイションフッドを確立することが難しかった。国家主導で南部の経済を再建しようと試みたものの、北部のほうがはるかに勢いよく成長し、地域間で工業と農業の分裂が続いた。イタリア南部の成長が芳しくなかったことから、北部や他の欧州経済共同体（ＥＥＣ）諸国に向かう大量の移民が発生した。反共産主義がイタリアのネイションフッドの物語に広く浸透し、それは経済にも波及した。１９６２年まで非共産党員の左派ですら政府に参加できなかったことから、西ドイツで一般的にみられたような協調的コーポラティズムの合意に労働組合を参加させることは困難であった[10]。

これとは対照的に、アメリカでは、ニューディール時代に比べると、経済的ネイションフッドはいくらか弱まり、人種的な制限はそのまま残った。全国的な賃金交渉も行われなくなった[11]。その結果、労働者は、ニューディールの制度に縛られる者や、賃金以外の福利厚生について組合と企業のあいだで結ばれた協定によって、歴史家メグ・ジェイコブスが言うところの「民営福祉国家（private welfare state)」の制度に縛られる者、さらに人種差別を含めてどちらからも排除される者とに分かれた[12]。一方、南部では別の分裂が起こった。国防産業の大規模な拡大と低い州税に惹かれて、人や資本が南部に移動しはじめたのである[13]。この新たな南部経済は、全米の他の地域と比べて労働組合の組織率がますます低下した。この労働市場の特異性によって、テキサス州の石油産業は影響力を強めたのである。第二次世界大戦中、石油産業は連邦政府が実質的に管理していたため、テキサス鉄道委員会の影響力は低下していた。しかし、戦争が終わると、テキサス鉄道委員会は原油の供給と価格にたいする支配力を取り戻した[14]。

とはいえ、貴族主義の過剰があれば政治的反動が起こるという状況をすぐに生み出した経済的圧力は、第一次世界大戦後には、ほとんどみられなくなっていた。30年間は経済恐慌が起こらず、不景気はあっても1年も続かなかったことから、失業率はごく短期間緩やかな上昇がみられただけであった。戦争が終わってから数年経つと、インフレはほとんど起こらなくなった。各国政府は、インフレが民主主義の安定性を損なうことを危惧していたが、原油価格の安値安定に助けられ、価格統制に成功した。銀行危機も起こらず、１９４９年の一連の欧州通貨切り下げ以降、イギリス以外で通貨危機はほとんど起こらなかったことから、イギリス政府は石油代金の支払いを含めポンドの恩恵を維持しようとした。各国の民主主義政治の流れを変えた金融危機は、スエズ危機のときのように、アメリカ大統領がドルへのアクセスを利用して西ヨーロッパ諸国の政府の意思決定を覆そうとしたときに起こった。

民主主義諸国はまた、第二次世界大戦後数年間は賃金低下圧力がほとんどない状態から出発した。戦時経済は、給与所得を上げることよりも賃金を低く抑えることを優先した。[15] ドイツでは、戦争終結直後に所得格差が縮小した。[16] イギリスとアメリカでは、戦争によって労働組合の組織率がふたたび上昇した。[17] 西ヨーロッパの多くの国では、コーポラティズムの合意によって、労働組合は賃上げを勝ち取っただけでなく、ストライキという対決的な行動をとらずに一定の政治的影響力を行使することができるようになった。

決定的に重要なのは、ヨーロッパの民主主義国が1920年代よりも第二次世界大戦後のほうが財政危機に陥りにくくなったことである。1945年以降、ヨーロッパ各国政府は、富裕層への大幅な課税を含む戦時の高税率体制から、数年どころか数十年も続く平時の福祉国家体制へと概ね転換することができた。[18] その際、各国政府は資本規制によって、少なくとも一部の租税回避や脱税をしにくくした。また過去の債務の利払いに苦労せずに済んだ。これはある面、アメリカの政策によるものでもあった。マーシャル・プランを通じてアメリカの公的資本が注入されるとすぐに債務が削減され、特に西ドイツの場合はそれが顕著であった。1953年のロンドン債務会議によって、西ドイツが累積的に抱えていたヴァイマル共和国期からの債務、戦争直後数年間の債務およびマーシャル・プランによる債務は半減し、返済期限は延長され、西ドイツの債務負担は貿易黒字の範囲内に制限された。そのおかげで、第二次世界大戦後の西ドイツの民主主義は、対外債務の要求や債務の管理方法をめぐる階級間の対立から守られた。しかし、それと同様に重要なのは、こうした債務をめぐる政治からの解放は、西側民主主義諸国がほぼ例外なく新たな債務を積み上げなかった事実にも起因していたということである。アメリカ人がベトナム戦争の戦費調達のために借金をするまでは、戦後の各国政府は均衡財政を概ね維持し、民主主義国の支出は自国の市民《シティズンズ》や国内企業からの税金で賄っていた。

ナショナルな歴史の重荷

しかし、市民＝納税者と結びついた国民経済という考え方は、それだけで政治問題としてのネイションフッドを解決するには十分ではなかった。ネイションフッドがはらむ危険性は、確かに戦間期ほど不安定ではなくなっていた。実際、ネイションフッドが悲劇を招いたことで、その危険性は低下した。ホロコーストによってヨーロッパのユダヤ人たちはむごたらしく殺戮され、第二次世界大戦とその余波のなかで、残虐な民族浄化が次々に起こり、少数民族は減少した[19]。一方、アンシュルス〔訳注　ドイツのオーストリア「併合（Anschluss）」〕の惨事を経験したオーストリアでは、汎ゲルマン主義が政治勢力として著しく弱体化した[20]。

しかし、絶えず変化する市民集団を一つにまとめられるようなナショナル（国民的）な歴史物語を描くことにつきまとう特有の緊張が解消されることはなかった。とりわけ戦後数十年間に西ヨーロッパの一部の国が旧植民地からの移民を奨励したとき、あるいはドイツがトルコからの「ガストアルバイター（ゲストワーカー）」の受け入れを奨励したときなどが、まさにそうであった。

フランスのネイションフッド

フランス第四共和制では、フランスのネイションフッドをめぐる過去の分断が解消されずに続いていた。第四共和制フランス政府は、戦時レジスタンスをフランス国民が戦闘に参加した直近の過去の事例として強調した[21]。しかしながら、フランスで左翼の率いるレジスタンス自体は、戦争中にフランスが経験した数ある事象の一つにすぎなかった。緊張に輪をかけたのは、フランス国民《ネイション》という帝国的概念から出発した第四共和制が、フランスの支配にたいするナショナリストの抵抗が高まっていたにもかかわらず、フランスの海外県と海外領土（そのうち最も重要なのがアルジェリア）を含む構成地域の全員が完全な市民権を持つという特異な政治的統一体《ユニオン》であったことである。このアルジェリアにたいする帝国の同意の欠如が、第四共和制を崩壊させたのである[22]。

フランス第五共和制は、ド・ゴールの考えるフランスのネイションフッドを土台として独創的に構築された。ド・ゴールは、フランス国民《ネイション》が革命的共和制の理想を具現化したものであるという考えを捨てたわけではなかったが、より長い歴史的連続性の物語をフランスのネイションフッドに同化させた[23]。アルジェリア独立問題が片づくと、第五共和制はそれ以前の政体よりも政治的にはるかに安定したものとなった。しかしながら、帝国が残した問題との格闘は続いた。１９５０年代後半から60年代後半にかけて、北アフリカからフランスに入ってくる移民の数は大幅に増加した。すでに第三共和制のもとで、イスラーム系移民には市民権が開放されていた。しかし、フランス植民地帝国が終焉して以後、フランスのネイションフッドという言葉は、フランス革命の歴史にほとんど関心のない人びとの大規模な経済移民にはうまくなじまないことがわかった。第一次世界大戦での兵役を通じてフランス市民となった移民もいたが、第五共和制は帝国を守るために行った戦争から誕生した。大量の移民は新たな対立を引き起こすと同時に、〔1789年の〕革命にまでさかのぼるフランスのネイションフッドをめぐる古い対立を再燃させた。右派の一部は、キリスト教を抜きにしてフランス国民《ネイション》たることはありえないと主張し、左派の一部は、フランス共和国の基盤をなすのは世俗的な国民《ネイション》であると主張し、それ以外の者は、右派・左派を問わず、フランスのネイションフッドはいまやその一部である宗教的多文化主義を受け入れなければならないと主張するようになった。(24)

ドイツのナショナル・アイデンティティ

戦後、西ドイツの民主主義にとって、経済的ネイションフッドは、それがいかに成功しようとも、ドイツ民族《ピープル》を究極的に定義するには十分ではなかった。ドイツ連邦共和国の初代首相コンラート・アデナウアーは、連邦共和国こそが、東ドイツ国民《ネイション》をも包含する永続的なドイツの歴史的国民《ネイション》を代表する唯一の存在であると常々主張していた。しかし、この考え方はナチス時代との関係で厄介な問題を引き起こした。1980年代、ドイツの歴史家たちは、ホロコーストがドイツの国民的《ナショナル》アイデンティティにとって何を意味するのかをめぐって激しい議論を戦わせた。この学術的論争は、ドイツ人が自分たちの記憶について合意することがいかに困難であるかを示した。しかしそれは同時に、戦前の過去を集団的に無視することはできず、かつ望ましくもないことを、論争する双方の側に示した。ドイツ人は、ホロコースト以前に自分たちが一つの民族《ピープル》として何者であったのかをいまだに記憶し、だからこそホロコーストの罪を現在進行形の歴史の一部として認識することができるのか、あるいは、アウシュヴィッツを一つの国民的《ナショナル》アイデンティティの終着点であると同時にまったく別の国民的《ナショナル》アイデンティティの出発点でもあると考える道徳的義務があるからこそ一つの民族《ピープル》となりえたのか、そのどちらかである。(25) いずれにせよ、ドイツ人は、ドイツの歴史によって一つの民族《ピープル》となったのであり、国内に滞在するトルコや北アフリカ出身のガストアルバイター（ゲストワーカー）をドイツ市民の物語に同化させることは一筋縄ではいかない。

イギリスのネイションフッド

別の理由から、過去に関する集団的な記憶がイギリスのネイションフッドを複雑にすることもあった。第二次世界大戦を経て、イギリスのネイションフッドに関する歴史物語は従来よりも語りやすくなった。戦争中、民主主義国イギリスは、市民を動員して市民兵として戦わせ、市民生産者として働かせ、市民債権者として金を貸し出させた。(26) こうした犠牲《サクリファイス》の要求には、ウィンストン・チャーチルが戦時中の演説で語った国民的《ナショナル》で民主主義的な物語が伴っていた。この物語においては、イギリス人民《ピープル》は彼の指導のもと、労働党の協力も得て、1940年に国家の独立放棄を厭わないエスタブリッシュメントと決別し、戦うことを決意した。(27) しかし、このイギリスのネイションフッドの物語は、チャーチルが明言したように、そのかなりの部分が帝国の物語であり、帝国が終焉を迎えつつあった戦後イギリス民主主義のなかで機能しなければならなかった。チャーチルが語ったイギリスのネイションフッドの歴史物語は、イギリス帝国の支配下にあるか、過去に支配下にあった国から流入する移民によって制約を受けたが、戦争体験を通じてその物語は多くの人にとって意味のあるものとなった。

結局、イギリス帝国の終焉は、イギリスの政治的アイデンティティが、スコットランド、ウェールズ、イングランドおのおののネイションフッドに訴える旧来の主張を覆すほどの強烈な意味を持つのかどうかという問題にも発展した。1960年代後半になると、スコットランドのナショナリストのなかには、多民族国家イギリスは帝国の経済的利益という歴史的な魅力に依拠しており、それがなければイングランドとスコットランドの連合《ユニオン》は無意味であると主張する者も出てきた。(28) 1970年代初頭には、民主主義国イギリスの市民が自分たちを共通の人民《ピープル》として認識することを可能ならしめるイギリスのネイションフッドの物語がいかに難題を抱えているかが明らかとなった。マイノリティが自分たちをイギリス人《ブリティッシュ》であるとは考えなかった北アイルランドでは、暴力が蔓延し、秩序回復のためにイギリス軍が派遣されたものの、結果的には、自分たちを徹底的に社会から排除しようとする支配体制にたいして不満を抱くカトリック教徒を煽っただけであった。一方、スコットランド国民（民族）党〔訳注　スコットランドの独立をめざし、社会民主主義路線をとるスコットランドの地域政党〕やプライド・カムリ〔訳注　ウェールズの独立をめざし、社会民主主義路線をとるウェールズの地域政党〕が台頭してくると、1970年代を通じてイギリス政府のどの政権も、スコットランドとウェールズの自治権を拡大する方法を探るためにかなりの政治的資本を費やしたが、結局うまくいかなかった。

アメリカのネイションフッド

イギリスと同様、アメリカでも、第二次世界大戦中、政府は多くの市民を兵士、生産者、債権者として動員した。アメリカ人は、すべての成人市民が事実上の国債を購入したに等しく、全米各地のあらゆるグループのアメリカ人がこれに参加した[29]。しかし、アメリカは同時に、人種的にほぼ完全に分離された軍隊で戦争を戦った。徴兵されて国の軍隊で戦った者はそれ以後選挙権を剝奪されることはないというヴェーバーの仮説は誤りであったことが証明され、南部では人種による選挙権の剝奪が続いた。1960年代になってようやく連邦政府は南部諸州で民主主義的な政治改革を断行し、初めて完全参政権が保障されたアメリカの民主主義が確立した。しかし、それでもなお奴隷制がアメリカ共和国と歴史的に共存し、奴隷制の廃止後も人種的階層が存続してきたことから、アメリカのネイションフッドに突き付けられた現在進行形の問題は解決しなかった。

マーティン・ルーサー・キング・ジュニア（以下、キング牧師）は、アフリカ系アメリカ人の公民権を求める運動のなかで、アメリカ共和国の建国に立ち返った。キング牧師の考えでは、アフリカ系アメリカ人を含めたアメリカのネイションフッドという理想は、共和国の誕生当初から存在しており、リンカンはすでにその信念を再確認していた。キング牧師は1960年代初頭に公民権を求めて座り込みで闘ったデモ参加者たちの功績を振り返り、彼らは「憲法と独立宣言をまとめた際に建国の父たちによって深く掘られた民主主義という偉大な井戸を国民《ネイション》全体に思い起こさせてくれる」と語った[30]。キング牧師からすれば、現在のアメリカ国民《ネイション》は過去なくしては存在しえなかった。しかし、公民権運動に参加した者のなかには、それまで実現されてこなかった建国の理想を取り戻すことによってアメリカのネイションフッドを回復するということに懐疑的な人びともいた。アメリカ共和国は白人の共和国として建国されたものであり、アメリカのネイションフッドという言葉は人種的階層と本質的に結びついているという彼らの主張は、1960年代の黒人ナショナリズムにつながるものであり、そこには、既存のアメリカ共和国の領土内に新しい国家《ステート》を建設するという希望があった。(31)

戦後のアジア系移民とヒスパニック系移民の流入によって、アメリカの歴史に残るもののうち、全アメリカ市民のためのネイションフッドという理念と両立しうるものは何かという疑問がさらに湧き上がった。1952年の法律で、アジア系移民の禁止とアジア系アメリカ人の帰化制限がともに廃止された。その後、1965年の移民国籍法により、1920年代から実施されていた国籍枠が撤廃された。この法律がきっかけで、ヨーロッパ以外からの移民が急増し、やがてアメリカの人口構成に大きな変化がみられることとなる。しかし1965年の法律では、国境を越えた季節移動をかなり促進していたメキシコ人向けのゲストワーカー制度が打ち切りとなり、その結果、南西部への非正規移民がさらに増加した。1980年代には、合法的な権利を持たずにアメリカで何年も暮らしている移民が数百万人にのぼった。1986年、多くの非正規移民に恩赦を与える法律が連邦議会で成立するのと同時に、国境管理の強化が義務づけられた。しかしながら、安価な労働力を歓迎する企業の後押しによって、メキシコからの移民を無制限に受け入れる動きが続いた。するとスペイン語話者の人口があっという間に増加した。1980年代には、この言語の問題は、アメリカの歴史的経験を理解するための手立てとなる多文化主義への関心の高まりと結びつき、特に政治的な面で分裂を引き起こした。この点、アメリカの民主主義は、19世紀ヨーロッパ諸国の国家建設にとって核となり、その政治を揺り動かしてきた言語と国籍の関係をめぐる問題に直面することとなった。(32)

アメリカで連邦政府がすべての市民の選挙権を保護するかたちで民族的により多様な民主主義への

移行が進んでいたまさに同じ頃、ベトナムでは徴兵制の軍隊が戦っていた。いまや人種的に統合された軍隊への徴兵は、ネイションフッドを政治的に刷新する基盤となるどころか、人種的・階級的対立を生み出した。徴兵制が敷かれているにもかかわらず、かなりの数の裕福な白人男性が学業を理由に兵役を免除された。これとは対照的に、アフリカ系アメリカ人のほうは、特に戦争初期において、軍隊に動員され、死傷する割合が高かった。

徴兵制はベトナム戦争後までは続かなかった。ヨーロッパにおいて国家権力を正当化するうえで、ジャコバン派の徴兵制導入が政治的ネイションフッドへの決定的な転回を象徴していたように、アメリカにおける1973年の徴兵制の事実上の終了は、アメリカ共和国にとって象徴的な出来事であった。アメリカ連邦政府は、本国が軍事的脅威にさらされているという意識を持たず、ユーラシアでの戦争に徴兵制の軍隊を使用したが、それは一部の市民を選別して銃を取る義務を免除するものであった。これが政治的波紋を呼び、アメリカのネイションフッドという理念の脆さが露呈した。しかし、徴兵制の廃止が政治的に必要であったとしても、徴兵制がなくなれば、アメリカのネイションフッドを復活させるための歴史的に認められた選択肢もほとんどなくなってしまう。ニューディール体制を支えていた経済環境が崩れ去ろうとしていたのである(33)。

分岐点となった1970年代

1970年代、アメリカや西ヨーロッパの民主主義諸国はふたたび不安定な状態に陥る。戦争がないにもかかわらずインフレが加速するという前代未聞の事態が起こったのである。政治が既存の憲法秩序の枠内に収まりきらないという感覚がほぼいたるところでありありと感じられるようになった。民主主義諸国においては10年前と比べて暴力や対立が激化した。北アイルランドやスペインのバスク地方では分離独立運動が起こった。西ドイツやイタリアでは、左翼革命派が政治家や財界人を狙った非道な殺害工作を展開した。ユダヤ人も標的にされた。彼らを襲った暴力は、ネオ・ファシストの準軍事組織が振るう暴力さながらの凶暴さであった。アメリカでは、暴力行為はもっと早くから街頭で始まっていた。そうした暴力は１９６８年の選挙に飛び火し、１９７０年代になっても国内のテロ集団のあいだで続いた。

　このような不安定さから、民主主義諸国は自らを破滅させかねない民主主義の過剰に陥っていると非難する向きもあった[34]。西ドイツのヴィリー・ブラント首相は辞任する直前、西側民主主義諸国は一時的な衰退の道にすでに十分に深く足を踏み入れており、あと20〜30年もすれば混沌とした状態となり、独裁制に陥るとの懸念を表明した[35]。北米、ヨーロッパ、日本の政治家や財界人が集まって将来について話し合うための有力なフォーラムである日米欧委員会が、その設立から2年後の１９７５年に発表した『民主主義の危機（*Crisis of Democracy*）』報告書には、民主主義的国民国家はあまりにも民主主義に傾き、あまりにもナショナリズムに傾いているため、うまく対処しきれないという信念がみごとに表明されている。アメリカの政治学者サミュエル・ハンティントンは、この報告書のなかで、「民主主義の過剰（an excess of democracy）」という言葉を用いて、彼の考える統治能力の危機について説明している[36]。

　報告書の執筆者たちは一様に、民主主義の退廃はインフレと不可避的に結びついていると考えていた。実際、ハンティントンはインフレを「民主主義の経済的病弊」と表現している。「民主主義国の政府は、支出の削減、増税、賃金・物価の統制などを行うことが、不可能とは言えないまでも、ますます困難となる」からである[37]。1980年代から90年代にかけて、このような主張が金融政策について頻繁になされた。実際、マーストリヒト条約で打ち出された通貨と経済の区別にはっきりと示されたユーロ圏の知的基盤は、総じて金融政策を民主主義の統制下に置けばインフレを招くという前提のうえに成り立っていた。

しかし、インフレに象徴される民主主義の過剰が1970年代と以後20年間におよぶ反動を必然的に招いたという認識は、事実を歪曲している。経済的には、民主主義の過剰というテーゼに合致する変化は1970年代に起こった。国民所得に占める賃金の割合は1970年代に拡大し、企業収益の割合は縮小した[38]。西ヨーロッパの労働組合のなかには、政府によるインフレ抑制を困難にしたものもあった。ストライキの拡大を恐れたイギリス、フランス、イタリアの政府は、結果はともかく、労働者からの賃金要求をそれぞれ時期は異なるが受け入れた。イタリアでは、政府は「スカラ・モビレ(Scala Mobile)」と呼ばれる賃金の物価スライド制を導入し、労働組合にインフレに伴う賃上げを保障した。イタリア政府は、組織化された北部の工業労働者階級のなかで政治的に最も強い力を持つ共産党を排除していたことから、スカラ・モビレを改革しようとすれば、工業的・政治的な対立を招くのは必至であった。アメリカでは、組合に属さず独立したトラック運転手たちが、市民バンド無線機を使って連絡を取り合いながら、山猫スト〔訳注　一部の組合員や非組合員が組合中央の承認なしに独自に行うストライキ〕を行ったり、州間高速道路や橋の通行を妨害したりして、ガソリン不足に抗議した。

1974年、こうした行動は暴力的となり、歴史家メグ・ジェイコブスの言葉を借りれば、高速道路は「武装戦闘地帯」と化した[39]。

しかしながら、インフレを引き起こしたり持続させたりする原因を、民主主義国の多数決主義に求めるのは問題である。インフレを抑えるために政府が実施した物価・賃金統制は、特に労働者階級や下層中流階級のあいだで広く支持された。実際、ニクソン政権の1期目で最も評判がよかったのは、1971年に賃金と物価の凍結を導入したときであった[40]。特にアメリカにおいて物価上昇に関心を持ち、それを声高に唱えたのは大企業であった[41]。サッチャー率いるイギリス保守党は、1979年の総選挙において、いわゆる「不満の冬」と呼ばれる一連のストライキを快く思わない労働者階級の有権者に訴えて、あっさりと勝利した。その年の保守党のマニフェスト（政権公約）の序文には、インフレ抑制を最重要課題とする同党の目的が、「庶民《ピープル》の利益となるパワーバランスの回復」という言葉で表現されている[42]。

1970年代後半から80年代前半にかけて、インフレ対策の名目で組合規制に力を注ぐ政権が続き、見事に成功した。もちろん、外部経済環境の変化が政権を助けたのは事実であるが、政府のインフレ抑制策が直ちに功を奏した結果でもあった。失業率の大幅な上昇は、すでに東アジアとの競争や生産のオフショアリングに対処することを迫られていた産業部門を大いに苦しめ、労働組合が賃上げ要求を押し通すことを難しくした。サービス業が新たな雇用を生み出してはいたものの、組合に加入する労働者の数は減少した。組合員であったとしても、かつて鉱業、鉄鋼生産、港湾労働のような不可欠な産業で雇用されていた労働者たちが持っていたほどの破壊的な力はなかった。それでも、民主主義国は統治不能に陥るどころか、サッチャーのような改革派が政権を維持した。日米欧委員会が示唆したように、「民主主義政治にたいする諸要求が増大する一方で、民主主義政治の諸能力が停滞する」なかにあっても、西ヨーロッパのほとんどの民主主義国では、予想されたような政治的不安定を引き起こすこともなく、ストライキ制限法案が可決された。[43] こうした政策と状況のもとで、ヨーロッパの民主主義国のすべてではないにせよ、かなり多くの国で組合員数が減少し、時に激減することもあった。ドイツやスウェーデンのように組合員数が維持されている国でも、全国規模の賃上げ交渉は弱体化した。[44]

石油が及ぼす影響

石油もまた、1980年代から90年代にかけて、インフレという民主主義の病弊が資本優遇政治によって克服されたとする物語を複雑なものにしている。その理由の一つは、第4章で論じたように、1970年代のインフレをもたらした主要な原因が石油であり、80年代初頭以降の新たな供給による原油価格の下落がインフレを抑えるうえで大きな役割を果たしたからである。しかしそれはまた、石油会社が主導して物価上昇を推進したからでもある。

アメリカでは、貴族主義の過剰がしばしば指摘される国内石油産業が定着して久しいが、石油は一般に、国内の民主主義政治に複雑な影響を及ぼしてきた。ニューディール後の40年間、アメリカ共和国では石油をめぐる表立った対立は比較的抑えられていたが、石油生産者は、特に自分たちへの課税のあり方をめぐって、強い政治的影響力を行使しつづけた。1970年にアメリカの原油生産量がピークに達した後、価格が上昇に転じ、最初の供給不足が発生すると、アメリカ最初のポピュリストたちの影響を強く受けるかたちで、石油をめぐる民主主義的対立が再燃した。民主党上院議員のヘンリー・ジャクソンは、彼の考える人民《ピープル》を保護するための規制強化を訴える政治的主張を展開した。1972年の民主党大統領候補ジョージ・マクガバンは、かつて「石油大手《ビッグ・オイル》が人民《ピープル》に勝利した」と宣言したのと同様のレトリックを折に触れて用いた。(45) 民主党内には、石油不足を陰謀であるかのように言う者もいた。ウィスコンシン州選出の民主党下院議員リー・アスピンは、「中西部でのいわゆるガソリン不足は、消費者に押しつけられた大がかりでお粗末な仕掛けにすぎないことはほとんど疑うべくもない」と述べた。(46) しかし、1970年代のアメリカの民主主義政治にとって決定的な変化は、アメリカが原油を外国に依存するようになり、テキサス鉄道委員会が価格決定権を失ったことである。

ジミー・カーターは、アメリカ経済を回すためにOPEC産油国からの原油輸入の必要性など、エネルギー危機に関する真実をアメリカの有権者と生産者の双方に訴えたが、おそらくそれが彼の再選を阻んだ一つの要因と考えられる。カーターがアメリカのエネルギー自給率を回復させる一環として省エネに取り組もうとしたとき、彼を批判する人びとは、当時のエネルギー長官の言葉を借りれば、「省エネはアメリカの流儀ではない、生産こそアメリカの流儀だ」と言って反論したという。(47)

それはまさに、ロナルド・レーガンがエネルギー危機に際してとった解決策であった。レーガンは当初、総供給量を増やすために価格上昇を容認した。この短期的な対応は、逆説的ではあるが、犠牲《サクリファイス》を求めるカーターへの批判票を取り込むためであり、エネルギー価格の上昇を望む国内生産者を喜ばせるためでもあった。中期的には、外国へのエネルギー依存度を高めることによって、石油を民主主義政治の対立の領域から地政学の領域へと押しやり、とりわけアメリカの中東関与を強める方向に向かわせた。注目すべきは、レーガン政権がイラン政府に武器を違法に売却し、その利益をニカラグアの反政府勢力コントラに横流ししていたことが発覚したとき、レーガンがイランの原油と同国がペルシャ湾に面している地理的状況から、イランとの関係改善は「国益」にかなうという地政学的な前提に立ち戻ったことである[48]。

エネルギー自給率の相対的低下への対応は、ネイションフッドにも影響を与えた。ニクソンもカーターも、エネルギー問題を国家プロジェクトにしたいと考えた。ニクソンは1973年のテレビ演説で、「われわれは、一つの国民《ネイション》として、もはや外国に頼らずとも自分たちのニーズを満たせる能力を身につけ〔中略〕新たな道を歩まなければならない」と宣言した[49]。ニクソンはこの課題を、アメリカが独立国家として建国した2世紀前の状況になぞらえたのである。カーターは、「マレーズ（沈滞）スピーチ」として有名になった演説のなかで、エネルギー危機は「われら国民の意志《ナショナル・ウィル》のまさに核心、魂、精神を直撃している。この危機は、われわれ自身の生きる意味にたいする疑念の増大や、われら国民《ネイション》の一致した目的の喪失に見いだすことができる」と述べた。カーターは、「われわれが人民《ピープル》として常に抱いてきた確信は、単なるロマンチックな夢でもなければ、7月4日にしか頁を開かないような埃を被った本のなかの格言でもない」。むしろ「われらの国民《ネイション》の礎《いしずえ》となり、一つの人民《ピープル》としてのわれらの発展を導いてきた思想」であり、いまやエネルギー危機を克服し、アメリカ国民《ネイション》再生のために共に犠牲を払うことによって修復されなければならない思想なのである、と主張した[50]。

しかし、エネルギー危機は、アメリカ市民《シティズンズ》を団結させることはできなかった。共和国内の地理的に異なる地域においてアメリカの生産者と消費者の対立がきわめてゼロサム的なものになっていたからである。ニューディールは、消費者から政治的反発を招くような価格の押しつけを行わず、石油生産者を保護した。１９５０年代から60年代にかけては、テキサス鉄道委員会が原油価格の過度な上昇と下落を抑えていた。しかし、アメリカの原油供給がピークに達し、ＯＰＥＣの原油価格への影響が加速度的に高まると、政治的均衡がとれなくなった。こうした対立を収めるべく、連邦政府はエネルギーの割り当てに直接関与するようになり、その結果、各部門の不満を絶えず煽ることとなった。１９７３年12月に連邦議会で可決された法律により、ガソリン・暖房用の原油の精製や、石油会社がどの産業やどの州にいかなる用途で石油を供給するかは、連邦政府機関が管理することとなった。産油州、特に冬場の冷え込みが厳しいニューイングランド各州では、暖房用燃料の価格抑制と原油の増産が望まれていた。米民主党は、そうした地域間の境界を越えてエネルギー問題で意見が割れ、さらに石油の環境への影響をめぐってふたたび意見が分かれた。エネルギー消費の抑制とエネルギーの自立という両面から価格の上昇を望んだカーターであったが、結局はどちらも断念せざるをえなかった。(51)

　１９８１年にレーガンが連邦のエネルギー規制をすべて撤廃したことで、連邦《ユニオン》が担わされていたエネルギー割り当ての重圧は解消されたが、石油に起因するこのような対立は分離主義的な影響をあとに残した。１９８４年にレーガンが地滑り的勝利を収めたことで、そうした影響は一時的に覆い隠されたが、レーガン圧勝の背景には、原油価格が最終的に下落した後に部分的ながらも景気が持ち直したことが挙げられる。しかしながら、２０００年代に入り、エネルギーの自立も中東外交もエネルギー問題の解決策にはならないことが判明すると、こうした部門ごとの断層が新たなかたちでふたたび自己主張しはじめた。

新たな貴族主義の過剰

１９７０年代には民主主義の過剰について騒がれたが、民主主義国における貴族主義の過剰というリスクはけっしてなくなっていなかった。第二次世界大戦後の国際機関は、金本位制や国際決済銀行を運営していた戦前の中央銀行家や金融業者など比較にならないくらい大規模な国際政治階級が活躍する条件を整えた。当初のブレトンウッズ協定は、デクスター・ホワイトやジョン・メイナード・ケインズが想定していたよりも国際金融に多くの余地を与えるかたちで、かなり骨抜きにされた。ユーロダラー市場は、各国政府や中央銀行のコントロールが及ばないところで運営される、ドルを基軸とする国際銀行システムの成長を促進した。ユーロダラー市場によって、民主主義政府は政党に資金を拠出し、議会や有権者の監視を受けることなく外交政策を実施することができ、時には政治家が後援者ネットワークを通じて自分やビジネス関係者の懐を富ませることもできた。フランスの国営石油公社から派生してド・ゴールによって設立された石油会社エルフ・アキテーヌは、ユーロダラー市場を利用して大規模なプライベートバンキング業務を運営し、それを通じてフランスの主要政党に資金を流し、外国の政府や企業に賄賂を送った[52]。ドイツでは、少なくとも１９７０年代から、キリスト教民主同盟と社会民主党の両党が、オフショアのユーロダラー市場を利用して、資金供与者《ドナー》を税金から保護し、不正資金を分配し、政治資金法を回避していた[53]。

一方、冷戦と脱植民地化が結びついたことで、選挙で選ばれた政府と軍や諜報機関との関係は、民主主義政府を脅かすものとなった。1958年、ド・ゴールは「アルジェリアでフランス現地軍とヨーロッパ系入植者が起こした暴動に端を発する」クーデターを背景に政権を握ったが、その際、次期政権がフランス軍に受け入れられるものでなければならないことは明らかであった。1961年にフランスでアルジェリアの独立を問う国民投票が行われた後、徴兵された兵士たちが命令に従わなかったおかげで救われたものの、そうでなければド・ゴール自身もクーデターに倒れていたであろう。翌年、ド・ゴールは反体制派のフランス軍将校たちが引き起こした暗殺未遂を生き延びた。イタリアでは1970年12月、退役軍人とマフィアが手を組んでクーデターを企てた。

アメリカでは、かつてアイゼンハワー大統領が退任演説で語ったように、冷戦は「巨大な軍事施設と巨大な兵器産業」とが結びつく「軍産複合体」を形成し、「大惨事を引き起こす身の程知らずの権力が台頭する可能性」をもたらした。言及されることは少ないが、アイゼンハワーは「軍産複合体」の背後にある「技術革命」が、「公共政策そのものを科学技術エリートのほしいままにさせてしまう危険性」をはらんでいるとも警告した。必要なのは、アメリカ市民が政治的時間の問題を認識することである、とアイゼンハワーは示唆した。アメリカの民主主義は、すでに2世紀を閲し、この間「政治的・精神的遺産」を築いてきたが、いまや「未来の貴重な資源を自分たちの安楽と便宜のために掠め取ること」によって危険にさらされている。[54] さらに冷戦は、アメリカで「帝王的大統領制（imperial presidency）」と呼ばれるようになったものを強化した。トルーマンからニクソンに至るまでのあいだ、憲法上、宣戦布告の権限は議会にあるにもかかわらず、大統領は、たとえ議会の関与がある場合でも、それを最小限に抑えながら、アメリカの軍事力行使の決定を下した。リンドン・ジョンソンは、実態不明なトンキン湾での出来事が報じられた後に採択された議会の決議を根拠にしてアメリカ軍をベトナムに派遣した。ニクソンは、カンボジアとラオスで2年間戦争を続けたが、その行動について議会に通告すらしなかった。一方、歴代アメリカ大統領はＣＩＡを利用して、準軍事活動を含む外国への干渉・介入を行った。この意味において、１９４５年以降のアメリカの地政学的な力の行使のかなりの部分は、正真正銘の国民軍（national army）に所属する市民からも、市民の代表者［たる議員］からも切り離されたものとなった。(55)

ヨーロッパでは、１９５７年にＥＥＣが発足したが、その民主主義的基盤は脆弱であった。フランスとイタリアが戦後憲法に関する国民投票を実施したにもかかわらず、ＥＥＣの創設に際しては議会の議決を超えるような初期の民主主義的正当性は存在しなかった。ヨーロッパ連邦主義者を自ら任じ、ＥＥＣをより緊密な統合体にしようとヨーロッパ横断的な政治ネットワークを築いてきた人びとは、多くの場合、立憲主義的でコスモポリタンな権威を、民主主義的でナショナルな権威に対抗するものとみなした。(56)ハプスブルク帝国が中央ヨーロッパの政治的想像力に及ぼした影響は、いつまでもその痕跡をとどめた。(57)オーストリア出身のフリードリヒ・ハイエクのような右寄りの人びとのなかには、連邦制ヨーロッパを支持する者もいたが、それは民主主義を犠牲にして国際的リベラリズムを強化できると考えたからである。ハイエクは、コスモポリタンな経済同盟のなかで国民（national people）という概念を否定すれば、大規模な福祉国家政策は政治的に不可能となり、保護主義的通商政策は一段と難しくなり、総じて介入に謙抑的な国家が生まれると考えた。(58)フランスでは、超国家的なヨーロッパの権威を支持する政党は比較的少数であったが、少なくともフランスの官僚たちはその方向でアジエンダを推し進め、最終的に成功した[59]。

実際には、ＥＥＣがより民主主義的になったわけではなく、ＥＥＣのいかなる機関も直接選挙で選ばれたわけではない。選挙で選ばれてもいない欧州委員会が、法律を制定する唯一の権限を握っていたわけである。欧州議会の直接選挙を要求する１９６０年のドゥフース案は否決され、加盟国がＥＥＣの意思決定を正当化するために国民投票を同時に実施するというド・ゴールの対案も否決された[60]。欧州司法裁判所は１９６３年と64年の二度にわたる判決で、ＥＥＣは加盟各国の政府と市民に義務を課す法的秩序を形成しており、ＥＥＣ設立条約の直接の結果として、ＥＥＣ法がそれぞれの国の国内法に優先すると主張した。最終的に共通市場は、かなりの数の経済部門において政府の介入を違法とする法秩序を生み出した[61]。結局、ＥＥＣは限定的ではあるが超国家的存在となった。実際、ＥＥＣを創設した各国政府にとって、ＥＥＣの魅力の一つは、エネルギーを含む経済面で行動する国民国家の能力を強化してくれる点にあった[62]。ただ、その一方で、ＥＥＣは民主主義的不満に代わる超国家的なはけ口を与える存在ではなく、各国の議会で表明される民主主義的要求から行政府を守ることで、加盟国の民主主義を希薄化させた。

★★★

こうした背景を考えれば、労働者の交渉力が決定的に弱まった１９８０年代半ばまでに、民主主義諸国の将来を脅かしたのが、民主主義の過剰ではなく、貴族主義の過剰というリスクであったとしても何ら不思議ではない。むしろ経済的には、それ以外にありえなかったのである。自由な国際資本移動への回帰によって、民主主義国の貴族主義的な性格が弱まる可能性などまったく考えられなかった。

確かに、こうした国際資本市場での借り入れに戻れば、選挙で多数派の連立を組むのに有利であった。失業率が上昇したとき、政府は急激な増税をせずとも福祉国家政策を維持することができた。また、原油価格の上昇に対応するために債務を活用し、国内の消費者需要を拡大するために貿易赤字を計上することも可能であった[63]。しかし、世界有数の通貨であるドルの地位によって守られていたアメリカを除けば、財政赤字と貿易赤字が拡大すればするほど、政府によるマクロ経済の意思決定は外国為替市場の動向に翻弄されるようになった。ひとたび通貨に厳しい下落圧力が加わると、政府は成長を抑制し、たいてい雇用を減少させるか、公共支出を削減する行動をとらなければ、通貨を安定させることができなかった。それでもイタリアなど一部の国の政府は、長期にわたって多額の財政赤字を垂れ流すのを防ぐことができず、ヨーロッパにおける福祉国家政策全般の縮小にはつながらなかった[64]。しかし、1983年3月にミッテラン大統領が痛感したように、ERMに参加するヨーロッパ諸国の政府はインフレ抑制への信頼性を必要としていた。実際、第4章で論じたように、為替相場の安定を維持し、それによって債務の管理と成長を可能にする金利水準を維持するには、政治的になしうるかぎりの経済政策手段をさまざまに駆使してインフレを抑制する必要があった。

一方、1980年代以降、いまだ成長を続けるユーロダラー市場などにおける自由な国際資本移動によって、富裕層や国際化された企業にたいする課税は難しくなった。レーガン政権をはじめとして、1980年代には多くの国の政府が税率や控除を変更した。それによって必ずしも国家が市民や国内企業から徴収する税金の総額が減少したわけではなかった。ただし、課税の構成については見直しが行われた。所得税と法人税については、税率が引き下げられ、控除が制限された。これらの変更のなかには、とりたてて国際金融情勢が動機になったわけではないものもあった。所得税の最低税率を引き下げるという公約は選挙に有利に働くが、いったん公約が撤回されれば、税率が引き上げられる可能性を示唆し、選挙で大きなマイナスとなる。しかし、1980年代以降、各国政府は法人税を優遇することで多国籍企業による投資を誘致しようと競い合った[65]。ルクセンブルクのような国と同じ程度にまで法人税率を下げたいと望む大国はほとんどなかったが、それにもかかわらず、小国に押されて、民主主義政治が奨励するよりも低い水準に法人税率を引き下げた[66]。こうした国際的な法人税率引き下げ競争は、国内にも波及した。所得税の最高税率と法人税の最高税率とのあいだにしばしば大きな開きが生じ、企業配当として所得を受け取ることができる人びとの所得に課税する政府の能力に悪影響を及ぼした[67]。

やがて、この国際金融環境のもとでは、超富裕層やキャピタルゲイン〔訳注　保有資産を売却することによって得られる売買差益〕関連を含む自らの所得を管理し、国外に資金を自由に移動させられる人たちよりも、源泉徴収で税金が差し引かれる中・高所得層に課税するほうがはるかに容易となった。スイスの歴史家ヤーコプ・ブルクハルトが3世紀の帝政ローマについて書いているように、「税免除を受ける貴族」のような存在が出現したのである[68]。民主主義国内部での課税をめぐる政治的影響力の均衡の変化は構造的に定着した。海外のタックス・ヘイヴン（租税回避地）は繁栄をみせた[69]。海外のタックス・ヘイヴンは、ユーロダラー・システムを通じて運営されるオフショアバンキングと結びついていることが多いため、各国政府が協力をしてでも海外のタックス・ヘイヴンに対抗しようとすれば、国際的なドル信用環境に深刻な混乱が生じることを覚悟しなければならなかった[70]。その結果、特にオフショアバンキングシステムが一部の権力者に明らかな政治的利益をもたらす場合には、民主主義のコストがいくらかかろうとも、課税損失を受け入れることが最も抵抗の少ない道となった。

貴族主義の助長

ユーロダラー・システムが租税政治に及ぼした影響だけでなく、1970年代からの金融部門の成長も、貴族主義の過剰に拍車をかけた。金融中心の経済が進むと、金融資産所有者の政治的影響力が高まる一方、組織労働者の賃金交渉力は低下した。金融部門では、インカムゲイン〔訳注　株式や債券などの資産を保有中に得られる収益〕を伴う非常に高い給与が富裕層に集中するだけでなく、高いリターンをもたらすまったく新しい金融資産も生み出された[71]。これは、国際金融センターを抱える国における富と所得の不平等に大きな影響を与えた。特にアメリカでは、1970年代から2000年代半ばまでのあいだに上位1%の所得が全国民の所得に占める割合は劇的に増加し、上位0・1%のそれはもっと増加した[72]。こうした資産家たちは、自らの資産を守るために政治的保護を求めた。金融部門からの資金は、1970年代以降、選挙に立候補するために多額の資金集めに奔走するアメリカの政治家にとって不可欠なものとなった。一方、金融会社を中心とする大企業も、ワシントンにおいて恒常的なロビー活動を強化した[73]。

しかし、貴族主義の過剰という危険性をさらに強めるような、そうしたすべての変化から、中道左右両派の政党に属するヨーロッパの政治家たちが1970年代から80年代にかけて得た教訓は、少なくともマクロ経済問題においては、インフレに象徴される民主主義の過剰こそが永遠に危険であるということであった。このリスクを防ぐためには、金融政策を民主主義政治から切り離し、中央銀行を独立させなければならないというのが、多くの国の政府が下した結論であり、西ドイツではすでに、アメリカではより複雑なかたちでそれが実行されていた。EUでは、中央銀行の独立が通貨同盟に参加するための必要条件とされた。債務が増大し、その債務を管理する政治戦略が求められるようになるにつれて、インフレが民主主義的な争点となるのではなく、むしろインフレの根絶が、民主主義の過剰を防ぐという目的で、民主主義政治の領域から、憲法で規定されるべき、道徳的な経済原則に近いものとなったのである。

1970年代以降、経済の国際化と金融化が進み、その影響が積み重なった結果、経済的ネイションフッドは消滅した。経済的ネイションフッドを支えてきた外部環境が消えてなくなると、経済的運命を共有するナショナルな政治共同体が存在し、国家がその共同体にたいする責任をうまく果たせるという考え方が崩れ去ったのである。市民の利害はあまりにも激しく、あまりにも明確に分裂した。インフレは、消費者間、世代間、非組合員労働者間、そして当初はストライキや部門別協約を通じて賃金を守ることのできた労働者間の利害対立を激化させた。[74] 西ドイツを含む多くのヨーロッパ諸国で全国的な団体賃金交渉を生み出してきた国家コーポラティズムは崩壊し、自由な資本移動と生産の国際化が進む状況のもとでそれを回復することはできなかった。[75] 失業率の上昇、製造業の衰退、金融部門の成長によって、それまでほぼ全国規模であった経済が地域単位に大きく分断された。アメリカでは、インフレと地域間の分断が相まって、労働組合が組織化されていない南部の製造業経済のほうが、中西部のラストベルト（錆びた工業地帯）よりも、１９８０年代前半のドル高・高金利政策による経済的難局をうまく乗り切ることができた。

こうした経済的ネイションフッドの崩壊に決定的な役割を果たしたのは、予想どおり債務であった。政府が国際資本市場での借り入れに戻ると、貯蓄者であり納税者である市民を利用して国の資金調達を行い、債権者と債務者の対立からくる民主主義政治にとってのリスクを抑制するという慣行は終わった。[76] 民主主義国では、財政支出を賄うための国際金融市場への依存が高まるとともに、貯蓄者であり納税者である市民への依存は大幅に低下した。それゆえ、財政赤字を賄うための金利コストは、貯蓄による実質的な見返りを伴わずに、税金を通じて国民にのしかかる一方、民主主義国が国際金融市場への依存を強めることで、どういう市民にどの程度の税率で課税できるかが制約されることとなった。[77]

ソブリン債だけでなく、民間債が急増したことも、国内の債権者と債務者のあいだの新たな対立を助長した。特に１９８０年代半ばから原油価格が低迷した後は、一時期のイギリスを除き、原油の実質的価値を引き下げるようなインフレ圧力がどこからもかからなくなった。[78] 賃金の伸び悩みは家計負債の増加によって覆い隠された。その負債の大部分は、貸し出し規制が緩和された銀行の発行する高い金利のクレジットカードによって生み出された。[79]

貴族主義の過剰を促す圧力の増大と経済的ネイションフッドの崩壊は、ほとんど同じ現象の表裏をなすものであった。資本規制によって国民経済《ナショナル・エコノミー》が保護されるという考え方については、これに異を唱える民主主義的な反論があった。民主主義国の長期的な安定が比較的高水準の物質的繁栄に依拠しているとすれば、国民中心《ネイション》の経済は、全体の普遍的利益を少数の生産者の利益に従属させ、権力者が党派的な目的で資本を配分することを許容しているようにみえた。しかしながら、この主張は、経済的ネイションフッドを単なる経済の問題としてしか扱っていない。経済的ネイションフッドが何らかの役割を果たしていたとすれば、それは貴族主義の過剰から民主主義体制を守る政治的な防波堤として機能し、原理的には、ナショナルな市民権を規定するための危険性の低い手段となっていたのである。経済状況の変化によって経済的ネイションフッドの維持ができなくなった場合、政治的には、ネイションフッドという潜在的により不安定な概念に目を向けるのではなく、それを置き換えることが必要であった。

★
★
★

1980年代には、この問題は欧州共同体（EC）によって部分的に解決できるとの見方もあった。もしヨーロッパの民主主義諸国が国民国家の枠内で均衡を取り戻すことができないのであれば、ヨーロッパレベルで民主主義的な政治的権威を再構築することが理論的な解決策となる。

1973年のEC拡大によって、ナショナルレベルでより高い民主主義的正当性への期待が高まったことは間違いない。フランス政府は、イギリス、デンマーク、アイルランド、ノルウェーのEC加盟条約を批准するかどうかの国民投票を実施した。その後、これら4カ国のうち3カ国が加盟の是非を問う国民投票を実施した。加盟を拒絶したノルウェーの有権者は、ＥＣにたいする民主主義的同意が必ずしも所与のものではないことを示した。１９８０年代には、デンマーク、アイルランド両政府も、単一欧州議定書（Single European Act）に関する国民投票を実施するなど、ＥＣ原加盟６カ国〔訳注　フランス、ドイツ、イタリア、オランダ、ベルギー、ルクセンブルク〕よりも憲法改正に慎重な姿勢を示した。１９７３年にデンマークの一部としてＥＣに加盟し、１９７９年に自治権を獲得したグリーンランドは、１９８２年の住民投票でＥＣ離脱を決めた。

　これとは対照的に、イギリスのＥＣ加盟は、ＥＣ加盟国が民主主義的権威の中心でありつづける場合に、ＥＣの民主主義的正当化を進めることがいかに困難であるかを明らかにした。エドワード・ヒース保守党政権は、１９７０年のマニフェストでＥＣ加盟交渉を公約に掲げた。労働党と自由党も交渉開始を公約にしていたことから、ＥＣ加盟に反対する有権者が不同意を示すための受け皿は存在しなかった。加盟条約を交渉したヒースは、庶民院（下院）で党議拘束をかけて加盟法案を通過させた[80]。１９７４年２月の総選挙で労働党は、加盟条件の再交渉後に過去にさかのぼって国民投票を実施することを公約に掲げたが、これは、ＥＣにかかわる事項について直接国民に決定を委ねることが、国内の民主主義政治においていかなる対立を引き起こしかねないかを露呈するものであった。ＥＣ加盟を望む人びとは、国民投票はデマが横行し、ルイ・ナポレオンのような独裁的大統領の道具と化してしまうとして、とりわけイギリスの場合、国民投票は憲法上の異常事態であるとして反対した[81]。前者の反論は、デンマーク、アイルランド、ノルウェーで起こった事実を無視していた。後者の反論は、議会が自らの意思で立法を行うことをほぼ合法的に認めているイギリスの立憲制度が、将来のＥＣ法改正にたいして民主主義的に対処するには、国民投票が最も首尾一貫した方法であるということを無視していた。[82] 国内民主主義の問題として、この問題を議会や国民投票でどのように解決すべきかについてほとんど合意が得られなかったことは、やがて超国家的性格を強めるECが、最終的には敗者の同意を含め、同意をめぐる新たな問題を引き起こすことを予感させた。

1992年までにEC域内に単一市場を完成させるという1986年の単一欧州議定書の公約も、実際にはヨーロッパレベルで民主主義的な政治的権威を刷新する可能性を低下させた。単一市場は事実上、国単位の労働市場を終わらせ、ヨーロッパレベルでの賃金交渉の仕組みを構築するのではなく、残存する各国のコーポラティズムをさらに弱体化させた。[83] 単一市場では、EC域内において商品やサービスを販売し、労働に従事し、資本を移動させるという事実上の経済的権利が強化されたが、その一方で、市民には、将来的に一体となる規制地域にたいして責任を負う代表者を共同で選ぶことのできる民主主義的な政治的権利はなく、納税の義務もない。実際、単一市場は、民主主義的国民国家における貴族主義の過剰に対抗して均衡をとるどころか、テクノクラートの政治的言説が主流をなすビジネス界の代表者がほぼ全体を支配する国際的ロビー活動の場を確立した。[84] 単一市場はまた、加盟国内の市民のあいだに著しい階級間格差を生む基盤ともなった。単一市場によって憲法に組み込まれた経済的権利から最も直接的に恩恵を受けていたのは、基本的に少数の富裕層であり、彼らの利益は以後、少なくとも部分的には、その経済的権利を危うくしかねない民主主義的国民国家内の政治闘争ではなく、むしろECレベルの政治によって、より効果的に実現されるものと思われる。[85]

通貨同盟は、ECの貴族主義的な特徴を強めただけであった。金融政策の目的について政治的に議論することのできる民主主義的な政治権力の場に欧州中央銀行（ＥＣＢ）を従属させることをドイツ政府が受け入れるとは到底考えられなかった。そこで、ＥＣの通貨同盟は、ドイツ流金融アプローチのヨーロッパ版から、ドイツ連邦銀行《ブンデスバンク》の政治的立場にいまだ残っていた民主主義的要素を取り除いたのである。ドイツ連邦銀行は少なくともドイツ国家《ステート》との関係において存在していたが、ＥＣＢの権限はいかなる国家《ステート》からも独立していた。むしろ、ＥＣＢは連合体として合意された憲法上の権能を有し、その後、それぞれの国の民主主義的手法によって正当化されたのである。ひとたび民主主義国家がＥＣＢを設立する条約を批准すれば、その国の選挙で選ばれた代表者は、通貨同盟を離脱しないかぎり、金融政策を決定するＥＣＢの権限について、〔国内で〕民主主義的な圧力を受けても、その考えを変えることはできない[86]。

★★★

経済的ネイションフッドが空洞化するにつれて、民主主義諸国には、過去の歴史的経験から得られた「人民《ピープル》」という特別な観念が残され、それに付随して、移民との関係やアメリカでいまだに残る奴隷制の遺産との関係で、種々の複雑な問題が生じた。少なくともアメリカでは、選挙結果が決定力を持つ場合が一般的であったことも手伝って、敗者の同意が依然として優勢であった。西ヨーロッパの三つの多民族国家（イギリス、スペイン、ベルギー）ではナショナリズムの運動が盛り上がったが、１９８０年代に既存の組合を解散させるまでには至らなかった。しかし、１９８０年代の終わり頃には、貴族主義の過剰がいかに不可逆的なものであったにせよ、大多数の市民の生活水準は引き続き上昇しており、数十年後に最低限の税金しか納めずに人びとの日常生活に浸透することになるような企業はまだ存在していなかった。

とはいえ、ネイションフッドの存在もその危険性も民主主義政治から消え去ってはいなかった。残されたのは、そのほとんどが、共有された過去についての想像力豊かな物語であった。たいていどこの国にも言えることではあるが、特にアメリカでは、そうした歴史物語は多くの市民の共感を呼ぶ一方で、〔国民として〕団結するにはあまりにも古臭く、帝国主義や人種差別の重荷を背負いすぎているとして多くの市民から批判を浴びた。ECでは、国民国家を中心とする政治的アイデンティティを、一つの欧州政治共同体を中心とする政治的アイデンティティに置き換えようと考える民主主義的国民国家の市民もいた。しかし、ECはその加盟国と同じように行動することはできなかった。というのも、ECには課税や借り入れを行う能力がなかったからであり、ECが持つ権限を民主主義的に正当化しようとすれば、加盟国国内で激しい民主主義的対立が生じかねなかったからである。こうした対立は、民主主義諸国に長期にわたって深刻な問題を残した。西側民主主義諸国は、ネイションフッドの残滓に寄生していたが、21世紀に入り、ネイションフッドの正当性をめぐる対立が、特に移民の増加を通じて経済の領域に直接波及するようになり、ますます混迷の度を深めていくこととなる。

第9章

改革の行方

ジミー・カーター元大統領は2015年、アメリカ政治の現状を振り返り、アメリカはその政治制度ゆえに「偉大な国」であったが、いまや「無制限の政治的賄賂」によって機能する「寡頭制《オリガーキー》」の国にすぎないと嘆いている。(1) 翌2016年の大統領選挙は、ある意味、アメリカ共和国が本当に寡頭制となってしまったのかという問題をめぐって繰り広げられた。当初、民主・共和両党の大統領候補指名獲得争いは、ヒラリー・クリントンとジェブ・ブッシュによる名門同士の戦いが予想されていた。両者のうちヒラリーは、予想外に善戦した反乱候補を打ち負かした。民主党の側では、バーニー・サンダースがアメリカ民主主義の回復を選挙運動の中心的なメッセージに掲げた。サンダースは2014年の演説で、「われわれがいま直面している大きな政治的闘争は、アメリカが民主主義の伝統《ヘリテージ》を維持するのか、それとも政治の実権を普通のアメリカ人ではなく、一握りの億万長者が握る寡頭制の社会形態に移行するのか、ということだ」と訴えた。(2) サンダースは出馬表明演説のなかで、企業や団体による選挙広報活動にたいする支出制限を禁止した連邦最高裁は、「アメリカの政治制度」を「完全に腐敗」させ、この国の民主主義を「寡頭制」にしてしまった、と述べた。(3) 民主党の大統領候補指名を獲得するため、サンダースは企業から献金を受ける常套手段をいっさい避け、市民個人からの小口献金に頼った。一方、共和党の側では、ドナルド・トランプが、大口献金者である寡頭階級（実は彼自身もそこに属するが）の不正告発者として自らを演出した。ある討論会で、彼は口を滑らせてこう言った。

つい最近、つまり2カ月前まで、私はビジネスマンだった。私は誰にでも金をやる。彼らが電話をかけてきたら、金をやる。だから、2年先か3年先、彼らに頼みごとができたら、私のほうから電話をかける。なにしろ、彼らは私の力になりたくてうずうずしているのだから[4]。

まさに2016年の大統領選挙は、アメリカのネイションフッドと市民権をめぐる長年の対立を劇的に浮き彫りにした。サンダースは、非正規移民[※]と企業によるその後押しを階級問題として捉えた。「この国の右翼の連中が大好きなのは、国境開放政策だ。どんな種類の人でも受け入れ、時給2ドルか3ドルで働かせれば、それはその人たちにとって素晴らしいことだと言う。しかし私はそうは思わない。この国で必要なのは賃金を上げることだ[5]」〔訳注　ここでサンダースの言っている「右翼の連中」とは、移民排斥を唱える排外主義者ではなく、移民を低賃金労働者として活用することに積極的な新自由主義者のグローバリストを指す〕。またしてもトランプは、ある共和党の討論会で、自らを真実の証言者であるかのように装ってこう語った。「H‐1B（専門職の外国人向け短期就労ビザ）のことならよく知っている。率直に言って、私も〔雇用主として〕それを使っているが、私がそれを使うことは許されるべきではない。それは持たないほうがよい。労働者にとって非常にまずいものだからだ[6]」。しかし、サンダースとは違って、移民〔訳注　原文はmigrationで「移動」「移住」を意味するが、集合的に「移民」「移住者」を指す場合もある〕に関するトランプの暴言は階級問題で収まるものではなかった。非正規移民にたいするトランプお決まりの攻撃は、アメリカのアイデンティティを多文化的、多民族的に捉える見方にたいする排外主義的な攻撃でもあった。トランプは、メキシコとの国境を封鎖する壁の建設を約束すると同時に、何百万人ものアメリカ市民にその権利とアイデンティティを認めないアメリカのネイションフッドという容赦なき《ブルータル》壁も建設した。

いかなる理由であれ、新しい生活を求めて国境を越える人びとの移動は、２０１０年代のヨーロッパにおける激しい選挙戦にも大きな影響を与えた。[7] ドイツでは、２０１５年の難民・移民危機にたいするメルケルの対応が、反ユーロ政党として旗揚げした「ドイツのための選択肢（ＡｆＤ）」を、ドイツ諸政党の統治連合形成を困難ならしめる一大選挙勢力へと躍進させた。イタリアでは、マッテオ・サルヴィーニ率いる政党「同盟《レーガ》」が、ＥＵの国境警備にかかる負担をイタリアが背負わされることに非を鳴らし、「イタリア人のためのイタリア」というスローガンを掲げた。イギリスでは、憲法

※〔訳注　原文はunauthorized migration（無許可の移動／移民）であり、無許可の移動（移住）者のことをunauthorized migrantsという。許可なく国境を越えて移動し不法に在留する、いわゆるillegal immigrants（不法移民）のことと考えてよい。ただし、左派は「不法移民」という言い方を嫌い、unauthorized immigrants（非正規移民）やundocumented immigrants（無登録移民／書類不所持移民）などの表現を用いる傾向にある〕

が保障する移動の自由が問題となり、ＥＵ残留の是非を問う２０１６年の国民投票で離脱派が勝利した(8)。

しかし、ＥＵの単一市場と共通国境政策のもと、ヨーロッパにおいて移民が選挙の争点となる政治的背景は、アメリカとはかなり異なっていた。ブレグジットの場合、イギリス政府には他のＥＵ諸国からの移民を制限する権限がなかったことから、マーストリヒト条約を受け入れて以降抑え込まれていた問題に決着をつけなければならなくなった。その問題とは、イギリスの民主主義を拡大されたヨーロッパの法・憲法秩序のなかに位置づけ、それによってＥＵ域内移民のような一定のイシューを国内の民主主義政治から排除することにイギリスの有権者が同意していたのかどうか、ということである。この国民投票の結果は、その後、マーストリヒト条約に起因するさらなる試練をもたらした。マーストリヒト条約以降、ＥＵ加盟国の市民は、同時にＥＵの市民でもあり、ＥＵから経済的権利を与えられていた。しかしそのＥＵは、各加盟国の市民とその代表者の同意なしには、その経済的権利を最終的に保証することができなかったのである。

ＣＯＶＩＤ－19の危機に襲われたとき、ユーロ圏は従来とは異なるかたちでＥＵの主権と民主主義のズレに直面した。単一通貨圏では加盟国は通貨主権を有しない。財政の意思決定を行う余地を与えるのが圧倒的に金融政策であるような世界では、国の借り入れを支援するかどうかを決めるのは超国家的機関であるＥＣＢとなる。ＣＯＶＩＤ－19の危機から3カ月後、ドイツ連邦憲法裁判所はＥＣＢによる最初の量的緩和（ＱＥ）プログラムに関する判決を下した。そこで問題となったのは、ＥＵレベルの権限と国内民主主義の正当性とのあいだの緊張という政治的核心にかかわるものであった。ドイツ連邦憲法裁判所は、ＥＣＢがその権限を超えて行動したとする判決のなかで、ドイツ国民の主権をＥＵに移譲することはできず、ドイツの「市民に課される全体的な財政負担を定める」いかなる決定も連邦議会《ブンデスターク》の管轄事項でなければならないと述べた[9]。

　マーストリヒト条約に関する判決において、民主主義は国民国家の枠のなかでしか存在しえないという主張をドイツ連邦憲法裁判所として初めて明確に打ち出したのである。その後、同裁判所は通貨同盟を阻止しなかった。２０２０年、同裁判所の決定はすぐに影響を及ぼし、ドイツの政治家たちはユーロの将来について、従来にも増して戦略的な選択を迫られるようになった。その結果、第6章で論じたように、政治主体としてのＥＵを代表して借り入れを行う新たな権限が欧州委員会に与えられ、それに伴って多通貨同盟としてのＥＵにたいする圧力がさらに強まったのである。

　これは、２０２０年の春から夏にかけてアメリカで起こった事態とはまったく異なる。１９４５年以降のアメリカ共和国の物語と西ヨーロッパ民主主義諸国の物語は、１９８０年代まではほぼ平行線をたどっていた。ところが、90年代になると両者の乖離が激しくなる。その一因と言えるのが、アメリカ共和国における人種と市民権をめぐる政治である。また同時に、マーストリヒト条約によって、ＥＵがアメリカの文脈にはない民主主義の特殊な困難さを引き受けたからでもある。ＥＵもアメリカも、敗者の同意をめぐる問題を含め、ここ10年にわたる民主主義の混乱の中心となってきた。しかし、ヨーロッパで起こったこととアメリカで起こったことは同じ話ではなく、それぞれ別々に語る必要がある。

マーストリヒト条約と通貨同盟

マーストリヒト条約によって確立された、不完全ながらも共通通貨への道こそ、過去30年にわたってヨーロッパの民主主義諸国に起こった多くの出来事を動かしてきたのである。マーストリヒト条約は、長期的な問題を引き起こすと予想されていたことから、それを正当化することは困難であった。第4章で論じたように、1992年から93年にかけてのERM危機によって、アイルランド、デンマーク、そしてフランスでは、通貨危機を背景にして国民投票が実施された。デンマークでは、国民投票は否決され、デンマーク政府は通貨同盟からの離脱を含むさまざまな選択的適用除外《オプトアウト》の交渉を進めた。フランスでは、パリでの多数の「賛成《ウイ》」票に助けられ僅差で承認された。マーストリヒト条約は実質上、通貨同盟が参加国の一部にある旧来の政党システムを空洞化させるという物語の始まりであることを証明した。そしてフランスほどそれが顕著な国はなかった。

通貨同盟は、フランスの改革プロジェクトとして始まったが、マーストリヒト条約でフランスの失敗に終わった。それは、民主主義的な争いとなる可能性のある経済政策と、マーストリヒト条約が非政治的とみなした金融政策とを明確に分けるかたちで成り立っていた。フランスの政治家のなかでこの区別を受け入れた者は、いたとしてもごくわずかであった。シラク政権で第17代と第19代の内務大臣を務めたジャン＝ピエール・シュヴェーヌマンは、通貨同盟は「共和制国家の解体」を意味するとして、マーストリヒト条約の批准に反対する運動を展開した。(10) 当時中道右派の主要政党であった「共和国連合」は国民投票の際に分裂し、後に大統領となるシラクは批准を支持した。しかし、もう一人の党内有力者であるフィリップ・セガンは、通貨同盟はド・ゴールの描いたフランス国家像にたいする裏切りであるとし、中道右派の有権者のうち過半数の人びとを反対に導いた。(11)

マーストリヒト条約が批准されたにもかかわらず、1995年の大統領選挙では、第二回投票でシラクと社会党のリオネル・ジョスパンの2人の候補が対決したが、両候補ともフランスが単一通貨に参加することに大いに疑問を抱いていた。シラクは大統領に就任してから数カ月間は方向転換をもくろんでいたが、フランスフランへの圧力が高まり、ドイツのヘルムート・コール首相から執拗に説得されて、やむなく参加に踏み切った。(12)その後、フランスをユーロに参加させるために財政赤字を3%以下に抑え込もうとしたところ、ゼネストが発生した。1997年、シラクが年金改革への支持を集めようとして総選挙を前倒しで実施したところ、社会党を中心とする左派連合が過半数を獲得した。通貨同盟への参加意欲が以前ほどではなくなっていたジョスパンは、首相に就任するなり、フランスは安定・成長協定に盛り込まれた財政ルールを受け入れられないと主張した。しかし、またしてもフランスフランへの圧力が強まり、首相も大統領もドイツの意向を受け入れざるをえなかった。

フランスの主要政党はいずれも、通貨同盟にたいする指導者たちの留保を踏まえて行動することができず、各党の支持率は下がりはじめた。1990年代末には、極右の国民戦線がユーロに反対する唯一の勢力となったが、有権者や政界の不穏な空気は国民戦線の支持者をはるかに凌ぐ大きな広がりをみせた。(13)2002年の大統領選挙では、社会党の候補者(やはりジョスパン)が初めて第二回投票まで進むことができなかったが、国民戦線の候補者ジャン゠マリー・ルペンは第二回投票に進出した。ジョスパンが敗れたのは、ジョスパンとルペンの得票差を大きく上回るかたちで、反ユーロのシュヴェヌマンら左派の候補者が躍進したためである。[14]

ドイツの場合、マーストリヒト条約の正当化は他国とは質的に異なる問題を引き起こした。条約の批准は民主主義的な争いではなく、司法の争いとなったのである。ドイツ連邦憲法裁判所はマーストリヒト条約の合法性を支持した。ただその一方で、この条約に定められた主権の移譲以外のいかなる行為もドイツでは無効であり、通貨同盟にかかわるさらなる条約の変更はドイツ基本法に合致したものでなければならないと主張した。同裁判所の判断では、特定の問題に関するEUの権限は、「ドイツの法律を適用するというドイツの指示により、ドイツの主権領域内で拘束力を持つ」にすぎないのである。[15]ドイツ連邦憲法裁判所はまた、EUのための民主主義的なパラメーター（制限範囲）も示した。同裁判所は、EUの法秩序を踏まえ、「（加盟）国は、精神的、社会的、政治的に人民《ピープル》を（多かれ少なかれ同質的に）結びつけるものに法的な表現を与えるために、それぞれの人民が、自らを正当化し、管理する政治的意思形成の過程において、自分自身を発展させ、明確にすることのできるような、十分に重要な独自の活動領域を必要とする」という判断を示した。したがって、「欧州共同体の機能と権限を、民主主義の原則に基づいて拡大することには……限界がある」というのである。[16]これは、ドイツにおける合憲性がEUの法秩序にとって永続的な構成要素でなければならないということを示唆していたが、ドイツ連邦憲法裁判所がここまで踏み込んだのは、このときが初めてではなかった。しかしながら、この判決はより長期的な意味を持ち、ドイツの憲法秩序が改革の中身とスピードの両面で重大な制約となりうることをEUに指し示すものであった。

ドイツ政府は、マーストリヒト条約に合意するにあたって、イタリアのユーロ加入が大きな問題とならないよう万全の策を講じた。しかし、イタリアの民主主義にとって、ユーロ加入基準はただちに政治的危機を引き起こし、それを解決することによってイタリアのユーロ加入への道が開かれたのである。マーストリヒト条約の合意から数カ月足らずで、イタリア第一共和制は、キリスト教民主党（DC）とイタリア社会党（PSI）に蔓延していた汚職をめぐる司法主導の大規模捜査の重圧に耐えかねて瓦解した。第一共和制を瓦解させた構造的要因の一つが冷戦の終結であり、イタリア共産党が解党したことで、汚職を正当化する口実が失われたのである[17]。しかし、イタリアが通貨同盟から除外されるかもしれないという見通しもきわめて大きな影響を与えた。政党システム内部の後援ネットワークは政府の借り入れによって賄われていたことから、第一共和制の政治力学はイタリアのユーロ加入とは決定的に相いれなかった。マーストリヒト条約交渉時にイタリアの財務大臣を務めていたグイド・カルリは、交渉当時を振り返って次のように回想している。「イタリアの政治家階級は、条約に同意することによって、自分たちがほとんど無傷ではいられないような重大な変化を受け入れる状況にとっくに追い込まれていることに気づいていなかったのだ[18]」

イタリアのマーストリヒト条約交渉団を率いたテクノクラートたちは、大臣からはまともな指示を受けていなかった。しかし事実上、彼らが行った選択は、第一共和制の維持よりもユーロへの参加を優先させることであった[19]。当時の上級幹部は、イタリア財務省総務局長のマリオ・ドラギであり、次いでイタリア中央銀行総裁のカルロ・アゼリオ・チャンピであった。ドラギとチャンピは、ユーロ加入資格を得るには、第一共和制のもとで特権的地位にある党人政治家（party politicians）に代わって、外国からの財政要求に縛られながらも、イタリアの民主主義を改革できる金融に精通したテクノクラートが必要であると考えていた[20]。

第一共和制は1993年4月に象徴的な終焉を迎える。イタリア大統領がイタリア社会党党首の違法な政党資金調達を事実上合法化する政令の受諾を拒否したことで、キリスト教民主党とイタリア社会党の旧体制が瓦解した。大統領から組閣要請を受けたチャンピはテクノクラート内閣を発足させた。イタリアにおいて大統領が政権を罷免するパターンはこのときから始まった。2011年にジョルジョ・ナポリターノがシルビオ・ベルルスコーニ政権を罷免したのもその流れである。チャンピ政権はその後、やはりイタリア中央銀行で副総裁を務めたランベルト・ディーニ率いる第二次テクノクラート内閣に引き継がれた。1996年の総選挙の結果、ロマーノ・プロディ率いる中道左派連合「オリーブの木」が政権を握ったが、プロディはチャンピを財務大臣に任命した。第二共和制のもとでは、結果として、行政の意思決定が選挙によって妨げられることが比較的少なかったことから、イタリアは財政赤字を通貨同盟の要件に近い水準にまで削減することができた。

1990年代、ユーロを正当化するこうしたテクノクラート支配の傾向が特に政治を不安定化させるということはなかった。イタリアの有権者の大半が自国のユーロ加入を望み、そのためならば犠牲を払うことも厭わなかった。プロディ政権は、「ヨーロッパのための税金」と銘打って個人所得の期限付き増税に踏み切れた。実際、イタリアがユーロ加入資格を得ることを可能にしたテクノクラート支配の傾向によって、イタリアがユーロに加入できなかった場合、北部の「生産者の国《ネイション》」は分離独立すべきであると主張していたウンベルト・ボッシ率いる北部同盟《レーガ・ノルド》（同盟《レーガ》の前身）の分離独立要求は鳴りを潜めた[21]。

それでもなお、通貨同盟への加入を求める政治的要求は負の遺産をもたらした。極端な緊縮財政がイタリア経済の足腰を弱めたのである。１９９７年には失業率が11％を超え、成長率も低迷した。北部の分離独立危機を回避しようとすればするほど、高い失業率に苦しむ南部で不満が再燃した。加えて、イタリア政府は安定・成長協定に縛られていたことから、南部の救済に乗り出すための経済的手段が限られていた。[22] ユーロに加入したことで、第二共和制は、第一共和制から引き継いだ債務をかなりの低利で返済することができた。しかしその結果、イタリアの民主主義政治が機能する余地、とりわけ中道右派が活躍する余地は必然的に狭まった。中道右派は、ベルルスコーニの指導力のもとにあっても、１９９０年代に行政の一翼を担うことはほとんどなかったが（ベルルスコーニが首相を務めたのは１９９４年から95年にかけてのわずか7カ月間）、政治的な力を使い果たしたわけではけっしてなかった。イタリアのユーロ加入に向けたベルルスコーニの取り組みは、よく言えば、変化に富むものではあったが、安定・成長協定をめぐっては、ほとんど無策に等しかった。というのも、彼個人の活動がすべて第一共和制の後援者ネットワークと結びついていたからである。ユーロ加入による成長の恩恵が失われつつあった２００１年に首相の座に返り咲いたベルルスコーニは、２００５年に「プロディのユーロは皆をとんでもない目に合わせた」と述べ、通貨同盟をののしりはじめた。[23]

フランス国民の「ノン」

憲法上、冷戦後の世界の拡大ＥＵは、冷戦期のＥＣと同じものではありえなかった。２００４年の新規10カ国の加盟を円滑化するためには、各加盟国が拒否権を持たない立法投票における多数決ルールを見直す必要があった。この問題に対処するための最初の試みが２００１年のニース条約であった。この新しい条約は、アイルランドの国民投票で過半数が批准に反対したのをきっかけに、その正当性が問題となり、たちまち信用を失った。[24] ドイツは加盟国中群を抜いて人口が多く、新制度のもとでは人口規模に応じて各国に投票権が割り当てられることが原則であったにもかかわらず、シラクは独仏対等を維持することを主張し、これを実現した。スペインとポーランドは人口がドイツの半分であったにもかかわらず、スペインに加え、新たに加盟するポーランドにもドイツとほぼ同等の投票権を与えた結果、多数派を動員することが容易ではなくなった。[25] 打開策を模索していたＥＵは、ニース条約が合意されてから1年も経たないうちに、アイルランドでの2回目の国民投票の実施に先立って、ＥＵと「市民との距離を縮める」ための憲法制定をめざすことを［ベルギーの］ラーケンで宣言した。[26]

マーストリヒト条約とは異なり、最終的な憲法条約は結局批准には至らなかった。以来ずっと、この正当性の危機の余波がＥＵ内の混乱の原因となっている。[27] イギリスでは、加盟国であることに憲法上の意味はないという主張が１９７２年と75年にしきりに唱えられたが、明文化された憲法条約をめぐってその主張は完全に破綻した。トニー・ブレア首相は数カ月にわたって国民投票の実施要求に抵抗していたが、２００４年4月、ついに折れた。ブレアの決断をきっかけに、過去に一度も憲法条約に関する国民投票を実施したことのないその他の加盟国も、新規加盟諸国とともに、次々にイギリスに追随した。

フランス政府にとって、ブレアの動きは特に問題をはらんでいた。シラク大統領にとって、国民投票という選択肢を拒むことには常にリスクがあった。フランスでは、憲法改正は国民投票を経ずして行われるべきでないというのが長年にわたるゴーリストの立場であった。実際この考え方は、ド・ゴールが第五共和制を構想する際の核心となったものであるが、彼は1969年に国民投票に敗れて政権から転落した。しかし、フランス国民から「ノン」を突きつけられることを恐れたシラクは、ブレアのUターンまで、国民投票を避けつづけたのである。[28]

その意思を問われたフランスの有権者は、憲法条約の批准をきっぱりと拒否し、数日後には、オランダの有権者もこれに続いた。いずれの場合も、EUの東方拡大とトルコのEU加盟見通しが否決の要因となった。[29] しかし、両国の国民投票を通じて、EUが経済政策をめぐる民主主義的な政治的争いを封じ込めているという認識が広まっていることも明らかとなった。マーストリヒト条約の国民投票をめぐってゴーリストが分裂したのと同じように、フランス社会党も憲法条約をめぐって分裂した。[30] 国民投票が実施されたとき、オランダで労働党支持者の半数以上が反対票を投じたように、フランスでも社会党支持者の半数以上が反対票を投じ、中道左派連合内で条約に反対した者の多くは労働者階級の有権者であった。[31]

フランス国民の「ノン」は憲法条約を破綻させた。しかし、ニースで合意された投票規則を維持しないことには、EUの意思決定構造をそのままにしておくことはできなかった。そのため、EU加盟各国政府は、憲法条約をリスボン条約としてパッケージし直し、国民投票の回避を相互に促した。憲法条約に先立って開催された会議で議長を務めたジスカール・デスタン元フランス大統領は、その戦略を次のような露骨な言い方で内々に説明した。「世論は知らず知らずのうちに、私たちがあえて直接国民に提示することのない政策を採用する方向に誘導されるものだ。従来からの提案はすべて新しい条文に盛り込まれるが、何らかのかたちで隠されたり、誤魔化されたりすることだろう」[32]。アイルランド政府がアイルランド憲法の縛りを受けながら国民投票を実施し、またしても否決されたとき、他の加盟国はアイルランドの有権者が再考を求められる前に、いくつかの譲歩案を提示した。

★
★
★

リスボン条約によって民主主義的正当化をめぐる長年の断層が最も顕著に現れたのが、ドイツ、フランス、イギリスであった。ドイツでは、マーストリヒト条約に関する連邦憲法裁判所の判決が長く影響を及ぼした。2008年6月にドイツ連邦議会《ブンデスターク》の議決でリスボン条約が批准された後、ドイツ大統領は連邦憲法裁判所の要請を受け、左翼政党ディー・リンケ（Die Linke）を含む原告団が提起したリスボン条約の合憲性にたいする異議申し立てに関する同裁判所の判決が下るまで、同条約を批准する法律への署名を拒否した。1年後、連邦憲法裁判所は判決を下し、ドイツ憲法を守るためのハードルを、マーストリヒト条約に関して下した先の判決よりもさらに高くした。当面の法的問題については、リスボン条約の批准方法がドイツ連邦議会の権利を侵害していると断じた。連邦憲法裁判所は、EUを現在の「国際法に基づく支配《ルール》の同盟《ユニオン》」としての政治的存在から一つの連邦国家《フェデラル・ステート》に移行させるためには、新しいドイツ憲法が必要であると述べた[33]。さらに、そのような憲法の変更が行われなければ、「ドイツにおける民主主義的支配のシステム」は損なわれる、と述べた。したがって、加盟各国の議会は、「経済的、文化的、社会的な生活環境」、とりわけ「文化、歴史、言語に関する従来の理解に特に依拠する」「政治的決定」を審議するための十分な「余地」を残しておかなければならなかった。(34)ＥＵ内部では、加盟国の「憲法上のアイデンティティ」を侵害するような政策決定権限《ポリシー・コンピテンス》の主張は法的に許されない。(35)リスボン条約については、連邦議会と連邦参議院《ブンデスラート》がさらに票決を行うことで、連邦憲法裁判所が求める条件を満たすことができた。しかし、ドイツの批准が完了してから1カ月後、ギリシャ・ユーロ危機が勃発し、ドイツ政府は間もなく、ユーロ救済のためにＥＣＢが所与の権限をはるかに超えた行動を開始すべきか否かを暗黙裏に決定しなければならなくなった。

　英仏両政府にとって、リスボン条約はかなり似通った問題を引き起こしたが、正当化に関する決定がもたらした影響はまったく異なっていた。フランスの政治家にとって、２００５年の国民投票敗北後に何をすべきかが喫緊の課題となった。後継条約の議論が始まる前に、フランスでは２００７年に大統領選挙が行われ、第二回投票の2人の候補者は、次に何をすべきかについて立場を決めなければならなかった。中道右派のニコラ・サルコジ候補は、憲法条約のうち議論の余地のない部分をもとにした、彼が言うところの「ミニ」条約を提案し、再度の国民投票には反対した。他方、社会党のセゴレーヌ・ロワイヤル候補は、ＥＣＢの変更を含む包括的な新条約を提唱し、再度の国民投票実施を主張した。

　勝ったのはサルコジであった。しかし、リスボンで結ばれたのは、フランスの有権者が以前拒否した条約と酷似したものであった。もう一度国民投票を行っても、ふたたび「ノン」という答えを突き返されると判断したサルコジは、「いま国民投票を行えば、ヨーロッパを危険にさらすことになる。もしフランスで国民投票が行われれば、イギリスでもふたたび国民投票が行われることとなり、条約は成立しないだろう」と述べ、国民投票を回避することに決めた。[36] 国民議会の批准で、フランス社会党への圧力は強まった。ロワイヤルの選挙公約にもかかわらず、国民議会のほとんどの社会党議員は条約に賛成した。またしても、EUの正当性をめぐってフランスの一政党が分裂した。このとき社会党を離党して左翼党（パルティ・ドゥ・ゴーシュ）を創設したのは、ジョスパン政権下で閣僚を務めていたジャン＝リュック・メランションであった。2017年の選挙の第一回投票では、別の旗印を掲げたメランションが社会党の候補者を13％上回る票を獲得した。

フランスが1992年と2005年に実施した二度の国民投票と2008年に実施しなかった国民投票は、フランスの主要政党に幾重もの大きなダメージを与えた。そのため、フランスの政治階級はこれ以上の条約変更を検討することに消極的となった。実際、エマニュエル・マクロンは大統領として初めて行ったヨーロッパ問題に関する主要な演説で、こうした力学について次のように語った。「一時期、私たちは国民の腕をねじり上げ、『いいか、もう提案はしないし、君たちの意見を尋ねに行くこともしない』と言いました。あのとき、われわれは『氷河期』に入ったのです。フランスは他の多くの国と同じように、怖くて〔国民投票を〕提案することなどできませんでした。どことなく忌まわしく、どことなくおぞましいこと、つまり条約変更を恐れたのです[37]」。しかし皮肉なことに、マクロンが個人的な運動を利用して大統領選に立候補できたのは、EU憲法改革の余波でフランスの政党システムがまともに機能しなくなったからにほかならない。

★
★
★

イギリスのゴードン・ブラウン首相にとっても、リスボン条約は民主主義の重荷となるものであった。国民投票にかければ、ほぼ間違いなく「反対《ノー》」が勝利していたであろう。この現実に直面したブラウンは、やはり「リスボン条約は前の条約とは質的に異なる」というまやかしの主張を行い、憲法条約に関する国民投票の実施という２００５年に労働党が掲げたマニフェストの公約を反故にした[38]。

　イギリスとフランスで異なっていたのは、野党が同意の問題にいかに臨んだかという点である。イギリスの保守党〔訳注　当時野党〕はリスボン条約それ自体はもとより、議会でそれを批准にかけることすら反対していた。デイヴィッド・キャメロン率いる保守党は、もしも保守党政権が発足するまでに批准が行われなかったならば国民投票を実施するという「確固たる」保証を示し、党として条約に反対するキャンペーンを行うと述べた[39]。その結果、サルコジの元ＥＵ担当顧問が述べたように、リスボン条約の運命は「アイルランドで２回目の国民投票が行われるのが先か、ゴードン・ブラウン政権の命運が尽きるのが先かの競り合い」となった[40]。

　しかし、リスボン条約が議会で最終的に批准されるだけでは、イギリス民主主義政治における同意の問題は収まらなかった。保守党はさらに、自分たちが政権に就くまでに条約が批准されれば、「この条約はこの国において民主主義的正当性を欠くことになる」ため、「問題をそこで終わらせることはしない」と約束していた[41]。２０１０年のイギリス総選挙で、保守党は自党のマニフェストに、ＥＵ条約に関する国民投票を義務づける法律を制定し、ウェストミンスター（議会）への権限の返還に向けて交渉するという公約を盛り込んだ。こうした背景のもと、イギリス議会は２０１１年、ＥＵに新たな権限を与える条約については国民投票の実施を義務づける法案を可決した。ジャン＝クロード・ユンカー元欧州委員会委員長が後に述べたように、「ヨーロッパの条約に反対する民主主義的な選択はありえない」というのであれば、イギリスのとるべき対応は、新しい条約をその時々の議会で過半数以上の賛成を得て承認することであった。[42]

しかし、２０１１年に制定された欧州連合法（ＥＵ法）は、イギリスの民主主義的同意を取り戻すには不十分であった。キャメロンの〔保守・自民〕連立政権がＥＵから権限を取り戻すには、イギリス政府がそれを支持する代わりに要求を突きつけることができるような新条約を締結するしかない。しかし、フランスがそのようなことを考えたがらないのはさておき、イギリスが別の条約について国民投票を実施しなければならなくなるという事実そのものが、他のＥＵ加盟国が条約の締結に乗り出す可能性を低くした。第6章で詳しく述べたように、キャメロンは２０１１年12月にＥＵの新条約案を拒否した後、イギリス単独での交渉をめざさざるをえなくなった。その交渉結果をその後の国民投票にかけるという賭けに出ることを決断したとき、キャメロンはイギリスのＥＵ残留の是非を民主主義的検討に委ねたのである。キャメロンは２０１３年のブルームバーグ演説で、イギリスにおいてＥＵにたいする民主主義的同意は「僅差（wafer-thin）」であると述べた。国民投票の結果は、彼の読みが〔少なくとも「僅差」という点では〕正しかったことを立証することとなる。[43]

イギリスのＥＵ離脱問題は国民投票によって一件落着すると思われていたことから、敗者の同意をめぐって深刻な問題が浮上した。その理由の一つとして、多民族国家であるイギリスへの圧力が強まったことが挙げられる。スコットランドと北アイルランドというイギリスの二つの地域では、大多数の人びとがＥＵ残留に投票した。しかし、国民投票後における敗者の同意の弱さは、ＥＵ加盟国であること自体が民主主義政治をどこまで不安定化させるのかを示した。残留派のなかには、国民投票によってＥＵ市民権に付随する法的権利を合法的に終了させることはできないと主張する者もいた。この批判は事実上、国民投票を民主主義の過剰と決めつけ、その実施は行政独裁の危険性をはらむ、とするものであった。[44]実際、プレビシット[※]に基づいてリスボン条約第50条による離脱を推進する政府の

※〔訳注　プレビシット（plebiscite）は、レファレンダム（referendum）と同様、「国民投票」のことである。前者は「人民投票」「一般投票」と訳される場合もあるが、最近はカタカナのまま「プレビシット」の語を用いている論文や雑誌記事なども目にするようになった。プレビシットとレファレンダムは、同義であり互換性のある言葉だと説明されることもあるが、ここでは両語の政治的意味の違いに留意したい。一般的に、レファレンダムは民主主義体制下で行われる自由で公正で競争的な投票を指すのにたいし、プレビシットは専制体制下で行われる不公正で自由を欠いた投票を指し、否定的な意味合いを持つ。後者は、権力者が自らの統治や自らが推し進める政策を正当化するために実施する信任投票の性格を帯びている。ブレグジットの国民投票が実施された際、これがプレビシットかレファレンダムかという議論がみられたが、民主主義国イギリスの首相であるキャメロンが実施した国民投票をヒトラーやムッソリーニのような独裁者が実施したそれと同等に捉えて、これをプレビシットと解釈するのには無理があるようにも思える。しかし他方で、キャメロン自らはＥＵ残留を望み、その追認を国民に求める意図で投票の実施に踏み切ったという側面に着目すれば、ブレグジット投票をプレビシットと解釈することも十分に成り立つ。いずれにせよ、投票結果はキャメロンの意に反するものとなったのではあるが〕

決定に異議を唱えようとした残留派の一部は、憲法上の権利を盾に裁判所に提訴した。予想どおり、この動きは貴族主義の過剰という反発を招いた。この観点からすると、裁判を起こす能力のある人びとが、選挙で正当に表明された多数派の意思を阻止しようとしていたことになる。この点で、ブレグジットが示しているのは、ＥＵ市民権が憲法上の経済的権利や居住権を生み出したが、それらは各国の民主主義政治による偶発的な結果に左右されるものであり、最終的には保護されないということである。これらの権利が争点となった国民投票で投票権を持たなかった「国民でない者（non-nationals）」にとっては、権利を失うことは受け入れがたいことであった。ＥＵレベルの権利に重きを置き、かつ国民投票に参加することができた者にとっては、投票での敗北そのものが、なぜ自分たちを負け組に追いやった民主主義的な国内秩序よりも、憲法で厳格に規定されたＥＵ秩序のほうを支持するのかという理由を示していた。

マーストリヒト条約以降、ＥＵは加盟国の民主主義政治を分断する力として存在してきた。ＥＵは民主主義的同意を得ることを難しくし、民主主義政治がＥＵ憲法の規則よりも優先されるべきところはどこかをめぐって市民を党派的に分裂させた。こうしてみると、ドイツ連邦憲法裁判所の民主主義に関する主張は半ば正しく半ば間違っていた。ＥＵ域内では、民主主義的な承認行為はあくまでも国民国家に委ねられていた。しかしそれは、社会的、経済的、文化的、または精神的に十分に結びつき、共有された民主主義的政治空間の一員であることに永遠に合意した人民《ピープル》について有意義に語れるだけの同質性《ホモジニティ》が加盟国国内にあったからではない。それどころかＥＵ自身が、欧州政治共同体という代替的な概念を加盟国それぞれの市民に提示することで、そうした統一性《ユニティ》をますます失わせる役割を担ったのである。

ユーロ圏の債権者対債務者政治

ユーロ危機は、通貨同盟に加わる民主主義諸国を、債務をめぐる一連の厄介な力学から解き放った。実際、銀行が救済を受けた直後、財政赤字削減のために行われた公共支出の削減と（すぐに緊縮財政とレッテルを貼られた）増税にたいする階級的な怒りが沸騰したのは、ユーロ圏の民主主義諸国だけではなかった。[45] 債務者や納税者の怒りは、アメリカからヨーロッパにいたる広がりをみせた占拠抗議運動《オキュパイ・ムーブメント》となって表れた。ユーロ危機とは別に、こうした抗議運動はヨーロッパ全土で反乱政党の台頭を助長した。[46] しかしユーロ圏では、債権者と債務者の対立が国家間の関係にも影響を与えた。北欧の銀行は南欧の政府、企業、銀行に巨額の融資を行っていたが、2009年後半から低利の借り換えができなくなった。南欧ユーロ圏諸国が国際資本市場から締め出されると、それに続く救済措置によって、債務国から北欧の債権者への返済が可能となり、北欧の債権者は国家レベルで救済する必要がなくなった。一方、東欧ユーロ圏諸国の政府は、国内の債務削減をめざしており、自国の銀行はリスクにさらされていなかったことから、自分たちにとっては何の得にもならない債務国や債権銀行の救済に寄与した。[47] 政治的にみると、このような対立を抑えるためには、ユーロ圏加盟国間の関係をより緊密にし、弱小国の国内における民主主義的な争いを抑える必要があった。[48]

債務をめぐる政治によって、民主主義的改革を求める声が最も激しくなり、貴族主義の過剰が最も公然と非難されたのは、思ったとおり南ヨーロッパであった。2011年、スペインでは国民の約6

分の１にあたる人びとが15Ｍ（キンセ・エメ）運動に参加した〔訳注　15Ｍは５月15日のこと。国民党と社会労働党という既成二大政党による緊縮財政政策に抗議する若者たちによって起こされたオキュパイ運動〕。抗議者たちは、腐敗した王朝的寡頭政治《オリガーキー》が金融と結びついてスペインの民主主義を堕落させたとみて怒りを露わにし、草の根ネットワークを持つ市民として、民主主義を本来そこにいるべき人びとの手に取り戻すことを主張した[49]。15Ｍ運動のなかから生まれた新党ポデモスは、自らをボトムアップ型民主主義再生の担い手として位置づけた。ポデモスはデジタル技術を駆使し、大勢の市民が党の意思決定に参加することを可能にした。また同党は、債権者の利益よりも債務者の利益を優先する債務改革を提唱し、いわゆる市民のベーシック・インカムを提案した[50]。

　この債権者対債務者政治は、スペインの領域政治となって爆発した。これはタイミングの問題でもあった。ユーロ危機の発生から間もなく、スペイン憲法裁判所は、２００６年の住民投票でカタルーニャ州の有権者によって承認された２００６年自治憲章の一部（カタルーニャ国籍を認める条項を含む）を無効とした。こうした政治情勢を背景に、スペイン政府とカタルーニャ州政府は、ユーロ圏の財政ルールを遵守しつつ、スペインの自由な資本市場を維持するための政策変更をめぐって対立した。歴史的にカタルーニャ・ナショナリズムは左翼の運動であったが、マドリード（中央政府）から緊縮財政を押しつけられたうえ、２０１２年には金融市場がカタルーニャ州政府の借り入れをできなくしたことで、中道右派に分離独立志向の感情が湧き上がってきた。２０１２年11月のカタルーニャ州議会選挙では、中道右派政党が初めて独立運動を展開し、左翼の独立派政党も大幅に躍進した[51]。選挙後に政権を奪取した独立派連立与党は、２０１４年に独立の是非を問う拘束力のない住民投票を実施し、さらに15年の議会選挙を経て、17年10月にも住民投票を実施した。低投票率ながら「賛成」多数の結果を受け、カタルーニャ州議会は正式に独立を宣言した。しかし、スペイン政府はこの投票を認めず、カタルーニャ州政府のメンバーにたいする法的手続きを開始すると、直接的な統治を敷き、それが2018年6月まで続いた。

スペインが2017年から18年にかけての分離独立危機を強制力の行使によって乗り切ったとすれば、それにもかかわらず、ポデモスと同時に中道右派のカタルーニャ・ナショナリズムが台頭したことで、スペインの政治家にとって持続可能な政権を形成することが難しくなった。新たな政権が樹立される前に、2015年12月と2016年6月に立て続けに二度も総選挙が行われた。2019年にさらに二度の選挙が行われたが、そのうち2回目の選挙では、社会党が最多議席を獲得したものの、全議席の過半数には遠く及ばなかった。2020年1月、社会党はカタルーニャ・ナショナリズム政党の棄権に乗じてポデモスと連立して議会で過半数を獲得し、ようやく少数与党政権を樹立した。

★★★

ドイツでは、債権者対債務者問題は司法の場に持ち込まれ、政党システムが分裂する原因ともなった。ギリシャ危機が始まると、ドイツ政府は銀行破綻を防ごうとした。メルケルにとって、2008年以降、ドイツが新たに巨額の銀行救済策を講じることは政治的に危険であった。しかし、ギリシャや（その後の）他のユーロ圏諸国への救済資金の提供には、国内的な代償が伴った。[52] メルケルは、南ヨーロッパ諸国にとって必要な救済策を売り込む一方で、ドイツの銀行（彼らのドル借り入れを含む）を国政の議論から締め出すことで、実際に作用している債権者と債務者の力関係を混乱させた。メルケルはまた、そうした救済策を国内的に受け入れやすくするために、他のユーロ圏諸国に財政面で数々の譲歩を求めなければならなかった。その一つが、財政協定〔訳注　第6章の「緊縮財政の要請」を参照〕に定める新たな憲法上の借り入れルールである。[53]

ユーロ危機の初期の数カ月間、カールスルーエ〔訳注　ドイツ連邦憲法裁判所〕の判事たちは、ECBにさらなる負担を押しつけることで、ドイツ政府に一息つく間を与えているようにみえた。ユーロ以外の重要な訴訟で、カールスルーエの判事たちは、EUの機関がその権限を超えて行動したという訴えを審理し、マーストリヒト条約やリスボン条約よりもはるかに高いハードルを設定した。その後、ドラギの国債買い入れプログラム（OMT）は法律上も憲法上も問題があるという仮判断が下された際には、欧州司法裁判所に先に判断を仰ぐことで対立を避けた。[54] QEをめぐる訴訟の最初の審理では、懸念すべき「重大な理由」があるとしながらも、ふたたび危機を誘発することに尻込みした様子で、またしてもこの訴訟をルクセンブルクの裁判所〔訳注　欧州司法裁判所〕に付託した。[55]

それにもかかわらず、ECBがマーストリヒト条約で定められているとは誰も合理的に立証できない権限を獲得したことは、ドイツの民主主義政治、とりわけ「銀行救済をヨーロッパ化する」というメルケルの決定と結びついて、大きな反響を呼んだ。救済措置に反対する経済学者、法律家、実業家たちのグループはAfDを結成した。同党は2017年の選挙マニフェストで、「ユーロ導入につながったマーストリヒト条約にドイツが当初与えた同意の原則は無に帰した」と表明した。[56] AfDは

２０１３年の総選挙では連邦議会に議席を得ることはできなかったが、その年の秋には複数の州議会で議席を獲得した。２０１５年にドイツのショイブレ財務相がユーロ圏からのギリシャ追放を企てたり、ＱＥを批判しようとしたりした背景には、ＡｆＤがキリスト教民主同盟の右派政党として台頭することへの懸念があったからにちがいない[57]。２０１５年以前の創設者の一人を含むＡｆＤのメンバーが、ドイツ連邦憲法裁判所にＱＥを提訴した際のメンバーでもあった。２０２０年7月にドイツ連邦議会で過去のＥＣＢの行為を遡及的に正当化する決議が行われた際、ＡｆＤは反対票を投じた[58]。

２０１５年の難民危機がなければ、ＡｆＤがどこまでドイツ連邦議会を混乱させたかは大いに疑問である。２０１５年の難民危機以降、ＡｆＤはより多くの票を獲得するようになり、党の指導者も代わり、ドイツのナショナル・アイデンティティを軸に反移民の姿勢と反イスラームの主張を展開するようになったのは確かである。しかし、ＡｆＤは同時に、ディー・リンケと並んで、マーストリヒト条約と現実の通貨同盟とのギャップにたいする不満、つまりＡｆＤやディー・リンケに投票した人たちだけにとどまらない幅広い人びとの不満を吐き出すためのはけ口となった[59]。

反乱政党によってドイツの民主主義が受けた打撃は、２０１７年の総選挙とその余波からも明らかである。キリスト教民主・社会同盟ブロックと社会民主党の得票率は前回２０１３年の総選挙が67％であったのにたいし、17年は53％にとどまり、ＡｆＤとディー・リンケのほか、自由民主党と緑の党が得票した。このように既存の政党システムが崩壊状態に陥ったことで、連立を組むことが以前よりも困難となった。ＡｆＤもディー・リンケもキリスト教民主同盟の連立パートナーとなることはできず、社会民主党もディー・リンケを受け入れているのは州政府にとどまっていることから、中道左派と中道右派を横断するかたちの大連立を組む以外に現実的な選択肢はほとんど残されていなかった。

しかし、そのような大連立を維持することは、民主主義を混乱させる原因ともなった。2017年に総選挙が行われてからほぼ半年後にキリスト教民主同盟と社会民主党の連立が最終的に合意され、AfDが正式な野党となった。その後、連立を組む両党は大きな困難に直面した。緑の党がドイツ政界の第二党となることを懸念した社会民主党の党員は、2019年11月、既存の大連立合意に反対する運動を展開していた2人の造反候補を共同党首に選出した。メルケルがキリスト教民主同盟の党首を辞任した後、後継者に選ばれたアンネグレート・クランプ゠カレンバウアーは、地方で連立の組み方をめぐって深刻な混乱に陥ったこと[※]の責任をとって辞任に追い込まれた。2019年10月のテューリンゲン州の選挙では、ディー・リンケとAfDが半数以上の票を獲得した。メルケルがAfDの票に頼った政権樹立は道義的に容認できないと明言した後、新たな選挙を阻止するために、テューリンゲン州のキリスト教民主同盟党員はディー・リンケを含む少数政権に投票せざるをえなかった[60]。

2021年の総選挙で大連立政治は限界の様相を呈し、社会民主党は2017年よりも大幅に議席を増やしたにもかかわらず、主要2政党の得票率は50％を下回った。パンデミック以前にテューリンゲン州で起こった事態とは逆に、AfDもディー・リンケも恩恵を得られなかった。実際、ディー・リンケが社会民主党や緑の党と連立を組んで政権入りするかもしれないという考えから、一部のキリスト教民主同盟の支持者は、党首候補のアルミン・ラシェットの不人気にもかかわらず、同党への忠誠心を強めたようである。しかし、ドイツでは初の三党連立政権の樹立に向けた交渉が始まった。AfDとディー・リンケを排除した三党連立政権がどのようなものになるかは、自由民主党と緑の党の交渉によって決まった。両党の議席獲得率は30％未満で、ドイツの債務ブレーキ（debt brake）とユーロ圏の債務に関しては両極端な立場をとっていた。

★　★　★

フランス第五共和制にとって、ユーロ圏の債権者対債務者政治は、結局のところ、ＥＵの諸条約と民主主義の変化に関する従来の問題を再認識させるものであった。[61] ２０１２年の大統領選挙に勝利したフランソワ・オランドは、あるとき「私の敵は金融界だ」と発言し、１００万ユーロ以上の所得がある者に75％の税率を課すと公約するなど、貴族主義の過剰をあからさまに攻撃した。[62] オランドは、まだ批准されていない財政協定を通じて通貨同盟が新たに課した憲法上の財政制限を拒否した。オランドはさらに、ＥＣＢが借り入れコストを引き下げるために使用できる手段にたいしてドイツが事実上の拒否権を行使していることを非難し、「ドイツが他のヨーロッパ諸国のために決めることではない」と述べた。[63] ＥＵ条約に反対するキャンペーンを行おうとするオランドの姿勢は、たとえその条約が政府間で結ばれ、形式的にはＥＵ法の枠外にあったとしても、それぞれの国で起こりうる民主主義の変化とＥＵ条約に基づく憲法秩序とのあいだに横たわる緊張関係をあらためて露呈させるものであ

※〔訳注　テューリンゲン州で、キリスト教民主同盟の地区支部が党本部の指示を無視してＡｆＤと提携し、州議会の州首相選出選挙に際してはＡｆＤに後押しされた自由民主党の候補を支持したこと〕

った。フランスの選挙によって条約が頓挫してしまうことを憂慮したメルケルはこの問題に干渉し、フランスとドイツのテレビ番組でサルコジと共同インタビューに応じ、サルコジ支持を表明した。(64)

オランドは抵抗したものの、フランスの借り入れコスト、資本逃避、失業率の上昇という重荷に耐えかねて、たちまち腰砕けとなった。かつてのミッテラン、シラク、ジョスパンと同様、オランドは前任者の公約に背を向けた。オランドは財政協定の批准で議会多数派の支持を得たものの、その結果、社会党内に動揺が広がり、この問題で「左翼党（パルティ・ドゥ・ゴーシュ）」につけ込まれるようになった。引退した前任者たちと同様、オランドもEU条約に伴う国内改革に困難をきわめた。特に、オランド政権で経済相を務めていたエマニュエル・マクロンは、抗議デモが激化するなか、議会の採決を経ずに労働市場改革を強引に推し進めた。(65)

結局、オランドの大統領時代はフランスの政党システムを決定的な危機に陥れた。任期最後の年、オランドは異常に不人気であった。彼の失策は社会党を事実上崩壊させ、中道右派の腐敗問題と相まって、２０１７年の大統領選挙では第二回投票で社会党や中道右派政党の候補者が不在となった。マクロンが「前進！（En Marche!）」という個人的な政治運動を立ち上げる決断をしなければ、フランスの政党システムはもっと長続きしていたかもしれない。しかし、その中心である二大政党〔共和・社会両党〕の衰退は、偶発的なものではなく、構造的なものであった。両党とも、ユーロ懐疑派の離反によって弱体化していた。通貨同盟をよりフランス色に近づけ、ドイツ色を薄めるかたちのヨーロッパに移行させるという公約を果たせなかった両党は、予想どおり、２０１８年から「国民連合（Rassemblement National）」と改名した「国民戦線（Front National）」や、２０１７年の大統領選挙前にメランションが結成したより行動的なスタイルの「不屈のフランス（La France Insoumise）」といった徹底的なユーロ懐疑派の政党に票を奪われた。

それでも、二大政党とも、ユーロ懐疑派の政党に転換することはできなかった。というのも、フランスの債務残高を考えると、ユーロから離脱することはあまりにも代償が大きく、フランス流にユーロを改革しようとしたことが、なぜこれほどみじめな結果に終わったのかが問われることとなるからである。この点、マクロンが大統領選で勝利するために既存の政党システムを棄てた背景には、彼個人の野心を超えた論理があった。すなわち、既存の主要政党では、フランスをルールに則ったユーロ参加国とするために必要な政治的行動を起こすことができない、という考え方である。

しかしながら、ＥＵにおける独仏の指導力を通じてフランスのネイションフッドを具現化するという古くからの野望を、政党を超えた個人的なカリスマ支配によって達成するというマクロンの試みも成功しなかった。国内的には、抗議デモやストライキによって前任者たちが挫折した経済改革の実現が求められていた。マクロンが勝利しなければ、反対派が選挙で「国民戦線」や「不屈のフランス」に流れるか、あるいは街頭での抗議運動を激化させることはほぼ必至であろう。というのも、「前進！」が政党システムの民主主義的な刷新を望む市民のための受け皿であったとすれば、黄色いベスト運動《ジレ・ジョーヌ》（燃料税に反対する抗議行動として始まったが、市民主導の国民投票を含む民主主義的改革を要求する運動に変化した）は、既存の政党システムを効果的に破壊するためのもう一つの受け皿となっていたからである。対外的には、マクロンは、過去のあらゆる経験に反して、ドイツの民主主義政治がフランスの影響を素直に受け入れると想定せざるをえなかった。[66] マクロンは２０１７年の選挙後、債務共有に反対するリベラル派の自由民主党を含むドイツ政府に配慮したが、大連立を組む社会民主党の新しい財務大臣はユーロ圏に関するマクロンの要求を支持しなかった。２０１８年後半、マクロンが黄色いベスト運動に財政面で譲歩せざるをえなくなったとき、フランスの行き詰まりを象徴する両者が接近した。ユーロ圏が民主主義的な政治的統制を受けやすくなる可能性は、マクロンがユーロ圏の憲法化された財政ルールを守りながら、最終的にドイツ政府を説得してルールを変更させることができる大統領になれるかどうかにかかっていた。しかし実際には、マクロンは異例の長さの抗議を引き起こした大統領となった。

マクロンの大統領就任は、課税の分配が国際資本市場やオフショアバンキングによって同時に制約されるとき、ユーロが民主主義政治をいかに困難にするかを示すもう一つの例となった。経済状況の変化にユーロを適応させるには、ドイツの選挙政治と司法政治（judicial politics）の制約がある。したがって、国家の支出に実質的に依存し、新たな税金を支払っている人びとを苦しめるような国内改革を政府が進めれば進めるほど、主要政党（通貨同盟に関与しつづけなければならない）が吸い上げきれないほどの国内的不満が生まれることとなる。民主主義の強化と減税を求める黄色いベスト運動の要求に直面したマクロンは、既成政党抜きにフランスを統治しようとする自らの試みに最終的に彼らを取り込もうとした。２０１９年初頭、マクロンは全国各地の市民との2カ月間にわたる「大国民討論会」を開始した。しかしながら、この地方における討議では、扱われる論点がマクロンの設定したものに絞られ、富裕層への増税は最初から排除されていた。討議を終えたマクロンは、全国ネットのテレビ演説で政府の対応策を説明し、中間層の所得税減税と国民投票制度の充実を約束した。しかし、経済政策のかなりの部分がユーロ圏内で憲法に縛られているか、国際資本市場から低コストで借り入れを行うためにECBからの金融支援に頼らざるをえないという制約がある以上、より直接的な民主主義の実現をめざしたところで民主主義の修復につながるはずがない。その意味で、ユーロの存在によって、税制にせよ金融テクノクラシーにせよ、ある種の貴族主義の過剰に手をつけることが政治的にきわめて難しくなっている。

★★★

当然のことながら、ユーロ危機が民主主義政治にもたらした影響が最も深刻であったのはイタリアである。第4章と第6章で論じたように、イタリア大統領〔ナポリターノ〕がベルルスコーニを辞めさせ、モンティのテクノクラート内閣を誕生させたことは、それまでECBもドイツの首相もイタリアの政権樹立に干渉したことがなかったとはいえ、けっして異例な事態ではなかった。ECBが資産買い入れプログラムを通じて提供する対外支援が強化されるとともに、経済政策の面で民主主義政治がなしうる余地はさらに狭まっていった。金融支援を受けるための条件として、新政権は財政規律に加えて、労働市場改革の達成が求められたのである。(67)

当然のことながら、ベルルスコーニの解任はイタリアの政党システムを混乱させ、スペインのポデモスと同様、代議制民主主義の枠組みを否定する新興政党を台頭させた。コメディアンのベッペ・グリッロとインターネット起業家〔ジャンロベルト・カサレッジオ〕によって2009年に結成された

「五つ星運動」〔政党名として「五つ星」〕である。五つ星は、第二共和制の腐敗を攻撃し、その政治階級を「カースタ（casta）」〔訳注「特権階級」の意味〕と呼んで一蹴し、イタリアに必要なのは市民の声が届く、より参加型の民主主義であると主張するところから始まった。(68)初めての選挙となった２０１３年の総選挙で、五つ星は下院の単一政党として最大の得票率を獲得した。五つ星は他の政党との政権運営を否定していたが、その成功には中道左派と中道右派、それにモンティが結成した中道政党を加えて政権を樹立する必要があった。

テクノクラートの選択肢をより難しくするのに十分な票を獲得したことで、五つ星は大連立政治を実現した。２０１４年の欧州議会選挙までに、五つ星も明らかにユーロ懐疑派の政党となっており、ユーロ加入の賛否を問う国民投票を主張し、通貨同盟は「ドイツと金融寡頭勢力に都合よくできている」と激しく批判した。(69)北部同盟《レーガ・ノルド》がイタリアのユーロ懐疑派政党として復活し（現在は単に「同盟《レーガ》」と呼称）、五つ星はユーロを第二共和制の政治的争点としたが、五つ星や同盟《レーガ》がユーロ離脱に関する首尾一貫した計画を持っていた証拠はなかった。

このユーロ懐疑論の高まりは、イタリアの民主主義とユーロ圏との緊張関係をさらに深刻化させた。２０１３年の選挙後、大連立政権はＥＣＢからの支援という対外的な必要性と、ユーロ圏の機関による財政監視に抵抗する国内政治的な必要性のあいだでの舵取りを模索した。(70)こうした動きによって、ベルルスコーニは自らの古巣である政党「フォルツァ・イタリア（Forza Italia）」を改革するため、連立政権から同党の閣僚を引き揚げた。中道左派の民主党内部でかなりの混乱があった後、２０１４年２月、若きフィレンツェ市長マッテオ・レンツィがフォルツァ・イタリアを加えない狭い大連立政権の首班として頭角を現した。その一方で、２０１４年夏になると、イタリア経済がふたたび景気後退に陥り、財政対応の余地がないまま、この政権は危機に陥った。その時点で、ＥＣＢはイタリアが救済を申請してこないかぎり何も提供できなかったが、付帯条件が不人気であったことから、いざ政府が救済を求めたとしても潰されてしまったであろう。ＥＣＢによる資産買い入れ再開の可能性を少しでも残すため、レンツィはモンティが計画していたよりも厳しい労働市場改革を約束しなければならなかった。[71]どう考えても、２０１５年にＥＣＢがＱＥに踏み切るためには、そのようなイタリアの政策転換が必要不可欠の政治的条件となった。[72]

もちろん、ＥＣＢがイタリア政府に前例のない支援を提供したことで、構造的な緊張は高まった。レンツィの労働法改革は大規模なデモとゼネストに見舞われた。ベルルスコーニ党、五つ星、同盟《レーガ》がすべて政権から離脱していたこともあり、レンツィの連立政権はＥＣＢによるイタリア国債の買い取りに依存していたが、それでもその財政ルールについては批判せざるをえなかった。２０１６年秋、イタリアの将来的な財政赤字をめぐってＥＣＢと対立したレンツィは、激高してこう叫んだ。「ブリュッセルは何にノーと言っているのか。アマトリーチェ（２０１６年8月に地震に見舞われたラツィオ州の町）への資金か。学校への資金か。もう20億ユーロの医療費か。はっきり言ってもらいたい」。[73]労働法改革で人気が急落したレンツィは、２０１６年12月、イタリア議会改革のための改憲への賛否を問う国民投票に敗れた。レンツィの退陣によって、その根底にあった緊張状態が顕在化した。ＥＣＢが許容する政権、間接的にはドイツが容認できる政権だけがＱＥ〔による支援〕を受けられるのである。そのため、五つ星と同盟《レーガ》を排除したかたちの大連立政権は、できるだけ長くＥＣＢに支えてもらわなければならなかった。実際、レンツィが国民投票に敗北するまでは十分にありうると考えられていた２０１７年までのＱＥ打ち切りの可能性は消え去った(74)。

結局は憲法に基づいて選挙が行われるしかなかった。２０１８年4月に選挙が行われたとき、唯一妥当と思われる政権は、ユーロ懐疑派の五つ星と同盟《レーガ》からなる政権であった。しかし、両党の党首とも自分たちの政権を対外的に認めてもらうため、首相に就くことはせず、選挙を経ていない法学教授のジュゼッペ・コンテを首相に据え、テクノクラートを財務大臣に任命することを受け入れた〔訳注　コンテが五つ星の党首に就任するのは、２０２１年8月に首相を辞任した後〕。２０１８年12月にＱＥが終了したことで、借り入れコストの上昇リスクはあるものの、連立政権の組み合わせにたいする制約が緩和された。だが、２０１９年にユーロ圏全体の経済状況が悪化したことで、当初の問題が再燃することとなる。２０１９年8月、同盟《レーガ》のマッテオ・サルヴィーニは五つ星と同盟《レーガ》の連立を解消し、総選挙の実施を模索した。しかし、五つ星が大連立に寝返ったため、サルヴィーニの動きは阻まれ、依然としてテクノクラートの首相が率いる民主党と五つ星の連立政権が誕生した。その1カ月後、ＥＣＢは11月にも新たなＱＥプログラムを開始すると発表した。おそらく、サルヴィーニの連立離脱によってＱＥの再開が認められたのであろう。しかし、同盟《レーガ》抜きでのＱＥの再開によって、次のイタリア国政選挙で同党がふたたび政権に就いた場合、とりわけサルヴィーニ、あるいは同盟《レーガ》と連立を組む可能性のある極右政党「イタリアの同胞（Fratelli d'Italia）」がドイツ政治に及ぼすであろう影響のことを考えれば、イタリア共和国の債務負担能力が問われるのは確実であるように思われた。

改正が容易でない条約によって実現した通貨同盟は、ＥＵに加盟する民主主義国に大きな負担を強いるものであった。不安定化要因となる力学の一部は、当初から存在していた。特に国内選挙とＥＵ条約のあいだのぎくしゃくした関係に起因する一般的な問題を考えると、本質的にドイツ的な条件が加盟国全体の憲法に組み込まれることを支持する政治的コンセンサスは根本的に不十分であった。選挙、とりわけフランスの選挙は、実現不可能な変革への要求を生み出した。イタリアでは、もし債務をめぐる民主主義的な争いが起こっていれば金融危機のリスクがあったと思われるが、ユーロはそのような争いを防ぐための安全装置として機能した。しかし通貨同盟は、イタリアの債務返済を可能にしたものの、それと同時に、誰が権力を行使できるかをめぐって非民主主義的な縛りをかけ、権力を行使した者たちが政党間でしのぎを削る余地を狭めた。領土的に不完全な通貨同盟の内実は、憲法に基づく単一市場をイギリスの民主主義政治に押し込むものであった。２０１２年にフランスのオランドが自らは拒否する立場にない条約に反対するためのキャンペーンを行ったように、２０１０年にイギリスのキャメロンは自ら実施する立場にない移民目標のためのキャンペーンを行っていた。

ユーロをめぐる問題や２００８年以降の金融環境、条約変更の可能性なしにＥＣＢを改革する必要性にドイツの政治がふたたび直面することで、そうした基本的な力学にさらなる破壊力が加わった。２０１５年の国境危機は、ＥＵとユーロ圏におけるドイツの立場が生み出す政治をさらに複雑にした。この危機によって、ＡｆＤは、移民に関しては憲法規範と戦後ドイツのネイションフッドから逸脱した政党となる一方で、ユーロ問題に関しては厳格な憲法上の妥当性を要求する政党となった。

イギリスでは、民主主義的に表明された不満が広がったが、それは結果的に多民族連合国家としてのイギリスをより不安定にした。その他の国では、ユーロのさまざまな側面にたいする民主主義的不満を抑えなければならなかった。ドイツや特にイタリアでは、それが大連立政治への移行に拍車をかけた。[75] フランスでは、ユーロとEU条約によって主要政党の力が弱まったことから、そうした選択肢はなかった。そこでは街頭抗議運動の政治が拡大し、フランス政府はこれに厳しく威圧的な姿勢で臨むこともあった。スペインでは、カタルーニャ問題が大連立を阻んでいるように思われたことから、フランスなどとは比べ物にならないほど厳しい強制力が行使された。

ユーロ圏内部では、2010年以降のECBと、EUが発行する永久債の見通しに対応できる新条約をめぐって、民主主義的な争いを引き起こしかねない構造的な圧力がかかっている。しかしながら、条約がEUの民主主義諸国にもたらす政治的困難、その結果として生じる争いの激しさ、さらにはEUとユーロ圏の足並みの乱れから、そうした新条約がEUに新たな深刻な混乱をもたらす元凶となることは確実である。

アメリカのネイションフッドを修復する試み

2016年の大統領選挙で露呈したアメリカ共和国のひずみは、以前とはかなり趣を異にしていた。民主主義的な争いは、次第に激しく争われるようになった形式的な憲法秩序によるよりも、明らかに選挙における寡頭支配層の金《かね》の影響力によって制限されていた。重要なのは、選挙に関係なく何を維持しなければならないかということではなく、選挙結果（特に大統領選挙について）が正当なものとして受け入れられるかどうかということになるであろう。これを理解するための一つの視点は、アメリカのネイションフッドをめぐる困難が１９９０年代以降いかに強まり、それが70年代以降の世界経済が生み出した貴族主義の過剰という問題といかに相互に影響し合ったかということである。

アメリカのネイションフッドを修復しようとする本格的な試みはビル・クリントンの大統領時代から始まった。クリントン政権もジョージ・W・ブッシュ政権も、ニューディール時代に定着した住宅所有の人種的不平等という問題に取り組もうとした。１９９４年、クリントンがマイノリティの住宅所有を促進する計画を発表した年、白人アメリカ人の70％が自宅を所有していたが、ヒスパニック系とアフリカ系のアメリカ人は40％強にとどまった。[76] 旧来のニューディールの枠組みであれば、連邦政府が直接乗り出せば改革は実現できたかもしれない。その代わりにクリントンは、民間の住宅ローン債権者にたいし、債務の証券化を通じて、これまで融資対象から外されていた世帯への融資を奨励し、連邦議会の認可を得て設立され民間が所有する住宅ローン会社２社、ファニーメイとフレディマックにたいし、住宅ローン債権を組み込んだ住宅ローン担保証券の買い取りと低所得者向け住宅ローンのさらなる購入を義務づけた。

住宅所有問題にたいするこのアプローチの結果、アメリカ共和国における貴族主義の過剰が増幅されるかたちとなった。住宅ローンの証券化によって、金融会社は莫大なドル資金を借り入れて住宅ローン担保証券を購入するようになり、短期資金市場への依存を深めていった。２００８年の銀行救済にはこうした背景があったのである。ファニーメイとフレディマックに野心的な目標を設定したことで、不正会計の風土が助長され、経営トップ個人に巨額の報酬がもたらされた。両社はその後、こうした慣行について連邦議会で弁明したが、多くの議員の選挙運動資金は、ファニーメイとフレディマックのために働く個人とそのロビイストたちから流れていた。[77]

第5章で論じたように、クリントン政権とブッシュ政権はいずれも、中国を世界経済に組み込むためにアメリカ製造業の雇用に悪影響が及ぶことも厭わず、富裕層優遇の流れを強化した。1992年、クリントンは「中国に厳しい」姿勢で選挙戦を展開し、毎年承認を必要としていた当時の対中最恵国待遇の更新に反対することを公約に掲げた。しかし、しばしば中国政府が直接支援する大規模な企業ロビー活動の圧力を受けたクリントンは、いざ大統領に就任すると、それまで言っていたこととはまったく異なる政策をとるようになった。[78] 1996年の大統領選挙後、中国政府の工作員がクリントンの再選キャンペーンや連邦議員選挙で複数の民主党候補に献金していたことが明らかとなる。[79] 当然のことながら、アメリカ製造業の雇用が失われるにつれ、労働者階級に属する多くの有権者は、連邦政府の対中政策が、自分たち労働者の利益よりも地政学的協力や企業利益、選挙資金を優先しているという階級的な認識を持つようになった。[80]

一方、クリントン政権は、1965年〔訳注　移民法の改正〕以降に起こった移民と市民権をめぐる政治的対立の収拾を試みて失敗する。1994年と96年に連邦議会を通過した法律により、メキシコ国境沿いの取り締まりは大幅に強化された。しかし結果的には、移民が国境のより危険な場所から入国してくるだけであった。市民権を持たない居住者の人口は増加の一途をたどった。[81] 1990年、アメリカには350万人の非正規移民がいた。それが2007年には1220万人にまで増えた。[82] 歴代政権が選挙で公約してきた国境管理に失敗し、一部の大企業が移民の受け入れを拡大するよう働きかけるなどしたせいで、怒りが爆発した[83]。しかし他方で、現にアメリカに住んでいる人びとへの市民権の付与を求める民主主義的圧力も強まった。その後、政治的に行き詰まり、それを象徴するように、移民法改正に向けた議会の試みは失敗した。市民権の拡大に十分な支持が得られず、全長3000キロを超える国境管理を厳しくしようとしても現実的な能力が追いつかなかった。その後の政治的空白のなかで、連邦政府が定めた非正規移民への社会保障給付の財源の負担をめぐって、連邦政府と州政府の対立が表面化した[84]。

　経済的ネイションフッドがより多くの市民を包摂するかたちで復活できず、市民権の問題に決着がつかなかったとしても、冷戦の終結と人口動態の変化によって、敗者の同意の必要性がますます高まった。共和党は外交問題で冷戦時代の強みを発揮できず、民主党は1964年以降、それまで牙城であった南部で退潮が続いていたことから、両党とも選挙で過半数を獲得するのに苦労した。1992年の大統領選挙で、クリントンは得票率43%で当選した。2000年の大統領選挙に勝利したジョージ・W・ブッシュは、彼に敗れた対立候補のアル・ゴアよりも50万票ほど得票数が少なかった。2004年の大統領選挙で、ブッシュの得票率はちょうど50%〔訳注　正確には51%〕に達したが、オハイオ州での得票数が少し変わっていれば、選挙結果はジョン・ケリーに傾いていたであろう。

　アメリカ共和国のその他の連邦機関は、敗者の同意にたいする圧力を強めた。1960年代以降の連邦最高裁判決をめぐる激しい争いは、大統領選挙のたびに連邦最高裁の今後の政治的方向性を問う争いとなり、連邦最高裁の役割は合意された憲法を守ることであるという考えを根底から覆した。10

年ごとの国勢調査に基づいて行われる下院選挙区の区割り変更は、人種政治の影響を受けることとなった。[85] その一方で、50州間の人口格差が拡大したことから、有権者数に関係なく各州から2人の上院議員が選出されるという上院の反多数決主義的（anti-majoritarian）構造が際立つようになった。1995年、長年ニューヨーク選出の上院議員であったダニエル・パトリック・モイニハンは、「次の世紀のいつかの時点で、アメリカは上院の定数問題に取り組まなければならなくなる」と発言していた。[86]

このような背景から、憲法の民主主義原理と連邦制原理が混在する選挙人団という制度の正当性に圧力がかかりはじめた。2000年の大統領選挙の勝敗は最終的に連邦最高裁の判断に委ねられ、このときは敗者の同意が成立した〔訳注　選挙結果をめぐって法廷闘争となったが、最終的にゴアは、ブッシュの勝利を確定した「最高裁の判決には強く不同意だが、これを受け入れる（while I strongly disagree with the Court's decision, I accept it）」と表明した〕。しかし、共和党の大統領によって任命された5人の連邦最高裁判事がやや不可思議な憲法上の理屈を用いて、フロリダ州での再集計を中止させ、ブッシュ候補を当選者としたことは、連邦最高裁判所の政治的方向性とその根底にある正当性をめぐる対立を深めることにしかならなかった。こうした接戦の選挙は、政治的権利を持たない者を含む労働者の力によって生み出された緊張をさらに悪化させた。非正規移民は政党間をはっきりと分断することはなかったが、諸階級の連合からなる政党内部を分断した。このことは、2016年にトランプ、サンダース両候補がそれぞれ名目上所属する政党内の反乱候補として非正規移民問題を利用したことにも表れている。

2008年の大統領選挙は、あたかも小休止に入ったかのような印象を与えた。民主主義的改革を公約として掲げた混血の候補者が勝利したことで、民族的に制限されたアメリカのネイションフッドは葬り去られたようにみえ、選挙が経済の方向性に意味のある変化をもたらすのではないかという期待に火がついた。オバマが選挙人投票で1988年以降のどの大統領よりも高い得票率を獲得したことも、大統領選挙が依然として決定的な結果を出すことがありうることを示唆した。

しかしながら、その期待は幻に終わった。2008年の大統領選挙の勝敗は、2000年や2004年のときと同様、対立する勢力間の相対的な投票率に大きく左右された[87]。オバマは、政治的変化の担い手というよりも、政治的変化への熱望の象徴であった。確かに、オバマの生い立ちは、新たなアメリカのネイションフッドを映し出すものであり、彼の言葉は、包摂的なアメリカ国民のための共和国の基盤を回復しようとするものであった[88]。出馬表明の際、オバマは民主主義の再生を呼びかけ、自分と同じように「われわれは一つの人民《ピープル》になれる」と信じる人びとに訴えかけ、「建国の父たちの天賦の才が……変えることのできる政府のシステムを設計してくれた」おかげで可能となった民主主義の修復にたいする信念をはっきりと言葉にした[89]。しかし、オバマの経済政策には、民主党予備選での対立候補のそれと区別できるようなものはほとんどなかった。オバマの大統領在任中、ホワイトハウスにおける彼の存在は、超越的な象徴としての役割を果たしたが、その一方で、一部の白人有権者に人種や民族性にたいする反感を抱かせる結果となった[90]。民主主義国におけるいかなる指導者も、民主主義的な政治的対立を否定しないかぎり、個人として国民統合の担い手となりえないのであるとすれば、しばしばオバマに投影される救世主的な希望は、この政治的対立を暗に否定することで、かえってそれを増幅させた。

２００７～08年の金融危機による影響を抜きにしても、貴族主義の過剰にたいする怒りによって突き動かされる階級政治の条件は、オバマ政権2期を通じて変わらなかった。２００８年の大統領選挙で、オバマはウォール街から巨額の資金を集めていた。(91) 選挙費用の支出に制限を設ける公的資金制度〔訳注　大統領選挙運動費用を国庫で補助する制度。指定された限度額以上は使わないことを誓約するのと引き換えに公的資金を受け取れる仕組み〕から逃れることで、オバマはその後の資金調達競争を確実にものにした。その後、連邦最高裁は２０１０年のシティズンズ・ユナイテッド事件(※)の判決で、企業には選挙中に好きなだけ資金を使う憲法上の権利があるとし、この資金調達競争を加速させた。

オバマの大統領在任中も、大企業は過去に行政機関で働いたことのある人材の採用を続けた。クリントンのような元政治家が設立した非営利団体や財団は、政治家候補や外国政府に多額の資金を提供したのと同じ人びとからの寄付によって、慈善事業に資金を提供していた。国防総省《ペンタゴン》と契約を結んで運営され、政党への常連献金者を抱えているような大企業でも、自分たちが入札に応募した軍の装備品をまともに納入できていないケースがしばしばみられた。(92) 莫大な軍事費が戦争に勝つためのものであるとするならば、２０１６年までの現実は、アメリカ軍が中東やアフガニスタンでよく言えば行き詰まり、悪く言えば惨憺たる状況に陥っている一方で、ごく一握りの企業に血税を献上しつづけているかのようであった。

掘って、掘って、掘りまくれ

1990年代になると、石油は重要な国内問題ではなくなり、アメリカ共和国はその破壊的な力をいかに抑え込むかという一筋縄ではいかない課題に直面することとなった。石油が表立った問題としてふたたび注目を浴びるようになったのは、ジョージ・W・ブッシュが大統領選に出馬したときからである。ブッシュは石油・天然ガス産業から多額の資金を集め、エネルギー業界の御用聞きとして繰り返し批判された[93]。ブッシュはその後、油田サービス大手ハリバートンのCEOであるディック・チェイニーを副大統領候補に据えたことから、エネルギー業界の利権が政府を支配しているという見方がイラク戦争へと向かう過程で強まった[94]。この戦争でイラクの原油生産を復活させられなかったことから、エネルギー生産国、消費国、環境保護団体のあいだの1970年代の対立が決定的なかたちで

※〔訳注　保守系政治団体「シティズンズ・ユナイテッド」が、2010年当時民主党の大統領候補者であったヒラリー・クリントンをこき下ろすテレビCMをケーブル・テレビで流そうとしたところ、連邦選挙委員会（FEC）からストップがかかり、これを「表現の自由」への制約として訴えた。最高裁は企業にも合衆国憲法修正第1条で保証された表現の自由があり、政治資金への制限はこの自由を制約するものと判断し、事実上企業献金を制限した2002年超党派選挙運動資金改革法（BCRA）の一部規定を違憲とする判決を下した。この判決によって、それまで厳しい制約が課されていた企業・団体からの選挙資金の提供が事実上無制限となった。NAD Monthly Report 2015.04「ピケティからの疑義～米国の格差問題No．2～」などを参照〕

再燃した。２００５年以降、ブッシュ政権は国産原油の増産というエネルギー政策の国内的側面を常に優先させなければならなくなった。２００７年の一般教書演説で、ブッシュは腹話術師さながら、ニクソンとカーターの言葉を真似てこう述べた。「あまりにも長いあいだ、わが国は外国の石油に依存してきました。そしてこの依存によって、われわれは敵対的な国の政府やテロリストから一層攻撃されやすくなり、彼らは、原油の輸送に大混乱を引き起こしたり、原油価格を上昇させたりして、わが国の経済に大打撃を与えかねません」[95]。連邦議会は２００５年と07年に二つの法案（このうち２００７年に成立した法律は「エネルギー自立・安全保障法」と呼ばれた）を可決し、生産に関する規制の一部を撤廃し、石油・天然ガス会社に多額の補助金を支給した。

原油価格が低迷し、リーマン・ブラザーズの倒産が起こる前まで、２００８年の大統領選はエネルギー問題が主役であった。同年７月、名目原油価格がほぼ１５０ドルのピークに達すると、ブッシュは海底油田の掘削を禁止する大統領令を解除した。多くの民主党議員は環境保護を優先させたかったと思われるが、共和党と協力して限定的な探査を許可した[96]。共和党のジョン・マケイン候補は、議会民主党の一部による掘削拡大への反対とオバマ候補によるガソリン税の一時停止への反対が、選挙戦の勝敗を分ける可能性があると考えた。７月に行われた世論調査では、有権者の4分の3以上が、投票の判断材料としてガソリン価格が「きわめて重要」もしくは「非常に重要」と回答している。また別の世論調査では、連邦政府が保護する土地での掘削を支持する人が圧倒的多数を占めた[97]。共和党全国大会では、マケイン自身は北極の原生地における掘削に反対していたにもかかわらず、「掘って、掘って、掘りまくれ（Drill baby drill）」が共和党の選挙キャンペーンのスローガンとなった。

シェールブームによって促進されたエネルギー自立の魅力も、２００７～08年の金融危機以後のアメリカの民主主義政治を石油中心に変えた。多くの有権者が価格の引き下げ、企業利潤の追求の抑制、気候変動対策の強化を望んでいることをよく理解していたオバマは、大統領就任後あらゆる手を使って石油問題に対処しようとした。２０１０年３月、オバマ政権は新たな海底掘削を許可すると発表した。ところが翌月、メキシコ湾でディープウォーター・ホライズン〔訳注　ブリティッシュ・ペトロリアム社の石油掘削施設〕の原油流出事故が起こると、その決定を撤回した。オバマは石油価格と環境問題の板挟みとなり、キーストーンＸＬパイプラインの第四段階（カナダのアルバータ州からメキシコ湾にタールサンド・オイルを運ぶために２０１０年に建設開始）を進めるかどうかの決定を６年間も引き延ばした。２０１４年の中間選挙期間中、共和党はこの問題を上院の奪還に向けた戦略の一環として利用した。しかし、共和党の多数党院内総務は、連邦議会の新会期が始まる前に採決を行ったものの、結果は承認に必要な60票に１票足りなかった。２０１５年、次の選挙を気にする必要のなくなったオバマはついに、パイプラインを承認しないことを発表した。オバマはそのパイプラインを拒否する声明のなかで、石油は本質論からかけ離れた象徴的なイシューとして賛否両論を巻き起こし、もっぱら石油会社の悪事を糾弾するか、生半可な知識で経済成長と雇用に必要なものを阻止することに熱を上げるかの両極端なものとなっていると指摘した。しかし他方で、オバマは政治的功績を上げたいあまり、軽率にも「クリーン」エネルギーと「国産」エネルギーというまったく異なる問題を混同していたのである。(98)

共和党側にとって、石油は２０００年のときと同様、16年の大統領選挙でも大きな役割を果たした。

共和党エスタブリッシュメントのジェブ・ブッシュが党の大統領候補指名獲得をめざすうえで重要な背景をなしていたのが石油である。ジェブ・ブッシュは、兄と同じように環境規制と原油輸出の禁止を批判し、掘削に関しては連邦政府よりも州政府の権限を強め、キーストーンを直ちに承認すべきであると主張した。石油・天然ガス業界からブッシュの選挙運動に寄せられた資金は、他の共和党候補を合わせた額を上回った。[99] ２０１６年の選挙では、その巨額の資金とブッシュ家の名声によって、貴族主義の過剰の申し子となったブッシュであるが、他面で彼は自らを物価高や過剰な環境規制から消費者を守る、多数派の利益の擁護者としてアピールした。[100] ブッシュの出馬は不名誉な結果に終わった。しかしながら、エネルギー価格の引き下げと豊富な供給を民主主義の大義名分にするそのやり方は、後にトランプが悪用することとなる見え透いた手口であった。気候変動対策を重視する有権者が増えているとはいえ、多くの市民が自分たちの消費するエネルギーの料金をもっと支払いたいとか、消費量をもっと抑えたいと考えているという証拠はなかった。

アメリカの債権者対債務者政治

シェールオイル生産とそれに伴う巨額な信用への依存が現実的に急務であったことから、アメリカではゼロ金利をめぐる比較的広範な政治的コンセンサスが形成されたが、ドイツが支配するユーロ圏ではそのようなコンセンサスは存在しなかった。それにもかかわらず、２００７～08年の金融危機の後、連邦政府と中央銀行の財源で誰の債務を支えるべきかをめぐって深刻な政治的対立が起こった。

ブッシュ政権の金融会社救済策である不良資産救済プログラム（ＴＡＲＰ）は、すぐに民主主義的不満をもたらした。下院は1回目の採決でTARPを否決した。右派の側では、民主主義的怒りが救済や借り入れに反対するティーパーティー運動を引き起こし、たちまち共和党指導部に異議を唱えるようになった。[101]２０１０年の中間選挙では、共和党のいくつかの予備選挙で反乱候補が勝利し、共和党が下院の主導権を取り戻すうえで重要な役割を果たした。ティーパーティーの活動家は、共和党の指導者たちが、銀行救済の要請と連邦政府自身の借り入れから納税者である市民を守ることができず、借り入れた資金も〝非市民〟の支援に使われていると訴えた。ティーパーティーは、アメリカ人民党の古いレトリックを駆使し、しばしば非正規移民を生産的市民のアウトサイダーとみなし、左派の連中は〝非市民〟に選挙権を拡大することで自分たち保守層の票の重みを低下させようとしているといって非難した。[102]

ティーパーティーは共和党の軌道修正を図り、同党から自分たちの候補者を擁立しようとしたが、アメリカの政党システムの特徴である貴族主義の罠にたちまちはまり込んだ。一族で石油とパイプラインの利権を持つ大富豪コーク兄弟は、すぐに主要な資金提供者として現れた。[103]２０１６年の共和党大統領候補マルコ・ルビオのように、共和党の下院議員候補のなかには、活動家の支持を集め、ティーパーティーの看板を掲げて立候補する者もいたが、首都ワシントンに入ると、非正規移民問題などに関して企業献金者の政策要求に従うようになった。[104]

ＴＡＲＰが連邦政府の借り入れ削減を求める声に火をつけたとすれば、住宅ローンの滞納による差し押さえ危機は、家を奪われた人たちを動かし、連邦政府が銀行の債務を救済したのと同じように自分たちの債務も気前よく救済してほしいと要求する声を上げさせた。しかし、１９３０年代とは異なり、民主・共和両党とも住宅ローン債務者を保護するための改革案を示さなかった。その結果、債務者の不満は2011年にオキュパイ・ムーブメントとなって最も顕著なかたちで表れ、「われわれは99%の人間である」というスローガンのもと、文字どおり貴族主義の過剰を攻撃した。こうした抗議運動は、クリントンが対中貿易の自由化に舵を切って以来、民主党の基本的な経済政策の軌道を離れて、党を左傾化させようと意気込む若い世代の活動家を民主党内に生み出すこととなった。

左右を問わず、アメリカ共和国は政治的にも道徳的にも経済的不満に対処する能力を備えていないという共通の信念がいまや明白となっていた。このことは、差し押さえ危機がたとえ人種問題にまで発展しなかったとしても、それ自体が民主主義にとって重い負担となっていたはずである。組織的詐欺などで財産を失った債務者は、アフリカ系アメリカ人とヒスパニック系に偏っていた。[105] そのため、長年続いていた富の人種間格差は、2007年以降急激に拡大した。[106] 公民権改革によって南部のアフリカ系アメリカ人が市民権を回復して以後50年間、アメリカの政治家たちは前の世代の政治家たちが白人市民に与えていたような連邦政府による持ち家支援という経済的恩恵をアフリカ系アメリカ人やヒスパニック系市民に与えることができなかった。実際、アメリカの政治家たちは、国際金融を利用した資金供給によって問題の解決を試みたが、かえって事態を悪化させただけであった。

こうした背景から、アフリカ系アメリカ人の選挙権も深刻な政治問題となった。共和党が支配する南部諸州を含む多くの州の議会が、1965年の投票権法で禁止されていた州選挙法の改正を推し進めたのである。しかし2013年、連邦最高裁は南部6州が連邦政府の承認なしに選挙法を改正する権限を制限した投票権法の二つの条項を違憲とする判決を下した。その後、南部諸州だけでなく、共和党が支配するいくつかの州の議会は、有権者IDの義務づけ、期日前投票の制限、地域投票所の閉鎖など新たな選挙規則を制定したが、その結果、アフリカ系アメリカ人やヒスパニック系の投票率はしばしば低下した。[107]

憲法上の投票権を実際に行使できる市民の範囲をめぐる争いが各州で増加する一方で、何百万人もの非市民居住者を市民とすべきかどうか、メキシコとの国境をどうすべきかをめぐる連邦レベルの争いも続いた。非正規移民の市民権取得に道を開く新たな改革法案は、2013年の連邦議会では成立しなかった。2014年の中間選挙では、共和党が国境問題を利用したこともあって、上院を掌握し下院でも過半数議席を上積みすると、オバマは一部の長期滞在者に法的猶予を与え、多くの経済分野でビザプログラムを延長する大統領令を発布した。これにより、争いは司法の場に持ち込まれた。テキサス州政府とその他24州は、オバマの大統領令に異議申し立ての裁判を起こした。下級連邦裁判所がオバマの大統領令を違憲と判断した後、アントニン・スカリア判事の死去で8人の判事しかいなかった最高裁は2016年6月、4対4の同数に割れ、結果的に下級裁判所の判決が維持された。他のいくつかの問題と同様、アメリカ共和国は立ち往生しているようにみえた。市民権の問題は解決されず、国境の管理もままならず、そのいずれかを行おうとしても、国民がお互いに民主主義を共有することの意味についての認識がほとんど一致していないことを思い知らされるばかりであった。

トランプの反乱

市民権と国境問題が政治的に影響することがなければ、2016年にトランプが共和党の大統領候補指名を獲得することはなかったであろう。トランプはこれらの問題を利用することで、制限的なアメリカのネイションフッドを深い井戸の底から汲み上げたのである。メキシコとの国境の壁建設という公約であれ、トランプ大学の詐欺訴訟で裁判長を務めるヒスパニック系判事の公平性に疑義を呈した主張(※)であれ、トランプの言葉はすべて、１９５２年まで裁判でも認められていた人種制限的なアメリカ市民権に訴えかけるものであった。彼の言葉は、必然的に何百万人にものぼるアメリカ市民の正当性を認めないものであり、それ以外にも多くの人びとをひどく驚愕させた。

しかし、トランプは、きわめて潤沢な資金を持つ党内インサイダーから共和党の候補者指名を巧みに乗っ取り、ヒラリー・クリントンに勝利を収めたことで、アメリカ共和国を貫く別の断層をも浮き彫りにした。トランプはあからさまに移民排斥を訴えただけでなく、貴族主義の過剰にたいする階級的不満も利用した。一方でトランプは、対中貿易政策や銀行救済策、ＦＲＢのＱＥプログラム、非正規移民をめぐる経済界のロビー活動、中東における戦争などを利用し、アメリカ共和国を形式的にも結果的にも寡頭制的《オリガーキック》な国とした。トランプが貴族主義の過剰にあからさまに加担したことそれ自体は、道徳的というよりもむしろ政治的な観点から論外であった。実際それは、元老院議員階級に属しながら、平民階級の不満を利用して同じ階級の議員たちと権力を争った古代ローマ共和国の平民派《ポプラレス》のようなものである。

中国の地政学的な方向転換がアメリカ国内でどのような意味を持つにせよ、トランプの大統領就任はけっして民主主義を修復するためのものではなかった。アメリカ共和国の寡頭制的な特徴は、大統領職を利用してビジネス上の利益を拡大し、一族に庇護を与えるための機会をトランプに与えた。大統領選の本選挙で、トランプは億万長者や共和党の企業献金者から多額の資金を受け取り、自分は「裕福だから政治的に買収されることはない」という予備選での自らの主張をあっさりと覆した。政権運営に必要な人材を確保するため、トランプは政権初期の上級職に軍の将官を起用した。法案を成立させるためには共和党議員の支持が必要であったが、彼らのアジェンダはトランプが選挙運動で掲げていたような大規模なインフラ支出ではなく、減税やキーストーンの承認といった教科書どおりの共和党のスタンスであった。

※〔訳注　ドナルド・トランプが設立し、彼がオーナーを務めるトランプ・オーガナイゼーションの経営する不動産投資セミナーが「トランプ大学」と呼ばれているものである。事業経営者の養成を目的とし、不動産投資の秘訣を教えると謳い、２００５年から10年まで開講していた。登録受講生は全米で約１万人にのぼった。その詐欺的商法が問題となり、カリフォルニア州の元受講生らが集団で2件、ニューヨーク州の検事総長が1件の訴訟を起こしている。トランプは和解に応じる意思のないことを繰り返し表明していたが、大統領に選出された後の２０１６年11月、３つの訴訟すべてについて総額２５００万ドルを原告に支払うことで和解が成立した。訴訟を担当したヒスパニック系のゴンザロ・クリエル連邦地裁判事について、「メキシコ人」である同判事が、メキシコとの国境沿いに壁を建設すると公約している自分を公平に扱うか疑問だとするトランプの主張が人種差別発言として問題となった。「トランプ大学は『詐欺』素人講師が高額セミナー？　元職員が告発」（ＡＦＰＢＢ　ｎｅｗｓ、２０１6年6月2日）、デビッド・フランシス「トランプのメキシコ系判事差別で共和党ドン引き」（ニューズウィーク日本版、２０１6年6月8日）、「トランプ次期米大統領、『トランプ大学』をめぐる訴訟で和解」（ロイター、２０１6年11月20日）などを参照〕

実際、トランプと石油政治《オイル・ポリティクス》の関係は、民主主義的改革を軸とする彼のレトリックの一部とアメリカ共和国における統治の現実とのあいだに横たわる距離を象徴するものであった。予備選挙期間中、トランプはライバルのテッド・クルーズにむかって「石油会社に完全に操られている」と暴言を吐いた。(108) トランプはキーストーン承認を一種の信条のようなものとみなしていた他の共和党議員とは異なり、トランプは「アメリカ人に大きな利益をもたらす」見返りとして、キーストーン承認を容認すると述べた。(109) 少なくとも一度は、シェール掘削を禁止するかどうかを決める投票権を地元コミュニティに与えるべきであるとトランプは示唆した。(110) トランプは本選挙の期間中も、クリントンとは違って、石油・天然ガス業界からほとんど資金を受け取っていなかった。(111) しかし案の定、大統領就任後のトランプは態度をがらりと変えた。ジョージ・W・ブッシュ政権で国家安全保障問題担当の大統領補佐官を務めたコンドリーザ・ライスから提案されて、トランプは世界最大級の石油会社エクソンモービルのCEO、レックス・ティラーソンを政権最初の国務長官に任命した。就任後数日で、トランプはキーストーンの承認手続きを開始する大統領令を発布したが、その際、連邦政府が利益の一部を受け取ることについては一切触れなかった。シェールにたいする懐疑心も消え去った。実際、前任者のオバマと同様、トランプもまた、彼の言うアメリカの「エネルギー支配」と「アメリカのエネルギー黄金期」を手柄にしようと目論んでいた。(112)

その点で、トランプはシェール時代にホワイトハウスを占拠していた可能性のあるインサイダー政治家とほとんど変わらなかった。COVID－19以前のトランプは、自らの再選の可能性がリヤドとモスクワの決定に左右されることを十分に承知していた。「エネルギー支配」と言われるこの時代は、他の二大産油国が協力すれば、アメリカのシェール企業だけで価格を決められるわけではなかったからである。サウジアラビアにツイッターで増産を要求するなど、トランプ以外の誰もしなかったであろう。しかし、アメリカの政治家が多くの政策分野において多数派の感情から距離を置くことができるとしても、バイデンをみれば明らかなように、原油価格が妥当な水準に落ち着くことは、選挙を控えたアメリカの現職大統領なら誰しも望むことである。

大統領としてのトランプを特異な存在としたのは、彼の振る舞いもさることながら、彼の発言と大統領職との関係であった。多くの市民にとっては、トランプがホワイトハウスにいること自体が常に民主主義的に許されないことであり、彼はそうした認識をできるだけ悪化させるような行動を常日頃からとっていた。トランプが一般投票で勝てなかったこと、またそれが共和国の連邦制的な特徴がその民主制的な特徴を上回った16年ぶり二度目の大統領選挙であったことで〔訳注　共和党のジョージ・W・ブッシュ候補が民主党のジョン・ケリー候補を破った２００４年の大統領選挙以来となる〕、敗者の同意はたちまち弱まった。２０２０年の大統領選挙後、トランプがあまりにも無謀で破廉恥な行動をとるずっと以前から、トランプの大統領就任を受け入れられなかった人びとは、彼の煽動的で排外主義的な言動や行政能力の無さをみて、憲法の制約や規範が守られなければ、民主主義がいかに混沌へと堕落するかを示す証拠であると考えていた[113]。他方、２０２０年の大統領選挙を控えたトランプ支持者からすれば、２０１６年の敗北を受け入れようとしない一部市民〔訳注　主にヒラリー支持者〕の態度は、階級的利益に動機づけられた民主主義への攻撃としか思えなかった[114]。

敗者の同意が弱い根底には、アメリカのネイションフッドとその連邦制との関係が問題として存在する。アメリカの歴史的記憶、特にアメリカ共和国の建国にまつわる問題は、人びとの政治的情熱に火をつけ、分断を助長する。南部連合国《コンフェデラシー》の歴史をアメリカ人共通の歴史的経験の一部として受け入れることは、南北戦争後の妥協の一環として行われた。しかし、元奴隷が市民となった連邦《ユニオン》では、アメリカのネイションフッドという言葉は非常に限定的なものであった。アメリカ共和国は、すべてのアメリカ市民を含むアメリカ人という概念を豊かな想像力で根づかせることができるような過去の物語をいまだみつけられていない。アメリカ共和国の基盤はいつか実現する理想として支持されているという、かつて政治的に主流であった考え方は、いまでは不十分であるように思える。そのような考え方は、利権に支配された共和国において経済改革を行うことの難しさや、市民権を享受する人びとの人口構成など、時代がもたらす変化とは常に相いれないものであった。しかしながら、多くの人にとって、アメリカ共和国の始まりが取り返しのつかないものであり、民主主義の再生を鼓舞するものとはならないという考えは、アメリカ市民であることの意味についての自分たちの理解を非難しているように思える。このような認識の衝突は、人口の変動に伴って上院の反多数決主義的構造が政治的結果に与える影響がこれまで以上に大きくなったことで、さらに深刻なものとなっている。こうした政治状況のもとでは、選挙が民主主義の危機を招く危険性があるだけでなく、国家《ステートフッド》のあり方を定めたルールを含む憲法そのものが、ますます民主主義的な争いの的となっているのである。

パンデミック下の民主主義

新型コロナパンデミックは、地政学的、経済的にもそうであったように、民主主義諸国に走る長年の断層に鋭い光を当てた。ここでもまた、アメリカの経験は際立っており、イギリスを除くヨーロッパの主要な民主主義国で起こったことは、EUおよびユーロ圏と否応なく結びついていた。

それらの国の政府は特別な決定を緊急に下さなければならなかったことから、パンデミック発生当初の政治は、誰が何を決定する権限を持っているのかが問題となった。決定的に重要な存在となったのは、立法府でも司法府でもなく、行政府であった。そこで露呈したのは、それら民主主義諸国において中央政府の権威の正当性が損なわれているということであった。アメリカでは、連邦政府がその権限を行使して緊急的な対応を主導することが期待されていたかもしれないが、トランプ大統領は行政機関を動員して緊急対応を検討させる気がなかったか、あるいはできなかった[115]。ほぼすべて自主判断に任された州知事は、それぞれ州の自治を主張した。危機の発生から最初の数週間、カリフォルニア州のギャヴィン・ニューサム知事は、カリフォルニア「国民国家《ネイション・ステート》」の名のもとに都市封鎖《ロックダウン》を命じるとともに、トランプ大統領が対中デカップリング（経済切り離し）を強化しようとしていたにもかかわらず、中国から医療機器を購入した[116]。トランプがニューヨークとニュージャージー〔およびコネティカットの3州〕に検疫を課すべく移動規制をかけるために連邦政府の緊急事態権限を行使しようとしたとき、ニューヨーク州知事のアンドリュー・クオモは、そのような行動は「連邦政府による宣戦布告」に等しいと述べ、トランプは引き下がった[117]。

2020年5月、アフリカ系アメリカ人のジョージ・フロイド氏がミネソタ州ミネアポリスの白人警官に殺害された事件で、アメリカ共和国の正当性の問題がすべてさらけ出された。第一に、この事件は明らかに奴隷制の遺産とその廃止後も長く続く人種的ヒエラルヒーの問題であった。抗議行動、警官の蛮行、それに続く暴動は、その後、トランプの大統領としての正当性をめぐって争いが生じたことや、トランプが自分に反発する人びとの感情を逆撫でしたことと切り離せなくなった。この時期、多くのアメリカ市民にとって、健康衛生上の緊急事態のさなかにあって、抗議する憲法上・道徳上の権利があるかどうかを決めるのは、州法でも健康衛生上のリスクでもなく、公然と語られる政治的大義であった。当時、市民が同じ憲法上の権利を共有しているという感覚はほとんどなかった。実際、都市封鎖《ロックダウン》や人種差別に抗議する人びとが自分たちの大義やその大義と緊急事態との関係について正しいと認識していることは、他の人びとからは否定されることが多かった。

こうした政治的雰囲気のなかで実施された大統領選挙で、有権者が一票を投じる前から明らかであったのは、現職の大統領が、敗北すれば退陣しなければならないという民主主義的要請を自明の理として受け入れておらず、もし彼が再選されれば政治的危機が生じるということであった。敗北したトランプは、大統領職にしがみつこうとして共和国の最高裁と立法府を巻き込もうとした。一部のトランプ支持者たちによる連邦議会議事堂の襲撃後、バイデンが大統領就任式に臨んだワシントンDCは、アメリカ共和国の物理的な中心地というよりも、まるで軍事的な占領地のようであった。

ヨーロッパでは、2020年春に各国政府がほぼ同意のもとに国内封鎖を実施することができた。ドイツ連邦共和国の場合、州政府が対策を決定する権限を持っていたが、それでも封鎖措置を調整したのは連邦政府であった。しかし、多民族国家では分裂も顕著であった。イギリスでは、緊急事態に際して議会よりも行政府が重要な役割を担ったことで、イギリスの憲法秩序がいかにお粗末なものであったかがたちまち判明した。スコットランド、ウェールズ、北アイルランドでは、非対称の権限委譲（devolution）によって行政府が強化されたが、イングランドにはその権限委譲がなかったのである。いったん封鎖解除の決定が必要となれば、スコットランド、ウェールズ、北アイルランドの各政府は、医療や教育に関する権限委譲を積極的に活用し、イギリス政府とは違った進め方をしようとしたことから、イギリス政府は事実上イングランドの行政府と化してしまった。しかし、そこには憲法上の根拠はなく、民主主義的正当性もなかった。行政府間の事実上の競合が激しくなり、イギリス統治とイングランド統治の境界線が曖昧になるなか、２０２１年初頭、スコットランド独立への支持が過去最高水準に達した。

景気回復に関して言えば、ユーロ圏の弱小国にとって、この問題は考え方として正反対であった。イングランドと同様、ユーロ圏にも正式な主権執行機関が存在しなかったが、この場合、新たなＥＵ条約やユーロ圏の協定が結ばれないかぎり、そうした機関が生まれる可能性はなかった。マクロンにとって、パンデミックの非常事態は改革断行の好機であった。２０２０年春、ユーロ圏共通の債務証券への同意をドイツ政府に求めたマクロンは、２０１２年にオランドが行ったように、フランスを南ヨーロッパ同盟の頂点に立たせる賭けに出た。しかし、メルケルにこれを拒絶されると、マクロンはいつものやり方に戻った。ベルリンに赴き、合意が得られそうな、あまり野心的でない対策を模索したのである。復興基金に関する独仏の提案やＥＵ諸国が２０２０年７月に実施することで合意した案がどれほど歓迎されたにせよ、ＥＵはまだ債務を支援するために市民に課税する方向には進んでいない。

そのため、ユーロ圏をめぐる政治的行き詰まりは依然として続いている。民主主義国においては、税金は常に何らかの基本的な同意を必要としてきた。歴史的にみれば、それは第7章で論じたように、選挙権と納税を結びつけ、すべての市民が納税者であると同時に債権者になることを奨励したところから始まった。1920年代には、富裕層により多くの税金を負担させる試みがヨーロッパの民主主義諸国を不安定に陥れた。自由な国際資本移動という条件のもとで、資本逃避と債務調達の問題が再燃したことは、間接的にユーロ創設の重要な背景となった。しかし、この国境を越えた通貨同盟は、それに付随する政治同盟を欠いていることもあって、共通税を維持するに足るだけの十分な政治的共同体意識を欠いている[118]。その代わりにユーロ圏の政治家がたどり着いたのが、国際化され高度に金融化された経済においては実行するのがきわめて困難な企業利益への課税という発想である。

この点で、パンデミック以前から明らかとなっていた民主主義の修復にたいする一般的な経済的障害は、ユーロ圏では依然として特に深刻な様相を呈している。民主主義政治が金融の意思決定から切り離されて久しいが、ドイツではそれがさらに長期に及んでいる。実際、ユーロ危機の結果、選挙を通じた政治的権限と通貨の領域との関係は、民主主義政治に通常求められる要件とは正反対のものとなった。ＥＣＢにとって許容可能な政府だけが、妥当と思われる統治を行うことができたのである。結局、通貨の領域は超国家的・テクノクラート的であり、それ以外の経済政策は国家的・民主主義的であるというマーストリヒト条約で確立された通貨と経済の区別は、ユーロ危機後の政治的混乱の末、ほぼ完全に消滅した。

こうした動きを加速させるもう一つのきっかけとなったのが、ＥＵ復興基金である。歳入の保証によってイタリア政府に財政的裁量が与えられたことで、2021年1月、コンテ率いる大連立政権は、前回の総選挙のときには存在すらしていなかった政党の手によって崩壊の憂き目をみた。コンテによる復興基金の利用計画に危惧を抱いたレンツィ元首相は、連立政権の他の閣僚に復興基金の管理権限をもっと与えるよう要求した。レンツィは、イタリアにたいするＥＵの財政支援制度がどのように利用されているのかということについてのドイツ側の認識は、債務共有が恒久的なものとなる可能性と同様に、イタリアの存続にとってきわめて重要であることを理解しているようであった。結局のところレンツィの動きは、ドラギを首班とし、多額の支出を行うすべての省庁のトップに選挙で選ばれていない閣僚を配する新たなテクノクラート政権を誕生させた。ドラギが起用されたことで、イタリア第二共和制は良い意味でその論理的結論に達した。すなわち、ＥＣＢに信頼してもらえる首相の率いる政府だけが統治を担えるというのであれば、この元ＥＣＢ総裁のイタリア人こそがその最有力候補であると言える。

　しかし、それに付随する親ＥＵ諸政党の大連立という政治的ロジックは、ドラギが首相に就任してからもなくならなかった。ドラギ政権とその閣僚の一部を支持する議会多数派は、同盟《レーガ》を含む大連立の拡大から生まれた。これにより、２０１８年の総選挙で86％の得票率を獲得した諸政党によって支えられる政権が誕生し、イタリア議会で最もユーロ懐疑的で移民排斥的な政党「イタリアの同胞」が野党となったが、この選挙で同党の得票率はわずか４％にとどまった。同盟《レーガ》にとってこれが重要な転機であったとすれば、サルヴィーニが少なくとも一時的にでも大連立に参加する意思を示したことは、イタリアにたいするＥＵの財政支援制度がいかに魅力的であり、かつ拘束力を持つものであるかを物語っていた。

イタリアの民主主義政治がEUの変化と不可分であることがあらためて浮き彫りとなった。短期的にみればイタリアの民主主義政治を安定させるものが、ドイツの政治を不安定にする危険性をはらんでいるのである。そして、この力学を元に戻すには、EUの将来を別の条約をめぐる民主主義的な政治的争いに委ねるしかない。しかしながら、ユーロをめぐる法秩序を憲法上見直そうとすれば、共通税制に基づく欧州政治共同体への支持がいかに弱いかが露呈してしまうおそれがある。

テクノクラート的な首相や財務大臣を輩出するイタリア第二共和制の傾向はすでに30年も続いているが、これが民主主義の一般的な未来のかたちになるとは考えにくい。とはいえ、イタリアをみれば、現在のヨーロッパの民主主義諸国が、行政府内の省庁は別にして、競合する諸政党を中心に政治的対立を構造化することにどれほど苦労しているかがよくわかる。[119] イタリアでは、大連立政治に移行している他の諸国と同様、有権者である市民は意思決定を行う人を信頼して選ぶことができない。比例代表制に基づく選挙制度は長いあいだ民主主義国のこの性質を薄めてきたが、いまやこのような事態はけっして珍しいことではない。大統領制をとるフランスの場合、従来の中道右派と中道左派の二大政党が衰退したことで、これと同様の一般的な問題がかなり異なるかたちで現れている。少なくともマクロンのもとでのフランスの民主主義は、ド・ゴールが「共和制的君主制（republican monarchy/monarchie républicaine）」と表現したものと似ており、フランス国家に象徴される人民内部の対立が、共和制という制度的構造のなかで政治的に明確化されていない。この問題が悪化しているのは、結論で述べるように、分配をめぐる対立が緩和されず、むしろ激化しているからである。超国家的通貨同盟の要求に縛られることのないアメリカやイギリスの民主主義的な政治競争は、いまだに熾烈な対立を引き起こしている。しかしこれは、両民主主義国がとる立憲主義のあり方がかなり激しく争われているためでもある。かたちこそ違え、米英いずれの場合も、そのことが敗者の同意を不安定にし、民主主義国が容易に耐えられないほど選挙のリスクを高めているのである。

結論

変われば変わるほど

ブレグジットの国民投票、ドナルド・トランプの大統領当選と、2016年の政治的出来事は、それらが劇的であるがゆえに、近視眼的な政治分析が数多くみられた。これら節目となる出来事はいずれも重要な転換点となるものであり、それらがなければ、地政学・経済・民主政治の世界は明らかに現在とは異なる様相を呈していたであろう。しかし、これらの出来事は何十年にもわたって繰り返されてきた物語の一部にすぎず、そこから生じた破壊力のある断層は、2005年頃には早くも目に見えるかたちで影響を及ぼしていたのである。

2005年という年は、いくつかの点で私たちがいま生きている世界が初めて形づくられた年であった。ワシントンでも北京でも、米中経済関係は単なる政治的与件にすぎないものとはみえなかった。アメリカのCO_2排出量が中国のそれを上回った最後の年が2005年であるが、このときすでに民主、共和両党とも、北京の貿易・通貨慣行によってアメリカ製造業の雇用が奪われていると非難していた。アメリカ議会の保護主義圧力は、中国にたいして正式に為替政策の見直しを迫った。中国指導部は、それでもまだ太平洋をまたぐ両国の関係を正味でプラスになると判断していたかもしれないが、のちに習近平が明らかにするところのユーラシアへの野心をこのときすでに抱いていた。アメリカの海軍力によって軍事的に管理されている世界のなかでエネルギー安全保障を確保することが習近平の「一帯一路」構想の当初の論理であったとするなら、イラク戦争は、マラッカ海峡が中国の安全保障上の弱点であることを北京にはっきりと認識させるきっかけとなった。ジョージ・W・ブッシュ大統領がイラク戦争の〔大規模戦闘〕終結を早々と宣言した同じ月〔2003年5月〕、中国はアジア向け石油パイプラインの建設をロシアに説得し〔訳注 シベリアから中国へのパイプライン敷設合意書に署名〕、その2年後にはロシアと史上初の合同軍事演習を実施した。

中東に新秩序を押しつけようとするアメリカの試みは混乱に陥っていたが、アメリカ大統領のなかでこの地域から手を引くことのできた者はいなかった。2005年、イラクでスンニ派の反乱が激化したことから、ブッシュのイラク撤退計画は頓挫し、2008年の大統領選挙は、間違いなくアメリカの「永久戦争」に大きな焦点が当たった選挙の最初のものとなった。アメリカのイラクでの失敗は、2005年に原油生産が停滞した理由の一つであるが、折しもその時期、中国の石油需要は加速していた。この年、マーヴィン・キングが「インフレなき持続的経済成長の時代は終わった」と述べて警鐘を鳴らしたように、その後のオイルショックは深刻な経済問題をもたらした。それは、ロシアにとって新たな地政学的恩恵となるものでもあった。

一方、ヨーロッパでは、冷戦の終結、ドイツの再統一、マーストリヒト条約以降の一連のEUの条約によって形成された世界が崩れはじめていた。オランダとフランスの国民投票でEU憲法条約の批准が否決されたのは2005年であった。もし2005年にフランスにおいて批准賛成票が反対票を僅差で上回り、トニー・ブレアが公約どおり国民投票を実施して敗れていたらどうなっていたかと問うだけでも、キャメロンの決断がけっして常軌を逸した物語の始まりとは言えず、ＥＵにたいするイギリス国民の民主主義的同意が弱まっていく物語の結末であったことがわかる。フランスでリスボン条約の物語が再演されていれば、フランスの政党システムにどのような影響を与えていたであろうか。もし独仏両政府が、ユーロ建て債務を抱えていない加盟国では同意の問題が異なる展開をみせる可能性があるということを受け入れていたなら、ＥＵはニース条約に固執していたであろうか。あるいは、もし２００５年にイギリスが国民投票を実施して否決されていたなら、その敗北は（自国が属していない通貨同盟の最後の砦として行動し、事実その役回りを演じたように）イギリス政府だけにのしかかる問題となり、ブレグジットが早まっていたであろうか。

まさにその２００５年までに、ドイツはいくつかの転換点を迎えた。経済の面では、輸出主導型の成長を長期的に志向する傾向がふたたび現れ、大幅な貿易黒字を記録したことで、ユーロ圏は構造的に分裂し、赤字国はかつてＥＲＭが提供していた通貨切り下げという安全装置を奪われた。民主主義の面では、２００５年のドイツ連邦議会選挙から大連立政治の時代が始まった。１９４９年から２００４年までのあいだにドイツで大連立政権が続いたのはわずか3年足らずであったが、05年の選挙後、21年初頭までは途中4年間を除いて大連立政権が続いた。地政学の面では、ドイツの再統一によってヨーロッパのエネルギー地理学は再構築されはじめた。２００５年には、ゲアハルト・シュレーダー政権がロシアとのあいだで最初のノルドストリーム・パイプライン建設協定に署名した。これはヨーロッパ向けエネルギーの経由国であるウクライナの将来を脅かし、トルコの役割を低下させるものであった。同じ年、ヴィクトル・ユシチェンコが大統領に就任したウクライナはＥＵとＮＡＴＯ

への加盟をめざし、トルコはEU加盟交渉を開始した。

このように状況が変化するなかにあっても、金融市場は新たな地政学的・経済的リスクからは切り離されているように思われた。金融引き締めは、インフレなき持続的経済成長を終わらせたかもしれないが、それでもって金融企業の信用状況に短期的な影響が及ぶことはほとんどなかったであろう。ユーロダラー市場は、政治家に多様な機会を提供していたことから、政治から切り離されることはなかったが、景気循環の管理や過度なリスクテイクの抑制を行う中央銀行の能力からは切り離されて、独自の世界を築いていた。2007年8月9日、銀行が依存していた複雑な資金調達システム全体のメカニズムが突然崩壊すると、国際通貨・金融システムは即日、アメリカの中央銀行による組織的な支援がなければ機能しなくなった。

他国へのエネルギー依存

2010年代の混乱の原因の多くが2007～08年の金融危機以前からあったことは、その根深い原因の多くが1970年代にあるという事実を表している。その10年間にアメリカの石油自給体制が終わり、オイルショックと不換紙幣の時代が始まり、ペルシャ湾の東側〔イラン〕で革命政権が権力を掌握し、ドイツのソ連産エネルギーへの依存が決定的となった。それは、鄧小平の中国が国際貿易市場への参入に乗り出した10年間でもあった。アメリカでは、徴兵制が廃止され、アメリカのネイションフッドの一つのかたちが象徴的な終焉を迎えたことを示すとともに、世界的覇権国がユーラシアで地上戦に勝利することが政治的にいかに困難であるかを露呈したのが1970年代であった。ヨーロッパでは、通貨協力の最初の試みがドイツの強大な経済力によって頓挫したのも、イタリアで現在の第二共和制にとって重荷となっている債務の累積が第一共和制のもとで始まったのも、EUを立憲体制として正当化するために各国で国民投票という手段が初めて採用されたのも、すべて1970年代である。さらに言えば、ユーロダラー市場が大規模なドル信用を推進しはじめたのも1970年代である。

1980年代後半から90年代にかけて、こうした地政学的・経済的問題があまり深刻化せずに済んだのは、エネルギー事情が幸いしたところが大きい。原油価格が下落し、中国のエネルギー自給体制が最後の数年間にさしかかっていたことにも助けられ、低インフレとそれなりの高成長がもたらされた。ソ連とその後のロシアが弱体化し、アメリカがイラン封じ込めのためにまずイラクを利用し、次いで航空戦力によってイラクを制圧したことで、アメリカはクウェート解放のために短期間の地上戦を行っただけで、中東で力を行使することができるようになった。これとは別に、1990年代後半から2000年代前半にかけては、ドイツの経済力が相対的に弱かったことから、ユーロ開始後最初の数年間は対立が起こりにくかった。

もちろん、このように概ね穏やかな条件のもとでも、1980年代以前に動きはじめていた一部勢力の破壊的な力はなくならなかった。マーストリヒト条約と1992~93年のERM危機が直ちに引き起こした混乱はシステミックな問題をあとに残した。2000年初頭、EUはドイツが想定していたよりも規模の大きいユーロ圏と、より広範囲のEU域内にオフショア金融センターを擁する多通貨連合であった。また、はっきりと言えるのは、EUはEUの諸条約と加盟国内の選挙との関係をめぐって長らく苦境に立たされていたということである。アメリカでは、1992年の大統領選挙が12年以来最低の得票率で勝敗が決したことや、議会共和党がビル・クリントン大統領を弾劾によって罷免しようとする試みが長期化したことなど、アメリカ共和国が敗者の同意が弱まる兆候を早くから示していた。

気候変動と地政学的競争

つかの間の休息は2005年には終わっていた。当時さまざまな亀裂が顕在化していたなかで、2007〜08年の金融危機とシリア内戦が起こった。それは、西側諸国にとって、天啓に打たれたような衝撃的な瞬間でもあった。歴史家アダム・トゥーズの直感的な言葉を借りれば、この危機は「大西洋の両側の民主政治が窒息したという受け入れがたく、衝撃的な真実であった」[1]。それはまた、地政学による世界経済の新たな侵食が始まったことを示す、もう一つの転換点でもあった。2008年以降の世界経済は、中国の信用力が成長を牽引し、ヨーロッパは中国の貿易と投資にますます依存していった。習近平はこれを好機と捉えたかもしれないが、この金融環境の変化により、中国経済は以前よりもFRBの制約を強く受けるようになった。金融危機に際して中国が巨額の財政対応を行ったときに石炭が重要な地位を占めたことも、気候変動をめぐる国際政治を決定的に変化させ、米中協力への気運を高めるとともに、国内で深刻化する公害が中国をより環境に配慮した開発をめざす方向へと動かし、エネルギーをめぐる地政学的競争もまったく新たな段階に入ることとなった。

FRBは、債券・金融市場を中心に通貨環境を一変させることで、期せずして石油問題の救済策を提供したが、その一方で、石油問題が招いた経済的・地政学的混乱を深刻化させた。当初、金融市場関係者の多くは、量的緩和（ＱＥ）の結果、１９７０年代とは別の何か、すなわちインフレが復活すると考えていた。しかし、資産価格以外にそのような状況は起こらず、適度なインフレで債務負担を軽減させようとした中央銀行の試みは失敗に終わった。

インフレが起こらなかったことは、ある意味、シェールブームのもう一つの副産物でもあるが、ユーロ圏の当初の構想を狂わせた。２００７～08年の金融危機の短期的な影響でユーロ圏が統一信用市場として破綻したとすれば、ドイツの強い要望によりマーストリヒト条約にインフレ懸念が書き込まれたことで、通貨同盟の修復は長期化し、破壊的で、不完全なものとなった。また、すでに巨額の貿易黒字を抱えていたドイツのさらなる黒字拡大に拍車をかける結果ともなった。より範囲の広いＥＵからみると、ユーロ圏の硬直性は、単一通貨の金融センターでありながら、単一市場の内側にあってユーロ圏外に位置するイギリスを混乱させた。

中東問題

一方、シリアにおける人道上の悲劇は、イラク戦争以上に破壊的であった。シリアはカリフ制国家［イスラーム国（ＩＳＩＳ）］を生み出し、アメリカと一部ＮＡＴＯ諸国を中東の紛争に巻き込んだ。１９７０年代以来初めて、ロシアが軍事的に中東の中心部に戻ってきた。ロシアはエルドアンの新オスマン主義の野望を後押しした。アサド政権の生き残りが明らかになると、トルコ政府はロシアとの融和に走り、アメリカと激しく対立した。トルコは数百万人の難民を受け入れることとなり、エルドアンはその難民をＥＵにたいする武器に変えた。トルコの介入に激怒し、２０１３年と19年のアメリカの撤退に失望したフランスは、その怒りや失望の矛先をＮＡＴＯに向けた。こうした経緯から、地中海東部ではトルコとフランスの新たな対立が生まれ、ＥＵはロシアと中国をめぐる地政学的対立から股裂き状態となった。

金融危機後の混乱やシリア問題によって、地政学的・経済的にすでに存在していた個別の破壊的な力の源泉が一つとなった。エネルギーに関して言えば、これは十分に予想できたことである。シェールオイルブームは金融環境に左右され、地政学的衝撃をもたらし、アメリカの民主主義政治に国内のエネルギー生産者と環境対策優先派との争いを復活させた。シェールオイルブームは２０１４年に原油価格の暴落とドル高を招いたが、２０１５年にＦＲＢがふたたび金融を正常化させようとする前から、中国を含むドルに固定された国の経済に通貨問題を引き起こした。

またシェールオイルは、中国の究極的な弱点であるドル不足が世界経済の成長見通しを低下させるという２００７年以降のドル信用の環境がもたらした複雑な影響をさらに助長した。アメリカ以外の銀行や企業によるドルへのアクセスも、地政学的にますます深刻な問題となった。ドル不足をドルスワップでしか効果的に対処できない問題としたことで、金融危機以後の金融環境は、ＥＵの地政学的問題と決定的に絡むウクライナとトルコをＦＲＢの支援体制の外に放置し、将来的な金融危機にたいしてきわめて脆弱な状態に置いた。

いかなる状況であれ、このようなエネルギー、ドル、安全保障の力学の相互作用は破壊的な影響があったと思われる。しかし、それは米中の力関係の変化とも結びつくようになった。中東におけるアメリカの軍事力はペルシャ湾を除いて低下したが、エネルギーと金融の力は高まった。一方、中国は債権国としての力は低下したが、対外石油依存度とCO_2排出量でアメリカに取って代わった。アメリカの力がエネルギーと金融の両面で変化するようになると、アメリカの大統領はもはや現状を維持するだけでは済まなくなった。オバマがアジアに軸足を移し、シリアからの撤退を試みたことがそのよい例である。その波紋は広がり、アメリカの政治階級は地政学的に何を優先すべきかをめぐって対立した。党派的にみて、その対立が最も鮮明になったのが、イランや気候変動をめぐる問題であった。しかしながら、習近平が技術競争とグリーンエネルギー競争に舵を切った２０１５年半ばは、折しもアメリカで大統領候補が名乗りを上げた時期であり、翌年の大統領選挙で中国政策が大きな争点となる可能性が出てきた。たとえ２０１６年にヒラリー・クリントンがトランプを破っていたとしても、アメリカをより対立的な対中政策に駆り立て、パリ協定をめぐる民主・共和両党の対立を深刻化させる構造的な論理が存在していた。

ヨーロッパの金融的断層

ヨーロッパにおいて、２０１０年代の政治的混乱の主役はドイツであった。２００５年までに明らかとなったドイツ国内とその周辺を走る金融の断層は、２００７〜08年の金融危機からユーロ危機を経て、ＥＵ全体に混乱を広げる媒介的な役割を果たした。金融危機後のドイツの力は、ＥＣＢの行動を決める暗黙の仲裁者であり債権者としての役割を果たすベルリンの能力に加え、構造的な貿易黒字の拡大や単一市場内における製造業サプライチェーンの優位性によって強化された。こうしたＥＵ内でのドイツの影響力の高まりは、イギリスをブレグジットに追い込む直接的な外部要因となった。

ベルリンは事実上の憲法に組み込まれたドイツ独自の債務アプローチ(※)を他のユーロ圏諸国に強要することに成功したことから、ドイツ経済の力はユーロ参加国の民主主義政治を大いに苦しめることとなった。フランスの政党システムが混乱に陥った背景には、民主主義的に表明された経済政策への不満がほとんど収まらなかったという事情もある。マクロンは、既存政党の失敗を乗り越え、自らのフランス人としての英雄主義によってEUの理念を取り戻せるという持論を正当化しようとしたが、結局は、彼が逃れようとしている力学を補強することしかできなかった。一方、イタリア第二共和制の債務がユーロに支えられているという現実が長期にわたって続いていることから、ECBの資産買い入れによって、ドイツの明白な同意が必要とされるようになった。そのため、2011年にメルケルがイタリアの民主主義政治に干渉し、その後、ドラギ首相のもとでテクノクラート政治と大連立政治が融合したのである。

しかし、そのドイツの金融力も、ECBの変化や債務中心の金融環境、2021年以前の基本的なインフレの不在などによって低下した。ドイツ市民が通貨同盟を容認した際に放棄したものを踏まえれば、マーストリヒト条約で憲法上保証されていると思われていたドイツの債務管理能力の喪失は、必然的にドイツの民主主義政治に影響を及ぼした。ドイツは他の民主主義国よりも貯蓄率が高く、家

※〔訳注　事実上の憲法であるドイツ基本法に規定された、政府の債務をGDPの0・35％未満に抑える「債務ブレーキ」条項〕

計の負債が比較的少なかったことから、純貯蓄者は純債務者よりも強い立場にあった。ドイツ連邦憲法裁判所は、こうした利害関係が否が応でも明確化される場となった。

ＥＵ域内においても、ドイツはアメリカのシェールガスブームと２０１５年の習近平による戦略的経済転換の影響をまともに受けた。ＥＵとＮＡＴＯの関係にズレが生じているなか、ドイツはアメリカ政府が憤慨するヨーロッパ最大のただ乗り国《フリーライダー》であり、ヨーロッパ諸国のなかで最も深くロシアと構造的なエネルギー関係を結んでいる国であった。輸出主導型経済の国であるドイツは、単一市場内において強さを誇り、中国とアメリカへの輸出指向が強いにもかかわらず、米中貿易関係の悪化や「中国製造２０２５」、中国経済の成長鈍化などによって最大の打撃を受けた。

地政学的には、ドイツの置かれた立場が構造的に露わとなった。ドイツは、中国がＥＵ加盟国のなかから選んだ国と経済的な結びつきを強めるのを阻止することができなかった。それどころか、中国と独自の貿易・投資関係を築き、中国からヨーロッパへの陸上貿易ルートにおいて重要な位置を占めているドイツは、中国をＥＵ分裂の拡大要因とすることに大いに手を貸したのである。ドイツはロシアへの対処にあたって、ヨーロッパで形成された安全保障同盟を頼みとするようになったが、アメリカはもはやその同盟を優先的に考えようとはしなくなり、少なくともＮＡＴＯが保護すべき東ヨーロッパ諸国との関係では、エネルギーに関するドイツの意思決定が強い圧力として働いた。巨大な軍事力を持たないドイツにとって、ユーラシア市場との陸路・海路のつながりは、米中の一方または両方の力を借りて物理的に安全を確保しなければならない。

またドイツがＥＵの対トルコ政策を決める立場となったのは、折しもトルコが中東からヨーロッパに混乱を広げる媒介的な役割を果たしていることが明らかとなった時期であった。2015年の難民危機をめぐる一連の出来事がなければ、イギリスのEU離脱はもう少し引き延ばせるか、あるいは別の結末に至っていたかもしれない。2016年以降の北アフリカ、中東、東地中海におけるトルコ絡みの地政学的対立は、そのすべてがトルコの対外エネルギー依存に関連していたこともあり、国境にあるこの大国へのEUの対応をめぐっては、とりわけベルリンとパリのあいだの論争がますます激しさを増した。

パンデミックが明らかにしたもの

COVID−19の緊急事態は、これらすべての断層から生じるさまざまな混乱を加速させた。金融市場を安定させ、企業の手元資金不足を解消し、政府債務の大幅な増大を支えるためには、QEをさらに拡大する必要があった。シェールブームをきっかけに実現したライバル産油国のサウジアラビアとロシアのあいだの融和はいったん崩れたが、その後、すべての産油国経済が原油安の影響を受けやすくなった世界を、アメリカがもう一度元の状態に戻す必要があった。トルコは2020年3月に劇的なドル不足危機に見舞われた際にFRBが受け入れた追加国リストから除外され、ふたたび深刻な金融危機に追い込まれた。こうした経済的背景のなか、エルドアン大統領は2020年夏、「アヤソフィア」をめぐって重大な一線を越えた〔訳注　博物館から宗教施設の「モスク」に位置づけを変更した〕ことから、東地中海で悪化するフランスとトルコの関係に文化的要素がつけ加わった。

FRBがドルの直接与信枠を設ける意思を示しただけでなく、米中関係に残されていた信頼も崩れたことで、イギリスの中国からの切り離しが鮮明となった。「中国製造２０２５」とトランプ政権の対応によって世界経済が極度の地政学的緊張状態に陥ったことで、すでに寸断されつつあったグローバルな製造業サプライチェーンは、より安全な生産を求める各国政府の切実な願望によって押しつぶされそうになっていた。パンデミックを受けて、西側民主主義諸国の政治家たちは、グリーンエネルギーとハイテク製造業を中心とする新しい産業戦略の一部にワクチンや医療機器を加えた。米中対立がエスカレートするとともに、自国の経済的利益を中心にＥＵを形成しようとするドイツの力の衰退がさらに露呈した。メルケル首相は欧州委員会の協力を得て、２０２０年12月にＥＵと中国の投資協定を強引に成立させたが、その基盤が脆弱であったせいで、わずか数カ月で破綻した。

ほぼ確実に言えるのは、パンデミックがトランプ大統領の任期を終わらせる決定打となったということである。それは同時に、アメリカで平和的な選挙が実施できるかどうかをめぐる緊張を高めた。連邦議会議事堂の襲撃後に行われたバイデン大統領の就任式は、共和国にとってひとときの休息であるとともに、その軍事的背景から〔訳注　襲撃参加者には退役・現役の軍人が含まれていたことから、連邦議会議事堂前で行われた就任式は、武装集団による妨害や抗議デモを警戒する軍隊が議事堂周辺を警備する厳戒態勢のなかで挙行された〕、アメリカ民主主義政治の現状にたいする痛烈な告発であるようにも思われた。国内的にみると、バイデン政権は無制限のＱＥが生んだ金融のゆとりに乗じて、巨額の連邦支出を認める法案を通過させた。

それにもかかわらず、バイデン政権最初の年に、地政学的な対中アプローチをリセットする兆候はみられなかった。バイデンの大統領就任式を目前に控えた時期にＥＵが中国との投資協定に署名したことは、少なくともメルケルがワシントンの政権交代をさほど重要であるとは思っていなかったことを示唆している。2021年9月に合意されたオーストラリア・イギリス・アメリカによる安全保障の枠組み〔訳注　AUKUS《オーカス》と呼ばれ、その創設に伴って、オーストラリアはフランスとの潜水艦共同開発計画を破棄した〕をめぐってバイデン政権は、少なくとも前任の大統領のいかなる行動にも劣らぬほどフランスを激怒させるとみられたが、パリでもほぼ同様に受け止められた。

ペルシャ湾におけるアメリカの海上戦力をイラクにおける必要最小限の航空・地上戦力の展開とどこまで一致させるかという問題も、前任者2人と同様に解決困難な問題となりそうである。折しも2021年7月、バイデン政権は同年末までにアメリカ軍の戦闘行為を終了させることを約束した。その後のイラクが不安定な状態に陥れば、残存する顧問部隊を使うか否かの決断を迫られ、イラクでのＩＳＩＳとの軍事的戦いに固執するフランスとの関係にもひずみが生じることとなる。アメリカ軍のアフガニスタン撤退という大失態によって、ヨーロッパの一部の国では、アメリカはヨーロッパの近隣地域にたいする意思決定がきわめて軽率であるとの認識が強まっている。

気候変動問題に関して、バイデンはただちにアメリカをパリ協定に復帰させ、キーストーンＸＬパイプラインの建設認可を取り消し、グリーンエネルギー関連の雇用を柱とする大規模なインフラ支出法案を議会に提出するなど、変革への意欲を示した。しかし、こうしたエネルギー政策の転換は、大統領が上院議員団に語ったように、「われわれが動き出さなければ、彼ら（中国人）がわれわれの昼食を食べてしまう」という地政学的懸念から生まれたものでもある。(2)

EU復興基金をめぐる対立

大西洋を隔てたヨーロッパでは、EU復興基金への動きと、ドイツ政府に同基金の設立を提案させたドイツ連邦憲法裁判所の決定によって、EUとユーロ圏の内部に生じる圧力が強まっている。またイタリアでも、政党間に構造化された民主主義的な政治闘争から脱却する動きが加速している。ユーロ圏諸国は通貨同盟が深化しており、実際にユーロが崩壊でもしないかぎり、自国通貨建ての債務には戻れない。だからこそ、論理的に考えれば、ユーロ圏は債務と税金に関する決定を行う民主主義的な政治機関を伴う財政同盟（fiscal union）へと進むはずである。しかしながら、EU復興基金をめぐる対立は、政治がまだそうした変化を促すような段階に至っていないことを示唆している。ヨーロッパの民主主義諸国に政治的にまだ残存しているネイションフッドは、それだけでは租税国家を支えるには不十分であると思われ、国単位の市民を債権者として復活させることはできない。しかし、市民にユーロ圏レベルの税を課すことを正当化しうるようなピープルという観念が信じられている証拠も、容認されている証拠もなく、そのような課税を承認できるような民主主義的なピープルを代表する機関も存在しない。EU市民であるということは、納税の義務がないということである。これを変えるには、ユーロ圏をより範囲の広いEUと結びつけるか、さもなければEUの憲法秩序を根本から改革し、その改革のために加盟各国の煩わしい民主主義的な正当性を求めるかのいずれかしかなく、それを実行できる国はドイツをおいてほかにない。

イギリスがEUから正式に離脱したものの、いまだ移行期間にあって単一市場にとどまっていた時期に起こったＣＯＶＩＤ－19パンデミックによって、一時はブレグジットの条件が見直されるのではないかと思われた。しかし、新たな指導者〔ジェレミー・コービン党首〕を迎えた野党労働党は、イギリスとＥＵの連携緊密化を望む議会勢力の柱としての役割を降りた。その結果、ブレグジットをめぐる幅広いコンセンサスが成立しても、イギリスの政治は安定しなかった。パンデミックによってＥＵをめぐる憲法上の問題の根深さが浮き彫りとなり、少なくとも一時的にスコットランドで独立への支持が高まったが、それと同時にＥＵとの最小限《ミニマリスト》の貿易協定を追求するために内政面で比較的フリーハンドを得たボリス・ジョンソン政権がやったことは、せいぜい北アイルランド問題でＥＵに圧力をかけたくらいであった。(※) ２０２１年前半にイギリスが新型コロナワクチンの接種にＥＵよりも早く成功したことで、イギリスのＥＵ復帰を望む人びとがより苦境に立たされたとしても〔訳注　イギリス国内では、ＥＵを離脱していたからこそ、迅速なワクチン接種が実現できたとする見方があった〕、イギ

※〔訳注　北アイルランドの国境管理（ハードボーダー）問題。２０１８年秋にＥＵが承認した離脱協定案では、２０２１年以降もイギリスとＥＵのあいだで離脱合意がまとまらない場合でも、一定期間は税関手続きなどの厳格な国境管理を実施せず、物流の円滑化を保障する安全策（バックストップ）が設けられた。その結果、グレートブリテン島でアイルランドと国境を接する北アイルランドにはＥＵ規則が適用されることとなった。これでは、同じイギリスでありながら、北アイルランドだけＥＵに残留するに等しく、国の一体性が損なわれることから、イギリスには根強い反対意見があった。２０２３年２月27日、リシ・スナク政権のイギリスとＥＵとのあいだでブレグジット協定の一部見直しが合意され、懸案の北アイルランド問題は一応の決着をみた〕

リス連合国内《ユニオン》の断層とイギリスとEUの将来的な関係は切っても切り離せないものであり、特に北アイルランドに関してはそうである。実際、バイデンが大統領になってからのブレグジットの状況は、ほぼすべての地政学的苦境が結びつく世界において、北アイルランドがイギリスにとってより重大な地政学的重荷となっている。

★★★

COVID－19パンデミックは重要な変化のきっかけであると同時に、過去から続く一連の混乱の一部でもあった。このことは、特にエネルギーについて当てはまるように思われる。そこでは、一部西側諸国の政府が2019年にエネルギー転換の加速化を図り、パンデミックとその間に起こった出来事によって政権の座に就いたバイデン政権もこの流れに乗った。西側諸国のグリーンな野心は、気候危機、「中国製造2025」、低成長、民主主義の安定に一斉に向けられているようにみえる。

地政学の観点からすると、エネルギー転換は必然的に激変をもたらす。石炭の時代に覇権を握った大国がイギリスであり、石油と石炭の時代に覇権を握った大国がアメリカであったとすれば、アメリカが再生可能エネルギーと電化への決定的な戦略転換を図らないかぎり、金属と鉱物に依存する新しいエネルギー時代の主役の座は中国に奪われてしまうという恐怖にワシントンは慄いている。一方、EUは20世紀を通じてヨーロッパ諸国の力を著しく削いだ石油と天然ガスの世界から脱出するため、グリーンエネルギーの可能性に期待をかけている。

経済の観点からすると、大規模なグリーン投資は、大規模な財政刺激策への転換を正当化する。というのも、ここ10年間、金融市場を活性化し、政府の借り入れコストを下げ、石油危機を緩和するために金融政策に頼ってきたが、それでも高成長を回復できなかったからである。グリーン主導の成長は、製造業の雇用を復活させ、建設部門を拡大させることから、原理的には労働者への見返りが大きい。炭素回収技術などのテクノロジーに必要な投資は、そのかなりの部分が商業的に採算が合わなくとも、その一部を国費で賄い、必要な政府の借り入れを中央銀行が支援するのであれば問題はない。

民主主義政治の観点からすると、一つの政治的成果として、新たなかたちの経済的ネイションフッドが生まれることも考えられる。1970年代にニクソンやカーターがエネルギーの自立を掲げたのと同じように、バイデンは大統領就任後、グリーンエネルギーを国家プロジェクトとして語りはじめた。バイデンが真似ようとした大統領がフランクリン・ローズヴェルトであることは明らかである。イギリスでは、ボリス・ジョンソンが自国を洋上風力発電の「サウジアラビア」にするという野望を頻繁に語ったが、その一つの明白な目的は、スコットランド東海岸をイングランド東海岸に再統合することにある。スコットランドのナショナリズムを高揚させたのは、もちろん北海油田である。EUにとって、2015年に立ち上げたエネルギー同盟〔訳注　欧州委員会は2015年2月25日、「エネルギー同盟」の実現に向けた指針として、エネルギー安全保障、持続可能性・気候変動対策、効率的市場と競争力強化などからなる戦略的枠組みを発表〕は、経済近代化の統合プロジェクトとなる予定であり、エネルギーに関しては一つのヨーロッパ経済が成り立つとの前提から出発している。(3)

エネルギー革命を試みるための条件を整えたのは、現在の金融環境である。2007〜08年の金融危機と2015年の気候変動に関するパリ協定の直後に比べると、西側諸国の政府、とりわけワシントンとベルリンは、米独両国の財政規模こそ異なるものの、国債発行の余地については以前よりもはるかに自信を深めている。2019年9月にFRBが事実上QEに復帰したことは、世界経済全体にとって決定的な転換点となった。金融正常化に戻る道筋の否定は、半年後の無制限のQEによって補強された。一方、2020年5月にドイツ連邦憲法裁判所がECBのQEへの復帰を制止しようとしたことで、ドイツ政府の立場は、課税基盤のないEUが国債発行体として行動することを緩やかながら認める方向に動いた。印象的なのは、EU復興基金に明記された条件によって、加盟国が利用できる資金の4分の1がグリーン転換事業に割り当てられたことである。

グリーンエネルギーの地政学的力学

とはいえ、21世紀の最初の20年間を特徴づけた苦境は、あらゆる面でいまだに続いている。グリーンエネルギー投資を加速しようとするまさにその地政学的動機が、米中対立を激化させるものとなる。アメリカが中国の製造業サプライチェーンへの依存を断ち切ることに成功すれば、そのぶんだけ北京の反発を招くのは必至である。中国がそれを補おうとして国内市場を拡大すれば、米中の地政学的対立はほぼ世界経済全体に影響を及ぼすであろう。この対立に巻き込まれたすべての国家は、海上輸送を経済安全保障の問題として扱わなければならなくなる。これによりユーラシアでは、大陸を横断する陸路である「一帯」の一部として中国が建設を進めてきた鉄道ルートが一段と政治的な意味を帯びてこよう。気候変動問題に関して言えば、この新しい世界で中国が暗黙の武器とするのが石炭火力であろうが、これは公害対策として専ら石炭燃料からの脱却を促すべく大規模なインセンティブを国内につくり出そうとしている動きとは矛盾する。

グリーンエネルギーが生み出す地政学的力学は、石油や天然ガスが長らく生み出してきた力学と共存していくであろう。中国は今後も中東からの石油に依存しつづけると思われ、中国のユーラシアベルト（いわゆる「シルクロード経済ベルト」）の一角を占めるパキスタンは、マラッカ海峡における中国の脆弱性を補強するための部分的な防波堤にしかなりえないことから、中国が自国のエネルギー安全保障上、アメリカの軍事力と金融力を恐れる理由は依然としてある。中国が中東に依存しているかぎり、アメリカがペルシャ湾から撤退することは難しい。２０２１年3月、中国とイランは、イランの石油・天然ガス部門への大規模投資を含む25年間の経済連携協定を締結したが、この旧態依然としたエネルギーの現実がどれほどの地政学的影響を及ぼすかは、その時点ではまだ明らかではなかった。イランは、中東をめぐるヨーロッパの帝国主義競争にイギリスが勝利を収めるための要であったように、各国政府が石油と天然ガスに依存することの困難に直面し、それらを捨て去ろうとしている状況にあっても、きわめて重要な存在でありつづけるであろう。

ＥＵにとって、グリーンエネルギーの促進は必ずしも一体的な取り組みとはなりそうもない。天然ガスの供給と輸送をめぐって30年も対立が続いていることからも明らかなように、エネルギー政策におけるＥＵの権限は弱く、加盟国は何が国益かについて共通の判断を下しにくい。またしてもドイツの政治が、今度は原子力発電をめぐって結束を難しくしている。[4] 反原発の立場だけでは、ドイツはロシアへの天然ガス依存を早急に解消することはできない。ロシアとドイツの天然ガス供給関係により、

NATOをめぐる長年のエネルギー問題が今後も続くことは確実であり、ロシアがウクライナを天然ガス輸送システムから切り離そうとする動きが続くなか、それは変わらないであろう。2021年5月、突如としてノルドストリーム2への制裁解除に動いたバイデンは、NATO東欧加盟国の激しい怒りを買うことを承知で、対中関係で譲歩を引き出すべく、ロシア産天然ガスに依存するドイツの背信行為に目を瞑ることとした。しかし、ドイツのエネルギーと通商上の利益を地政学的協調よりも優先させるという前任者たちの主張から離れても構わないという意思が仮にドイツ政府にあったとしても、中国との貿易・投資関係や中国が主導する「一帯一路」への事実上の参加は、もはやそう簡単には覆せないほど深入りしている。こうしたドイツの中国への関与は、フランスがインド太平洋において戦略的役割を果たす能力を大きく制約するものであり、AUKUS《オーカス》をめぐってフランスが味わされた屈辱はその現実を間接的ながら明らかにしている。

トルコとの関係では、EUもNATOも多くの問題を抱えているが、どれか一つ解決策を選択すれば必ず他の問題を悪化させてしまう。2010年代を通じてトルコの経済発展の中心は石炭であった。トルコはパリ協定を批准しておらず〔訳注　2021年10月6日に批准〕、多くの国の政府が2019年または2020年にカーボンニュートラル〔訳注　温室効果ガスを実質ゼロにすること〕を約束したが、トルコ政府はこれに加わっていない。エルドアンは、トルコの方向性をローザンヌ条約というトルコの地政学的基盤に戻すべく、石油と天然ガスについて非常に攻撃的でレバンキズム〔訳注　「失地回復主義（irredentism）」と重なるが、フランス語のrevanche（英語のrevenge）を語源とするrevanchismは「復讐主義」を意味する」〕的な発言をますます繰り出すようになった〔訳注　1923年のローザンヌ条約は、現在のトルコ共和国の領土を確定した。エルドアンは他方で、ギリシャとの国境線を引いたローザンヌ条約によってエーゲ海の島々がギリシャに譲渡されたとして繰り返し不満を表明し、ローザンヌ条約を将来的に見直すべきであるとも発言している」(5)。

石油への依存は続く

石油生産をめぐる地理的・金融的条件によって機能不全に陥った力学は元に戻すことはできない。供給面からみれば、シェールオイルは常に、在来型エネルギー生産量の停滞を中期的に補完するものでしかなかった。より高コストの供給を追求するような石油部門への投資が復活しなければ、2000年代に入って現にそうなったように、世界経済は今後数十年間、中東とロシアからの高価な原油に依存することとなるであろう。高い原油価格の復活は、原理的には投資を刺激することになると思われるが、それはあくまでも、化石燃料にたいする投資家の批判的な姿勢が緩和された場合にかぎられる。その一方で、原油価格の上昇は経済成長を著しく抑制し、ふたたび需要を減退させ、イラクをはじめとする産油国の不安定化を招くおそれがある。OPECプラスへの依存が石油問題を再燃させるのと同時に、このカルテルのメンバーは、輸送部門の電力から石油を奪い合う競争がもたらす中長期の巨大な変化に適応する必要がある。

経済的には、エネルギーコスト全体が上昇し、ふたたびインフレ圧力が強まるであろう。ヨーロッパの天然ガス価格は、ロシアからの供給と輸送の問題によって影響を特に受けやすく、それは技術的な問題である場合もあれば、天然ガスを露骨な戦略手段として使おうとしているプーチンの意図による場合もある。蓄電池に大きなブレークスルーがないかぎり、再生可能エネルギーから発電される電力がインフレを免れる保証はない。太陽光発電や風力発電は発電単価が安いとはいえ、システムレベルでは、特にドイツのように再生可能エネルギーが大きい割合を占めながらも天候に恵まれない地域では、断続的な再生可能エネルギーの非効率性が理由で、これまで消費者はより高い電気料金を負担させられる場合が多かった。

こうしたエネルギー主導のインフレは、いずれ債券市場に動揺を与え、政府の借り入れがより割高になる可能性が高い。すでに２０２１年2月、投資家はアメリカ経済の回復とともにインフレ率が急上昇するとの予想から米国債の売り越しに転じた。投資家の疑念は、政府が巨額の借り入れを行うためのきわめて良好な金融・財政環境を変えるほど大きくはなかった。とはいえ、その1カ月後に発表されたバイデン政権の2兆ドル規模のインフラ法案に大幅な増税が含まれていたことは、国債の借り入れには依然として何らかの課税基盤を要する、という考えがワシントンにおいてすら根強いことを示唆している。２０２０年の株価暴落が、ＱＥに支えられた債券市場にもなお限界があることを警告しているのか、それとも債務の決済までに中央銀行にはまだかなりの政策的武器が残されていることを示唆しているのかは、いまのところまだわからない。

政治的には、エネルギー消費は必ず分配をめぐる激しい衝突を新たに引き起こし、旧来の対立を一層激化させる。これは、ある面、グリーンエネルギーと電化への移行にかかる資金をいかに調達し、それにいかなるインセンティブを与えるかという問題でもある。フランスにおいて、ディーゼル燃料税の引き上げに抗議する黄色いベスト《ジレ・ジョーヌ》運動が発生したことは、敗者の同意という問題が選挙に限った話ではないことを如実に物語っている。それは、将来的なエネルギーの本質的なあり方をどのように捉えるかという問題でもある。電力が脱炭素化され、現在石油や天然ガスによって直接供給されているエネルギーが電力に置き換わるとしても、同じ総量でエネルギーが消費されると考えられる先験的な理由はない。メルケルが2020年1月の演説で、エネルギー転換は「私たちの仕事のやり方や生活様式全体に背を向けることを意味する」と認めている。[6]

とりわけ個人の交通手段は、政治的論争の的となるであろう。電気自動車（EV）がヘンリー・フォードのT型フォードと同じような存在になるには、まだ少し時間がかかりそうである。将来的には、乗用車を所有することが贅沢で、階級的な恨みの種であったフォーディズム以前の世界に戻ることも考えられる。[7] 石油問題と輸送部門の電化問題はいずれ衝突するときがくるであろう。個人のエネルギー消費にたいする分配の意味が明らかになるにつれ、カーボンニュートラルをいかに達成すべきか、少なくともどれだけの炭素を除去あるいは相殺することができるかは、政府の目標となるにとどまらず、選挙の争点となるであろう。ユーロ圏に属する民主主義諸国では、さまざまな経済的対立を政党間の選挙戦に構造的に組み込もうと奮闘しているが、マクロ経済をめぐる意見対立を最小限に抑える必要があるにもかかわらず、それとは正反対の方向に圧力が働いている。

エネルギー消費をめぐって

それらの国では、地政学が民主主義の混乱を助長しつづける可能性が高い。EVをめぐる中国との競争に勝つことが技術力の問題となって以来、政府や投資家はマイノリティの自動車保有に伴う民主主義的政治リスクなどお構いなしに、この分野を推進しているようにみえる。経済的にみると、グリーンエネルギーと電化も、ここ数十年続く広範囲に及ぶ苦境を緩和する万能薬とはなりそうもない。イギリスのように製造業の空洞化が著しい経済やアメリカのように政治家と企業のロビー活動や政治献金との関係から貴族主義の過剰が蔓延している民主主義の国でグリーンエネルギーや電化が成長戦略として追求される場合、従来の問題を助長することになりかねない。過去に国の経済が不振に陥った結果、外国企業に市場を支配されることがあったが、その場合、国内でどれだけの雇用が創出されるかはまったくわからない。風力に恵まれて再生可能エネルギー発電の割合が非常に高いスコットランドでは、エネルギー転換によって新たに創出された雇用は期待を大きく下回った。[8] 一方、大規模なインフラプロジェクトは、契約時に縁故主義《クローニズム》を招きやすい。オバマ政権は、カリフォルニア州に高速鉄道を敷設する巨大建設プロジェクトに資金を投じたが、結果的には、同州に新たな公共交通システムが誕生することなく、コンサルティング会社が懐を肥やしただけであった。[9]

西側民主主義諸国の政治家たちや2019年に化石燃料からの撤退を始めた投資家たちは、エネルギー革命に取り組むにあたって、まだ発明されていない技術を活用すれば、現在の物質的条件の多くを従来とは異なるエネルギー源で再現できるはずだと断言した。この技術を成功させるには、原子力はさておき、高密度のエネルギーを低密度の一次エネルギーに置き換えるエネルギー革命を促進する必要がある。[10] これまでのところ、再生可能エネルギーは化石燃料エネルギーの消費に置き代わるどころか、全体のエネルギー消費量を増大させている。実際、第一回国連気候変動サミットが開催された1995年以降、石炭消費量は3分の2以上、石油消費量は3分の1以上、天然ガス消費量は5分の

4以上増加している。[11] 大半の西側諸国では石油消費量が減少し、石炭消費量も大幅に減少しているが、これは工業生産の大部分をアジアにオフショア化した結果でもある。少なくとも現時点では、エネルギー革命の試みは、レアアース（希土類）のような潜在的に希少な物質だけでなく、それが取って代わろうとしている化石燃料エネルギーの投入にすっかり頼りきっている。エネルギー転換は急速に進むどころか、思いのほか長くかかる可能性のほうが高い。ある意味では、この見通しはそれほど意外ではないかもしれない。不確実性を前提に、最善を望みつつ、「やるしかない」という意気込みで投資することは、常に資本主義経済の基本であった。しかし、エネルギーは食料生産を含むすべての経済活動の基盤であり、物理学の法則に従うものであることから、エネルギーにおける技術革新の必要性はまったく別の要件となる。すでに2000年代には、政府や企業が化石燃料を使わないエネルギー計画を発表したものの、それがほとんど空想にすぎないことが証明された例が山ほどある。[12]

今後起こりうる破壊的性格の政治を阻止するためには、エネルギーに関する物理的現実と気候変動という現実とが同時に進行することの意味について集団的な理解が追いつく必要がある。技術による救済という観念と、逃れがたき「神々の黄昏《ゲッターデメルング》」とのあいだを右往左往しながら駆け足で先を急ごうとするのは、絶望的な対応というほかない。エネルギー革命が生み出し、また激化させる個々の苦境を食い止めるためには、各国政府が異なる時間の尺度との兼ね合いで、いかなるリスクを同時にとらなければならないかを決めなければならないであろう。そうした決定は、重要資源が存在する地域をめぐって地政学的対立を招くであろう。西側民主主義諸国の政治家たちは、貴族主義の過剰がさらに固定化する事態を避けつつ、市民に強いることになりそうな犠牲を市民が納得できるものとする必要がある。生物圏《バイオスフィア》もエネルギーの利用もともに限界があるが、人類はそれに立ち向かわなくてはならない。非物理的なかたちではあるが、そのような限界は、民主主義国だけでなく、それ以外の政治体制の国や地域にも等しく存在する。気候変動とエネルギー消費をめぐって起こりうる争いが民主主義体制を不安定化させるなか、そうした限界のなかでいかにして民主主義体制を維持するかが、今後10年間の中心的な政治課題となるであろう。

2022年以後——戦争

2022年2月24日未明、ロシア軍がウクライナに侵攻した。その日のうちにロシア海軍はウクライナの黒海海域にあるズミイヌイ島を占領した。この一報が伝わると、原油価格とヨーロッパ向け天然ガス価格が急騰した。

それはヨーロッパを戦争の世界に引きずり込んだ。ヨーロッパの平和を歴史的条件として再統一を果たしたドイツでは、すでに絶望的な数週間が過ぎていた。アメリカの諜報機関は2021年秋以降、ロシアの攻撃が近いと警告していたが、ドイツ政府は外交による解決という希望にしがみついていた。2月7日、わずか8週間前に首相に就任したばかりのオラフ・ショルツはワシントンDCにいた。そこで彼は、ジョー・バイデンがはっきりとこう述べるのを聞いた。もしロシアが侵攻してきたら「われわれは（ノルドストリーム2を）終わらせる」と。[1] その1週間後、ショルツはキーウを訪れ、ウクライナのウォロディミール・ゼレンスキー大統領と会談し、分離独立を主張するドネツク、ルハンスク両地域について2015年に合意されたミンスク2和平協定（未履行）を受け入れるよう迫った。翌日、ショルツはウラジーミル・プーチンと会談し、その直後に「平和のために働くなんぞ、われわれにとってクソみたいな義務だ」「ロシア抜きで永続的な安全保障なんて達成できない」とツイートした。[2] そうしたことにはお構いなく、プーチンはドネツクとルハンスクを独立国家として承認した。

報道によると、クレムリンの動きに激怒したショルツは、ノルドストリーム2の稼働がドイツの天然ガス安全保障と両立するかどうかの再評価を行うよう要請した[3]。

ロシアのウクライナ侵攻を境に、ドイツにとってのリスクは、まだ開通していない一本のパイプラインから、半世紀にわたって取り組んできたロシアとの融和（*rapprochement*《ラプロシュマン》）へと移った。侵攻から72時間以内に、ショルツはドイツの兵器をウクライナに送ること、軍事費を引き上げるために１０００億ユーロの基金を設立すること、さらに海上輸送される液化天然ガス（ＬＮＧ）の受け入れによってロシアへのエネルギー依存を解消することなどを約束した。ショルツはドイツ連邦議会で演説し、１９７５年の「ヘルシンキ最終法〔＝ヘルシンキ合意〕以来およそ半世紀にわたって続いてきたヨーロッパの安全保障秩序がプーチンによって破壊されたのです」とし、これによってすべてが変わったと述べた。「私たちは時代の転換期（*Zeitenwende*《ツァイテンヴェンデ》）を生きています〔中略〕すなわち、これからの世界はもはやこれまでの世界とは同じではないということです[4]」

ドイツの首相は部分的には正しかった。しかし同時に、２０２２年2月にヨーロッパの歴史が破壊された理由について述べたショルツの主張は歪んでいる。自明のことではあるが、ロシアの〔対ウクライナ〕戦争以前のヨーロッパの安全保障秩序は、１９７０年代半ばのそれとは似ても似つかぬものであった。かつてソ連の西部であった場所に、新たに6つのヨーロッパの国が出現したのである。平和な時代に独立した歴史を持たなかったウクライナが１９９１年にヨーロッパで最大の領土を持つ国家として登場したことは、特別な変化を意味した。新しく生まれた国民国家ウクライナは、地政学的に常に不安定な状態にあった[5]。少なくとも２００９年以降、プーチンは新生国家ウクライナが存在することの正当性を公然と否定していた。１９９０年代にモスクワと結んだ条約で、ウクライナはクリミアにおけるロシアの軍事的権利を譲り受けた。その後、２０１４年にウクライナはクリミア半島を失い、同国の南東部においてロシアに支援された分離独立派との戦争に突入した。ロシアの侵攻が過去から現在を断ち切るものであったとすれば、その衝撃は、プーチンが独立国家としてのウクライナの存続可能性を破壊するために負わせようとした被害の激しさであり、それを増幅させたのは、キーウの権力を掌握しようとするプーチンの大それた野心と、それを成し遂げるにはまったく足りない軍事的動員との隔たりであった。

ドイツに関して言えば、ロシアとのエネルギー貿易上、ベルリンは国家主権を求めるウクライナの闘争に長期にわたって巻き込まれてきた。２００５年以来、ドイツの歴代政権は、ロシアとウクライナの紛争が引き起こすエネルギー安全保障の問題から逃れるためにかなりの政治的資本を投入してきた。加えて、ウクライナを「信頼できないエネルギー経由国」あるいは「ＮＡＴＯ加盟を歓迎しない国」として扱うことで、ロシアに味方していたのである。しかし２００９年以降、ウクライナをＥＵの準加盟国とすることを餌に、同国のパイプラインを近代化させようとしたが、ほとんど無駄骨に終わった。クリミア危機とドンバス戦争が始まった後、ドイツが直面した問題は、ウクライナの独立維持よりも自国のエネルギー安全保障を優先したせいでワシントンの反感を買う一方、ミンスク２〔訳注　ドンバス戦争の停戦を目的とした合意。２０１５年2月11日、ウクライナ、ロシア、フランス、ドイツの首脳による夜を徹した交渉が行われ、ドンバス地方の自治権拡大などで合意〕の交渉に長時間を費やしながら、ロシアとウクライナの関係を調停できなかったことであった。２０２１年5月、バイデンがノルドストリーム2へのアメリカの制裁を解除したとき、アンゲラ・メルケルは、ドイツのエネルギー安全保障に関してドイツ自身が決定する権利を主張し、それを押し通したかのように思われた。しかし、その4カ月後、ウクライナ国境でロシア軍の本格的な増強が始まると、バイデンは、2021年9月の総選挙後に次期首相となる見通しのショルツから、もしロシアの侵攻があればノルドストリーム2を停止するという言質を取ることができた。(6) その直後、ドイツのエネルギー規制当局は、このプロジェクトの認定手続きを一時的に停止した。ショルツが侵攻前に行ったノルドストリーム2の死の儀式《デスライト》は、新しいヨーロッパのためではなく、ロシアがさらに侵攻を続けるか、ウクライナが2014年に失った領土の奪還を試みるかのいずれかの可能性がかなり濃厚となった世界において、バルト海海底を通る第二のパイプラインがいつ頓挫してもおかしくないなかで建設されたという現実を物語っていた。

しかし、1991年以降のヨーロッパの秩序において明らかとなったウクライナをめぐる断層がいかなるものであれ、「時代の転換期《ツァイテンヴェンデ》」の物語には何かしら琴線に触れるものがある。膨張主義的な戦争は必然的に深刻な断絶を生むが、この戦争も例外ではなかった。自国の独立を守ろうとしている国に世界を支配する大国が多額の軍事援助をすでに行っているところへ、核兵器を保有する国が国境を越えて隣国の領土を征服するという図式であった。その結果、紛争は日ごとにエスカレートし、より大きな戦争に発展する危険性をはらんでいた。

非軍事的な戦争手段も様変わりした。アメリカなどの対ロシア金融制裁は、ロシアを主要な国際決済システムから切り離し、ロシアの中央銀行を孤立させた。サウジアラビアがヨム・キプール戦争に際してイスラエルの同盟国への原油販売を禁止したように、ロシアもウクライナ支援国への天然ガス供給を停止することが予想されたが、2022年にエネルギー純輸入諸国が世界の主要エネルギー輸出国に科したような制裁は過去に例がなかった。

2022年9月に起こったノルドストリーム1&2のパイプライン破壊行為は、もう一つの起点と言える。当初憶測が流れたように、この爆発がロシアのインフラにたいするロシアの攻撃であったとすれば、その意図はあまりにもニヒリスティックであり、プーチンがロシアの力を誇示するためにロシアの国益概念を放棄したことになってしまう。他方、仮にもバイデン政権がパイプラインの破壊を許可したとか、引き起こしたというのであれば、それはヨーロッパのNATO同盟諸国をロシアから引き離す戦略を強引に推し進めようとするアメリカの新たな意思を示すものと言えた。したがって、ドイツにとって、ノルドストリーム1の爆発は、資本と技術をロシアの資源と交換することで自国の対外的なエネルギー依存を管理し、問題の貿易インフラをアメリカの非難から守ろうとしたスエズ危機以後の時代が象徴的なかたちで屈辱的な最終結末を迎えたことを意味した。2022年に時代の変化を示す分岐点があるとすれば、建設当時は大西洋の向こう側からほとんど批判されなかったパイプラインが物理的に破壊されたこの瞬間が、おそらくそれであろう(※)。

ヨーロッパのテンペスト

ノルドストリームの爆発は、ロシアの侵攻という点からみれば、血こそ流れなかったものの破壊的な力を持つエネルギー戦争の一部であった。この時点で、ヨーロッパ各国政府は、エネルギー供給が制限された状況のもとで物質的になしうることと政治的に求められることとが一瞬にしてぶつかることに気づいたのである。侵攻から12日後〔訳注　2022年3月8日〕、欧州委員会は、ロシア産天然ガスへの依存度を年内に3分の2まで引き下げ、「2030年までには」ロシアとの化石燃料エネルギー貿易をすべて終了させるという提案を発表した。(7) しかしながら、EUは翌4月までロシアのエネルギー輸出（石炭を除く）にたいしていかなる制裁措置も科さなかった。戦争が始まって最初の数カ月間、ドイツはノルドストリーム1を含むパイプラインを通じてロシア産天然ガスの供給を受けつづけた。2022年6月、ドイツなど一部ヨーロッパ諸国へのバルト海経由の天然ガス供給量を徹底的に削減し、当面の天然ガス戦争で最初に大きな動きをみせたのは、ガスプロムであった。同社はその時点では、高い収益をあげていたが、その後は赤字に転落する。この非常事態において、短期的な対抗策として唯一可能であったのは、エネルギー消費量を削減することであった。しかし、EUは2022年7月、今後9カ月間で天然ガス使用量を15％削減することを決定した際、ドイツの脆弱性が他のすべてのEU加盟国と同じではないという事実をほとんど考慮しないまま、EU共同で犠牲を払うことに合意した。ハンガリー政府はこの共同計画に拒否権こそ行使しなかったものの、その後すぐにガスプロムと新たな供給契約を結ぶ交渉に入った。その一方で、ヴィクトール・オルバンは欧州委員会にたいし、備蓄が十分な国からそうでない国へ天然ガスを再分配することは容認できないと述べた。(8)

ロシア以外から海上輸送で天然ガスの供給を受けることが急務となったことで、ヨーロッパの地政学的風景は一変した。シベリアから西方へ、ヨーロッパ向けに天然ガスが供給されないなか、大西洋に面したＬＮＧ輸入港を持つ国々（イギリス、フランス、スペイン、ポルトガル）は、東の隣国諸国に再輸出を行う国となった。イベリア半島に到着した天然ガスは、そこでまた新たなパイプライン問題を引き起こし、ヨーロッパ大陸の中期的なエネルギーの未来をめぐって深刻な立場の隔たりが表面化した。ドイツ、スペイン、ポルトガルは、フランスの反対を押して、ピレネー山脈経由で天然ガスを供給する以前のプロジェクトの復活を提唱した。こうした圧力がかかるなか、エマニュエル・マクロンは２０２２年10月、バルセロナ・マルセイユ間に天然ガスと水素を輸送する代替的な海底パイプライン計画を推進することに同意した。しかし、フランス、スペイン両政府は、天然ガスが含まれるとＥＵの資金援助が受けられなくなることから、すぐにプロジェクトから天然ガスを除外した。より差し迫った問題として、アルジェリアからの新たな供給は地政学的緊張をもたらした。２０２０年にア

※〔訳注　その後、ノルドストリーム爆破事件はウクライナ側の犯行によるものとの報道がなされている『ニューヨーク・タイムズ』紙の２０２３年３月７日付記事（Intelligence Suggests Pro-Ukrainian Group Sabotaged Pipelines, U.S. Officials Say）を含む欧米の主要メディアは、ノルドストリームの爆破が「親ウクライナグループの犯行」によるものであると報じた。また、『ウォール・ストリート・ジャーナル』紙の２０２４年８月14日付スクープ記事（A Drunken Evening, a Rented Yacht: The Real Story of the Nord Stream Pipeline Sabotage）は、ノルドストリーム爆破は、民間実業家が資金を出し、ウクライナ軍のワレリー・ザルジニー総司令官（当時、現在は駐イギリス大使）が作戦を指揮したと報じている。ゼレンスキー大統領は、一度は計画を承認したものの、ＣＩＡに計画が露見し、アメリカから作戦中止要請を受けて承認を撤回したものの、間に合わなかったとされる〕

メリカが西サハラにたいするモロッコの主権を承認すると、アルジェリアとモロッコの国交が断絶した。２０２１年11月、アルジェリアはモロッコ領内を通るパイプラインを通じてスペインに天然ガスを送ることを停止していた。ロシアの侵攻から１カ月後、スペインがモロッコ側につくと、アルジェリアは海底パイプラインを通じたスペインへの天然ガス輸送を停止した。対照的に、イタリア政府はロシアからの天然ガス供給の代替として、アルジェリアからの供給を優先させることに成功した。

それにもかかわらず、供給上の制約から、ノルドストリームの爆発事故後もロシアとのエネルギー貿易は継続された。EUはロシア産ウランには制裁を科さず、モスクワもウラン輸出を禁止しなかった。一方、出荷されたロシアの原油は、インドから石油精製品としてヨーロッパに到着した。[9] フランスとスペインの需要に牽引され、２０２２年１～９月のロシアのヨーロッパ向けＬＮＧ輸出量は、前年同期比で40％以上増加した。[10] その一部は、ノルドストリームの入り口地点に近いバルト海沿岸にあるロシアの新しいＬＮＧ港からのものである。

スエズ危機は今も

ノルドストリーム・パイプラインの破壊がスエズ危機以後のエネルギー時代に終止符を打ったとしても、地政学的にはスエズ危機の影がまだ尾を引いていた。当時、西ヨーロッパの指導者たちは、ソ連とアルジェリアを中東からの輸入に代わる原油供給源にできると考え、さらに原子力によるエネルギー革命によって、最終的には外国産原油への依存を完全になくすことができると期待していた。ソ連とのエネルギー供給関係は、中東産原油の必要性を排除することなく成功したが、他の二つの野心

〔すなわち、アルジェリアからの原油供給と原子力発電〕は、アルジェリアの独立、石油ナショナリズム、国外からのウラン調達の必要性など原子力発電のコストと限界を前に挫折した。現在、ヨーロッパ各国政府は、１９５６年以降の唯一の成果〔すなわち、ソ連からのエネルギー供給〕に代わる短期的な対応策として炭化水素を模索する一方で、地域・国家レベルでのエネルギー自給という別のヴィジョンも追求している。いずれの場合も、アフリカ資源へのアクセスがきわめて重要となる。しかしながら、アフリカ諸国自身が自国のエネルギー消費を拡大させたいと切望しており、ヨーロッパ諸国はアフリカの金属資源をめぐる中国との競争にも直面していることから、ただ資本と技術の提供だけでは、かつてソ連を相手にして成功したように、アフリカ諸国を振り向かせる決定的な誘因とはなりそうもない。

スエズ危機で露呈したＮＡＴＯ内の権力的ヒエラルヒーも〔訳注　スエズ危機に際して英仏はアメリカの圧力に屈して撤退を余儀なくされた〕、ヨーロッパにとっては地政学的悪夢でありつづけている。ロシアによる侵攻の瞬間から、ヨーロッパ諸国の対応の方向性を決めたのはワシントンの反応であった。当初はウクライナの前途を悲観視していたバイデン政権であったが、ロシアが航空優勢（air superiority）の確立に失敗したことから、その見方を修正したようである。２０２２年3月下旬から、ロシアに戦略的打撃を加えるチャンスと判断したアメリカは、ウクライナへのより大規模な武器移転と経済援助を命じた。このアメリカの動きは、特にドイツに強い衝撃を与えた。戦争はすぐに終わるとワシントンが想定していた段階でウクライナへの武器支援を決定したショルツは、戦争が長期化すると、さらなる支援の実施を繰り返し求められたが、キーウの戦争目的に影響を与えることはできなかった。

もしアメリカ政府がクリミアにたいする完全な主権を求めて戦うウクライナを今後も支援しようとするのであれば、1780年代からほぼ継続的にロシア黒海艦隊の寄港地となってきたセヴァストポリ港をロシアが保持しつづけるかどうかが鍵となる。より一般的には、1936年のモントルー条約以来、黒海の航行権に関しては現状維持が続いている。この条約は、戦争中にダーダネルス海峡とボスポラス海峡へのアクセスを管理し、いかなる状況が戦争状態にあたるかを決定する唯一の権利をトルコに与えている。この長年続いてきた国際法は、第2章で説明したとおり、トルコがNATOに加盟した理由でもあるが、中東におけるロシアの動きを制約する一方で、第二次世界大戦や冷戦期に明らかになったように、ロシアを南方からの海上攻撃から守る役割を果たしている。いまや、ウクライナの長期的な防衛を制約することによって、モントルー条約を守ること、とりわけ、いかなる状況が戦争状態にあたるかを決定するトルコの権利を守ることが、ロシアの重大な関心事となっている。

NATO拡大と北極圏

さらに北に目を向けると、ロシアによる戦争が地政学的混乱を引き起こしていることはすでに明らかである。ロシアの領土的レバンキズム〔訳注　「復讐主義」の意味〕を警戒したスウェーデンとフィンランドは、2022年5月にNATO加盟を申請し、フィンランドはその11カ月後〔2023年4月〕に加盟を完了した。これでスウェーデンが加盟すれば、ロシアを除くバルト海沿岸のすべての国がNATOに加盟することとなる〔訳注　スウェーデンは2024年2月に加盟を果たす〕。こうして

ＮＡＴＯが拡大することで、ポーランドが主導する北ヨーロッパ同盟のようなものが誕生し、ＥＵ内におけるドイツの力が弱まる可能性もある。ポーランドは現在、２０３０年までにヨーロッパ最大の陸軍の創設をめざしており、ブレグジット後のイギリスと関係を深化させることに安全保障上の強い関心を持っている。

スウェーデンとフィンランドが最終的に中立政策を放棄したことで、北極圏における地政学的な緊張が高まっている。北極圏に石油、天然ガス、鉱物資源が豊富に眠っていることはかなり前から知られていたが、地球の気温上昇が始まるまでは、こうした資源の採掘は容易なことではなかった。２０１０年代に入ると、ロシア、ＮＡＴＯ、中国が北極圏での軍事活動を活発化させ、非武装化されたスヴァールバル諸島をめぐって摩擦が生じた。１９２０年に署名された条約によって、スヴァールバル諸島にたいするノルウェーの主権が確立する一方、他の条約締約国50カ国〔訳注　２０２４年現在、締約国は46カ国〕は資源探査の法的権利を有することとなった。ロシアがウクライナに侵攻する数週間前、スヴァールバル諸島にある世界最大の衛星地上局とノルウェー本土を結ぶケーブルが、明らかにモスクワの手によって破壊された。ウクライナ侵攻後、ロシア以外の締約国は、冷戦後間もない時期に北極圏に主権領域を持っていた8カ国〔訳注　カナダ、デンマーク、フィンランド、アイスランド、ノルウェー、ロシア、スウェーデン、アメリカ合衆国〕によって設立された政府間組織である北極評議会を一時停止し、北極圏の大国ロシアは政治的に孤立することとなった。

しかし、ロシアが北極圏におけるきわめて重要な経済大国であることには変わりない。ウクライナ・ロシア戦争をきっかけに、モスクワは北極海の商業利用を倍増させた。北東ヨーロッパとロシアから太平洋アジアに至る北極海航路は、スエズ運河を経由する航路の半分以下の距離しかなく、北極圏の温暖化によって冬季には砕氷船による航行が可能となっている。北極海航路はこの戦争の前から係争地となっていた。この航路は専らロシアの経済水域を通過することから、ロシアは外国船の航行を管理する権利を主張している。ウクライナ侵攻後、ロシア以外の国の航路の利用は激減したが、南ヨーロッパや西ヨーロッパの港に向かうLNG船など、ロシアの利用は増加した。ウクライナ・ロシア戦争によってロシアのアジア向け輸出市場に新たな価値が見いだされたことから、ロシアのエネルギー企業ロスネフチは大規模な北極圏石油ターミナルの建設に着手した。中国の石油の多くがロシアから輸入されるようになる状況下で、北極海航路がロシアから中国に石油を運ぶ主要ルートになれば、これは大きな地政学的変化となる。それによって、中国の抱える「マラッカのジレンマ」は軽減されるものの、新たにベーリング海峡で苦境に直面し、ロシア東部とアメリカを隔てるこの狭い海域で中国の貿易が窒息させられる可能性が出てくる。この戦争の結末が黒海におけるロシアの衰退ではなく、むしろロシアの台頭ということになれば、ロシアが新たな通商路の防衛のために海軍を用いる十分な理由を持つ重要な通商海洋大国として登場してくることとなり、それとは別に、否、それと同時に、中国が北海と地中海・エーゲ海に面したヨーロッパのほとんどの主要港の権益を獲得することとなる。その意味で、アメリカ海軍が貿易のための公海の守護者としてほぼ単独で行動してきた時代は終わりを告げようとしているのかもしれない。

ウクライナ・ロシア戦争とトルコ

南東ヨーロッパと北東ヨーロッパの地政学的領域では、ウクライナ・ロシア戦争をきっかけとして、ヨーロッパのトルコ問題をめぐる亀裂が深まっている。ウクライナの防衛にとって決定的に重要な国であるトルコは、キーウに救助用ドローンを提供し、ウクライナがオデーサ港から食料を輸出できるようにモスクワと二つの協定を結んだ。トルコはシリア問題で戦略的にも戦術的にも頭痛の種となっていたが、戦争が黒海周辺にも及んでいたことから、NATOにとってなくてはならない存在となっている。しかし、対ロシア制裁を拒否して以来、トルコはNATOのならず者国家として振る舞う傾向もみせている。トルコはまた、エネルギー・ハブとして二つの顔を持ちつづけている。2022年7月、EUがアゼルバイジャンとのあいだで、アナトリア横断パイプラインの天然ガス輸送量を倍増させることに合意したとき、非ロシア産天然ガス輸送におけるトルコの重要性がふたたび高まった。しかし、ノルドストリームの爆発事故後、エルドアンはプーチンに同調し、黒海海底を通るトルコストリーム・パイプラインは、ロシア産天然ガスがヨーロッパに流入する際のきわめて重要な起点となるはずだと述べた(11)。その一方で、エルドアンはスウェーデンのNATO加盟を妨げる重大な障害ともなった。

予想どおり、黒海周辺でのウクライナ、ロシア両国の戦闘は、東地中海をめぐるNATO内の地政学的断層をさらに悪化させた。トルコがNATOに貢献していることでつけあがったのか、エルドアンは、トルコ沿岸に近いギリシャの島々を武装化したギリシャを懲らしめると繰り返し挑発し、「時が来れば、ある夜突然やってくることもありうる」と宣言した(12)〔訳注　これを受けて、ギリシャのキリアコス・ミツォタキス首相は、訪問先のフランスで、「法はわれわれの側にあり、われわれの主張は正当であると確信している。したがって、われわれは、ある夜突然われわれの島にやってくると計画している者たちが、正義と実権が誰の側にあるのかがはっきりする白昼にやってくることを期待している」と応じた〕。2022年9月、ギリシャはNATOに書簡を送り、ヨーロッパは大陸でふたたび戦争が起こる危険にさらされている、と警鐘を鳴らした。ギリシャ政府は、問題となっている島々に関してモントルー条約がトルコよりも自国の立場を支持していると考えていることから、このトルコとギリシャの対立によって、東地中海の出来事が黒海のパワーバランスと強く結びつくこととなった。ウクライナ領の黒海北部沿岸地域の大部分をロシアが支配しつづけるというシナリオが、戦争の終結点となるか膠着状態のまま固定化すれば、ロシアは天然ガスが豊富な東地中海に近づくこととなる。トルコが自国のために黒海におけるロシアの立場を利用する危険性を認識してか、ギリシャの首相は2023年1月、ヨーロッパのどの国よりも多くのレオパルド戦車を保有しているにもかかわらず、自国の防衛に不可欠との理由で、ウクライナへのレオパルド戦車の供与を拒否した。

2022年6月に黒海を中心とするもう一つの東方拡大に関与したEUは、新たなトルコ問題に向き合わなければならなくなった。ウクライナにEU加盟候補国の地位を認めるだけでも、EUにとっては深刻な問題である。ウクライナは戦争前からすでに生活水準がヨーロッパ諸国の平均をはるかに下回っていたことから、その国を経済的に再建するには莫大な資金が必要となる。係争中の国境を抱える国はむろんのこと、ロシアと陸海の国境を接する国にとって、EUに加盟するにはNATOへの加盟も必要であると思われる。しかし、すべてのEU加盟国がこの動きを支持するか、またトルコが実際にそれを受け入れるかはまったくわからない。

ウクライナがEUやNATOに加盟する見込みがあるかどうかにかかわりなく、ロシアを相手にしたウクライナの民族的強靭性は、それ自体が地政学的にヨーロッパを揺るがすものである。チェコの小説家ミラン・クンデラは1984年のエッセイのなかで、「ヨーロッパの偉大な民族の一つであるウクライナ民族は〔中略〕徐々に消滅しつつある。そしてこの巨大な、ほとんど信じられないような出来事は、世界がそれと気づかぬうちに起こっている」と述べている。(13)それから7年後にウクライナは独立したが、西ヨーロッパの人びとにはウクライナの歴史が部分的にしか伝わらなかった。(14)しかし、ウクライナのネイションフッドを消滅させようとするプーチンの動きは、かえってそれをEUが取り組むべきヨーロッパ永遠の関心事とした。冷戦後のEUは、独ロの和解を頼りにドイツの再統一を果たしたが、それはちょうど東欧諸国がソ連版のロシア帝国に対抗してネイションフッドを主張することに成功したばかりの時期であった。その後、ドイツ・ナショナリズムの帰結となり、東ヨーロッパの数十年に及ぶ民族分裂の歴史の破滅的な結末、すなわちホロコーストが、ヨーロッパ統一の理念を想像的に構築するうえできわめて重要な意味を持つようになった。(15)対照的に、2022年、ホロコーストとソ連による20世紀前半のテロ〔訳注　1932年から33年にかけてのスターリンによる飢饉テロ「ホロドモール」。400万人前後が餓死したとされる〕を同時に経験した国家が、自国領土の国家主権のために防衛戦争を戦うなかで、正式にEU加盟候補国となった。その際、ウクライナは、公共空間における少数言語の抑圧を国家建設《ネイション・ビルド》の権利として正当化した〔訳注　ウクライナ憲法は、第10条でウクライナ語を「国家語（state language）」と規定し、国家語の基本政策について定めた2012年の法律では、ウクライナ語以外のロシア語その他の少数言語は地域言語として位置づけられ、2019年に施行された「国家語としてのウクライナ語の機能保全に関する法律」では、行政、出版、メディア、学校教育、科学・文化・スポーツ活動などにおいてウクライナ語の使用が義務づけられた」。こうしたウクライナがたどっている経験は、マーストリヒト条約以後のEUが超国家的で平和志向の組織であるという考え方とはおよそ相いれないものである。戦争によって国民国家となったウクライナを認めることになれば、EUは必然的にこれまでとは異なる存在となり、地政学上の敵対国であるロシアの存在に部分的に依拠した歴史的目的についての新たな物語がなければ、いくら言い繕っても自らの存在を正当化することはできないであろう。ベルリンやパリでは、ヨーロッパの資源が豊かで大陸規模の隣国とそのような関係を持つEUは、まさに「時代の転換期《ツァイテンヴェエンデ》」にあると考えられている。

戦時下の世界経済

世界のエネルギー輸出大国によって始められた戦争がエネルギー分野にもたらした激変は、必然的に経済ショックを次々にもたらした。確かに、現在のエネルギー問題の原因をもっぱらウクライナ・ロシア戦争のせいにすることは政治的には好都合であったが、そう考えたい衝動は、2022年初頭からすでに始まっていたエネルギー価格危機を無視するものであった。実際には、2021年の夏から欧米の政治家たちのあいだでエネルギー問題の解決策が模索されていたのである。(16) 侵攻の1カ月前、原油価格は2014年後半以来の高値をつけた。2021年、ヨーロッパ諸国は歴史的な原油価格の高騰に匹敵する天然ガス価格の高騰に見舞われた。すなわち、中国の輸入LNG需要が15％増加したことで、EUの天然ガス先物は2021年12月には、パンデミック前の18倍の水準に達していた。[17]

端的に言えば、エネルギー貿易の流れの地理的パターンが崩れはじめる前からすでに存在していた供給面の制約がウクライナ・ロシア戦争によって顕在化したのである。ヨーロッパを襲った2021年の天然ガスショックは、ユーラシア全域に広がるLNGの獲得競争を反映したものであった。したがって、2022年に起こった天然ガス価格の高騰は、それがいかに苦しい試練であったにせよ、西側諸国が戦時にあって海上天然ガス争奪戦に勝利するための必要条件であったのである。[18]

石油市場では、2005年に始まった在来型エネルギー供給の停滞と14年以降の投資の落ち込みによって、構造的問題が長期にわたって続いていた。2021年には、シェールオイルの補塡能力が著しく低下し、その年の世界の消費量は生産量を日量150万バレル上回った。[19] 年末になっても、アメリカの原油生産量は2年前と比べて日量100万バレル以上減少していた。[20] バイデンは大統領就任後最初の数カ月で、イランの原油輸出にたいする制裁を緩和する新たな核取引に向けてイランを動かそうとしたが失敗し、OPECプラスに生産量を増やすよう説得を試みた。しかし、そこでも失敗したバイデン政権は、2021年の秋、中国とのあいだで戦略石油備蓄の放出を調整する方向に動いた。ウクライナ・ロシア戦争によって原油価格がふたたび上昇したため、OPECプラスに生産調整を迫るようバイデンへの圧力は一段と強まった。バイデンは2021年にはサウジアラビアに批判的な言葉を吐きつつもOPECプラスに寄り添う態度を示していたが、22年7月には直接リヤドに赴き、ムハンマド・ビン・サルマンと会談した。しかし、かつては主要なアラブの同盟国であった国にたいするアメリカの影響力は、シェール時代になっても依然として微々たるものであった。パンデミックの非常事態に際してサウジアラビアとロシアの対応はそれぞれ異なっていたことから、トランプは２０２０年４月に減産を強行することができたが、エネルギー戦争はＧ７とＥＵにロシア産石油製品への価格制限の採用を促し、結果的にサウジアラビアとロシアは基本的な利害関係を共有することとなった。

バイデンのリヤド訪問から３カ月後、ＯＰＥＣプラスは生産目標を日量２００万バレル削減すると発表し、ワシントンを激怒させた。しかし一部のＯＰＥＣプラス加盟国は既存の生産割当量を満たしていなかったことから、実質的な減産幅は発表よりもかなり少なかった。この現実は、在来型原油生産量の継続的な停滞を物語るものであった。２０２１年に政治的に許容できないとみなされた価格であっても、２０２２年に世界経済を回すためには、バイデンにアメリカの戦略石油備蓄からの大規模な放出を命じてもらう必要があった。しかし、その負担を軽減したのは、北京のゼロコロナ政策による中国の原油需要の減少であった。シェール生産が加速した２０１０年代には、世界の経済成長は中国の経済成長に寄りかかっていたが、２０２２年に本格的な石油危機が起こるのを回避するには、中国の経済成長が鈍化してくれることを期待するよりほかなかった。

しかし、２０００年代半ばに中国からの安価な輸出がなければ、２０２１年秋から22年半ばにかけての「第三次オイルショック」とでもいうべきもののインフレ効果を打ち消す材料はなかった。インフレなき持続的経済成長の欠如は、２００５年にマーヴィン・キングが演説したときよりも顕著であったにもかかわらず、各国中央銀行の行動は２００４〜06年のときよりも遅く、ＥＣＢの場合は

２０１１年のときよりも随分と遅かった。インフレ率がすでに８％近くに達していた２０２２年３月になってようやくＦＲＢは金融引き締めを行ったが、ＥＣＢはそれよりもさらに４カ月も遅れた。

２００８年以降、高度にレバレッジ〔訳注　少額の資金で多額の取引を可能にするテコの作用〕が効いた国際金融システムでは、金融引き締めはいつでも金融不安の脅威となり、２０１０年代から20年代初頭にかけて、市場に大きなストレスがかかるエピソードが頻発するようになった。しかしながら、パンデミックにたいする経済的対応により、特にアメリカではインフレ傾向がふたたび強まり、やがて中央銀行幹部への利上げ圧力が確実に強まった。そのため、２０２１年には金融政策の余地はほとんどなくなっていた。パンデミックがまだ終息していない段階で早期利上げに踏み切れば、消費者心理に大きな打撃を与えていたであろう。加えて、保有する米国債の額面価額が金利上昇により下落すれば、２０２３年にシリコンバレー銀行を破綻に追い込んだような危機に銀行をさらすことになるかもしれない。

しかし、アメリカ国外では、ドル高が着実に進行しているときに何もしなければ、為替圧力を助長するだけであった。ＥＣＢと各国中央銀行がＦＲＢの利上げにすぐに影響を受ける金融の世界では、ヴォルカー時代にみられたような、通貨自主権を主張することと、エネルギー価格の高騰時にインフレを招く通貨安を容認することとのトレードオフがふたたび生じた。ユーロ圏は、参加国間の為替相場が不安定化する可能性を排除したことで、フランソワ・ミッテランの実験を悩ませた問題から多少とも守られるかたちとなった。しかしながら、ＥＣＢが行動に出るか出ないかにかかわらず、ドイツとイタリアのあいだの金利スプレッドがふたたび拡大するリスクがまだ残っていた。

2022年第2四半期から第3四半期にかけてのドル高に伴うエネルギー価格の高騰がもたらした政治的不安は、金融面での苦境をさらに拡大させただけであった。ヨーロッパのほぼすべての国の政府は、家計と企業をこのショックから保護するために追加借り入れに踏み切った。ドイツやイギリスのように、市場で最も借り入れの余地があると判断した国は、大規模な財政支援を行った。イギリス史上最も短命であったリズ・トラス首相の場合、新たな財政・金融ミックスに減税を加えたことが悲惨な結果を招き、イギリス債券市場の流動性が崩壊し、ポンド危機を招いた挙げ句、2022年10月に退陣を余儀なくされた。後任のリシ・スナク首相は、イングランド銀行への利上げ圧力を緩和し、ポンドを下支えしたいと考え、トラスの打ち出した減税のみならず、エネルギー支援策の大部分も撤廃した。

2022年の中国の低成長が、構造的にスタグフレーションを助長するマクロ経済環境下での不測の事態を防ぐものであったとすれば、ロシアの戦争は、世界経済を不安定化させている2005年以降の米中両国間の断層をさらに悪化させるものであった。2022年2月24日以前は、米中貿易・技術摩擦が加速していても、中国が深刻なドル不足に陥らないようFRBが後ろ盾となることで相殺されていた。その後、アメリカ政府によるロシアへの金融制裁は、中国指導部にドルを基盤とする国際信用システムへの中国の統合について見直しを促すものでしかなかった。しかしながら、北京のドル・エクスポージャー〔訳注　外貨準備として保有する米ドルの為替リスク〕の大きさを考えると、そこから抜け出すことは至難の業であった。中国は2022年2月から年末までのあいだに米国債の保有額を5分の1近くまで減らす一方、それに比例するかたちでファニーメイとフレディマックの資産を増やし、２００８年にこの住宅ローン会社2社の債務の信用が完全に失われる前にとったのと同じ行動を繰り返した。[21]

北京がドル問題に取り組むなか、米中の軍事衝突リスクが高まり、中国が国外に保有する外貨準備が没収されるおそれが出てきた。ウクライナ侵攻の3週間前に習近平と会談したプーチンは、中国を領土修正主義の道連れにしようとした。プーチンは、ウクライナがロシアの領土であるように、台湾は中国の領土であると示唆した。これに呼応してかどうかはさておき、バイデンはアメリカが台湾防衛にこれまで以上に明確に関与する姿勢を示した。同時にバイデンは、２０２２年10月に中国への半導体販売を禁止し、テクノロジー分野での中国の野心を抑え込むアメリカの動きを活発化させた。その結果、先端マイクロチップの90％以上が台湾で生産されている状況下にあって、米中間の緊張が高まった。ウクライナ・ロシア戦争中、アメリカは石油備蓄を放出して供給を増やすことができたが、北西太平洋の島をめぐる戦争で失われるものを実質的に埋め合わせることはできないであろう。

バイデン政権はロシアの戦争を「民主主義対専制主義」の構図に当てはめ、米欧間の産業競争においてヨーロッパ企業が天然ガス供給危機の影響ですでに足腰が弱っていた時期に、中国への対応をめぐってヨーロッパ各国政府を苛立たせた。[22]このエネルギー問題によって、世界最大の化学メーカーであるドイツのＢＡＳＦは、２０２２年10月、ヨーロッパにおける「恒久的な」人員削減を「可及的速やかに」実施すると発表した。[23]しかしながら、ＢＡＳＦがドイツの主要事業所と同規模の代替工場を中国に建設する場合、ドイツ企業もドイツ政府も、中国との貿易においてワシントンからどこまで自主性を保つことができるかが試されることとなる。米中関係が改善しないかぎり、中国がこの弱点を認識することは、北京をして米欧を離間の計にはめようとする気にさせることにしかならない。

ここにきて、エネルギー革命をめざす動きが、またしてもヨーロッパの苦境を悪化させている。2022年8月、アメリカ連邦議会はインフレ抑制法を可決した。この気候変動対策の枠組みを備えた法律は、低炭素技術・生産への資本投資を奨励している。その一環として、アメリカ企業やアメリカが自由貿易協定を結んでいる国の企業から製品を調達する企業にたいして報奨金を与えることとなっている。現在のサプライチェーンを中国から切り離すことを明確な目的とするならば、EUもEU非加盟のヨーロッパ諸国もアメリカと自由貿易協定を結んでいない以上、このアプローチは将来的にヨーロッパ企業をサプライチェーンから締め出すことにもつながる。欧州委員会は米財務省に宛てた書簡のなかで、「多角的貿易システムの価値が米欧双方の企業にとってかつてないほど重要な時期に、この法案は多角的貿易システムにとっての脅威となる」と警告している。[24] しかし、この主張は大西洋を挟む米欧の利害が一致することを前提としたもので、そのようなものはほとんど存在しない。それどころか、シェールブームから始まった米欧の経済的乖離は加速しているのである。2022年12月、鉄鋼・アルミ追加関税事件をめぐり、世界貿易機関（WTO）がアメリカに不利な裁定を下すと〔訳注 WTOの紛争処理小委員会（パネル）は2022年12月9日、アメリカのトランプ前政権が鉄鋼・アルミ製品に課した追加関税はWTO協定違反であると結論づけた報告を公表し、提訴国である中国、ノルウェー、スイス、トルコの主張が認められた〕、バイデン政権は世界の多角的貿易機関は安全保障を脅かす地政学の新時代とは無縁であるとする声明を発表した。[25] 対照的に、ヨーロッパ諸国の利害は中国のそれにより近いものがある。両者にとって、多角的貿易は、化石燃料エネルギーの輸入代金を支払い、時にはそれを奪い合うために必要な輸出収入を促進することで、依然としてエネルギー安全保障を守っているが、ドル高局面でこれを実現することは永久に困難となりつつある。

エネルギー、戦争、そして貴族主義の過剰

ヨーロッパ各国政府は、当面のエネルギー安全保障を脅かす戦争に際して、ジミー・カーターが繰り広げたエネルギーの犠牲の物語を呼び覚ました。2022年春、イタリアのマリオ・ドラギ首相は、「平和を望むのか、それともエアコンをつけたいのか」と問いかけた。[26] しかし、カーターが犯した政治的失策の亡霊は、アメリカ国内を含めていまも彷徨している。西側の政治家たちは、エネルギーをめぐる民主主義的反乱を明らかに恐れており、国家《ネイション》であれ、ヨーロッパであれ、西側《ウェスト》民主主義陣営であれ、政治的共同体のためと称して、市民に多大な経済的痛みに耐えるよう求めなかった。バイデンは、戦略的石油備蓄の放出を正当化するにあたって、「プーチンによるアメリカ国内の価格高騰を最小限に抑えるため、できるかぎりのことをする」と約束した。[27] ヨーロッパ各国政府は、財政的な懸念をよそに、家庭用燃料費に補助金を出したが、イギリスやフランスなど一部の国は、いまだにストライキの波に直面している。しかし、ヨーロッパの企業がすでにパキスタンと契約しているLNGをスポット購入することについては、どの国も問題視していないようであった。[28] イタリアでは2022年7月、前ECB総裁でもあるドラギがエネルギー価格の引き下げよりもウクライナを優先させたとして五つ星が支持を撤回し、ドラギ政権は崩壊した。事実関係を述べれば、その後の総選挙で、テクノクラート政治と大連立政治に妥協しなかった「イタリアの同胞」がふたたび最多議席を獲得すると、

その党首ジョルジャ・メローニが首相になる道が開かれた。

対照的に、CO_2を削減するためのエネルギー消費の削減はタブー視されつづけた。その代わりに、エネルギー転換を進めるための新たな論拠を示すにあたって、経済構造の転換によって1970年代から失われてきた国内製造業の生産活動にたいする階級を超えた関心をふたたび呼び起こすことができるという考えを、戦争という非常事態がさらに後押しした。インフレ抑制法を始めとするアメリカの気候変動政策は、アメリカの脱工業化の負け組に訴えかけることによってトランプやトランプ的な候補者がふたたび選挙で勝利を収めるといった2016年に起こったようなショックにたいする政治的防波堤となった。こうした連邦政府の介入は、かつてのニューディール政策とは対照的に、ネイションフッドを人種包摂的な概念として明確に示している。実際、バイデン政権にとって、これはニューディールに由来する経済的ネイションフッドの理念を回復する試みであるのと同時に、過去の制限的なアメリカのネイションフッドにたいする償いの行為でもある。製造業の生産を国内に戻す《リショアリング》だけで事がうまく運ぶかは疑問の余地がある。しかしながら、2022年に民主党政権下のアメリカが、2019年にヨーロッパ諸国政府が「2050年ネットゼロ」の公約を掲げて陣取ろうとしたのと同じ政治的空間に足を踏み入れたという事実は、ヨーロッパの野心を制約することを意味する。アメリカのこの動きは、高騰する化石燃料のエネルギーコストとアメリカの金融力によってヨーロッパ諸国とEUが不利な立場に置かれている貴族主義の過剰という問題に対処するために、西側諸国がエネルギー転換の活用をめぐって地政学的に競い合う構図をつくり上げている。ブレグジット後の「イギリス国内の」「平準化（levelling-up）アジェンダ」を低炭素分野への投資に賭けたボリス・ジョンソン政権の失敗は、すでにこの問題を物語っている。インフレ抑制法によって、ブレグジット後のイギリスがアメリカと自由貿易協定（ＦＴＡ）を締結することは、アメリカ中心の低炭素サプライチェーンにイギリス企業のプレゼンスを確保するか、アメリカの貿易条件を受け入れて国内負担を引き受けるかの選択を将来的に迫られる可能性が大いに高まるということである。

アメリカでさえ、エネルギーの国内自給に向けた生産体制の再構築は、民主主義的に大きな変革を起こせるほどすぐには実現できない。２０１６年の反乱候補トランプへの対応として、このプロジェクトは国境と市民権の問題を手つかずのままにしている。バイデン政権は、低炭素国家アメリカの迅速な建設に賭けることで、利用可能な補助金を調達する企業のために、現在のエネルギー需要を実現不可能な未来志向のプロジェクトに従属させているとの非難を受ける可能性もある。

ここでは、エネルギーの時間という根本的な問題は少しも変わっていない。ロシアの戦争によって解き放たれた変革的な力のなかには、低炭素エネルギーの未来にとって必要となるような画期的な技術革新は一つもなかった。一方、２０２１年のチャイナ・ガスショック〔訳注　中国で天然ガスの需要・輸入が急増したことによるガス価格の高騰〕に追い打ちをかけるように、ロシアの戦争が引き起こしたエネルギー貿易の混乱は、当面のエネルギーをどうするかという別の問題を深刻化させた。２０２２年の危機は、ヨーロッパの政治家にとって、過去の地政学時代に形成された消費への期待を抑えることや、非西側世界の多くの国や地域に暮らす人びとが直面するエネルギーの貧困に向き合うことを自国民に求めることが、政治的にいかに困難であるかを明らかにした。ロシアの戦争がエネルギーをめぐる従来の民主主義的苦境に変化を与えたとすれば、その背景には、エネルギーの豊かさを前提とした政治において、将来のエネルギー不足の恐怖を広めるなどして、エネルギー意識を高めたことが挙げられる。西側諸国では、権力層のエネルギー意識は高かったが、市民たちの意識は低かった。しかし、ウクライナ・ロシア戦争を機に、市民は自分たちの物質的な願望や恐怖を、エネルギーの需要や不安といったかたちでより深く理解するようになった。彼らの理解が深まったのは、総じて西側民主主義諸国が（2023年3月の新たな銀行危機[※]への介入を抜きにしても）、2007～08年の金融危機による打撃からまだ立ち直っていないときであり、フランスで暴力的な街頭抗議行動が不満表明の根強い特徴となっていたときである。基本的には、エネルギー意識が向上すれば、2050年までのエネルギー革命の実現というヨーロッパが当初掲げた構想〔訳注　2050年までにEU域内の温室効果ガス排出をゼロにするという「欧州グリーンディール」〕の背後にあるテクノクラート的論理を緩和することができる。しかしそれはむしろ、気候変動に立ち向かうことで誰もが利益を享受できるようになる一方、個人輸送の電化と化石燃料価格の高騰によって常に不平等が生じるという矛盾をあぶり出すことで、西側民主主義諸国を貴族主義の過剰に深く陥らせる可能性が高い。そのような未来において、エネルギーは、21世紀最初の20年間のように、政治秩序の崩壊を発生させる地下資源ではなく、政治秩序の崩壊を波及させる主要通貨のごときものとなるであろう。

※〔訳注　2023年3月10日、シリコンバレーバンク（SVB）が経営破綻した。SVBはテック系スタートアップを中心に融資を行っていたアメリカの銀行である。次いで12日、やはりアメリカの銀行で、暗号資産（仮想通貨）関連企業との取引で知られていたシグネチャーバンクも経営破綻に追い込まれた。この事態を受け、アメリカ政府はすぐに、両行の預金の全額保護を表明した。両行の経営破綻の余波は、大西洋をまたいでスイス第2位の銀行クレディスイスに波及した。15日には同行の株価が一時30％も下落し、19日にはスイス第1位のUBSがクレディスイスを30億スイスフランで買収することを発表した〕

訳者あとがき

本書『秩序崩壊　21世紀という困難な時代（原題 *Disorder: Hard Times in the 21st Century*）』は、ケンブリッジ大学で政治経済学を講義するヘレン・トンプソン（Helen Thompson）教授の最新作である。著者には本書のほか、国際経済を分析の中心に据えて民主主義の成功と失敗について考察した『*Might, Right, Prosperity and Consent: Representative Democracy and the International Economy 1919–2001*（力、権利、繁栄、同意――代議制民主主義と国際経済１９１９―２００１）』（２００８年、未邦訳）がある。

本書の副題にある「困難な時代《ハード・タイムズ》」は、１８５４年に週刊誌に連載されたチャールズ・ディケンズの小説『ハード・タイムズ（原題 *Hard Times: For These Times*）』から採られたものである。19世紀中頃のイギリスで広まった事実《ファクト》偏重主義の教育・社会を批判したこの作品は、ロンドンのはるか北にある架空の工場町コークタウンが舞台である。そこには産業革命期の過酷な状況下に置かれた工場労働者たちの姿が描かれている。著者はディケンズのこの小説を「石炭を動力源とする産業文明を批判した作品」と捉え、「化石燃料エネルギーが生み出した世界が生態学的、心理学的な負担を増大させるなか、『ハード・タイムズ』は文明の死にたいする予言的警告として立ちはだかる」と評している（*Engelsberg Ideas*, April 14, 2022）。

それを「文明の死」と呼ぶにせよ、オスヴァルト・シュペングラーの顰《ひそみ》にならって「西洋の没落」

と呼ぶにせよ、21世紀に入ってこの方、西洋文明（米英をはじめとする西側諸国）が凋落の途上にあることは否定しがたい事実である。「21世紀という困難な時代」とは、国際秩序の形成に大きく関与してきたＷＥＳＴ（西洋、西欧、西側）を待ち受ける時代のことであると考えてよいであろう。したがって、本書の分析対象も、アメリカと西ヨーロッパ諸国が中心である。ロシア、中国、トルコ、サウジアラビアなどへの論及もあるが、それらはあくまでも西側との関係においてである。

本書は、地政学（エネルギー）、経済（グローバル金融）、政治（民主主義）という三つの領域を軸に、それぞれの歴史を織り交ぜつつ、経済や政治の変化に関する長期的な物語を提示したものである。著者は、アメリカとヨーロッパ（特にイギリス、フランス、ドイツ、イタリア）に焦点を当て、現在の私たちが目の当たりにしている経済的・地政学的混乱の多くが１９７０年代の出来事に起因することを論証している。１９７０年代前半のブレトンウッズ体制の崩壊、１９７３年および１９７９〜80年の二度にわたるオイルショック、それらを契機とする世界の構造的変化によって、一見安定しているかにみえた冷戦後の国際秩序が21世紀の最初の20年で大きく揺らいできた過程を丹念にたどっている。

21世紀もおよそ四半世紀が経つが、この間、世界的に多大な影響をもたらした災厄が次から次へと連鎖的に起こった。２００１年の９・11とアメリカによるアフガニスタンとイラクへの侵攻、２００７年から08年にかけての世界金融危機とその後の大不況、10年から11年にかけてのアラブの春、11年から続くシリア内戦、16年のブレグジット国民投票（イギリスのＥＵ離脱が完了するのは20年末）とドナルド・トランプの米大統領選勝利、さらには20年の新型コロナ・パンデミックの発生に至るまで、気候変動に伴う自然災害や異常気象はもとより、人類社会は歴史学者アダム・トゥーズの言う

「複合危機《ポリクライシス》」に苛《さいな》まれている（アダム・トゥーズ『世界はコロナとどう闘ったのか？——パンデミック経済危機』江口泰子訳、東洋経済新報社、2022年）。この複合危機にたいして多角的・総合的な分析を試みているのが本書である。

著者の分析の重要な鍵の一つが、原油・天然ガスなどの化石燃料である。「20世紀から21世紀初頭にかけての経済・政治史は、石油と天然ガスの生産・消費・輸送から起こった事態を理解することなしには成り立たない」。また同時に、資源の枯渇を背景とするグリーンエネルギーへの転換の動きも無視することはできない。しかしながら、少なくともコロナ前10年間の政治的混乱についてエネルギーだけを論じれば十分というわけにはいかない。政治それ自体が問題を引き起こし、「一種のエントロピー（無秩序因子）をも抱えている」からである。それゆえ「政治秩序を確立し維持しようとする試みは、必ずや将来に秩序崩壊の種を残すこととなるのである」。

本書は三つのパートからなっており、以下、順を追って概要を説明する。

第I部「地政学」では、エネルギー（原油・天然ガス）が大西洋を挟んだ米欧の同盟関係の形成にいかなる影響を与えたのか、それと同時にアメリカとそのヨーロッパのパートナー諸国とのあいだの相反する利害関係がいかにして生まれてきたのかについて考察する。第二次世界大戦前の中東産原油をめぐる争奪戦を経て、戦後アメリカはヨーロッパ諸国による中東油田へのアクセスを保証した。エネルギー問題専門家のダニエル・ヤーギンはこの契約を「戦後の石油秩序」と呼んでいるが、その秩序たるや、かなり心もとないものであった。アメリカはペルシャ湾に軍事的プレゼンスを持たない代わりに、イギリス帝国やイラン国王レザー・シャー・パフラヴィーといったひ弱な代理人に頼っていた。こうした秩序は基本的に不安定を免れず、「重大な地政学的危機が勃発し、その影響は後々まで尾を引くこととなる」。

1956年のスエズ危機や73年と79～80年のオイルショックなどの混乱を経て、ヨーロッパの指導者たちはアメリカにエネルギー供給の保証を期待することなどできないと痛感する。かくして1960年代から90年代にかけて、ヨーロッパ諸国はエネルギー安全保障の観点から、ソ連（後にロシア）からのエネルギー輸入に傾斜していき、2000年代にはその依存度は一層強まる。しかしながら、「ロシアのエネルギーは、トルコをめぐるEUとNATOの亀裂をいたずらに悪化させ」、ウクライナの問題とも結びついていく。

2000年代後半、アメリカではシェール革命（シェールオイル・シェールガスブーム）が起こり、国内の石油・天然ガス生産量は飛躍的に増加した。オバマ政権はシェールブームを追い風に中東からの戦略的撤退を模索していたが、挫折する。サウジアラビアによるイエメン軍事介入への後方支援を余儀なくされたからである。アメリカとロシアがヨーロッパのエネルギー市場へのアクセスをめぐって直接競合する一方、エネルギー大国として復活したアメリカと世界最大のエネルギー輸入国である中国とのあいだの軋轢《あつれき》も激しくなる。「気候変動の地政学はいまや、米中対立とそのヨーロッパへの影響とも絡み合っている」と著者は指摘する。「化石燃料を大量に輸入するEUと加盟各国が、世界最大の石油・天然ガス生産国であるアメリカよりも世界最大の炭素排出国である中国を気候問題でパートナーとみなすなら、環境問題への野心は米欧のエネルギー関係をさらに不安定にする可能性が高い」。

第Ⅱ部「経済」では、ブレトンウッズ体制の終焉、ユーロダラー市場、為替相場メカニズム（ERM）、単一通貨ユーロ、中国の経済的台頭、ユーロ危機、一連の量的緩和（QE）、「一帯一路」とヨーロッパ諸国の分裂などについて説明する。第4章の表題「ドルはわれわれの通貨だが、それはあなた方の問題だ」は、「アメリカがインフレを輸出している」というヨーロッパ諸国からの批判を受け、当時リチャード・ニクソン政権の財務長官であったジョン・コナリーが言い返した言葉である。

ニクソンが1971年にブレトンウッズ体制からの離脱を表明後、二度のオイルショックの余波を受け、ユーロダラー市場を通じたドル取引が爆発的に増加した。かくして、ドルは事実上の国際基軸通貨となり、アメリカの連邦準備制度理事会（FRB）はその流動性手段を通じて「最後の貸し手」としての地位を飛躍的に高めた。

アメリカ主導の金融システムが安定した時期を、後にFRB議長となるバーナンキが2004年に「大いなる安定」と呼んだが、それは構造的な脆弱性をはらんでいた。中国によるドル消費は、アメリカによる中国製品の消費に匹敵し、中国の継続的な成長と原油価格の恒常的な安値への期待に支えられていた。08年に原油価格が急騰した際、FRBは利上げで対応したが、結果的にアメリカ国内のサブプライム住宅ローン市場の崩壊を加速させ、07年から08年にかけての世界金融危機を助長することとなった。

金融危機後の金融秩序はFRBのゼロ金利政策によって維持され、アメリカのシェールブームによって安価なエネルギーが供給された。FRB金利のわずかな動きが世界経済に影響を与え、アメリカの中央銀行を予期せぬ高みへと押し上げ、「FRBがつくり上げた世界」として新たな世界秩序が構築されたのである。ＦＲＢの行動は「地政学的に緊張感のある金融・通貨のヒエラルヒーを生み出し」、「三つのＱＥプログラムと7年におよぶゼロ金利政策によって、通貨・金融環境はそれ以前の状況から一層かけ離れたものとなった」。

まさに「ここはもうカンザスじゃない」（第６章の表題）である。これは『オズの魔法使い』に出てくる言葉で、カンザス州の農場に暮らしていた主人公の少女ドロシーが飼い犬トトとともに竜巻に巻き込まれ、家ごと「オズの国」に吹き飛ばされてしまったときに発したセリフである。「カンザス」とは住み慣れた土地や環境のことであり、このセリフは自分たちが突如として慣れない環境や状況に置かれたことへの戸惑いを表している。

その後、ＱＥ３は２０１４年10月で終了し、ゼロ金利政策は15年末に解除されるが、このＦＲＢの政策転換によって地政学的に最も大きな影響を受けた国がウクライナであった。

第Ⅲ部「民主主義政治」では、第二次世界大戦後の世界で国民国家が直面する経済的課題を起因とする、アメリカとヨーロッパにおける自由民主主義の危機について検証する。その際、著者はポリュビオスの国制循環論に依りつつ、あらゆる「統治形態はそれ自体の過剰によって崩壊する」とし、民主主義の過剰、貴族主義の過剰がもたらす弊害について説明する。「代議制民主主義は、時とともに貴族主義の過剰を増幅させる傾向が強い」と述べる一方、「民主主義の過剰が時とともに民主主義の解体につながる最大の原因は債務である」としている。

第Ⅲ部において特に重要な点は、債務、税制、移民、ナショナリズムなどによって特徴づけられる世界を代議制民主主義と調和させることの難しさである。代議制民主主義は、往々にして国民国家や超国家組織の政策意思決定において「制約（constraints）」として作用する。経済的国民意識としての「経済的ネイションフッドが空洞化するにつれて、民主主義諸国には、過去の歴史的経験から得られた「人民《ピープル》」という特別な観念が残され、それに付随して、移民との関係やアメリカでいまだに残る奴隷制の遺産との関係で、種々の複雑な問題が生じた」と著者は説明する。資本や労働力の自由な移動、EUのような国境を越えた統治《ガヴァナンス》の実験などによって、戦後の国民国家はその境界が曖昧となり、それを維持することがますます困難となってきた。

こうした危機が2016年のブレグジットとドナルド・トランプの大統領選勝利をもたらしたと言える。トランプは「制限的なアメリカのネイションフッド」という遺産を利用し、非正規移民（不法移民）と国境という重大な問題を持ち出して、アメリカの白人ナショナリストの支持を固めた。アメリカの政治システムにおいて顕在化した分断は、ブレグジットをきっかけにイギリスを襲った分断の合わせ鏡である。それはまた、政治的連合体がその意思として選挙での敗北を受け入れる「敗者の同意」が弱まりつつある傾向の反映であり、著者はそれを経済的ネイションフッドの崩壊の産物と捉えている。

本書の結論では、2010年代に混乱が生じた原因の多くが1970年代に起因することを改めて指摘し、エネルギー、金融、政治の相関的な動きを歴史的にたどっている。後半部では、気候変動問題を背景として唱えられてきたエネルギー革命、グリーンエネルギーの問題が論じられる。欧米でエネルギー転換をめざす政治家や投資家たちは、「まだ発明されていない技術を活用すれば、現在の物質的条件の多くを従来とは異なるエネルギー源で再現できるはずだ」と主張する。しかしながら、脱炭素化を軸とする「エネルギー革命」なるものは、「レアアース（希土類）のような潜在的に希少な物質だけでなく、それが取って代わろうとしている化石燃料エネルギーの投入にすっかり頼りきっている」のが現実である。

著者はまた、「技術による救済という観念と、逃れがたき「神々の黄昏《ゲッターデメルング》」とのあいだを右往左往しながら駆け足で先を急ごうとするのは、絶望的な対応というほかない」と述べる。ここにいう「神々の黄昏」とは、化石燃料エネルギーの枯渇、ひいては人類社会の終焉の謂であろう。1967年6月に第三次中東戦争（六日戦争）が勃発したとき、産油国は増産によってこれに対処した。その結果、石油の供給不安がなくなり、むしろ過剰供給が問題となる状況が生じた。当時、イギリス石炭委員会の経済顧問であったE・F・シューマッハーは石油の有限性を説き、「燃料の神々の黄昏は、遠い将来のことではない」と述べて、中東産原油への依存に警鐘を鳴らした（ダニエル・ヤーギン『石油の世紀——支配者たちの興亡』下巻214〜217頁）。

トンプソン教授は、「生物圏《バイオスフィア》もエネルギーの利用もともに限界があるが、人類はそれに立ち向かわなくてはならない」とし、「気候変動とエネルギー消費をめぐって起こりうる争いが民主主義体制を不安定化させるなか、そうした限界のなかでいかにして民主主義体制を維持するかが、今後10年間の中心的な政治課題となる」とみている。

「2022年以後——戦争」は、ペーパーバック版で追加された章である。ハードカバー版が出版された日に起こったウクライナ・ロシア戦争以後まで分析の範囲を広げている。著者はこの戦争の軍事的展開を追うのではなく、エネルギー地政学的な影響分析に重点を置いている。留意すべきは、ウクライナ・ロシア戦争はヨーロッパにエネルギー問題を引き起こした原因なのではなく、むしろこの戦争によって「エネルギー貿易の流れの地理的パターンが崩れはじめる前からすでに存在していた供給面の制約が〔中略〕顕在化した」にすぎないという認識である。

著者はまた、ヨーロッパにとってのエネルギーの未来を展望し、市民のエネルギー意識が高まれば、「気候変動に立ち向かうことで誰もが利益を享受できるようになる一方、個人輸送の電化と化石燃料価格の高騰によって常に不平等が生じるという矛盾をあぶり出すことで、西側民主主義諸国を貴族主義の過剰に深く陥らせる可能性が高い」と指摘している。

ここで、本書の鍵となる語の一つ「ネイションフッド（nationhood）」について補足して説明しておきたい。「序論」の訳注に記したとおり、それは「国民という観念、あるいは国民存在。国柄（という意味での国体）、国民性、国民の地位、独立国家（の地位）、帰属意識の対象としての国民／国家などの意味を持つ」言葉である。「ネイション（nation）」は、基本的に「国民」「国家」を意味する両義的な語であるが、文脈に応じて「国民」の意味が強かったり「国家」の意味が強かったりする（ただし、両義は排他的なものではない）。本書では、概ね「国民」の意味で用いられている場合が多い。また「フッド（-hood）」は、一定の状態・性質などを共有する集団・集合体を表す接尾辞である。

西部邁著『ナショナリズムの仁・義』（ＰＨＰ研究所、２０００年）は、ネイションフッドを「ネーション・ステートの別名」であるとしている。「それは、直訳すれば「国柄」という意味の言葉であるが、実際は「国としての政治的独立」をさすとされている。つまり、何ほどか目立った国柄を示す人々の集まりは政治的な独立体を形作るのが普通であるということだ。我が国の概念語でいいかえると、国体は政体の形成を促し、政体は国体の裏づけを必要とするのである」（37頁）。さらに「ネーションという言葉には文化的な意味が籠もらずにはいない。だからネーションフッドは、ネーション・ステート（国・家つまり国民・政府）の基本的な骨格を意味するとしてよい」（175〜176頁）と説明している。

ネイションフッドについては、この解釈が的確であり妥当と考えるが、本書の文脈に沿っていえば、著者が「ネイションフッド」の語を用いる場合、基本的にこれを「国民としての一体感」もしくは「国家としての一体性」と捉えるのがよいように思う。したがって、「アメリカ（イギリス、フランス）のネイションフッド」は、「アメリカ（イギリス、フランス）国民としての一体感」と解するのが適切である。また「経済的ネイションフッド」も、「経済的国民としての一体感」もしくは「経済的に一体となった国民」と解するのがよいであろう。

なお邦訳では、基本的にネイションを「国民」、ピープルを「人民」というふうに訳し分けたが、後者は単純に（国籍とは無関係な）「特定の社会・国家に属する人びと」を意味し、そこに左翼的含意はないものと了解されたい。

本書は米欧近現代史の多角的な分析の書として時宜を得、知的洞察に富むものである。アメリカの中東外交とヨーロッパ政策、EUとユーロ圏のズレ、EUとNATOの不調和、ヨーロッパ諸国間の軋轢、それらの基底に横たわるエネルギー安全保障、これらの複雑に絡み合う問題を見事に剔抉《てっけつ》した著者の手腕には舌を巻くほかない。結局のところ、米ソ冷戦後に出現した（かにみえた）アメリカの一極支配、アメリカ主導のリベラルな国際秩序なるものは幻像にすぎなかったのである。21世紀に入ってからの危機の連鎖、かかる複合危機に内在する問題への解決策はいまだ見つかっていない。著者も尤《もっと》もらしい処方箋を安易に示すことはしていない。大事なのは処方箋ではなく、複合危機の起源および経緯を精確に理解すること、秩序の底が抜けた世界の状況（そこに当然日本も巻き込まれる）をたじろぐことなく凝視することである。そう悠長にしてはおれない。日本だけが安穏としていられる日々は、遠からず過去のものとなるにちがいないからである。

最後に、本書を日本に紹介する意義をいち早く認め、私にお声をおかけくださった大畑峰幸氏、翻訳作業の遅れを辛抱強く待ってくださった東洋経済新報社の渡辺智顕氏にこの場を借りて深く御礼申し上げます。

令和6年12月　寺下　滝郎

【日本語版解説】

エネルギーを軸に回転する世界

中野剛志

エネルギーを基軸とした政治経済学

2024年のアメリカ大統領選において、ドナルド・トランプが再び勝利した。そうでなくとも、世界はすでに、本書の原題の通り、「*Disorder*（無秩序）」へと向かっていたが、トランプ大統領の登場が、それを決定的なものとするだろうと予感しない者はいない。

トランプの勝利については、それがアメリカ社会の分断によるものであるとか、ポピュリズムの台頭によるものであるといった解説がよくなされている。もちろん、その通りであろうが、それは現象の表面だけをなぞった解釈に過ぎない。探るべきは、トランプ大統領を二度も生み出すほどにアメリカ社会を分断した、世界の政治経済的構造である。トランプ政権のアメリカが世界に混乱をもたらす前に、世界の混乱がトランプ大統領をもたらしたのである。

前回、トランプが大統領選に勝利した２０１６年の時も、それに前後して、この世界の混乱をどう解釈するかについて、膨大な数の研究書が著されてきた。その中でも、高い評価に値する分析は、圧倒的に、政治経済学（political economy）という分野の研究者によるものが多かったように思う。

というのも、この世界の混迷は、国際政治と経済との関係、あるいは民主政治と経済との関係など、複合的な要因が複雑に絡み合って生じたものだからである。そうした複合的な因果関係を解きほぐすには、政治経済学という総合的な社会科学が最も適している。そうした政治経済学の中でも、歴史学的なアプローチを重視するものが、特に優れている。なぜなら、今日の混乱の種は、過去に蒔かれているからである。かくいう私も、歴史を踏まえつつ、地政学と経済学を融合した研究として、『富国と強兵――地政経済学序説』[1]（東洋経済新報社）や『世界インフレと戦争――恒久戦時経済への道』[2]（幻冬舎新書）を発表している。

著者のヘレン・トンプソン教授（ケンブリッジ大学）もまた、歴史を重視する政治経済学者の一人である。しかも、彼女が際立っているのは、エネルギー問題という視点を持ち込んでいるところにある。

これは、まことに「コロンブスの卵」的とでも言うべき、斬新なアプローチである。

エネルギーが人類の生活において不可欠であり、特に、近代文明が化石燃料の上に成り立っていることは論を俟《ま》たない。第一次産業革命と石炭、第二次産業革命と石油といったように、エネルギーは経済体制のあり方に大きな影響を及ぼしてきたことも常識である。そして、石油や原子力といったエネルギーが国家の盛衰を左右し、戦争の原因にすらなってきたことも、誰でも知っている。それにもかかわらず、奇妙なことに、エネルギーを基軸に組み立てられた政治経済学は、必ずしも多くない。まして、この21世紀の混迷を、エネルギーを中心に解釈してみせた研究というものは、本書以外には、ほとんどなかったのである。

もっとも、本書は、エネルギー問題で政治経済のすべてが説明できるといった調子の、単純なエネルギー唯物論を展開しているわけでは決してない。トンプソンは、経済（特に金融）、民主政治、ナショナリズムなど多岐にわたる要素の間の構造的な因果関係を綿密に考察しており、その中に、エネルギーという要素を欠くべからざるものとして導入しているのである。

逆に言えば、本書を読むことで、なぜこれまで、エネルギーを基軸に据えた政治経済学的分析がなかったのかが分かるだろう。エネルギー、金融、地政学、国内政治との間の関係は複雑怪奇であり、これを解明するには、トンプソンが持っているような、並々ならぬ知識量と卓越した分析力そして説明能力を要するからだ。

ゆえに、この画期的で重厚な研究書を要約して解説することは困難を極めるし、そうすることが必ずしも適切とも思われないのだが、それでも、読者をこの大著へと誘うために、その分析の一端のみをざっと紹介しておこう。

端緒は1956年のスエズ危機

第二次世界大戦後まもなく、冷戦が始まったが、同時に、石油が世界で最も重要なエネルギー源となった。その結果、アメリカは西側世界の守護神として、同盟諸国の石油供給を保証するという役目を負った。ここに、今日まで尾を引く問題を生み出した基本構造がある。

トンプソンは、特に1956年のスエズ危機に着目している。

スエズ危機は、エジプトのナセルがスエズ運河を国有化し、イスラエル船舶の通行を禁止したことに端を発する。この事件を受けて、イギリス、フランス、イスラエルの三か国は、エジプトに対して軍事行動を開始した。ところが、これに反発したアメリカが、イギリスに圧力をかけたため、イギリスは軍事行動の停止を余儀なくされた。

一般的に、スエズ危機は、イギリスの国力低下を象徴する出来事として受け取られている。しかし、問題は、より深いところにあった。

この事件によって、アメリカによる石油供給の保証に不安を感じるようになった西ヨーロッパ諸国は、エネルギーの自立を目指すようになるとともに、ソ連産原油に頼るようになったのである。そして、このことは、NATO（北大西洋条約機構）の結束に亀裂を生じさせた。

我々は、2022年に勃発したウクライナ戦争で、ロシア産のガスに依存するドイツなどヨーロッパ諸国が、対ロシア制裁を求めるアメリカとの間でディレンマに陥っているのを見たが、その端緒は、1956年のスエズ危機にあったのである。

また、西ヨーロッパ諸国がソ連産原油を輸入し始めたことで、西ヨーロッパ市場のシェアを落としたアメリカの石油会社は、一方的に価格を引き下げた。これに激怒したサウジアラビア、イラン、イラク、クウェート、ベネズエラはOPEC（石油輸出国機構）を結成した。このOPECが、

1970年代の石油危機を引き起こしたことは、言うまでもない。

1970年代の石油危機によって、アメリカや西ヨーロッパ諸国はインフレに見舞われ、国内の対立や紛争が激化した。当時のインフレの原因は石油価格であったにもかかわらず、「民主主義の過剰」が問題視され、インフレ対策として、労働組合が弱体化させられる一方、中央銀行の独立性を高める動きが推し進められた。この「民主主義の過剰」に対する警戒感や中央銀行の独立性に対する信念は、後のヨーロッパの通貨統合にも影響を与えた。各国の民主政治から独立したＥＣＢ（欧州中央銀行）によるテクノクラート支配という制度設計が、それである。しかし、この非民主的な制度こそが、2010年代のユーロ圏の危機を引き起こすこととなる。

また、1971年、アメリカのニクソン政権は、ドル・金兌換を停止し、ドル切り下げを断行し、さらに1973年には固定為替相場制から変動為替相場制に移行した。ブレトンウッズ体制の終焉である。アメリカがその貿易赤字の拡大によって、ブレトンウッズ体制に耐え切れなくなったからであるが、その貿易赤字の一因に、アメリカの石油生産量の減少による石油輸入の増加があった。

ブレトンウッズ体制の崩壊によって、自由な国際資本移動と生産の国際化が進展した。その結果、運命共同体である国民国家が経済運営の責任を果たすという「経済的ネイションフッド」は後退した。グローバリゼーションと、それに対するポピュリズムの反発という、我々が目の当たりにしている現象は、こうして生み出されたのである。

なお、1970年代の終わりには、米ソの間の緊張が緩和したが、その背景にもエネルギーの論理があった。ソ連の原油生産が増加する一方で、アメリカの原油生産が減少したため、アメリカは対ソ協力へと傾いたのである。また、原油輸入国となったアメリカは、中東地域に深く関与せざるを得なくなった。１９９１年の湾岸戦争の背景には、イラクによる湾岸地域の石油支配を阻止したいというアメリカの意図があり、２００３年のイラク戦争では、逆に、フセイン政権を倒して制裁を解除し、イラクからの石油供給を再開したいというアメリカの目論見もあった。そして、このイラク戦争の失敗により、中東情勢は混乱に陥り、これに巻き込まれたアメリカは疲弊し、国内政治の混乱を引き起こした。

１９７０年代の終わりのソ連のエネルギー力の向上とアメリカのエネルギー力の低下は、米ソの緊張緩和をもたらした。しかし、１９７０年代の石油価格の高騰は、北海油田の発見などの油田の開発を促した。さらに、１９８６年のドル安により、ドル収入の減少に直面したサウジアラビアは、原油価格を大幅に引き下げた。原油価格の暴落により、エネルギー輸出に依存し過ぎていたソ連は経済危機に陥り、それが冷戦の終結とソ連の崩壊につながった。

冷戦終結後の１９９０年代、石油価格は低位で安定していたが、２０００年代に入ると、中国の経済成長によるエネルギー需要の急増により、石油価格は再び高騰した。しかし、２００８年の世界金融危機を受けて、ＦＲＢ（アメリカ連邦準備制度理事会）が量的緩和を実施すると、金利の極端な低下により、高利回りを求める資金がシェールオイル開発企業へと流れ込み、シェールオイルの生産が増加した。これにより石油価格が低下し、インフレ率も抑制されたため、ＦＲＢは量的緩和を延期せざるを得なくなった。２００８年の世界金融危機の結果、アメリカの金融力とエネルギー力はむしろ高まった。特に中国は、経済成長により海外エネルギー依存度を高め、また、グローバルな市場に組み込まれたことで、アメリカの金融力の影響により脆弱になったのである。

アメリカの金融力とエネルギー力は高まったが、しかし、その軍事力は相対的に低下し、さらに国内政治は混迷している。これが意味するのは、アメリカ国内の混乱が、その金融力とエネルギー力を通じて、世界中を振り回すことになるだろうということである。

社会の分断を深刻化させかねないグリーンエネルギー

あらかじめ断ったように、以上は、トンプソンによる分析のごく一端を要約したに過ぎない。しかし、これだけでも、彼女が複雑な因果関係を丹念に分析する能力に長けていることが伝わるのではないだろうか。

誤解を恐れずに、トンプソンの歴史的分析をさらに約言するならば、２０１６年のブレグジットやトランプの大統領選勝利、２０２２年のロシアによるウクライナ侵攻の原因は、１９６０年代から70年代にかけて、エネルギーを巡って生じた世界の政治経済構造の亀裂に求めることができるということである。そして、２０２０年のＣＯＶＩＤ－19のパンデミックに伴う混乱は、その構造的亀裂を可視化した現象である。この構造的亀裂は１９８０年代から90年代にかけては比較的顕在化していなかったが、それは、エネルギー価格が低位で安定し、そのおかげで経済が比較的好調だったからである。

このエネルギーを軸に回転する世界の地政経済学的構造に、近年、新たな不確定要因が加わっている。言うまでもなく、グリーンエネルギーである。グリーンエネルギーは、気候変動対策の切り札とみなされているが、これもまた表面的な解釈に過ぎない。その背後には、当然、エネルギーを巡る各国の地政経済学的利害が横たわっているのである。

しかも、グリーンエネルギー投資は、世界の地政経済学的構造をより複雑かつ深刻にする可能性がある。

まず、グリーンエネルギーの推進は、今のところ、化石燃料にとって代わるどころか、むしろ、その投入に頼る結果となっている。生産のオフショア化により、電気自動車などの生産は、先進国の国内ではなく、化石燃料に依存するアジアで行われるからである。したがって、化石燃料が生み出してきた地政経済学的力学は、当面、残存するであろう。

しかも、グリーンエネルギーは、レアアースという希少資源を産出する中国への依存度を高めるので、新たな地政学的問題を生み出す。さらに、グリーンエネルギーへの投資が、一部の企業や投資家たちを儲けさせる一方で、それが国内の雇用をそれほど創出せず、エネルギーのコスト高を招いて労働者階級を苦しめるならば、社会の分断はいっそう深刻化するであろう。

2025年に再びアメリカ大統領となるトランプは、前任のバイデンとは異なり、グリーンエネルギーを軽視し、国内の化石燃料の生産を増やすことで、インフレを抑制するとともに、アメリカのエネルギー力を強化しようとしている。これが、世界の地政経済学的構造に何をもたらすのか。我々は、本書から学んだ視点に立って、注意深く観察すべきであろう。

本書は、世界の政治経済構造を俯瞰したものであり、また、著者がイギリスの研究者ということもあって、ヨーロッパとアメリカの分析に多くを割いており、日本に対する言及はわずかである。

しかし、日本の読者であれば、本書のもつ重大な意味は、痛いほどよく分かるであろう。エネルギーの大半を海外に依存せざるを得ない宿命を背負った日本は、太平洋戦争を端的な例として、世界のエネルギーを軸とした地政経済学的構造に翻弄されてきた国だからである。

昨今、日本国内では、原子力発電の再稼働、核廃棄物の処分地の選定、電気・ガス料金に対する補助、グリーンエネルギー投資の促進など、エネルギー問題が大きくクローズアップされている。このエネルギー問題が、国内、そして世界の地政学的力学、金融、民主政治、そして国民国家にどのような影響を与え、受けるのか。トンプソンに学んだ歴史的・巨視的な観点から、日本のエネルギー戦略を今一度、見直してみる必要があるだろう。

［注］

（1）中野剛志『富国と強兵――地政経済学序説』東洋経済新報社、2016年

（2）中野剛志『世界インフレと戦争――恒久戦時経済への道』幻冬舎新書、2022年

秩序崩壊　21世紀という困難な時代

2025年4月8日発行

著　者――ヘレン・トンプソン
解説者――中野剛志
訳　者――寺下滝郎
発行者――山田徹也
発行所――東洋経済新報社
〒103-8345　東京都中央区日本橋本石町 1-2-1
電話＝東洋経済コールセンター　03(6386)1040
https://toyokeizai.net/

装　丁…………秦　浩司
ＤＴＰ…………アイランドコレクション
印刷・製本……丸井工文社
編集協力………大畑峰幸／パプリカ商店
編集担当………渡辺智顕
Printed in Japan　　ISBN 978-4-492-44486-3

【著者紹介】

ヘレン・トンプソン（Helen Thompson）

ケンブリッジ大学政治・国際関係学部政治経済学教授。『ニュー・ステーツマン』誌で政治関連の論考やコラムを執筆し、『アンハード』内のポッドキャスト番組「このご時世（These Times）」では、政治ライターのトム・マクテイグと2人で最新の時事問題について定期的に語り合っている。EUの将来、石油を含むエネルギー問題、イギリス政治、アメリカ大統領選挙、イスラエル・ガザ紛争、ウクライナ・ロシア戦争、中国の地政学的影響など、さまざまなトピックについて、『ニューヨーク・タイムズ』『フィナンシャル・タイムズ』『ガーディアン』などの新聞、『ロンドン・レビュー・オブ・ブックス』『フォーリン・アフェアーズ』『プロスペクト』などの雑誌、『アンハード』『プロジェクト・シンジケート』などのオンラインサイトに寄稿している。主な著作に、2008年にマンチェスター大学出版局から出版された『*Might, Right, Prosperity and Consent: Representative Democracy and the International Economy 1919–2001*』（「力、権利、繁栄、同意――代議制民主主義と国際経済1919–2001年」未邦訳）がある。同書は、民主主義国における国家の権威の問題について、権威というものを主に国内政治や規範的価値観の問題として扱う多くの民主主義論とは異なり、国際経済を中心に据えた独創的な分析を行っている。

【訳者紹介】

寺下 滝郎（てらした たきろう）

翻訳家。1965年広島県呉市生まれ。学習院大学法学部政治学科卒業。東洋英和女学院大学大学院社会科学研究科修了。訳書にウォルター・ラッセル・ミード著『神と黄金――イギリス、アメリカはなぜ近現代世界を支配できたのか』（青灯社、上下巻）、マイケル・リンド著『新しい階級闘争――大都市エリートから民主主義を守る』（東洋経済新報社）、ジョエル・コトキン著『新しい封建制がやってくる――グローバル中流階級への警告』（東洋経済新報社）などがある。

【解説者紹介】

中野 剛志（なかの たけし）

評論家。1971年、神奈川県生まれ。専門は政治経済思想。1996年、東京大学教養学部（国際関係論）卒業後、通商産業省（現・経済産業省）に入省。2000年よりエディンバラ大学大学院に留学し、政治思想を専攻。2001年に同大学院より優等修士号、2005年に博士号を取得。2003年、論文“Theorising Economic Nationalism”（Nations and Nationalism）でNations and Nationalism Prizeを受賞。著書に山本七平賞奨励賞を受賞した『日本思想史新論』（ちくま新書）、『TPP亡国論』（集英社新書）、『国力論』（以文社）、『富国と強兵――地政経済学序説』（東洋経済新報社）、『変異する資本主義』（ダイヤモンド社）、『政策の哲学』（集英社）などがある。

原注

序論

1. 引用元 Joshua Posaner, “Merkel Blasts ‘Unforgivable’ Thuringia Election,” *Politico*, 6 February 2020, https://www.politico.eu/article/angela-merkel-blasts-unforgivable-thuringia-election-far-right-afd/
2. *The Economist*, “Transcript, Emmanuel Macron in His Own Words (English),” Transcript 7 November 2019, https://www.economist.com/europe/2019/11/07/emmanuel-macron-in-his-own-words-english
3. 引用元 Victor Mallet, Michael Peel, and Tobias Buck, “Merkel Rejects Macron Warning Over NATO ‘Brain Death’,” *Financial Times*, 7 November 2019, https://www.ft.com/content/2ee4c21a-015f-11ea-be59-e49b2a136b8d
4. Joint statement from President Macron, Chancellor Merkel and Prime Minister Johnson on the Situation in Iraq, 6 January 2020, https://www.gov.uk/government/news/joint-statement-from-president-macron-chancellor-merkel-and-prime-minister-johnson-on-the-situation-in-iraq
5. 引用元 “Clinton Accuses Trump of Being Putin’s ‘Puppet’,” *Reuters*, 20 October 2016, https://www.reuters.com/article/us-usa-election-debate-russia-idUSKCN12K0E7
6. ポピュリズムを権威主義的または反多元主義的な現象とみなす主張の例としては、Yascha Mounk, *The People Versus Democracy: Why Our Freedom is in Danger and How to Save it* (Cambridge, MA: Harvard University Press, 2018)（ヤシャ・モンク著『民主主義を救え！』吉田徹訳、岩波書店、2019年）; Jan-Werner Müller, *What is Populism?* (Philadelphia: University of Pennsylvania Press, 2016)（ヤン-ヴェルナー・ミュラー著『ポピュリズムとは何か』板橋拓己訳、岩波書店、2017年）; Pippa Norris and Ronald Inglehart, *Cultural Backlash: Trump, Brexit, and Authoritarian Populism* (Cambridge: Cambridge University Press, 2019). ポピュリズムを民主主義のより構造的な特徴とする主張については、Roger Eatwell and Matthew Goodwin, *National Populism:The Revolt Against Liberal Democracy* (London: Pelican, 2018); Barry Eichengreen, *The Populist Temptation: Economic Grievance and Political Reaction in the Modern Era* (New York: Oxford University Press, 2018). ポピュリズムは、テクノポピュリズムとして最もよく理解される、より複雑な現象の一面であるという主張については、Christopher J. Bickerton and Carlo Invernizzi Accetti, *Technopopulism: The New Logic of Democratic Politics* (Oxford: Oxford University Press, 2021). ポピュリズムの経済的要因と文化的要因の議論については、Noam Gidron and Peter A. Hall, “The Politics of Social Status: Economic and Cultural Roots of the Populist Right,” *British Journal of Sociology 68*, no. S1 (2017): pp. S57–S84; Ronald Inglehart and Pippa Norris, “Trump and the Xenophobic Populist

Parties: The Silent Revolution in Reverse," *Perspectives on Politics 15*, no. 2 (2017): pp. 443–454. Mark Blyth, "After The Brits Have Gone and the Trumpets Have Sounded: Turning a Drama into a Crisis that Will Not Go To Waste," *Intereconomics* 51, no. 6 (2016): pp. 324–331; Jonathan Hopkin and Mark Blyth, "The Global Economics of European Populism: Growth Regimes and Party System Change in Europe" (The Government and Opposition/Leonard Schapiro Lecture 2017), *Government and Opposition 54*, no. 2 (2019): pp. 193–225; Jonathan Hopkin, *Anti-System Politics: The Crisis of Market Liberalism in Rich Democracies* (Oxford: Oxford University Press, 2020). 民主主義が危機に瀕しているという主張については、Steven Levitsky and Daniel Ziblatt, *How Democracies Die: What History Reveals About Our Future* (London: Viking, 2018)(スティーブン・レビツキー、ダニエル・ジブラット著『民主主義の死に方――二極化する政治が招く独裁への道』濱野大道訳、新潮社、2018年); David Runciman, *How Democracy End* (London: Profile, 2018)(デイヴィッド・ランシマン著『民主主義の壊れ方――クーデタ・大惨事・テクノロジー』若林茂樹訳、白水社、2020年)、復活したのはナショナリズムであるという主張については、John B. Judis, *The Nationalist Revival: Trade, Immigration and the Revolt Against Globalization* (New York: Columbia Global Report, 2018). 異なる立場からナショナリズムとナショナル・アイデンティティを擁護した最近の著作については、Yael Tamir, *Why Nationalism* (Princeton: Princeton University Press, 2019); Francis Fukuyama, *Identity: The Demand for Dignity and the Politics of Resentment* (New York: Macmillan, 2018); Jill Lepore, "A New Americanism: Why a Nation Needs a National Story," *Foreign Affairs 98*, no. 2 (March/April 2019): pp. 10–19; Yoram Hazony, *The Virtue of Nationalism* (New York: Basic Books, 2018)(ヨラム・ハゾニー著『ナショナリズムの美徳』庭田よう子訳、東洋経済新報社、2021年)、リベラルな国際秩序の喪失にたいする嘆きについては、Bill Emmott, *The Fate of the West: The Battle to Save the World's Most Successful Political Idea* (London: Economist Books, 2017)(ビル・エモット著『「西洋」の終わり――世界の繁栄を取り戻すために』伏見威蕃訳、日本経済新聞出版社、2017年); Edward Luce, *The Retreat of Western Liberalism* (London: Little Brown, 2017); Thomas J. Wright, *All Measures Short of War: The Contest for the Twenty-First Century and the Future of American Power* (New Haven: Yale University Press, 2017). このリベラルな嘆きにたいする批評については、John J. Mearsheimer, *The Great Delusion: Liberal Dreams and International Realities* (New Haven: Yale University Press, 2018); Stephen M. Walt, *The Hell of Good Intentions: America's Foreign Policy Elite and the Decline of U.S. Primacy* (New York: Farrar, Straus and Giroux, 2018) をそれぞれ参照。

7. たとえば、Max Weber, "Suffrage and Democracy in Germany" in *Weber: Political Writings*, edited by Peter Lassman and trans. Ronald Spiers (Cambridge: Cambridge University Press, 1994)(マックス・ヴェーバー著『政治論集1』所収「ドイツにおける選挙法と民主主義」中村貞二、山田高生、林道義、嘉目克彦訳、みすず書

房、1982年）を参照。

8. 地政学という概念には長く険しい歴史がある。本書では、地政学を地理、国家の力、そして非国家主体による国境を越えた目的が相互に作用し、経済的・政治的選択を構造化する領域と捉える。日常的で複数の非国家主体により焦点を当てた地政学の視点については、Klaus Dodds, *Geopolitics: A Very Short Introduction*, third edition（Oxford: Oxford University Press, 2019）（クラウス・ドッズ著『地政学とは何か』野田牧人訳、NTT出版、2012年）を参照。

9. 本書では、時折「西側（諸国）」という語を北米とヨーロッパを指す略語として使っているが、西側（諸国）の一体性に特に深い意味を与えているわけではない。

10. 本書が語る地政学的変化は不完全である。ヨーロッパの対外エネルギー依存と日本のそれとの類似性については、ごくわずかしか触れていない。1990年代以降の地政学的変化を描く際、インドの産業発展とアフリカの資源獲得競争をほとんど無視している。中東の出来事がもたらす破壊的な影響について語る際、2011年以降のエジプトが中東の不安定化に与えた具体的な影響やトルコの中東における影響力についてはあまり触れていない。本書の経済史は、生産年齢人口の人口動態変化、生産経済の技術革新をめぐる問題、監視資本主義の台頭など、いくつかの本質的に重要な動きを無視している。これらのうち第一（人口動態変化）と第二（技術革新）の問題については、Robert J. Gordon, *The Rise and Fall of American Growth: The U.S. Standard of Living Since the Civil War*（Princeton: Princeton University Press, 2016）（ロバート・J・ゴードン著『アメリカ経済――成長の終焉（上・下）』高遠裕子、山岡由美訳、日経BP社、2018年）を参照。第三（監視資本主義）については、Shoshana Zuboff, *The Age of Surveillance Capitalism: The Fight for a Human Future at the New Frontier of Power*（London: Profile, 2019）.（ショシャナ・ズボフ著『監視資本主義――人類の未来を賭けた闘い』野中香方子訳、東洋経済新報社、2021年）を参照。日本は経済大国のなかで最初に量的緩和（QE）を実施した国であるが、日本の金融については言及していない。

11. ジョン・グレイは次の2冊の著作のなかで、ヨーロッパとアメリカの政治における宗教の継続的な存在について学識豊かな説明を行っている。1冊は、*Black Mass: Apocalyptic Religion and the Death of Utopia*（London: Penguin, 2007）（ジョン・グレイ著『ユートピア政治の終焉――グローバル・デモクラシーという神話』松野弘監訳、岩波書店、2011年）、もう1冊は*Seven Types of Atheism*（London: Allen Lane Brown, 2018）である。西洋史におけるキリスト教の長期的影響については、Tom Holland, *Dominion: The Making of the Western Mind*（London: Little Brown, 2019）を参照。この本では、物質的な問題と宗教的な問題のあいだの緊張が避けて通れない。それはトルコとEUの関係に最も顕著に表れている。EUがトルコをどのように扱うべきか長年苦慮してきた理由の一つは、EUとトルコの関係を宗教の問題として扱うか、エネルギーや軍事安全保障の問題として扱うかといった対立に起因しており、何が動機で何が口実や合理的説明なのかを見極めるのは容易ではない。

12. Geoffrey West, *Scale: The Universal Laws of Life and Death in Organisms, Cities and Companies* (London: Weidenfeld and Nicolson, 2017), p. 233（ジョフリー・ウェスト著『スケール――生命、都市、経済をめぐる普遍的法則（上・下）』山形浩生、森本正史訳、早川書房、2020年）
13. エネルギーの流れが物質的な人間の行動と物質的な可能性に基本的な制限を課すという点で、エネルギーが人間の生活にとって最も重要であることについては、Vaclav Smil, *Energy and Civilization: A History* (Cambridge, MA: MIT Press, 2017)（バーツラフ・シュミル著『エネルギーの人類史（上・下）』塩原通緒訳、青土社、2019年）を参照。シュミルが正しく指摘しているように、「基本的な物理的（熱力学的）用語で表すなら、あらゆる経済活動は、特定の製品やサービスを生産することを目的とした、単純または連続したエネルギー変換ということになる」にもかかわらず、経済学者や政治経済学者の多くはエネルギーを無視している。Vaclav Smil, *Growth: From Microorganisms to Megacities* (Cambridge, MA: MIT Press, 2020), p. 376（バーツラフ・シュミル著『グロース「成長」大全――微生物から巨大都市まで（上・下）』田中嘉成監訳、三輪ヒナタ訳、ニュートンプレス、2022年）を参照〔引用部は、邦訳・下巻の328頁〕。
14. このことは、過去20年間の中国のGDPの目覚ましい増加が明確に示しており、中国の成長が加速しはじめた2000年から2019年のあいだに、中国の一次エネルギー消費量は330％以上も増加した。Our World in Data, Energy, China Country Profile, https://ourworldindata.org/energy/country/china?country=~CHN
15. これがどのように達成されるかについては、Namit Sharma, Bram Smeets, and Christer Tryggestad, "The Decoupling of GDP and Energy Growth: A CEO Guide," *McKinsey Quarterly*, 24 April 2019, https://www.mckinsey.com/industries/electric-power-and-natural-gas/our-insights/the-decoupling-of-gdp-and-energy-growth-a-ceo-guideを参照。
16. West, *Scale*, pp. 234–238（ウェスト著『スケール』）

第1章　石油の時代が始まる

1. Full Transcript of Trump's Speech on the Iran Nuclear Deal, 8 May 2018, *New York Times*, https://www.nytimes.com/2018/05/08/us/politics/trump-speech-iran-deal.html
2. "Six Charts that Show How Hard US Sanctions have Hit Iran," *BBC News*, 9 December 2019, https://www.bbc.co.uk/news/world-middle-east-48119109
3. Reuters Staff, "France: More Countries Back European-Led Naval Mission in Hormuz," *Reuters*, 20 January 2020, https://www.reuters.com/article/uk-mideast-iran-france/france-more-countries-back-european-led-naval-mission-in-hormuz-idUKKBN1ZJ1AI?edition-redirect=uk
4. Kenneth Pomeranz, *The Great Divergence: China, Europe, and the Making of the World Economy* (Princeton: Princeton University Press, 2001), p. 16（K・ポメランツ著『大分岐――中国、ヨーロッパ、そして近代世界経済の形成』川北稔監訳、名古屋

大学出版会、2015年)〔邦訳の31頁・下段〕

5. John Darwin, *After Tamerlane: The Rise and Fall of Global Empires, 1400–2000* (London: Penguin, 2007), p. 19(ジョン・ダーウィン著『ティムール以後——世界帝国の興亡 1400–2000年(上・下)』秋田茂、川村朋貴、中村武司、宗村敦子、山口育人訳、国書刊行会、2020年)〔邦訳・上巻の47頁〕。ユーラシア大陸の景観の発展と14世紀までのユーラシア大陸における文明の歴史的興隆については、Barry Cunlife, *By Steppe, Desert, and Ocean: The Birth of Eurasia* (Oxford: Oxford University Press, 2015) を参照。アメリカの力の歴史的台頭については、Victoria de Grazia, *Irresistible Empire: America's Advance Though Twentieth Century Europe* (Cambridge, MA: Harvard University Press, 2006); Giovanni Arrighi, *The Long Twentieth Century: Money, Power and the Origins of Our Times*, new edition (London: Verso, 2009)(ジョヴァンニ・アリギ著『長い20世紀——資本、権力、そして現代の系譜』土佐弘之監訳、柄谷利恵子、境井孝行、永田尚見訳、作品社、2009年); Neil Smith, *American Empire: Roosevelt's Geographer and the Prelude to Globalization* (Berkeley: University of California Press, 2004) を参照。
6. 対照的に、ロシアは数世紀をかけて大陸を横断して太平洋に進出したが、その西側と南側では国境紛争が避けられなかった。
7. 20 世紀のアメリカの力にとって石油の持つ重要性については、David S. Painter, "Oil and the American Century," *Journal of American History 99*, no. 1 (2012): pp. 24–39を参照。
8. Vaclav Smil, *Energy and Civilization: A History* (Cambridge, MA: MIT Press, 2018), p. 408(シュミル著『エネルギーの人類史』)〔邦訳・下巻の304頁〕
9. H.D. Lloyd, "The Story of a Great Monopoly," *Atlantic*, March 1891, https://www.theatlantic.com/magazine/archive/1881/03/the-story-of-a-great-monopoly/306019/
10. ロシア産原油の台頭については、Daniel Yergin, *The Prize: The Epic Quest for Oil, Money, and Power* (New York: Simon & Schuster, 1993), pp. 57–63, 71–72(ダニエル・ヤーギン著『石油の世紀——支配者たちの興亡(上・下)』日高義樹、持田直武訳、NHK出版、1991年)を参照。
11. Yergin, *The Prize*, pp. 61–72(ヤーギン著『石油の世紀』)
12. スタンダード・オイルとヨーロッパ企業の商業的対立と協力の試みについては、Yergin, *The Prize*, pp. 63–72(ヤーギン著『石油の世紀』)を参照。オーストリア゠ハンガリー帝国のスタンダード・オイルにたいする後の抵抗については、Alison Frank, "The Petroleum War of 1910: Standard Oil, Austria, and the Limits of the Multi-National Corporation," *The American Historical Review 114*, no. 1 (2009): pp. 16–41を参照。
13. Bülent Gökay, "The Battle For Baku (May 1918–September 1918): A Peculiar Episode in the History of the Caucasus," *Middle Eastern Studies 34*, no. 1 (1998): p. 30.
14. Yergin, *The Prize*, pp. 131–133(ヤーギン著『石油の世紀』)

15. 1870年代からアメリカで工業が勃興して以降、ヨーロッパ諸国は、大西洋を挟んだ大陸の巨大工業国に対抗できる資源豊富な経済後背地として、アフリカの領土を併合しようとしていた。アメリカの大陸拡大と急速な工業化が第一次世界大戦前後のヨーロッパに与えた影響については、Sven Beckert, "American Danger: United States Empire, Eurafrica, and the Territorialization of Industrial Capitalism, 1870–1950," *American Historical Review 122*, no. 4 (2017): pp. 1137–1170を参照。
16. フランツ・フェルディナント大公が暗殺されたその日、オスマン帝国の大宰相はメソポタミアの石油利権をトルコ石油会社に与えた。Edward Mead Earle, "The Turkish Petroleum Company—A Study in Oleaginous Diplomacy," *Political Science Quarterly 39*, no. 2 (1922): p. 266.
17. 第一次世界大戦前の石油を燃料とする軍艦をめぐる英米のライバル関係については、John A. DeNovo, "Petroleum and the United States Navy before World War I," *The Mississippi Valley Historical Review 41*, no. 4 (1955): pp. 641–656を参照。
18. イギリスの新造船実験に使われた石油の一部は、スコットランドで採掘されたシェールオイルであった。石油をめぐるイギリス海軍の初期の動きについては、Warwick Michael Brown, "The Royal Navy's Fuel Supplies, 1898 to 1939; The Transition from Coal to Oil," PhD dissertation submitted to King's College London, University of London, 2003を参照。
19. 引用元 Timothy C. Winegard, *The First World Oil War* (Toronto: University of Toronto Press, 2016), p. 57.
20. Yergin, *The Prize*, p. 160（ヤーギン著『石油の世紀』); Winegard, *The First World Oil War*, p. 59.
21. 両大戦における石油の重要性については、W. G. Jensen, "The Importance of Energy in the First and Second World Wars," *Historical Journal 11*, no. 3 (1968): pp. 538–554を参照。第一次世界大戦がエネルギー源としての石油に与えた影響については、Dan Tamir, "Something New Under the Fog of War," in *Environmental Histories of the First World War*, edited by Richard Tucker, Tait Keller, J. R. McNeill, and Martin Schmid (Cambridge University Press, 2018), pp. 117–135を参照。
22. Tamir, "Something New Under the Fog of War," p. 118.
23. Winegard, *The First World Oil War*, p. 93.
24. Alison Fleig Frank, *Oil Empire: Visions of Prosperity in Austrian Galicia* (Cambridge, MA: Harvard University Press, 2007), pp. 21, 251.
25. バクーの戦いについては、Bülent Gökay, "The Battle for Baku," pp. 30–50を参照。
26. 引用元 Yergin, *The Prize*, p. 183; Yergin, *The Prize*, p. 178（ヤーギン著『石油の世紀』)
27. Priscilla Roberts, "Benjamin Strong, the Federal Reserve and the Limits to Interwar American Nationalism," *Economic Quarterly Federal Reserve Bank of Richmond 86* (2000): p. 65. 第一次世界大戦が、債権国を通じてアメリカの外交政策を大西洋

志向に変えた影響については、Priscilla Roberts, "The First World War and the Emergence of American Atlanticism 1914–20," *Diplomacy and Statecraft 5*, no. 3 (1994): pp. 569–619; Harold James, "Cosmos, Chaos: Finance, Power, and Conflict," *International Affairs 90*, no. 1 (2014): pp. 46–47を参照。

28. Barry Eichengreen and Marc Flandreau, "The Rise and Fall of the Dollar, or When Did the Dollar Replace Sterling as the Leading International Currency?" NBER Working Paper Series 14154, July 2008, p. 3, https://www.nber.org/papers/w14154
29. 引用元 Roberta Allbert Dayer, "The British War Debts to the United States and the Anglo-Japanese Alliance, 1920–1923," *Pacific Historical Review 45*, no. 4 (1976): p. 577.
30. Liaquat Ahamed, *Lords of Finance: 1929, the Great Depression, and the Bankers Who Broke the World* (London: Windmill Books, 2009), p. 144（ライアカット・アハメド著『世界恐慌――経済を破綻させた4人の中央銀行総裁（上・下）』吉田利子訳、筑摩書房、2013年）
31. 1920年代におけるアメリカの工業的卓越性は、それを模倣したいという欲求を刺激しつづけた。アメリカのフォーディズムを模倣し凌駕しようとするドイツとソ連の試みについては、Stefan J. Link, *Forging Global Fordism: Nazi Germany, Soviet Russia, and the Contest over the Industrial Order* (Princeton: Princeton University Press, 2020) を参照。T 型フォードにたいするヒトラーの執着については、Wolfgang König, "Adolf Hitler vs. Henry Ford: The Volkswagen, the Role of America as a Model, and the Failure of a Nazi Consumer Society," *German Studies Review 27*, no. 2 (2004): pp. 249–268を参照。
32. 英仏が勝利した地政学的紛争の場としてのオスマン帝国統治下の中東が、より広いユーラシア・アフリカの地政学的状況のなかでいかなる位置づけにあったかについては、Anthony D'Agostino, *The Rise of Global Powers: International Politics in the Era of the World Wars* (Cambridge: Cambridge University Press, 2012), ch. 4を参照。
33. Sean McMeekin, *The Ottoman Endgame: War, Revolution, and the Making of the Modern Middle East 1908–1923* (London: Penguin Random House), p. 404. 1923年、アメリカ人のコルビー・ミッチェル・チェスター少将は、新生トルコ国家から、黒海からアナトリア、さらに（イギリスが支配していたが、当時はまだトルコが保持することを望んでいた）バスラまで鉄道を敷設し、ベルリン―バグダッド間の鉄道協定と同様、石油探査を行う権利を獲得したかに思われた。しかし、トルコ政府がローザンヌ条約に合意すると、この利権は消滅した。
34. 引用元 McMeekin, *The Ottoman Endgame*, pp. 421–422.
35. Sean McMeekin, *The Berlin–Baghdad Express: The Ottoman Empire and Germany's Bid for World Power, 1898–1918* (London: Penguin, 2010) を参照。
36. Darwin, *After Tamerlane*, p. 378（ダーウィン著『ティムール以後』）
37. John Darwin, *The Empire Project: The Rise and Fall of the British World System 1830–*

1970 (Cambridge: Cambridge University Press, 2009), pp. 375–385を参照。

38. グレゴリー・ノーウェルは、1920年代のアメリカの「門戸開放」政策は、「外国の石油資源（特に1920年の英仏石油同盟）からの排除に対抗するスタンダード・オイルの世界的キャンペーンをアメリカ外交が後押ししたものであった」と論じている。Gregory Nowell, *Mercantile States and the World Oil Cartel 1900–1939* (Ithaca: Cornell University Press, 1994), p. 185.
39. 引用元 Yergin, *The Prize*, p. 195（ヤーギン著『石油の世紀』）
40. Yergin, *The Prize*, p. 189（ヤーギン著『石油の世紀』）; Anand Toprani, "An Anglo-American "Petroleum Entente"? The First Attempt to Reach an Anglo-American Oil Agreement, 1921," *The Historian 79*, no. 1 (2017): p. 64.
41. John A. DeNovo, "The Movement for an Aggressive American Oil Policy Abroad, 1918–1920," *American Historical Review 60*, no. 4 (July 1956), p. 865.
42. Yergin, *The Prize*, p. 201（ヤーギン著『石油の世紀』）
43. Yergin, *The Prize*, pp. 289–292（ヤーギン著『石油の世紀』）
44. See Melvyin P. Leffler, *Safeguarding Democratic Capitalism: US Foreign Policy and National Security, 1920–2015* (Princeton: Princeton University Press, 2017), ch. 3; Mervyn Leffler, "American Policy Making and European Stability," *Pacific Historical Review 46*, no. 2 (1977): pp. 207–228.
45. Ron Chernow, *The House of Morgan: An American Banking Dynasty and the Rise of Modern Finance* (New York: Grove Press, 2010), p. 203（ロン・チャーナウ著『モルガン家——金融帝国の盛衰（上・下）』青木榮一訳、日本経済新聞出版社、1993年）〔邦訳（日経ビジネス人文庫（上・下）、2005年）・上巻の328頁〕
46. 引用元 Adam Tooze, *The Deluge: The Great War, America, and the Remaking of the Global Order, 1916–1931* (London: Penguin, 2015), p. 65.
47. Leffler, "American Policy Making and European Stability," p. 215; Chernow, *House of Morgan*, pp. 181–182（チャーナウ著『モルガン家』）
48. Roberts, "Benjamin Strong, the Federal Reserve and the Limits to Interwar American Nationalism," p. 74.
49. Ahmed, *The Lords of Finance*, p. 140（アハメド著『世界恐慌』）
50. 英米関係におけるさまざまな債務の位置づけについては、Robert Self, "Perception and Posture in Anglo-American Relations: The War Debt Controversy in the 'Official Mind', 1919–1940," *The International History Review 29*, no. 2 (2007): pp. 282–312を参照。
51. Adam Tooze, *The Wages of Destruction: The Making and Breaking of the Nazi Economy* (London: Penguin, 2007), p. 6（アダム・トゥーズ著『ナチス 破壊の経済——1923–1925（上・下）』山形浩生、森本正史訳、みすず書房、2019年）〔邦訳・上巻の6–7頁〕
52. Frank Costigliola, "The United States and the Reconstruction of Germany in the 1920s," *The Business History Review 50*, no. 4 (1976): pp. 498–502.

53. Ahmed, *The Lords of Finance*, p. 395（アハメド著『世界恐慌』）: Tooze, *The Wages of Destruction*, pp. 7, 13, 657（トゥーズ著『ナチス 破壊の経済』）
54. Tooze, *The Wages of Destruction*, p. 28（トゥーズ著『ナチス 破壊の経済』）〔邦訳・上巻の29–34頁〕
55. Ahmed, *The Lords of Finance*, p. 462（アハメド著『世界恐慌』）
56. 引用元 Ahmed, *The Lords of Finance*, p. 470（アハメド著『世界恐慌』）
57. 恐慌の主な原因は、国際通貨システムの理論上の覇権国家（ヘゲモン）であるアメリカが安定装置として機能しなかったことにあるとする有力な主張については、Charles Kindleberger, *The World in Depression 1929–1939*, 40th anniversary edition (Berkeley: California University Press, 2013)（チャールズ・P・キンドルバーガー著『大不況下の世界——1929–1939 改訂増補版』石崎昭彦、木村一朗訳、岩波書店、2009年）を参照。
58. Yergin, *The Prize*, p. 329（ヤーギン著『石油の世紀』）
59. Thomas Parke Hughes, "Technological Momentum in History: Hydrogenation in Germany 1898–1933," *Past and Present 44*, no. 1 (1969): p. 123.
60. Raymond Stokes, "The Oil Industry in Nazi Germany, 1936–1945," *Business History Review 59*, no. 2 (1985): p. 257.
61. Tooze, *The Wages of Destruction*, pp. 116–118, 226–227（トゥーズ著『ナチス 破壊の経済』）〔邦訳・上巻の130–136頁、256–259頁〕。ナチス政権の石油政策とその最終的な失敗については、Anand Toprani, *Oil and the Great Powers: Britain and Germany 1914–1945* (Oxford: Oxford University Press, 2019), chs. 6–8を参照。対照的に、合成燃料産業を構築しようとした日本の失敗については、Anthony N. Stranges, "Synthetic Fuel Production in Prewar and World War II Japan: A Case Study in Technological Failure," *Annals of Science 50*, no. 3 (1993): pp. 229–265を参照。
62. 石油を動機としたヒトラーのバルバロッサ作戦については、Tooze, *The Wages of Destruction*, pp. 423–425, 455–460（トゥーズ著『ナチス 破壊の経済』）〔邦訳・下巻の479–482頁、512–520頁〕および Joel Hayward, "Hitler's Quest for Oil: The Impact of Economic Considerations on Military Strategy, 1941–1942," *Journal of Strategic Studies 18*, no. 4 (1995): pp. 94–135; Anand Toprani, "The First War for Oil: The Caucasus, German Strategy, and the Turning Point of the War on the Eastern Front, 1942," *Journal of Military History 80*, no. 3 (2016): pp. 815–854を参照。ナチスが1940年から41年にかけて英米企業に匹敵する石油会社「大陸石油会社（コンチ）」を設立したこと、さらにドイツを世界的大国にするというナチス・ドイツの野望にとってこの会社がいかなる位置づけにあったかについては、Anand Toprani "Germany's Answer to Standard Oil: The Continental Oil Company and Nazi Grand Strategy, 1940–1942," *Journal of Strategic Studies 37*, no. 6–7 (2014): pp. 949–973を参照。
63. Yergin, *The Prize*, pp. 339–343（ヤーギン著『石油の世紀』）
64. 引用元B.S. McBeth, *British Oil Policy 1919–1939* (London: Cass, 1985), pp. 34–35.

65. Yergin, *The Prize*, p. 332（ヤーギン著『石油の世紀』）

66. アメリカ産原油への依存をやめようとした戦間期イギリスの失敗については、Toprani, *Oil and the Great Powers*, chs. 3–4; McBeth, *British Oil Policy 1919–1939*を参照。

67. Hans Heymann Jr, "Oil in Soviet-Western Relations in the Interwar Years," *The American Slavic and Eastern European Review 7*, no. 4 (1948): pp. 303–316.

68. Anand Toprani, "The French Connection: A New Perspective on the End of the Red Line Agreement, 1945–1948," *Diplomatic History 36*, no. 2 (2012): p. 263 fn.7

69. 国境を越えた商業競争という観点からみたフランスの石油政策と20世紀前半3分の1を通じて示されたフランス国家の競争上の弱点についての分析は、Nowell, *Mercantile States and the World Oil Cartel*を参照。

70. Michael B. Stoff, "The Anglo-American Oil Agreement and the Wartime Search for Foreign Oil Policy," *Business History Review 55*, no. 1 (1981): p. 63.

71. 赤線協定の終了にたいするフランスの抵抗とワシントンがそれを破るためにフランスの金融依存をいかに利用したかについては、Toprani, "The French Connection"を参照。

72. Yergin, *The Prize*, p. 425（ヤーギン著『石油の世紀』）

73. James Barr, *Lords of the Desert: Britain's Struggle with America to Dominate the Middle East* (London: Simon & Schuster 2018), pp. 61–67.

74. Painter, "Oil and the American Century," p. 29.

75. この点に関するドイツの問題については、McMeekin, *The Berlin–Baghdad Express*, epilogueを参照。

76. スターリン政権下でのソ連の急速な工業化は、ソ連の石油輸出がもたらしたハードカレンシーによって可能となった面もある。Yergin, *The Prize*, p. 266（ヤーギン著『石油の世紀』）

77. 引用元 D'Agostino, *The Rise of the Global Powers*, p. 43.

78. H. J. Mackinder, "The Geographical Pivot of History," *The Geographical Journal 23*, no. 4 (1904): p. 436.

79. ローズヴェルト政権が第二次世界大戦後のドイツにたいして最初に打ち出した計画（モーゲンソー・プラン）は、ドイツの非工業化によって問題を解決しようとするものであった。しかし、天然ガスとその輸送が石油と同じように問題となるなか、ノルドストリーム・パイプラインは、アンソニー・ダゴスティーノが言うところの「経済のラパッロ」とみなすことができる。*The Rise of Global Powers*, p. 477.

第2章　アメリカに石油供給の保証は望めない

1. US Energy Information Administration, International Data, Petroleum and Other Liquids, https://www.eia.gov/international/data/world 米国エネルギー情報局（EIA）のデータは改訂される可能性がある。これらの数字は2021年9月にEIAから提供

されたものである。

2. US Energy Information Administration, US Imports from OPEC Countries of Crude Oil and Petroleum Products, https://www.eia.gov/dnav/pet/hist/LeafHandler.ashx?n=pet&s=mttimxx1&f=a
3. US Energy Information Administration, US Exports of Crude Oil and Petroleum Products, https://www.eia.gov/dnav/pet/hist/LeafHandler. ashx?n=PET&s=MTTEXUS2&f=A
4. 引用元 Helen Thompson, *Oil and the Western Economic Crisis* (London: Palgrave, 2017), p. 80.
5. 引用元 Ivana Kottasová, "Saudi Arabia Tries to Break 'Dangerous' Addiction To Oil," *CNN Business*, 25 April 2016, https://money.cnn.com/2016/04/25/news/economy/saudi-arabia-oil-addiction-economy-plan/index.html
6. Timothy Gardner, Steve Holland, Dmitry Zhdannikov, and Rania El Gamal, "Special Report—Trump Told Saudis: Cut Oil Supply or Lose US Military Support," *Reuters*, 30 April 2020, https://www.reuters.com/article/us-global-oil-trump-saudi-specialreport/special-report-trump-told-saudi-cut-oil-supply-or-lose-u-s-military-support-sources-idUKKBN22C1V4
7. Benn Steil, *The Battle of Bretton Woods: John Maynard Keynes, Harry Dexter White, and the Making of a New World Order* (Princeton: Princeton University Press, 2013), p. 155（ベン・ステイル著『ブレトンウッズの闘い——ケインズ、ホワイトと新世界秩序の創造』小坂恵理訳、日本経済新聞出版社、2014年）
8. Steil, *The Battle of Bretton Woods*, p. 135（ステイル著『ブレトンウッズの闘い』）
9. Steil, *The Battle of Bretton Woods*, p. 301（ステイル著『ブレトンウッズの闘い』）
10. Lawrence A. Kaplan, "The United States and the Origins of NATO 1946–49," *The Review of Politics 31*, no. 2 (1969): p. 213.
11. Steil, *The Battle of Bretton Woods*, pp. 290–291（ステイル著『ブレトンウッズの闘い』); Benn Steil, *The Marshall Plan: Dawn of the Cold War* (Oxford: Oxford University Press, 2018), p. xii（ベン・ステイル著『マーシャル・プラン——新世界秩序の誕生』小坂恵理訳、みすず書房、2020年）。デクスター・ホワイトのスパイ活動とソ連へのシンパシーについては、Steil, *The Battle of Bretton Woods*, pp. 35–46, 318–326（ステイル著『ブレトンウッズの闘い』）を参照。
12. 冷戦の起源におけるイランの役割については、Gary Hess, "The Iranian Crisis of 1945–46 and the Cold War," *Political Science Quarterly 89*, no. 1 (1974): pp. 117–146; Louise Fawcett, *Iran and the Cold War: The Azerbaijan Crisis of 1946* (Cambridge: Cambridge University Press, 2009) を参照。
13. Steil, *The Marshall Plan*, pp. 362–363（ステイル著『マーシャル・プラン』）マーシャル・プランにおける西ドイツの重要性については、Helge Berger and Albrecht Ritschl, "Germany and the Political Economy of the Marshall Plan, 1947–1952: a re-revisionist view," in *Europe's Post-War Recovery*, edited by Barry Eichengreen (Cambridge: Cambridge University Press 1995) を参照。

14. Stanley Hoffman, "Obstinate or Obsolete? The Fate of the Nation-State and the Case of Western Europe," *Daedelus 95*, no. 3 (1966): p. 908. Armin Rappaport, "The United States and European Integration: The First Phase," *Diplomatic History 5*, no. 2 (1981): pp. 121–122. 西ヨーロッパ統合を推進する当初のアメリカの動きについては、Geir Lundestad, *Empire by Integration: The United States and European Integration, 1945–1997* (New York: Oxford University Press, 1998), ch. 4を参照。
15. Hoffman, "Obstinate or Obsolete?," p. 907.
16. NATOの創設については、Lawrence S. Kaplan, *NATO 1948: The Birth of the Transatlantic Alliance* (Lanham, MD: Rowan & Littlefield, 2007) を参照。
17. Charles Maier, *Among Empires: American Ascendancy and its Predecessors* (Cambridge, MA: Harvard University Press), p. 175.
18. アメリカが推進する欧州防衛共同体については、Brian R. Duchin, "The "Agonizing Re-appraisal": Eisenhower, Dulles and the European Defense Community," *Diplomatic History 16*, no. 2 (1992): pp. 201–221を参照。
19. Our World in Data, Energy, Global Primary Energy: How has the Mix Changed Over Centuries?, https://ourworldindata.org/energy-mix
20. US Energy Information Administration, US Energy Facts Explained, https://www.eia.gov/energyexplained/us-energy-facts/
21. Our World in Data, Energy, France CO2 Country Profile: Energy Consumption by Source, https://ourworldindata.org/co2/country/france?country=~FRA Our World in Data, Energy, Italy CO2 Country Profile: Energy Consumption by Source, https://ourworldindata.org/energy/country/italy?country=~ITA
22. Vaclal Smil, *Energy and Civilization: A History* (Cambridge, MA: The MIT Press, 2017), p. 327（シュミル著『エネルギーの人類史』）
23. Bruce W. Jentleson, "Khrushchev's Oil and Brezhnev's Natural Gas Pipelines: The Causes and Consequence of the Decline in American Leverage Over Western Europe," in *Will Europe Fight for Oil? Energy Relations in the Atlantic Area*, edited by Robert J. Lieber (NewYork: Praeger, 1983), pp. 35–38.
24. Ethan B. Kapstein, *The Insecure Alliance: Energy Crises and Western Politics Since 1944* (Oxford: Oxford University Press, 1990), p. 69.
25. Kapstein, *The Insecure Alliance*, p. 95.
26. Steven G. Galpern, *Money, Oil and Empire in The Middle East: Sterling and Post-War Imperialism, 1944–1971* (Cambridge: Cambridge University Press, 2013), pp. 7–8; James Barr, *Lords of the Desert: Britain's Struggle with America to Dominate the Middle East* (London: Simon & Schuster, 2018), pp. 116, 120.
27. Daniel Yergin, *The Prize: The Epic Quest for Oil, Money, and Power* (New York: Simon & Schuster, 1993), p. 424（ダニエル・ヤーギン著『石油の世紀――支配者たちの興亡（上・下）』日高義樹、持田直武訳、NHK出版、1991年); David S. Painter, "The Marshall Plan and Oil," *Cold War History 9*, no. 2 (2009): pp. 159–175.

28. Jeffrey R. Macris, *The Politics and Security of the Gulf: Anglo-American Hegemony and the Shaping of a Region* (London: Routledge, 2010), p. 82; Kapstein, *The Insecure Alliance*, p. 203.
29. Michael J. Cohen "From "Cold" to "Hot" War: Allied Strategic and Military Interests in the Middle East after the Second World War," *Middle Eastern Studies 43*, no. 5 (2007): pp. 727–731.
30. Laila Amin Morsy, "The Role of the United States in the Anglo-Egyptian Agreement of 1954," *Middle Eastern Studies 29*, no. 3 (1993): pp. 526–558; Douglas Little, "His Finest Hour? Eisenhower, Lebanon and the 1958 Middle Eastern Crisis," *Diplomatic History 20*, no. 1 (1996): pp. 27–54を参照。
31. 引用元 Steil, *The Marshall Plan*, p. 44（ステイル著『マーシャル・プラン』）
32. Tyler Priest, "The Dilemmas of Oil Empire," *Journal of American History 99*, no. 1 (2012): pp. 236–251.
33. トルコのNATO加盟に関するアメリカの内部事情については、George C. McGhee, *The US-Turkey-NATO-Middle East Connection* (New York: Macmillan, 1990) を参照。トルコの視点については、Paul Kubicek "Turkey's Inclusion in the Atlantic Community: Looking Back, Looking Forward," *Turkish Studies 9*, no. 1 (2008): pp. 21–35を参照。
34. Barr, *Lords of the Desert*, pp. 102–103.
35. CIAとMI6の画策したクーデターについては、Barr, *Lords of the Desert*, ch. 14を参照。
36. Barr, *Lords of the Desert*, p. 174; Yergin, *The Prize*, pp. 470–478（ヤーギン著『石油の世紀』）
37. システミックな危機としてのスエズ危機の分析については、Ralph Dietl, "Suez 1956: A European Intervention," *Journal of Contemporary History 43*, no. 2 (2008): 259–278を参照。; Hans J. Morgenthau, "Sources of Tension Between Western Europe and the United States," in *Annals of the American Academy of Political and Social Science 312* (1957): pp. 22–28
38. US Department of State, Office of the Historian, Foreign Relations of the United States, 1955–57, Suez Crisis, July 26–December 31 1956, vol XVI, Message from Prime Minister Eden to President Eisenhower, London, 27 July, 1956, https://history.state.gov/historicaldocuments/frus1955-57v16/d5
39. US Department of State, Office of the Historian, Foreign Relations of the United States, 1955–57, Suez Crisis, July 26–December 31 1956, vol XVI, Letter from President Eisenhower to Prime Minister Eden, Washington, DC, 31 July, 1956, https://history.state.gov/historicaldocuments/frus1955-57v16/d35
40. Yergin, *The Prize*, pp. 491（ヤーギン著『石油の世紀』）; Barr, *Lords of the Desert*, p. 245; David S. Painter, "Oil and the American Century," *Journal of American History 99*, no. 1 (2012): p. 31.

41. 引用元 Yergin, *The Prize*, p. 491（ヤーギン著『石油の世紀』）
42. Steil, *The Battle of Bretton Woods*, p. 332（ステイル著『ブレトンウッズの闘い』）
43. Gregory Brew, "'Our Most Dependable Allies': Iraq, Saudi Arabia, and the Eisenhower Doctrine, 1956–58," *Mediterranean Quarterly 26*, no. 4 (2015): pp. 89–109.
44. Jeffrey R. Macris, *The Politics and Security of the Gulf: Anglo-American Hegemony and the Shaping of a Region* (London: Routledge, 2010), p. 113; Yergin, *The Prize*, p. 498（ヤーギン著『石油の世紀』）
45. Douglas Little "His Finest Hour? Eisenhower, Lebanon and the 1958 Middle Eastern Crisis," *Diplomatic History 20*, no. 1 (1996): pp. 27–54を参照。
46. 引用元 Dietl, "Suez 1956," p. 261.
47. 引用元 Stefan Jonsson, "Clashing Internationalisms: East European Narratives of West European Integration" in *Europe faces Europe: Narratives From its Eastern Half*, edited by Johan Fornäs (Bristol: Intellect, 2017), p. 70.
48. Hoffman, "Obstinate or Obsolete?," p. 894.
49. Wolfram Kaiser, *Using Europe, Abusing the Europeans: Britain and European Integration 1945–63* (Basingstoke: Palgrave Macmillan, 1996), pp. 151–154.
50. Kaiser, *Using Europe, Abusing the Europeans*, chs. 5 and 6を参照。
51. ド・ゴールの影響については、Hoffman, "Obstinate or Obsolete?," pp. 872–874, 893–903を参照。
52. 石油、フランスのアルジェリア支配、フランスの欧州経済共同体（EEC）支援の関係については、Robert Cantoni, *Oil Exploration, Diplomacy, and Security in the Early Cold War: The Enemy Underground* (Abingdon: Routledge, 2017), chs. 2–3を参照。
53. Megan Brown, "Drawing Algeria into Europe: Shifting French Policy and the Treaty of Rome," *Modern and Contemporary France 25*, no. 2 (2017): pp. 195–196. ヨーロッパの統合とアフリカの植民地主義を推し進めた長い歴史については、Peo Hansen and Stefan Jonsson, *Eurafrica: The Untold History of European Integration and Colonialism* (London: Bloomsbury Academic, 2014）を参照。
54. Yergin, *The Prize*, p. 569（ヤーギン著『石油の世紀』）
55. Barr, *Lords of the Desert*, p. 274.
56. Kevin Boyle, "The Price of Peace:Vietnam, the Pound, and the Crisis of the American Empire," *Diplomatic History 27*, no. 1 (2003): p. 43.
57. ENIとソ連の関係については、Cantoni, *Oil Exploration, Diplomacy, and Security*, chs. 1 and 5を参照。
58. Kapstein, *The Insecure Alliance*, p. 137.
59. 引用元 Bruce W. Jentleson, "From Consensus To Conflict: The Domestic Political Economy of East-West Energy Trade Policy," *International Organization 38*, no. 4 (1984): p. 640.
60. Jentleson, "From Consensus to Conflict," pp. 643–644.
61. Jentleson, *Will Europe Fight for Oil? Energy Relations in the Atlantic Area*, pp. 46–47.

62. Jentleson, "Khrushchev's Oil and Brezhnev's Natural Gas Pipelines," p. 47.
63. Kapstein, *The Insecure Alliance*, p. 138; Jentleson, "Khrushchev's Oil and Brezhnev's Natural Gas Pipelines," p. 49
64. Jentleson, "From Consensus to Conflict," p. 641; Yergin, *The Prize*, pp. 516–520（ヤーギン著『石油の世紀』）
65. Yergin, *The Prize*, p. 523（ヤーギン著『石油の世紀』); Jentleson, "From Consensus to Conflict," p. 641.
66. フランスの石油政策とアラブ諸国については、Robert J. Lieber, *The Oil Decade: Conflict and Co-Operation in theWest* (NewYork: Praeger Publishers, 1983), ch. 5を参照。
67. Kapstein, *The Insecure Alliance*, p. 144; Galpern, *Money, Oil and Empire in the Middle East*, p. 368.
68. イギリスのペルシャ湾からの撤退の影響については、Jeffrey R. Macris, *The Politics and Security of the Gulf*, ch. 5を参照。
69. Boyle, "The Price of Peace," p. 45.
70. 引用元Galpern, *Money, Oil and Empire in the Middle East*, p. 278. ジョンソン、ニクソン時代のアメリカとイランの関係については、Roham Alvandi "Nixon, Kissinger, and the Shah: The Origins of Iranian Primacy in the Persian Gulf," *Diplomatic History 36*, no. 2 (2012): pp. 337–372を参照。
71. Yergin, *The Prize*, pp. 532–535, 637–638（ヤーギン著『石油の世紀』）
72. Eugenie M. Blang, "A Reappraisal of Germany's Vietnam policy, 1963–1966: Ludwig Erhard's response to America's war in Vietnam," *German Studies Review 27*, no. 2 (2004), pp. 341–360を参照。過去のドイツの冷戦政策については、Ronald J. Granieri, *The Ambivalent Alliance, Konrad Adenauer: The CDU/CSU, and the West, 1949–1966* (New York: Berghahn Books, 2003）を参照。オストポリティーク（東方政策）にたいするニクソン政権の反応については、Jean-François Juneau, "The Limits of Linkage: The Nixon administration and Willy Brandt's Ostpolitik, 1969–72," *International History Review 33*, no. 2 (2011): pp. 277–297を参照。
73. 引用元 Robert M. Collins, "The Economic Crisis of 1968 and the Waning of the 'American Century'," *American Historical Review 101*, no. 2 (1996): p. 416.
74. Thompson, *Oil and the Western Economic Crisis*, p. 94.
75. Thompson, *Oil and the Western Economic Crisis*, p. 94.
76. 中央および西ヨーロッパへの天然ガス輸出がソ連・西シベリアの天然ガス田開発にとって持つ重要性とそれがソ連とドイツの関係に与える影響については、Thane Gustafson, *The Bridge: Natural Gas in a Redivided Europe* (Cambridge, MA: Harvard University Press, 2020), ch. 2を参照。ドイツの環境保護運動と原子力発電については、Stephen Milder, *Greening Democracy: The Anti-Nuclear Movement and Political Environmentalism in West Germany and Beyond, 1968–1983* (Cambridge: Cambridge University Press, 2017）を参照。

77. Jentleson, "From Consensus to Conflict," pp. 645–646; Jentleson, "Khrushchev's Oil and Brezhnev's Natural Gas Pipelines," p. 49.
78. US Department of State, The Washington Summit: General Secretary Brezhnev's Visit to the United States June 18–25, 1973, p. 51, http://insidethecoldwar.org/sites/default/files/documents/The%20Washington%20Summit%2C%20June%2018–25%2C%201973.pdf
79. Jentleson, "From Consensus to Conflict," p. 648.
80. ヨム・キプール戦争中の米ソ関係については、John L. Scherer, "Soviet and American Behaviour During the Yom Kippur War," *World Affairs 141*, no. 1 (1978): pp. 3–23を参照。
81. Yergin, *The Prize*, p. 595（ヤーギン著『石油の世紀』）
82. Thomas Robb, "The Power of Oil: Edward Heath, The 'Year of Europe' and the Special Relationship," *Contemporary British History 26*, no. 1 (2012): p. 79.
83. Kapstein, *The Insecure Alliance*, p. 166.
84. Macris, *The Politics and Security of the Gulf*, pp. 202–204.
85. 引用元 Kapstein, *The Insecure Alliance*, p. 165.
86. 引用元 Robb, "The Power of Oil," p. 80.
87. Kapstein, *The Insecure Alliance*, p. 174.
88. Yergin, *The Prize*, pp. 643–644（ヤーギン著『石油の世紀』）
89. Richard Nixon, Address to the nation about national energy policy, 7 November 1973, https://www.presidency.ucsb.edu/documents/address-the-nation-about-national-energy-policy
90. Shahram Chubin, "The Soviet Union and Iran," *Foreign Affairs 61*, no. 2 (1983): pp. 921–949を参照。
91. Jimmy Carter, Address to the nation: energy and the national goals, 15 July 1979, https://www.jimmycarterlibrary.gov/assets/documents/speeches/energy-crisis.phtml
92. 引用元 Melvyn Leffler, "From the Truman Doctrine to the Carter Doctrine: lessons and dilemmas of the Cold War" *Diplomatic History 7*, no. 4 (1983): p. 246.
93. 引用元 Leffler, "From the Truman Doctrine to the Carter Doctrine," p. 261.
94. カーター・ドクトリンと1903年5月のイギリス〔訳注　ランズダウン外相〕のペルシャ湾岸宣言には明確な類似点があった。「ペルシャ湾岸において他国が海軍基地や要塞化された港湾を建設することは、イギリスの利益にとって非常に重大な脅威であるとみなすべきであり、われわれはあらゆる手段を駆使してこれに抵抗しなければならない」。引用元 Pascal Venier, "The Geographical Pivot of History and Early Twentieth Century Geopolitical Culture," *The Geographical Journal 170*, no. 4 (1984): p. 332.
95. Victor McFarland, "The United States and the Oil Price Collapse of the 1980s" in *Counter-shock:The Oil Counter-Revolution of the 1980s*, edited by Duccio Basosi, Giuliano Garavini, and Massimiliano Trentin (London: I.B. Taurus, 2020), p. 273.

96. Kapstein, *The Insecure Alliance*, p. 195; Walter J. Levy, "Oil and the Decline of the West," *Foreign Affairs 58* (Summer 1980): p. 1011.
97. Robert J. Lieber "Will Europe Fight for Oil?: Energy and Atlantic Security" in Lieber, ed. *Will Europe Fight for Oil?* p. 4; Lieber, *The Oil Decade*, p. 62.
98. Leffler, "From the Truman Doctrine to the Carter Doctrine," p. 259.
99. 引用元 Steven Rattner, "Britain Defying US Restriction in Soviet Project," *New York Times*, 3 August 1982.
100. Lieber, *The Oil Decade*, p. 9.
101. Yergin, *The Prize*, p. 743（ヤーギン著『石油の世紀』）
102. たとえば、Peter Schweizer, *Victory: The Reagan Administration's Secret Strategy that Hastened the Collapse of the Soviet Union* (New York: Grove Press, 1994）を参照。
103. Painter, "Oil and the American Century," p. 36. 証拠に関する議論については、David Painter, "From Linkage to Economic Warfare: Energy, Soviet-American Relations and the End of the Cold War" in *Cold War Energy: A Transnational History of Soviet Oil and Gas*, edited by Jeronim Perović (London: Palgrave Macmillan, 2017); Majid Al-Moneef, "Saudi Arabia and the Counter-shock of 1986" in *Counter-shock*, pp. 112–113; Yergin, *The Prize*, pp. 756–758（ヤーギン著『石油の世紀』); Victor McFarland, "The United States and the Oil Price Collapse of the 1980s" in *Counter-shock*, pp. 262–269を参照。
104. 引用元 Meg Jacobs, *Panic at the Pump: The Energy Crisis and the Transformation of American Politics in the 1970s* (New York: Hill and Wang, 2016), p. 289.
105. 逆オイルショックがアメリカの石油産業と経済全般に及ぼした経済的影響については、McFarland "The United States and the Oil Price Collapse of the 1980s"を参照。
106. Jacobs, *Panic at the Pump*, p. 284.
107. James Schlesinger, "Will War Yield Oil Security?" *Challenge 34*, no. 2 (1991): p. 27.
108. ソ連崩壊における石油の重要性については、Yegor Gaidar, *Collapse of an Empire: Lessons for Modern Russia* (Washington, DC: Brookings Institution Press, 2008), pp. 100–109を参照。

第3章　生まれ変わるユーラシア

1. US Department of State, "Background Briefing on Secretary Kerry's Meeting with Russian Foreign Minister Sergey Lavrov," Press Release, 27 September 2015, https://2009-2017.state.gov/r/pa/prs/ps/2015/09/247376.htm
2. Full Transcript, Second 2016 Presidential Debate, *Politico*, 10 October 2016, https://www.politico.com/story/2016/10/2016-presidential-debate-transcript-229519
3. Full Transcript, First 2016 Presidential Debate, *Politico*, 27 September 2016, https://www.politico.com/story/2016/09/full-transcript-first-2016-presidential-debate-228761
4. Zbigniew Brzezinski, *The Grand Chessboard: American Primacy and its Geostrategic*

Imperatives, Basic Books, Kindle edition, ch. 3（Z・ブレジンスキー著『ブレジンスキーの世界はこう動く――21世紀の地政戦略ゲーム』山岡洋一訳、日本経済新聞社、1997年。2003年の文庫化に際して『地政学で世界を読む――21世紀のユーラシア覇権ゲーム』と改題）
5. サン・マロ宣言後のヨーロッパ防衛政策の展開については、Anand Menon, "Playing With Fire: The EU's Defence Policy," *Politique Européenne 4*, no. 8 (2002): pp. 32–45を参照。
6. Benn Steil, *The Marshall Plan: Dawn of the Cold War* (New York: Simon & Schuster, 2018), p. 395（ベン・ステイル著『マーシャル・プラン――新世界秩序の誕生』小坂恵理訳、みすず書房、2020年）。NATOが民主主義を生み出す能力に関する2010年時点の楽観論については、Charles Kupchan, "NATO's Final Frontier: Why Russia Should Join the Atlantic Alliance," *Foreign Affairs 89*, no. 3 (May/June 2010) を参照。それ以前の懐疑論については、Dan Reiter, "Why NATO Enlargement Does Not Spread Democracy," *International Security 25*, no. 4 (2001): pp. 41–67を参照。
7. NATOの拡大が不可避であったかどうかについては、Kimberly Marten, "Reconsidering NATO Expansion: A Counterfactual Analysis of Russia and the West in the 1990s," *European Journal of International Security 3*, no 2 (2018): pp. 135–161を参照。
8. 引用元 Craig C. Smith, "Chirac Upsets East Europe by Telling it To "Shut Up" on Iraq," *New York Times*, 18 February 2003, https://www.nytimes.com/2003/02/18/international/europe/chirac-upsets-east-europe-by-telling-it-to-shut-up-on.html
9. Anand Menon, "From Crisis to Catharsis: ESDP After Iraq," *International Affairs 80*, no. 4 (2004): p. 639.
10. Steil, *The Marshall Plan*, p. 389（ステイル著『マーシャル・プラン』）
11. Brzezinski, *The Grand Chessboard*（ブレジンスキー著『地政学で世界を読む』）。ウクライナは冷戦後の世界の「地政学的ピボット」である。
12. Andrew Wilson, *Ukraine's Orange Revolution* (New Haven: Yale University Press, 2005) を参照。
13. 引用元 Mathias Roth, "EU-Ukraine Relations After the Orange Revolution: The Role of the New Member States," *Perspectives on European Politics and Society 8*, no. 4 (2007): p. 509.
14. Helen Thompson, *Oil and the Western Economic Crisis* (London: Palgrave, 2017), pp. 16–17.
15. ナブッコ・パイプラインをめぐる政治については、Pavel K. Baev and Indra Øverland, "The South Stream Versus Nabucco Pipeline Race: Geopolitical and Economic (Ir) rationales and Political Stakes in Mega-Projects," *International Affairs 86*, no. 5 (2010): pp. 1075–1190を参照。
16. Thompson, *Oil and the Western Economic Crisis*, p. 17.
17. Saban Kardas, "Geo-strategic Position as Leverage in EU Accession: The Case of Turkish-EU Negotiations on the Nabucco Pipeline," *Southeast European and Black Sea*

Studies 11, no. 1 (2011): p. 38.

18. 引用元 Meltem Müftüler-Baç, "The Never-Ending Story: Turkey and the European Union," *Middle Eastern Studies 34*, no. 4 (1998): p. 240.
19. Müftüler-Baç, "The Never-Ending Story," p. 240.
20. 引用元 Ekavi Athanassopoulou, "American-Turkish Relations Since the End of the Cold War," *Middle East Policy 8*, no. 3 (2001): p. 146.
21. アメリカの視点については、Kemal Kirisci, *Turkey and the West: Faultlines in a Troubled Alliance* (Washington, DC: Brookings Institution Press, 2018), ch. 2を参照。
22. Peter W. Rodman, "Middle East Diplomacy After the Gulf War," *Foreign Affairs 70*, no. 2 (Spring 1991): pp. 2–3.
23. James Schlesinger, "Will War Yield Oil Security?" *Challenge 34*, no. 2 (1991): p. 30.
24. US Energy Information Administration, International Data, Petroleum and Other Liquids, https://www.eia.gov/international/data/world
25. 湾岸戦争のエネルギー論理にたいする批判については、Christopher Layne, "America's Middle East Grand Strategy After Iraq: The Moment for Offshore Balancing has Arrived," *Review of International Studies 35*, no. 1 (2009): pp. 5–25を参照。
26. アラン・グリーンスパン元FRB議長は覚書に次のように記している。「イラク戦争は概ね石油をめぐるものである、という誰もが知っている常識を、政治的に認めるのが不都合であることを、わたしは悲しく思う」。Alan Greenspan, *The Age of Turbulence* (London: Allen Lane, 2007), p. 463（アラン・グリーンスパン著『波乱の時代（上・下）』山岡洋一、高遠裕子訳、日本経済新聞出版社、2007年）。イラクにおける新保守主義者の希望にたいする現実主義者の視点からの批判については、John J. Mearsheimer, "Hans Morgenthau and the Iraq War: Realism Versus Neo-Conservatism," *Open Democracy*, 18 May 2005, https://www.opendemocracy.net/en/morgenthau_2522jsp/を参照。イラク戦争が現実主義的思考に動機づけられたという主張については、Daniel Deudney and G. John Ikenberry, "Realism, Liberalism, and the Iraq War," *Survival 59*, no. 4 (2017): pp. 7–26を参照。
27. Andrew Bacevich, "Ending Endless War: A Pragmatic Military Strategy," *Foreign Affairs 95*, no. 5 (September/October 2016): p. 39.
28. イラク戦争後のアメリカの計画の失敗については、Aaron Rapport, *Waging War, Planning Peace: US Noncombat Operations and Major Wars* (Ithaca: Cornell University Press, 2015), ch. 3を参照。
29. Hans Kundnani, "Germany as a Geo-Economic Power," *Washington Quarterly 34*, no. 3 (2011): p. 35.
30. 引用元 R. Nicholas Burns, "NATO Has Adapted: An Alliance With a New Mission," *New York Times*, 24 May 2003, https://www.nytimes.com/2003/05/24/opinion/IHT-nato-has-adapted-an-alliance-with-a-new-mission.html イラク戦争が米独関係にもたらした影響については、Stephen F. Szabo, *Parting Ways: The Crisis in German-American Relations* (Washington, DC: Brookings Institution Press, 2004) を参照。

31. 引用元 John Hooper and Ian Black, "Anger at Rumsfeld Attack on 'Old Europe'," *Guardian*, 24 January 2003, https://www.theguardian.com/world/2003/jan/24/germany.france
32. Daniel Yergin, *The New Map: Energy, Climate, and the Clash of Nations* (London: Allen Lane, 2020), p. 157（ダニエル・ヤーギン著『新しい世界の資源地図——エネルギー・気候変動・国家の衝突』黒輪篤嗣訳、東洋経済新報社、2022年）
33. Marc Lanteigne, "China's Maritime Security and the 'Malacca dilemm'," *Asian Security 4*, no. 2 (2008): pp. 143–161を参照。
34. Erica Downs, "Sino-Russian Energy Relations: An Uncertain Courtship" in *The Future of China-Russia Relations*, edited by James Bellacqua (Lexington, KY: University of Kentucky Press, 2010), p. 148.
35. Thane Gustafson, *The Bridge: Natural Gas in a Redivided Europe* (Cambridge, MA: Harvard University Press, 2020), p. 319.
36. 天然ガス依存がヨーロッパに与える影響については、Agnia Grigas, *The New Geopolitics of Natural Gas* (Cambridge, MA: Harvard University Press, 2017), ch. 4を参照。
37. Euractiv, "Nord Stream 'a Waste of Money' Says Poland," 11 January 2010, https://www.euractiv.com/section/central-europe/news/nord-stream-a-waste-of-money-says-poland/
38. イタリア、ドイツ、フランス政府の対ロシア・エネルギー政策の決定におけるイタリア、ドイツ、フランス企業の重要性については、Rawi Abdelal, "The Profits of Power: Commerce and Realpolitik in Eurasia," *Review of International Political Economy 20*, no. 3 (2013): pp. 421–456を参照。
39. 黒海・コーカサス方面へのNATO拡大を求める米国務省内部の主張については、Ronald Asmus, "Europe's Eastern Promise: Rethinking NATO and EU Enlargement," *Foreign Affairs 87*, no. 1 (January/February 2008): pp. 95–106を参照。
40. Adam Tooze, *Crashed: How a Decade of Financial Crises changed the World* (London: Penguin, 2018), pp. 136–137（アダム・トゥーズ著『暴落——金融危機は世界をどう変えたのか（上・下）』江口泰子、月沢李歌子訳、みすず書房、2020年）
41. Jolyon Howorth, "'Stability on the Borders'; The Ukrainian Crisis and the EU's Constrained Policy Towards the Eastern Neighbourhood," *Journal of Common Market Studies 55*, no. 1 (2017): pp. 121–136を参照。
42. European Commission, Communication from the Commission to the European Parliament and Council, European Energy security strategy, 28 May 2014, p. 2, https://eur-lex.europa.eu/legal-content/EN/ALL/?uri=CELEXpercent3A52014DC0330
43. José Manuel Durão Barroso, President of the European Commission Signature of the Nabucco Intergovernmental Agreement, Ankara, 13 July 2009.
44. European Commission, Communication from the Commission to the European

Parliament and Council, European Energy Security Strategy, 28 May 2014, p. 2. Saban Kardas, "Geo-strategic Position as Leverage in EU Accession: The Case of Turkish-EU Negotiations on the Nabucco Pipeline," *Southeast European and Black Sea Studies 11*, no. 1 (2011): p. 43.

45. Erhan İçener, "Privileged Partnership: An Alternative Final Destination for Turkey's Integration with the European Union?" *Perspectives on European Politics and Society 8*, no. 4 (2007): pp. 421–425.
46. 引用元 Kardas, "Geo-strategic Position as Leverage in EU Accession," p. 35
47. Kardas, "Geo-strategic Position as Leverage in EU Accession," p. 46.
48. Henry Kissinger, *World Order: Reflections of the Character of Nations and the Course of History* (London: Penguin, 2015), pp. 323–324（ヘンリー・キッシンジャー著『国際秩序』伏見威蕃訳、日本経済新聞出版社、2016年）
49. イラクに関する2003年以降のアメリカの意思決定については、Michael R. Gordon and Bernard E. Trainer, *The Endgame: The Inside Story of the Struggle for Iraq from George W. Bush to Barak Obama* (New York: Atlantic Books, 2012) を参照。
50. 2008年アメリカ大統領選挙におけるイラク戦争の影響については、Gary C. Jacobson, "George W. Bush, the Iraq War, and the Election of Barack Obama," *Presidential Studies Quarterly 40*, no. 2 (2010): pp. 207–224を参照。
51. オバマ政権内部の「アジア旋回」への流れについては、Nicholas D. Anderson and Victor D. Cha, "The Case of the Pivot To Asia: System Effects and the Origins of Strategy," *Political Science Quarterly 132*, no. 4 (2017): pp. 595–617を参照。
52. BBC News, "Obama: The United States is a Pacific Power Here to Stay," 17 November 2011, https://www.bbc.co.uk/news/av/world-asia-15768505
53. Our World in Data, Energy, China: Country Energy Profile, https://ourworldindata.org/energy/country/china?country=~CHN
54. Charles A. Kupchan, *No One's World: The West, the Rising Rest, and the Coming Global Turn* (New York: Oxford University Press, 2013), p. 101（チャールズ・カプチャン著『ポスト西洋世界はどこに向かうのか――「多様な近代」への大転換』坪内淳監訳、小松志朗訳、勁草書房、2016年）。海洋地理学の中国への影響については、Bernard Cole, *China's Quest for Great Power: Ships, Oil and Foreign Policy* (Annapolis, MD: Naval Institute Press, 2016), ch. 1を参照。
55. 引用元 Yergin, *The New Map*, p. 182（ヤーギン著『新しい世界の資源地図』）
56. Min Ye, *The Belt Road and Beyond: State-Mobilised Globalisation in China 1998–2018* (Cambridge: Cambridge University Press, 2020).
57. 中国にとってのグワダル港の重要性については、Syed Fazl-e-Haider, "A Strategic Seaport: Is Pakistan Key to China's Energy Supremacy?," *Foreign Affairs*, 5 March 2015, https://www.foreignaffairs.com/articles/china/2015-03-05/strategic-seaportを参照。
58. 引用元 Cole, *China's Quest for Great Power*, pp. 51, 128.

59. Economist, "America Wants a Bigger Navy of Smaller Ships to Compete With China's Fleet," 21 September 2020, https://www.economist.com/united-states/2020/09/21/america-wants-a-bigger-navy-of-smaller-ships-to-compete-with-chinas-fleet
60. 引用元 Megan Ingram, "With American Natural Gas, Russia is Losing European Energy Chokehold," *The Hill*, 3 July 2017, https://thehill.com/blogs/pundits-blog/energy-environment/340502-with-american-natural-gas-russia-is-losing-european
61. Gustafson, *The Bridge*, pp. 356, 413.
62. ナブッコが破綻した一つの財政的理由は、Morena Skalamera, "Revisiting the Nabucco Debacle: Myths and Realities," *Problems of Post-Communism 65*, no. 1 (2018): pp. 18–36を参照。
63. トルコと国境を接し、ロシアに近いブルガリアの地政学的苦境については、Robert D. Kaplan, *The Return of Marco Polo's World: War, Strategy, and American Interests in the Twenty-First Century* (New York: Random House, 2019), pp. 36–38を参照。
64. Anca Gurzu and Joseph J. Schatz, "Great Northern Gas War," *Politico*, 10 February 2016, https://www.politico.eu/article/the-great-northern-gas-war-nordstream-pipeline-gazprom-putin-ukraine-russia
65. Younkyoo Kim and Stephen Blank, "The New Great Game of Caspian Energy in 2013–14: 'Turk Stream', Russia and Turkey," *Journal of Balkan and Near Eastern Studies 18*, no. 1 (2016): p. 37.
66. 引用元 Gustafson, *The Bridge*, p. 380.
67. Jeffrey Goldberg, "The Obama Doctrine," *Atlantic* (April 2016), https://www.theatlantic.com/magazine/archive/2016/04/the-obama-doctrine/471525/
68. Goldberg, "The Obama Doctrine"; "Emmanuel Macron in his Own Words (English)," *Economist*, 7 November 2019, https://www.economist.com/europe/2019/11/07/emmanuel-macron-in-his-own-words-english
69. Goldberg, "The Obama Doctrine."
70. 引用元 Dan Roberts and Spencer Ackerman, "Barack Obama Authorises Airstrikes Against ISIS Militants in Syria," *Guardian*, 11 September 2014, https://www.theguardian.com/world/2014/sep/10/obama-speech-authorise-air-strikes-against-isis-syria
71. 引用元 Zeke J. Miller and Michael Sherer, "President Obama Attacks Republicans for Paris Response," *Time*, 18 November 2015, https://time.com/4117688/barack-obama-paris-attacks-republican/
72. ドル金融とアメリカによる域外制裁の関係については、Daniel W. Drezner, "Targeted Sanctions in a World of Global Finance," *International Interactions 41*, no. 4 (2015): pp. 755–764を参照。
73. European Commission, Communication from the Commission to the European Parliament and Council, pp. 16 and 2.

74. Reuters staff, “Obama Thanks Putin for Role in Iran Deal,” *Reuters*, 15 July 2015, https://www.reuters.com/article/us-iran-nuclear-russia-call-idUSKCN0PP2RI20150715
75. 中東におけるアメリカの軍事力行使による強制の問題については、Christopher Layne, “Impotent Power? Re-Examining the Nature of America’s Hegemonic Power,” *The National Interest 85* (September/October 2006): pp. 41–47を参照。
76. 引用元 Quint Forgey, “Trump Levels New Sanctions Against Iran,” *Politico*, 24 June 2019, https://www.politico.com/story/2019/06/24/donald-trump-iran-strait-of-hormuz-1377826
77. US Energy Information Administration, US Petroleum Imports: Total, and from OPEC, Persian Gulf, and Canada, 1960–2019, https://www.eia.gov/energyexplained/oil-and-petroleum-products/imports-and-exports.php
78. アメリカは中東への関与を最小限にすべきであるが、ペルシャ湾からは逃れられないという主張については、Mara Karlin and Tamara Cofman Wittes, “America’s Middle East Purgatory” *Foreign Affairs 98*, no. 1 (January/February 2019): pp. 88–100を参照。アメリカのエネルギー面での立場の変化は、ペルシャ湾への軍事的関与の再評価につながるという一連の主張については、Charles Glaser and Rosemary A. Kelanic, eds., *Crude Strategy: Rethinking the US Commitment to Defend Persian Gulf Oil* (Washington, DC: Georgetown University Press, 2016) を参照。
79. Stephen F. Szabo, *Germany, Russia and the Rise of Geo-economics* (London: Bloomsbury Academic, 2014), p. 3.
80. US Energy Information Administration, Today in Energy, 1 December 2020, https://www.eia.gov/todayinenergy/detail.php?id=46076
81. US Energy Information Administration, Natural Gas Data, Liquid US Natural Gas Exports by Vessel and Truck, https://www.eia.gov/dnav/ng/hist/ngm_epg0_evt_nus-z00_mmcfM.htm
82. Sarah White and Scott DiSavino, “France Halts Engie’s US LNG Deal Amid Trade, Environment Disputes,” *Reuters*, 23 October 2020, https://www.reuters.com/article/engie-lng-france-unitedstates/france-halts-engies-us-lng-deal-amid-trade-environment-disputes-idUSKBN27808G
83. Reuters Staff, “In Shift, Merkel Backs an End to EU-Turkey Membership Talks,” *Reuters*, 3 September 2017, https://cn.reuters.com/article/instant-article/idUSKCN1BE15B
84. House of Commons, Foreign Affairs Committee, UK-Turkey Relations and Turkey’s Regional Role,Twelfth Report of Session 2010–2012, 4 April 2012, paras, 135, 143.
85. 引用元 House of Commons Foreign Affairs Committee, UK-Turkey Relations and Turkey’s Regional Role, para 167.
86. House of Commons, Foreign Affairs Committee, UK-Turkey Relations and Turkey’s Regional Role, p. 174.
87. 引用元 Geroge Parker, “Turkey Unlikely to Join EU ‘Until the Year 3000’, Says

Cameron," *Financial Times*, 22 May 2016, https://www.ft.com/content/de1efd42-2001-11e6-aa98-db1e01fabc0c

88. Michael Peel and Richard Milne, "Macron Warns Turkey Not to Undermine NATO Allies' Solidarity," *Financial Times*, 28 November 2019, https://www.ft.com/content/7177e13e-1203-11ea-a225-db2f231cfeae

89. 引用元 Reuters Staff, "Turkey's Erdogan Says Talks with EU May End over Cyprus Sanctions," *Reuters*, 12 November 2019, https://www.reuters.com/article/us-cyprus-turkey-eu-idUSKBN1XM19C

90. Economist, "Emmanuel Macron in His Own Words."

91. Economist, "Why Germany's Army is in a Bad State," *Economist*, 9 August 2018, https://www.economist.com/the-economist-explains/2018/08/09/why-germanys-army-is-in-a-bad-state

92. 引用元 Justin Huggler, "Nato 'More Important Now than in the Cold War', Angela Merkel Says in Rebuke of Emmanuel Macron," *Daily Telegraph*, 27 November 2019, https://www.telegraph.co.uk/news/2019/11/27/nato-important-now-cold-war-angela-merkel-says-rebuke-emmanuel/; 引用元 Reuters Saff, "Merkel Ally Calls for Better Franco-German Ties After NATO Row," *Reuters*, 24 November 2019, https://www.reuters.com/article/us-germany-france-idUSKBN1XY0I6

93. 引用元 Guy Chazan, "US Envoy Defends Nord Stream 2 Sanctions as 'Pro-European'," *Financial Times*, 22 December 2019, https://www.ft.com/content/21535ebe-23dc-11ea-9a4f-963f0ec7e134

94. Guy Chazan, "Merkel Faces Calls to Scrap Nord Stream 2 After Navalny Poisoning," *Financial Times*, 3 September 2020, https://www.ft.com/content/81e7d355-e478-49fc-ba75-49f43cbfc74f

95. 東地中海におけるトルコの動きについては、Economist, "A Row Between Greece and Turkey Over Gas is Raising Tension in the Eastern Mediterranean," *Economist*, 22 August 2020, https://www.economist.com/international/2020/08/20/a-row-between-turkey-and-greece-over-gas-is-raising-tension-in-the-eastern-mediterraneanを参照。

96. 引用元 Laura Pitel and David Sheppard, "Turkey Fuels Regional Power Game over Mediterranean Gas Reserves," *Financial Times*, 19 July 2020, https://www.ft.com/content/69a222d4-b37c-4e7e-86dc-4f96b226416d

97. Michaël Tanchum, "The Logic Beyond Lausanne: A Geopolitical Perspective on the Congruence Between Turkey's New Hard Power and its Strategic Re-Orientation," *Insight Turkey 22*, no. 3 (2020): p. 51, https://www.insightturkey.com/commentaries/the-logic-beyond-lausanne-a-geopolitical-perspective-on-the-congruence-between-turkeys-new-hard-power-and-its-strategic-reorientation

第4章　ドルはわれわれの通貨だが、それはあなた方の問題だ

1. Corriere della Serra, Economia, "Trichet e Draghi: Un'Azione Pressante Per Ristabilire

La Fiducia Degli Investitori," https://www.corriere.it/economia/11_settembre_29/trichet_draghi_inglese_304a5f1e-ea59-11e0-ae06-4da866778017.shtml

2. Alan Crawford and Tony Czuczka, *Angela Merkel: A Chancellorship Forged in Crisis* (Chichester: Wiley Bloomberg Press, 2013), p. 14.
3. Marcus Walker, Charles Forelle, and Stacey Meichtry, "Deepening Crisis Over Europe Pits Leader Against Leader," *Wall Street Journal*, 30 December 2011, https://www.wsj.com/articles/SB10001424052970203391104577124480046463576
4. 引用元 Silvia Ognibene, "Italy's Northern League Chief Attacks Euro, Says Preparing for Exit," *Reuters*, 7 February 2018, https://www.reuters.com/article/instant-article/idUKKBN1FR30Z
5. 引用元 Adam Tooze, *Crashed: How a Decade of Financial Crises changed the World* (London: Penguin, 2018), p. 438（アダム・トゥーズ著『暴落――金融危機は世界をどう変えたのか（上・下）』江口泰子、月沢李歌子訳、みすず書房、2020年）〔邦訳・下巻の522頁〕
6. Peter Spiegel, *How the Euro Was Saved*, kindle edition (London: Financial Times, 2014), ch. 3.
7. Helen Thompson, *Might, Right, Prosperity and Consent: Representative Democracy and the International Economy 1919–2001* (Manchester: Manchester University Press, 2008), pp. 78–79.
8. Benn Steil, *The Battle of Bretton Woods: John Maynard Keynes, Harry Dexter White, and the Making of a New World Order* (Princeton: Princeton University Press, 2013), pp. 331–335（ベン・ステイル著『ブレトンウッズの闘い――ケインズ、ホワイトと新世界秩序の創造』小坂恵理訳、日本経済新聞出版社、2014年）。この問題の一端は、アメリカの経済学者ロバート・トリフィンによって有名になった。トリフィンは、ブレトンウッズ体制がアメリカに不可能な負担を課していると主張した。というのも、国際貿易を成長させるためにはドルの流動性を提供する必要があるが、その結果として、アメリカの国際収支は赤字になることから、連邦準備制度は金融政策を通じてドルの価値を守らなければならず、そうなれば景気後退を招いてしまうからである〔邦訳の第11章〕。Robert Triffin, *Gold and the Dollar Crisis: The Future of Convertibility* (Oxford: Oxford University Press, 1960)（ロバート・トリフィン著『金とドルの危機――新国際通貨制度の提案』村野孝、小島清監訳、勁草書房、1961年）を参照。しかし、なぜブレトンウッズ体制が崩壊したのかについて、トリフィンの説明は次の二点で説得力を欠く。第一に、トリフィンのパラドックスが指摘される前からすでに、ブレトンウッズ体制はユーロダラー市場において金ドル問題への対抗策を講じていたが、そのことがブレトンウッズ体制の終焉のはるか以前から大きな負担となっていた点。第二に、1965年以降、アメリカの政策当局者は、アメリカの財政・金融政策をドル金兌換の維持に向けようとしなかった点である。Michael D. Bordo and Robert N. McCauley, "Triffin: Dilemma or Myth?," BIS Working Papers, no. 684, 19 December

2017, https://www. bis.org/publ/work684.htm

9. Bordo and McCauley, "Triffin: Dilemma or Myth?," p. 5.

10. ユーロダラー市場の歴史については、Gary Burn, *The Re-Emergence of Global Finance* (Basingstoke: Palgrave Macmillan, 2006); Catherine R. Schenk, "The Origins of the Eurodollar Market in London: 1955–1963," *Explorations in Economic History 35*, no. 2 (1998): pp. 221–238を参照。

11. 初期のユーロダラー市場におけるロンドンの重要性とその長期的意義については、Jeremy Green, *The Political Economy of the Special Relationship: Anglo-American Development from the Gold Standard to the Financial Crisis* (Princeton: Princeton University Press, 2020); Gary Burn, "The State, the City, and the Euromarkets," *Review of International Political Economy 6*, no. 2 (1999): pp. 225–261を参照。

12. Milton Friedman, "The Euro-Dollar Market: Some First Principles," Federal Reserve Bank of St Louis, July 1971, pp. 16, 21, https://files.stlouisfed.org/files/htdocs/publications/review/71/07/Principles_Jul1971.pdf

13. Federal Reserve Board, Federal Open Market Committee, Memorandum of Discussion, 17 December 1968, pp. 20–22, https://www.federalreserve.gov/monetarypolicy/files/fomcmod19681217.pdf

14. Jeffry Frieden, *Banking on the World: The Politics of American International Finance* (New York: Routledge Revivals, 2016), p. 81（ジェフリー・A・フリーデン著『国際金融の政治学』安倍惇、小野塚佳光訳、同文舘出版、1991年）

15. 引用元 Francis Gavin, *Gold, Dollars and Power: The Politics of International Monetary Relations, 1958–1971* (Chapel Hill, NC: University of North Carolina Press, 2004), p. 121.

16. Michael J. Graetz and and Olivia Briffault, "A 'Barbarous Relic': The French, Gold, and the Demise of Bretton Woods,"Yale Law & Economics Research Paper No. 558; Columbia Law & Economics Working Paper, No. 560 (2016), p. 13. ブレトンウッズ体制にたいするフランスの見解と、金本位制への復帰を唱えるジャック・リュエフ（ド・ゴールの経済顧問）の主張については、Jacque Rueff, *The Monetary Sin of the West* (New York: Macmillan, 1972) を参照。

17. Hellen Thompson, *Oil and the Western Economic Crisis* (London: Palgrave, 2017), p. 94.

18. ブレトンウッズ体制の終焉を必然とする見方にたいする反論は、Harold James, "The Multiple Contexts of Bretton Woods," *Oxford Review of Economics Policy 28*, no. 3 (2012): pp. 420–423を参照。

19. Steil, *The Battle of Bretton Woods*, p. 25（ステイル著『ブレトンウッズの闘い』）

20. James, "The Multiple Contexts of Bretton Woods," p. 424.

21. 1970年代のユーロダラー市場の成長については、Carlo Edoardo Altamura, *European Banks and the Rise of International Finance: The Post Bretton-Woods Era* (London: Routledge, 2017) を参照。

22. Thompson, *Oil and the Western Economic Crisis*, p. 96.

23. David Spiro, *The Hidden Hand of American Hegemony: Petrodollar Recycling and International Markets* (Ithaca: Cornell University Press, 1999), pp. 107–120; Andrea Wong, "US Discloses Saudi Holdings of US Treasuries for First Time," *Bloomberg*, 16 May 2016, https://www.bloomberg.com/news/articles/2016-05-16/u-s-discloses-saudi-arabia-s-treasuries-holdings-for-first-time

24. Spiro, *The Hidden Hand*, pp. 122–124, 148.

25. Samba Mbaye, New Data on Global Debt, IMF Blog, https://blogs.imf.org/2019/01/02/new-data-on-global-debt/

26. 1970年代以降の経済生活を新自由主義（ネオリベラリズム）を軸に構成するいくつかの思慮深い主張については、David Harvey, *A Brief History of Neo-Liberalism* (Oxford: Oxford University Press, 2007)（デヴィッド・ハーヴェイ著『新自由主義——その歴史的展開と現在』渡辺治監訳、森田成也、木下ちがや、大屋定晴、中村好孝訳、作品社、2007年）; Andrew Gamble, *Crisis Without End?: The Unravelling of Western Prosperity* (London: Palgrave, 2014); Daniel Stedman Jones, *Masters of the Universe: Hayek, Friedman, and the Birth of Neoliberal Politics*, updated edition (Princeton: Princeton University Press, 2014) を参照。

27. ハプスブルク帝国崩壊後の新自由主義の知的起源については、Quinn Slobodian, *Globalists: The End of Empire and the Birth of Neo-Liberalism* (Cambridge, MA: Harvard University Press, 2018)（クィン・スロボディアン著『グローバリスト——帝国の終焉とネオリベラリズムの誕生』原田太津男、尹春志訳、白水社、2024年）を参照。

28. 1970年代は、アメリカの生産性上昇を牽引した物質的、技術的、人口学的条件の100年の終わりであり、それは二度と戻ってこないという説得力のある主張については、Robert J. Gordon, *The Rise and Fall of American Growth: the U.S. Standard of Living since the Civil War* (Princeton: Princeton University Press, 2016)（ロバート・J・ゴードン著『アメリカ経済——成長の終焉（上・下）』高遠裕子、山岡由美訳、日経BP社、2018年）を参照。

29. 1970年の危機の物質的原因にたいする同様の懸念については、Adam Tooze, "Neo-liberalism's World Order," *Dissent* (Summer 2018), https://www.dissentmagazine.org/article/neoliberalism-world-order-review-quinn-slobodian-globalistsを参照。1970年代から80年代前半にかけてのアメリカでの規制緩和の政治課題におけるエネルギーの重要性については、Meg Jacobs, *Panic at the Pump: The Energy Crisis and the Transformation of American Politics in the 1970s* (New York: Hill and Wang, 2016) を参照。ドル問題と経済自由化のレトリックとの関係については、David E. Spiro, "The Role of the Dollar and the Justificatory Discourse of Neoliberalism" in *Counter-Shock: The Oil Counter-Revolution of the 1980s*, edited by Duccio Basosi, Giuliano Garavini, and Massimiliano Trentin (London: I.B. Taurus, 2020), pp. 36, 49, 51を参照。

30. Jacobs, *Panic at the Pump*, chs. 3–4.
31. 引用元 Jacobs, *Panic at the Pump*, p. 271.
32. Jacobs, *Panic at the Pump*, p. 109.
33. Perry Mehrling, "An Interview with Paul A. Volcker," *Macroeconomic Dynamics 5*, no. 3 (2001): p. 443.
34. Graetz and Briffault, "A 'Barbarous Relic'," p. 17.
35. Barry Eichengreen, *Exorbitant Privilege: The Rise and Fall of the Dollar and the Future of the International Monetary System* (Oxford: Oxford University Press, 2011), p. 75(バリー・アイケングリーン著『とてつもない特権――君臨する基軸通貨ドルの不安』小浜裕久監訳、勁草書房、2012年)
36. Geoffrey Bell, "The May 1971 International Monetary Crisis: Implications and Lessons," *Financial Analysts Journal 27*, no. 4 (1971): p. 88.
37. 引用元 James, *Making the European Monetary Union*, p. 87.
38. 引用元 EC: Heath-Brandt Meeting—Resumed (Possible Joint EC Float), 1 March 1973, UK National Archive. Available via the Margaret Thatcher Foundation: Britain & the Origins of the EMS.
39. 引用元 Callaghan Note of EMS Discussion (At Copenhagen European Council Dinner, 7 April 1978), UK National Archive. Available via the Margaret Thatcher Foundation: Britain & the Origins of the EMS, https://www.margaretthatcher.org/archive/EMS_1978
40. 引用元 Transcript of Meeting of the Bundesbank Council, 30 November 1978; The National Archive, Schmidt Note of Remarks on EMS. UK National Archive. Available via the Margaret Thatcher Foundation: Britain and the Origins of the EMS.
41. Charles P. Kindleberger, "The Dollar Yesterday, Today and Tomorrow," *Banca Nazionale Del Lavoro Quarterly Review 155* (December 1985): p. 306.
42. Kiyoshi Hirowatari, *Britain and European Monetary Cooperation 1964–1979* (London: Palgrave Macmillan, 2015), p. 50
43. 引用元 Catherine Schenk, "Sterling, International Monetary Reform, and Britain's Applications to Join the European Economic Community in the 1960s," *Contemporary European History 11*, no. 3 (2002): p. 367.
44. Schenk "Sterling, International Monetary Reform," p. 369.
45. Hirowatari, *Britain and European Monetary Cooperation 1964–1979*, pp. 48–49.
46. ハロルド・ジェームズは、欧州共同体(EC)の通貨協力は、イギリスが関与せず、フランスと西ドイツに任せた場合にのみ可能であったと主張する。James, "The Multiple Contexts," p. 421.
47. ヴォルカー・ショックに関するヴォルカー本人の説明は、Paul A. Volcker with Christine Harper, *Keeping at It: The Quest for Sound Money and Good Government* (New York: Public Affairs, 2018)(ポール・A・ボルカー、クリスティン・ハーパー著『ボルカー回顧録――健全な金融、良き政府を求めて』村井浩紀訳、日本経

済新聞出版社、2019年）を参照。

48. Alexandre Reichart, "French Monetary Policy (1981–1985): A Constrained Policy, Between Volcker Shock, the EMS, and Macro-economic Imbalances," *Journal of European Economic History 44*, no. 1 (2015): p. 15.

49. Jeremy Leaman, *The Political Economy of Germany Under Chancellors Kohl and Schröder: Decline of the German Model?* (New York: Berghahn Books, 2009), pp. 26–30.

50. Helen Thompson, *The British Conservative Government and the European Exchange Rate Mechanism 1979–1994* (London: Pinter, 1996), chs. 2–5を参照。

51. James, "Bretton Woods and its Multiple Contexts," pp. 427–428.

52. プラザ合意やルーブル合意、1980年代半ばの為替相場協力の失敗については、C. Randall Henning, *Currencies and Politics in the United States, Germany, and Japan* (Washington, DC: Peterson Institution of International Economics, 1994); Yoichi Funabashi, *Managing the Dollar from the Plaza to the Louvre*, second edition (Washington, DC: Peterson Institute for International Economics, 1989).（同書を基にして日本語に書き上げたのが、船橋洋一氏の慶應義塾大学博士論文「「ドル管理」の国際政治――プラザ合意からルーブル合意に至る五カ国蔵相・中央銀行総裁会議（G5）の経済政策協調の分析」1992年）を参照。

53. Spiro, "The Role of the Dollar and the Justificatory Discourse of Neoliberalism," p. 41.

54. 1988年にフランス政府が通貨同盟の決定に至った経緯については、David J. Howarth, *The French Road to European Monetary Union* (London: Palgrave Macmillan, 2001）を参照。

55. 欧州委員会のジャック・ドロールら一部の人びとは、やがて生まれるヨーロッパの単一通貨がドルに代わる選択肢になることを期待しており、バリー・アイケングリーン著『とてつもない特権』(pp. 129–130) などにも書かれているように、この動きにはドルに絡む動機があったと強調する向きもある。しかし1987年から88年にかけて前面に出たのは、ドルの制約ではなく、ドイツマルクの制約であり、フランスの動きは独仏理事会の設置が早い段階で白紙となった直後に起こったものであった。

56. 通貨同盟はドイツ統一への対応として生まれたという主張は依然として根強いが、ECは1989年6月にすでに通貨同盟に関するドロール報告を実施することに合意していた。こうした主張の否定については、Andrew Moravcsik, *The Choice for Europe: Social Purpose and State Power from Messina to Maastricht* (London: UCL Press,1999), pp. 396–401を参照。

57. ドイツ国家とは異なる意味でドイツ国民を代表するというドイツ連邦銀行（ブンデスバンク）の主張と、その主張を正当化するために使われるドイツ経済の歴史に関する神話的物語については、Hjalte Lokdam, "Banking on Sovereignty: A Genealogy of the European Central Bank's Independence," PhD dissertation submitted to the London School of Economics, 2019, ch. 2を参照。

58. Chiara Zilioli and Martin Selmayr, "The Constitutional Status of the European Central Bank," *Common Market Law Review 44*, no. 2 (2007): pp. 355–399を参照。
59. 通貨同盟への移行とマーストリヒト条約で合意された条件については、James, *Making the European Monetary Union*, chs. 6–8; David Marsh, *The Euro: The Battle for the New Global Currency* (New Haven: Yale University Press, 2009), chs. 3–6（デイヴィッド・マーシュ著『ユーロ——統一通貨誕生への道のり、その歴史的・政治的背景と展望)』田村勝省訳、一灯舎、2011年）を参照。
60. それにもかかわらず、イタリア政府は通貨同盟を求めるフランス政府の最初の強力な支持者であった。
61. Moravcsik, *The Choice for Europe*, p. 404.
62. Moravcsik, *The Choice for Europe*, p. 443.
63. James Sloam, *The European Policy of the German Social Democrats: Interpreting a Changing World* (London: Palgrave Macmillan, 2004), pp. 138–140.
64. Alan Cowell, "Kohl Casts Europe's Economic Union as War and Peace Issue," *New York Times*, 7 October 1995, https://www.nytimes.com/1995/10/17/world/kohl-casts-europe-s-economic-union-as-war-and-peace-issue.html
65. Cowell, "Kohl Casts Europe's Economic Union as War and Peace Issue."
66. David Howarth, "The French State in the Euro-Zone: 'Modernization' and Legitimatizing Dirigisme" in *European States and the Euro: Europeanization, Variation, and Convergence*, edited by Kenneth Dyson (Oxford: Oxford University Press, 2002), p. 167.
67. Moravcsik, *The Choice for Europe*, p. 446.
68. Maria Demertzis, Konstantinos Efstathiou, and Fabio Matera, "The Italian Lira: The Exchange Rate and Employment in the ERM," *Bruegel Blog*, 13 January 2017,https://www.bruegel.org/2017/01/the-italian-lira-the-exchange-rate-and-employment-in-the-erm/
69. 引用元 Katherine Butler and Yvette Cooper, "Lira Up as Italy's Tax for Europe Gets Go-Ahead," *Independent*, 22 February 1997, https://www. independent.co.uk/news/business/lira-up-as-italy-s-tax-for-europe-gets-goahead-1279992.html
70. 引用元 Butler and Cooper, "Lira Up as Italy's Tax for Europe Gets Go-Ahead."
71. Thompson, *The British Conservative Government and the European Exchange Rate Mechanism*, pp. 203–207.
72. イギリス政府が選択的適用除外（オプトアウト）を選択したのは、金融部門にたいする計算があったからだという主張については、Ophelia Eglene, *Banking on Sterling: Britain's Independence from the Euro Zone* (Lanham, MD: Lexington Books, 2010) を参照。

第5章　メイド・イン・チャイナにはドルが必要

1. Janet Yellen, "The Outlook for the Economy," Remarks at the Providence Chamber of

Commerce, Providence, Rhode Island, 22 May 2015, https://fraser.stlouisfed.org/title/statements-speeches-janet-l-yellen-930/outlook-economy-521732

2. Yellen, "The Outlook for the Economy."

3. 人民元は中国の公式通貨であり、交換媒体として使用される。人民元は物価を測定するための勘定単位である。

4. Federal Open Market Committee, Press Conference, 17 September 2015, https://www.federalreserve.gov/monetarypolicy/fomcpresconf20150917.htm

5. G20 Finance Ministers and Central Bank Governors' Meeting, Shanghai, 27 February 2016, Communiqué, http://www.g20.utoronto.ca/2016/160227-finance-en.html

6. National Security Strategy of the United States of America, https://trumpwhitehouse.archives.gov/wp-content/uploads/2017/12/NSS-Final-12-18-2017-0905.pdf, pp. 27, 3, 18.

7. Remarks By Vice President Pence on the Administration's Policy Towards China, Hudson Institute, Washington, DC, 4 October 2018, https://www.hudson.org/events/1610-vice-president-mike-pence-s-remarks-on-the-administration-s-policy-towards-china102018

8. 引用元 Richard N. Haass, "The Crisis in US-China Relations: The Trump Administration has Staked Out an Aggressive Position, But its Critique of Chinese Behaviour Is Widely Shared and Points to the Need for a New American Strategy," *Wall Street Journal*, 19 October 2018, https://www.wsj.com/articles/the-crisis-in-u-s-china-relations-1539963174. ケビン・ラッド元オーストラリア首相は2018年10月、2018年のトランプ政権による中国へのアプローチを世界の分水嶺とする旨の演説を行った。"The United States and China and the avoidable war," Speech at the United States Naval Academy, 10 October 2018, https://asiasociety.org/policy-institute/united-states-and-china-avoidable-war

9. 引用元 Jim Brunsden, "EU Warns of $300 billion Hit to US Over Car Import Tariffs," *Financial Times*, 1 July 2018.

10. US Census, Foreign Trade, Trade in Goods with China, https://www.census. gov/foreign-trade/balance/c5700.html

11. フランスの雇用ショックについては、Clément Malgouyres, "The Impact of Chinese Import Competition on the Local Structure of Employment and Wages: Evidence from France," Banque de France, Document du Travail, No. 603を参照。ドイツでは、自動車や機械などの中国への輸出にたいして中国から大規模な逆流が発生した。Wolfgang Dauth, Sebastian Findeisen, and Jens Suedekum "The Rise of the East and the Far East: German Labour Markets and Trade Integration," *Journal of the European Economic Association 12*, no. 6 (2014): pp. 1643–1675.

12. 経済学者のデイヴィッド・オーター、デイヴィッド・ドーン、ゴードン・ハンソンらによるいくつかの研究で、その大きな衝撃の事例が示されている。たとえば、David H. Autor, David Dorn, and Gordon H. Hanson, "The China Shock: Learning

from Labour Market Adjustment to Large Changes in Trade," NBER Working Paper Series, 21906やJustin R. Pierce and Peter K. Schott, "The Surprisingly Swift Decline of US Manufacturing Employment," *American Economic Review 106*, no. 7 (2016): pp. 1632–1662; Daron Acemoglu, David Autor, David Dorn, Gordon Hanson, and Brendan Price, "Import Competition and the Great U.S. Employment Sag of the 2000s," *Journal of Labor Economics 34*, no. 1 (2016): pp. S141–198を参照。オーターらの主張にたいする批判としては、Jonathan T. Rothwell, "Cutting the Losses: Reassessing the Costs of Import Competition to Workers and Communities" (19 October 2017), https://papers.ssrn.com/sol3/papers.cfm?abstract_id=2920188を参照。衝撃のメリットを強調する主張は、Kyle Handley and Nuno Limão, "Policy Uncertainty, Trade, and Welfare: Theory and Evidence for China and the United States," *American Economic Review 107*, no. 9 (2017): pp. 2731–2783を参照。

13. Federal Reserve of St Louis Data, Current Employment Statistics, All Employees, Manufacturing, https://fred.stlouisfed.org/series/MANEMP

14. たとえば、2000年から02年までの早い時期は、ドル高の時期と一致している。チャイナ・ショックとの関連でこの変数をどう読むかについては、Brad Setser, "China's WTO Entry, 15 Years On," Council on Foreign Relations Blog, https://www.cfr.org/blog/chinas-wto-entry-15-yearsを参照。

15. 引用元 Robert E. Lighthizer, Testimony Before the US-China Economic and Security Review Commission: Evaluating China's Role in the World Trade Organization Over the Last Decade, 9 June 2010, p. 10, https://www.uscc.gov/sites/default/files/6.9.10Lighthizer.pdf

16. 引用元 Helen Thompson, *China and the Mortgaging of America: Domestic Politics and Economic Interdependence* (London: Palgrave, 2010), p. 38.

17. 中国の貿易黒字の主たる理由が中国の通貨にあると考えるには、相当な理由があった。Brad Setser, Testimony before the Senate Committee on Small Business and Entrepreneurship, Hearing on Made in China and the Future of US Industry, 27 February 2019, https://www.sbc.senate.gov/public/_cache/files/3/b/3bd85987-d8b4-48b3-a53e-8b49d2060821/4E39BD152B9F358A5E4254D80A512D8B.setser-testimony.pdfを参照。問題は中国ではなくアメリカのマクロ経済政策にあったという主張については、Ronald Ronald McKinnon, *The Unloved Dollar Standard: From Bretton Woods to the Rise of China* (Oxford: Oxford University Press, 2013), ch. 13を参照。

18. Henry M. Paulson, Jr, "A Strategic Economic Engagement: Strengthening US-China Ties," *Foreign Affairs 87*, no. 5 (September/October 2008): pp. 59–77を参照。

19. Sean Starrs "American Economic Power Hasn't Declined—It Globalised! Summoning the Data and Taking Globalization Seriously," *International Studies Quarterly 57*, no. 4 (2013): pp. 818–820.

20. 引用元 Charles Duhigg and Keith Bradsher, "How the US Lost out on iPhone Work,"

New York Times, 21 January 2012, https://www.nytimes.com/2012/01/22/business/apple-america-and-a-squeezed-middle-class. html

21. 引用元 Duhigg and Bradsher, "How the US Lost out on iPhone Work."
22. Greg Linden, Kenneth L. Kraemer, and Jason Dedrick., "Who Captures Value in a Global Innovation System? The Case of Apple's iPod," UC Irvine Personal Computing Industry Center, The Paul Merage School of Business, University of California, Irvine, June 2007, https://citeseerx.ist.psu.edu/viewdoc/download?doi=10.1.1.419.2289&rep=rep1&type=pdf
23. マシュー・クレインとマイケル・ペティスは、貿易戦争は究極的には階級闘争であると指摘している。米中貿易、そして米独貿易に関して、彼らは「世界の富裕層が世界の労働者や退職者を犠牲にして恩恵を受けられたのは、アメリカの資本家の利益が中国やドイツの実業家の利益を補完したからだ」と論じている。Matthew C. Klein and Michael Pettis, *Trade Wars are Class Wars: How Rising Inequality Distorts the Global Economy and Threatens International Peace* (New Haven: Yale University Press), p. 224（マシュー・C・クレイン、マイケル・ペティス著『貿易戦争は階級闘争である――格差と対立の隠された構造』小坂恵理訳、みすず書房、2021年）〔引用部は、邦訳の273頁〕
24. US Energy Information Administration, international statistics. On rising demand see Thompson, *Oil and the Western Economic Crisis*, pp. 10–12.
25. 原油供給の問題については、Thompson, *Oil and the Western Economic Crisis*, pp. 12–24を参照。
26. Macro-trends, Crude Oil Prices—70 Year Historical Chart, https://www. macrotrends.net/1369/crude-oil-price-history-chart
27. Carlo Edoardo Altamura, *European Banks and the Rise of International Finance* (London: Routledge, 2017), ch. 3. ユーロダラー市場におけるコンソーシアム・バンキング（金融子会社）については、Richard Roberts (with C. Arnander), *Take Your Partners: Orion, the Consortium Banks and the Transformation of the Euromarkets* (London: Palgrave Macmillan, 2001) を参照。
28. 1970年代後半までの国際金融部門の出現については、Helmut W. Mayer, "Credit and Liquidity Creation in the International Banking Sector," BIS Economic Papers, no. 1, 1 November 1979, https://www.bis.org/publ/econ1.htmを参照。アメリカにおける金融中心の経済へのシフトについては、Judith Stein, *Pivotal Decade: How the United States Traded Factories for Finance in the Seventies* (New Haven: Yale University Press, 2011) を参照。
29. Carlo Edoardo Altamura, *European Banks and the Rise of International Finance*, ch. 3を参照。第二次オイルショックの後、中央銀行が各銀行にユーロダラー業務を含む連結バランスシートの公表を義務づける提案の草案が出されるなど、ふたたび議論が起こったが、結局何も実現しなかった。Izabella Kaminska, "A Global Reserve Requirement for All Those Eurodollars," *Financial Times Alphaville*, 15 April

2016, https://www.ft.com/content/226e90ec-ead3-311d-9361-b0f2c2bfd9e3. 自由な資本移動への国際的アプローチにおけるヨーロッパ諸国の重要性については、Rawi Abdelal, *Capital Rules: The Construction of Global Finance*（Cambridge, MA, Harvard University Press, 2007）を参照。ブレトンウッズ体制後のユーロダラー・システムの発展における各国中央銀行の重要性については、Benjamin Braun, Arie Kramp, and Steffen Murau, "Financial Globalisation as Positive Integration: Monetary Technocrats and the Eurodollar Market in the 1970s," *Review of International Political Economy*. Published online 22 March 2020, DOI: 10.1080/09692290.2020.1740291; Rawi Abdelal, "Writing the Rules of Global Finance: France,Europe,and Capital Liberalization," *Review of International Political Economy 13*, no. 1（2006）: pp. 1–27を参照。

30. Charles Goodhart, *The Basel Committee on Banking Supervision*（Cambridge: Cambridge University Press, 2011）, p. 41.

31. Alan Greenspan, "The Challenge of Central Banking in a Democratic Society," Remarks, 5 December 1996, https://fraser.stlouisfed.org/title/statements-speeches-alan-greenspan-452/challenge-central-banking-a-democratic-society-8581

32. Greenspan, "The Challenge of Central Banking in a Democratic Society."

33. Greenspan, "The Challenge of Central Banking in a Democratic Society."

34. Claudio Borio and William White, "Whither Monetary and Financial Stability? The Implications of Evolving Policy Regimes," BIS Working Papers, no. 147, 2004, p. 5, https://www.bis.org/publ/work147.pdf

35. 最も楽観的であったグリーンスパンは、彼が言うところの「国境を越えた金融」の規模が大幅に拡大したことで、世界経済はショックを吸収しやすくなったと主張した。詳しくは、Alan Greenspan, "World Finance and Risk Management Management," Remarks at Lancaster House, London, 25 September 2002, https://www.federalreserve.gov/boarddocs/speeches/2002/200209253/default.htmを参照。金融危機の後、グリーンスパンは自身の任期にたいする一部の批判に耳を傾けたものの、資産バブルに先回りして金融政策を指示することはできないという自説を堅持した。Alan Greenspan, "The Crisis," Brookings Papers on Economic Activity（Spring 2010）, pp. 201–246, https://www.brookings.edu/bpea-articles/the-crisis/を参照。大いなる安定期（グレート・モデレーション）には金融不安の条件が必ず含まれているとする2007年から08年にかけての金融危機前に表明された見解については、Borio and White, "Whither Monetary and Financial Stability?"を参照。

36. 1990年代後半からの銀行業の国際化については、Iain Hardie and David Howarth, eds, *Market Based-Banking and the International Financial Crisis*（Oxford: Oxford University Press）を参照。ドイツの主導的役割については、Helen Thompson, "Enduring Capital Flow Constraints and the 2007–8 Financial and Euro-zone Crises," *British Journal of Politics and International Relations 8*, no. 1（2016）: pp. 216–233; Iain Hardie and David Howarth, "Die Krise and Not la Crise? The Financial Crisis and

the Transformation of German and French Banking Systems," *Journal of Common Market Studies 47*, no. 5 (2009): pp. 1017–1039を参照。

37. 2002年から07年にかけての国際資本フローの急増にたいする銀行業の国際化の影響については、Philip R. Lane, *Capital Flows in the Euro Area*. European Commission, Economic Papers 497, April 2013, https://ec.europa.eu/economy_finance/publications/economic_paper/2013/pdf/ecp497_en.pdf; Philip R. Lane, "Financial Globalisation and the Crisis," BIS Working Papers, no. 39, December 2012, https://www.bis.org/publ/work397.htm; Philip R. Lane and Gian Maria Milesi-Ferretti, "The Drivers of Financial Globalisation," *American Economic Review 98*, no. 2 (2008): pp. 327–332; Gian Maria, Milesi-Ferretti, Francesco Strobbe, and Natalia Tamirisa, "Bilateral Financial Linkages and Global Imbalances: A View on the Eve of the Financial Crisis," IMF Working Paper, WP/10/257, 1 November 2010, https://www.imf.org/en/Publications/WP/Issues/2016/12/31/Bilateral-Financial-Linkages-and-Global-Imbalances-a-View-on-The-Eve-of-the-Financial-Crisis-24350を参照。

38. BIS Committee on the Global Financial System, *The Functioning and Resilience of Cross-Border Funding Markets*, CGFS Paper no. 37, March 2010, p. 10, https://www.bis.org/publ/cgfs37.htm; Patrick McGuire and Goetz von Peter, The US Dollar Shortage in Global Banking, *BIS Quarterly Review* (March 2009): p. 48, https://www.bis.org/publ/qtrpdf/r_qt0903f.pdf?noframes=1

39. Ben S. Bernanke, "The Great Moderation," Speech at the Eastern Economic Association, Washington, DC, 20 February 2004, https://www.federalreserve.gov/boarddocs/speeches/2004/20040220/

40. Bernanke, "The Great Moderation."

41. Charles Bean, "The Great Moderation, the Great Panic, and the Great Contraction," *BIS Review 101* (2009): pp. 4–7, https://www.bis.org/review/r090902d.pdf

42. Sandra Eickmeier and Markus Kühnlenz, "China's Role in Global Inflation Dynamics," *Macroeconomic Dynamics 22*, no. 2 (2016): pp. 225–254を参照。

43. Charles Bean, Christian Broda, Takatoshi Ito, and Randall Kroszner, "Low for Long? Causes and Consequences of Persistently Low Interest Rates," Geneva Reports on the World Economy 17, International Center for Monetary and Banking Studies (ICMB) and Center for Economic Policy Research (CEPR), Geneva and London, October 2015, pp. 1, 3, 14, https://voxeu.org/sites/default/files/file/Geneva17_28sept.pdf

44. Bean, Broda, Ito, and Kroszner, "Low for Long?," p. 10.

45. Bean, Broda, Ito, and Kroszner, "Low for Long?," pp. 28–32.

46. Ben S. Bernanke, "The Global Saving Glut and the U.S. Current Account Deficit," Remarks at the Sandridge Lecture, Virginia Association of Economists, 14 April 2005, https://www.federalreserve.gov/boarddocs/speeches/2005/200503102/

47. Brad W. Sester and Arpana Pandey, "China's $1.5 Trillion Bet: Understanding China's External Portfolio," Council for Foreign Relations, Working Paper, 13 May 2009, p. 1,

https://www.cfr.org/report/chinas-15-trillion-bet

48. Michael P. Dooley, David Folkerts-Landau, and Peter Garber, "The Revived Bretton Woods System," *International Journal of Finance and Economics 9*, no. 4 (2004): pp. 307–313.

49. Niall Ferguson and Moritz Schularick, "Chimerica and the Global Asset Boom," *International Finance 10*, no. 3 (2007): pp. 215–239.

50. Lawrence H. Summers, "The US Current Account Deficit and the Global Economy," Lecture at the Per Jacobsson Foundation, 3 October 2004, pp. 13, 8, https://www.imf.org/en/Publications/Other-Periodicals/Issues/2016/12/31/The-U-S-17872

51. 2004年から08年にかけての米連邦準備制度理事会（FRB）、欧州中央銀行（ECB）、イングランド銀行の金融政策決定における原油価格の一般的な影響については、Thompson, *Oil and the Western Economic Crisis*, pp. 26–34を参照。

52. Alan Greenspan, *The Age of Turbulence* (London: Allen Lane, 2007), p. 463（グリーンスパン著『波乱の時代（上・下）』）〔邦訳・下巻の278頁〕

53. 引用元 "Greenspan Clarifies Iraq War Comment," *Irish Times*, 17 September 2007, https://www.irishtimes.com/news/greenspan-clarifies-iraq-war-comment-1.812331

54. Mervyn King, Speech Given at CBI North East Annual Dinner, Gateshead, 11 October 2005, https://www.bankofengland.co.uk/speech/2005/cbi-north-east-annual-dinner

55. European Central Bank, Introductory Statement with Q&A, Jean-Claude Trichet and Lucas Papademos, Frankfurt am Main, 3 July 2008, https://www.ecb.europa.eu/press/pressconf/2008/html/is080703.en.html

56. 引用元 Tao Wu, "The Long-Term Interest Rate Conundrum: Not Unravelled Yet?," *Federal Reserve Bank of San Francisco, Economic Letter*, 29 April 2005, https://www.frbsf.org/economic-research/publications/economic-letter/2005/april/the-long-term-interest-rate-conundrum-not-unraveled-yet/

57. ヨーロッパの銀行がドル建て債権をアメリカに還流させる動きについては、Claudio Bordo, Harold James, and Hyun Song Shin, "The International Monetary and Financial System: A Capital Account Historical Perspective," BIS Working Papers, no. 457, August 2014, pp. 15–19, https://www.bis.org/publ/work457.htmを参照。

58. ヨーロッパの銀行が金融危機の震源地に立っていた状況を示す分析については、Robert N. McCauley, "The 2008 crisis: transatlantic or transpacific?," *BIS Quarterly Review* (December 2018): pp. 39–58, https://www.bis.org/publ/qtrpdf/r_qt1812f.htm; Claudio Bordo, Harold James, and Hyun Song Shin, "The International Monetary and Financial System"; Hyun Song Shin, "Global Banking Glut and Loan Risk Premium," *IMF Economic Review 60*, no. 2 (2012): pp. 155–192; Naohiko Baba, Robert N. McCauley, and Srichander Ramaswamy, "US Dollar Money Market Funds and Non-US Banks," *BIS Quarterly Review* (March 2009): pp. 65–81; Patrick McGuire and Goetz von Peter, "The US Dollar Shortage in Global Banking," *BIS Quarterly Review* (March 2009): pp. 47–63; Claudio Borio and Piti Disyatat, "Global Imbalances and the

Financial Crisis: Link Or No Link?," BIS Working Papers, no. 346, May 2011, https://www.bis.org/publ/work346.pdfを参照。ヨーロッパの銀行危機とそれがいかにアジアの貯蓄過剰や アメリカのサブプライム危機と誤認されたかについての優れた分析は、Adam Tooze, *Crashed: How a Decade of Financial Crises Changes the World* (*London: Penguin, 2018*), chs. 1–3（アダム・トゥーズ著『暴落――金融危機は世界をどう変えたのか（上・下）』江口泰子、月沢李歌子訳、みすず書房、2020年）を参照。

59. バーナンキによる金融危機後の貯蓄過剰分析については、Ben S. Bernanke, Carol Bertaut, Laurie Pounder DeMarco, and Steven Kamin, "International capital flows and the return to safe assets in the United States, 2003–07," Board of Governors of the Federal Reserve System International Finance Discussion Papers, 1014, February 2011, https://www.federalreserve.gov/pubs/ifdp/2011/1014/ifdp1014.htmを参照。「銀行の過剰貸付（banking glut）」という用語は、韓国の金融経済学者ヒュン・ソン・シンの「世界的な銀行の過剰貸付とローン・リスク・プレミアム」に由来する。
60. Federal Reserve Bank of St Louis, House Price Indexes, https://fred.stlouisfed.org/categories/32261
61. アメリカの住宅ブームとサブプライムローンについては、Herman M. Schwartz, *Subprime Nation:American Power, Global Capital, and the Housing Bubble* (Ithaca: Cornell University Press, 2009); Robert J. Schiller, *The Sub-Prime Solution: How Today's Financial Crisis Happened and What to Do About it* (Princeton: Princeton University Press, 2008), chs. 2–4を参照。
62. William R. Emmons, "The End is in Sight For the US Foreclosure Crisis," Federal Reserve Bank of St Louis, 2 December 2016, https://www.stlouisfed.org/on-the-economy/2016/december/end-sight-us-foreclosure-crisis
63. Thompson, *Oil and the Western Economic Crisis*, pp. 30–32.
64. Thompson, *Oil and the Western Economic Crisis*, pp. 35–37; James D. Hamilton "Causes and Consequences of the Oil Shock of 2007–08," *Brookings Papers on Economic Activity* (Spring 2009): pp. 215–261.
65. Thompson, *Oil and the Western Economic Crisis*, p. 34.
66. Thompson, *Oil and the Western Economic Crisis*, pp. 33–34.
67. Statement by by Ben Bernanke before the Financial Crisis Inquiry Commission, Washington, DC, 2 September 2010, https://www.federalreserve.gov/newsevents/testimony/bernanke20100902a.pdf. 米金融危機調査委員会は最終報告書のなかで、バーナンキの言ったことにはほとんど関心を示さず、危機に関する説明の中心にサブプライムローンを据えた。2007年から08年にかけて最悪の状況に陥った銀行に共通する問題は、短期的な資金調達への依存であった。詳しくは、Andrea Beltratti and René M. Stulz, "The Credit Crisis Around the Globe: Why Did Some Banks Perform Better?" *Journal of Financial Economics 105*, no. 1 (2012): pp. 1–17を参照。

68. Iain Hardie and Helen Thompson, "Taking Europe Seriously: European Financialization and US Monetary Power," *Review of International Political Economy 28*, no. 4 (2021) p. 4.
69. Izabella Kaminska, "All about the Eurodollars," *Financial Times Alphaville*, 5 September 2014, https://www.ft.com/content/033a7ad2-9762-35c9-a0e5-f59ea2968757
70. 引用元 Baba, McCauley, and Ramaswamy, "US Dollar Money Market Funds and Non-US Banks," p. 76. FRB、ECB、イングランド銀行が2007年8月以降の危機をどのように管理したかについては、Neil Irwin, *The Alchemists: Three Central Banks and a World on Fire* (London: Penguin, 2014) を参照。
71. Federal Reserve Economic Data, Labour Participation Rate, https://fred.stlouisfed.org/series/CIVPART
72. Mark Carney, "The Growing Challenges for Monetary Policy in the Current International Monetary and Financial System," Speech at the Jackson Hole Symposium, 23 August 2019, https://www.bis.org/review/r190827b.htm
73. Carney, "The Growing Challenges for Monetary Policy."
74. Carney, "The Growing Challenges for Monetary Policy."

第6章　ここはもうカンザスじゃない

1. Michael Santoli, "Breaking Down This Sell Off, Among the Most Extreme and Rare Wall Street has Ever Seen," *CNBC*, 22 March 2021, https://www.cnbc.com/2020/03/22/breaking-down-this-sell-off-among-the-most-extreme-and-rare-wall-street-has-ever-seen.html
2. Trading Economics, Markets, United States Government Bond 10Y, https://tradingeconomics.com/united-states/government-bond-yield
3. 引用元 Martin Arnold and Tommy Stubbington, "Lagarde Triggers Investor Jitters As ECB Launches Virus Response," *Financial Times*, 12 March 2020, https://www.ft.com/content/11ab8f84-6452-11ea-b3f3-fe4680ea68b5
4. パンデミック初期の経済危機に関する興味深い説明は、Adam Tooze, *Shutdown: How Covid Shook the World's Economy* (London: Allen Lane, 2021)（アダム・トゥーズ著『世界はコロナとどう闘ったのか？——パンデミック経済危機』江口泰子訳、東洋経済新報社、2022年）を参照。
5. Global Banking Directory, Banksdaily.com, https://banksdaily.com/topbanks/World/2007.html
6. Global Banking Directory, Banksdaily.com, https://banksdaily.com/topbanks/World/total-assets-2020.html
7. Derek Wallbank and Iain Marlow, "Trump Calls Hong Kong Protests "Riots," Adopting China's Rhetoric," *Bloomberg*, 2 August 2019, https://www.bloomberg.com/news/articles/2019-08-02/trump-calls-hong-kong-protests-riots-adopting-china-rhetoric
8. 金融危機後の世界をつくったのは中央銀行であるが、その経済的・政治的問題

を解決することはできなかったという主張については、Mohamed A. El-Erian, *The Only Game in Town: Central Banks, Instability, and Avoiding the Next Collapse* (New York: Random House, 2016)（モハメド・エラリアン著『世界経済　危険な明日』久保恵美子訳、日本経済新聞出版社、2016年）を参照。

9. FRBの政策行動に関する説明については、David Wessel, *In FED We Trust: Ben Bernanke's War on the Great Panic* (New York: Random House, 2010), chs. 10–14. Adam Tooze, *Crashed: How a Decade of Financial Crises changed the World* (London: Penguin, 2018), chs. 7–8（アダム・トゥーズ著『暴落――金融危機は世界をどう変えたのか（上・下）』江口泰子、月沢李歌子訳、みすず書房、2020年）を参照。FRBが国際的な最後の貸し手として台頭してきたことについては、Christophe Destais, "Central Bank Currency Swaps and the International Monetary System," *Emerging Markets Finance and Trade 52*, no. 10 (2016): pp. 2253–2266; Daniel McDowell, "The US as Sovereign International Last Resort Lender: The Fed's Currency Swap Programme During the Great Panic of 2007–9," *New Political Economy 17*, no. 2 (2012): pp. 157–178; Iain Hardie and Sylvia Maxfield, "Atlas Constrained: The US External Balance Sheet and International Monetary Power," *Review of International Political Economy 23*, no. 4 (2016): pp. 583–613; Perry Mehrling, "Elasticity and Discipline in the Global Swap Network," *International Journal of Political Economy 44*, no. 4 (2015): pp. 311–324を参照。

10. どの新興市場国がドルスワップを受け取ったかという政治については、Aditi Sahasrabuddhe, "Drawing the Line: The Politics of Federal Currency Swaps in the Global Financial Crisis," *Review of International Political Economy 26*, no. 3 (2019): pp. 461–489; Benn Steil, "Taper Trouble: The International Consequences of Fed Policy," *Foreign Affairs 93*, no. 4 (July/August 2014): pp. 54–61を参照。

11. アルハンブラ・インベストメント・パートナーズのジェフリー・スナイダーは、多くの執筆や発言を通じて、ユーロダラー信用市場が2007年8月以前の機能を回復していない理由について述べている。たとえば、Jeffrey Snider Snider "Why Quantitative Easing Can Never Work," Alhambra Investment Partners, June 2016, https://alhambrapartners.com/wp-content/uploads/2016/06/Why-QE-Will-Never-Work.pdfを参照。

12. Robert N. McCauley, Agustín S. Bénétrix, Patrick M. McGuire, and Goetz von Peter, "Financial De-globalization in Banking?" BIS Working Papers, no. 650, June 2017, https://www.bis.org/publ/work650.pdf; Jaime Caruana, "Have We Passed Peak Finance?" Lecture for the International Centre for Monetary and Banking Studies, Geneva, 28 February 2017, https://www.bis.org/speeches/sp170228.htm; Gian Maria Milesi-Ferretti, "Global Capital Flows and External Financial Positions Since the Global Financial Crisis," paper presented at the Irving Fischer Committee Satellite meeting at the ISI World Statistics Congress, Rio de Janeiro, Brazil, 24 July 2015, https://www.bis.org/ifc/publ/ifcb42_keynotespeech.pdf; Kristin Forbes, "Financial

'Deglobalization'?: Capital Flows, Banks, and the Beatles," speech at Queen Mary University, London, 18 November 2014, https://www.bankofengland.co.uk/speech/2014/financialdeglobalization-capital-flows-banks-and-the-beatles

13. FRBが量的緩和（QE）とゼロ金利に踏み切ったことは画期的なことであったが、この非伝統的金融政策を実践した最初の中央銀行は日本銀行であり、1999年2月にゼロ金利政策を、2001年3月にQEを初めて実施した。Kazumasa Iwata and Shinji Takenaka, "Central Bank Balance Sheet Expansion: Japan's Experience," in "Are Central Bank Balance Sheets in Asia Too Large?," BIS Working Papers, Bank for International Settlements, no. 66, June, p. 134, https://ideas.repec.org/b/bis/bisbps/66.htmlを参照。

14. 住宅ローン市場とQEとの関連性については、Herman M. Schwartz, "Banking on the FED; QE1-2-3 and the Rebalancing of the Global Economy," *New Political Economy 21*, no. 1 (2016): pp. 26–48を参照。

15. Federal Housing Finance Agency, Office of Inspector General, Impact of the Federal Reserve's Quantitative Easing programmes on Fannie Mae and Freddie Mac, 23 October 2014, p. 13, https://www.fhfaoig.gov/sites/default/files/EVL-2015-002_1.pdf; Marco Di Maggio, Amir Kermani, and Christopher Palmer, "How Quantitative Easing Works: Evidence on the Refinancing Channel," NBER Working Paper, 22638, p. 10, https://www. nber.org/papers/w22638

16. International Monetary Fund, "Global Financial Stability Report: Lower for Longer," October 2019, p. 28, https://www.imf.org/en/Publications/GFSR/Issues/2019/10/01/global-financial-stability-report-october-2019

17. Bank of England, "The Distributional Effects of Asset Purchases," *Quarterly Bulletin* (Q3: 2012): pp. 254–266, https://www.bankofengland.co.uk/-/media/boe/files/news/2012/july/the-distributional-effects-of-asset-purchases-paperを参照。

18. イングランド銀行の調査によると、QEを含む金融政策ミックスは、資産価格の面では高年齢層に、所得面では若年層にそれぞれ大きな恩恵をもたらした。Philip Bunn, Alice Pugh, and Chris Yeates, "The Distributional Impact of Monetary Policy Easing in the UK between 2008 and 2014," Bank of England, Staff Working Paper, no. 720, March 2018, https://www.bankofengland.co.uk/working-paper/2018/the-distributional-impact-of-monetary-policy-easing-in-the-uk-between-2008-and-2014

19. 国によっては、2007年から08年にかけての金融危機以前から、住宅所有率の低下が始まっている。たとえばイギリスでは、初めて住宅を購入する際のローン件数が2003年に急激に減少しはじめた。

20. Schwartz, "Banking on the FED"を参照。

21. Joseph Gagnon, Matthew Rasking, Julie Remache, and Brian Sack, "The Financial Market Effects of the Federal Reserve's Large-Scale Asset Purchases," *International Journal of Central Banking 7*, no. 1 (2011): pp. 3–43を参照。

22. Dietrich Domanski, Jonathan Kearns, Marco Lombardi, and Hyun Song Shin, "Oil and

Debt," *BIS Quarterly Review* (March 2015), pp. 55–65.

23. James Schlesinger, "Will War Yield Oil Security?," *Challenge 34*, no. 2 (1991): p. 28.
24. Aasim M. Husain, Rabah Arezki, Peter Breuer, Vikram Haksar, Thomas Helbling, Paulo A. Medas, and Martin Sommer, "Global Implications of Lower Oil Prices," IMF Staff Discussion Note, 14 July 2015, SDN.15/15, https://www.imf org/en/Publications/Staff-Discussion-Notes/Issues/2016/12/31/Global-Implications-of-Lower-Oil-Prices-43052. 2014年11月から2016年初頭にかけての原油価格低迷の影響については、Helen Thompson, *Oil and the Western Economic Crisis* (London: Palgrave, 2017), pp. 74–80を参照。
25. ウクライナ危機における金融危機の側面については、Steil, "Taper Trouble"を参照。
26. ユーロ危機以前のECBについては、David Howarth and Peter Loedel, *The European Central Bank: The New European Leviathan?* (London: Palgrave Macmillan, 2003) を参照。
27. 銀行危機としてのユーロ危機については、Mark Blyth, *Austerity: The History of a Dangerous Idea* (New York: Oxford University Press, 2013), ch. 3（マーク・ブライス著『緊縮策という病――「危険な思想」の歴史』若田部昌澄監訳、田村勝省訳、NTT出版、2015年）を参照。
28. Helen Thompson, "Enduring Capital Flow Constraints and the 2007–2008 Financial and Euro Zone Crises," *The British Journal of Politics and International Relations 18*, no. 1 (2016): pp. 216–233.
29. 引用元 Wolfgang Proissl, "Why Germany Fell out of Love with Europe," Bruegel Essay and Lecture Series, Brussels, 30 June 2010, p. 10.
30. Blyth, *Austerity*, ch. 3（ブライス著『緊縮策という病』); Alison Johnston and Aidan Regan, "European Monetary Integration and the Incompatibility of National Varieties of Capitalism," *Journal of Common Market Studies 54*, no. 2 (2016), pp. 318–336; Heiner Flassbeck, "Wage Divergence in Euroland: Explosive in the Making" in *Europe and the World Economy: Global Player or Global Drag?*, edited by Jürg Bibow and Andrea Terzi (Basingstoke: Palgrave Macmillan, 2007), pp. 43–52.
31. Paul De Grauwe, "The European Central Bank as a Lender of Last Resort," Vox, 18 August 2011, https://voxeu.org/article/european-central-bank-lender-last-resortを参照。
32. Blyth, *Austerity*, ch.3（ブライス著『緊縮策という病』）を参照。
33. 危機行動後のECBの法的権限の問題については、Nicole Scicluna, "Integration through the Disintegration of Law?: The ECB and EU Constitutionalism in Crisis," *Journal of European Public Policy 25*, no. 12 (2018): pp. 1874–1891; Christian Kreuder-Sonnen, "Beyond Integration Theory: The (Anti)-Constitutional Dimension of European Crisis Governance," *Journal of Common Market Studies 54*, no. 6 (2016): pp. 1350–1366を参照。
34. Christoph Trebesch and Jeromin Zettelmeyer, "ECB Interventions in Distressed

Sovereign Debt Markets: The Case of Greek Bonds," *IMF Economic Review 66*, no. 2 (2018): pp. 287–322.

35. Thompson, *Oil and the Western Economic Crisis*, pp. 62–63.
36. Martin Heipertz and Amy Verdun, *Ruling Europe: The Politics of the Stability and Growth Pact* (Cambridge: Cambridge University Press, 2010), part 2; Ben Clift, "The New Political Economy of Dirigisme: French Macro-Economic Policy, Unrepentant Sinning and the Stability and Growth Pact," *British Journal of Politics and International Relations 8*, no. 3 (2006): pp. 351–367を参照。
37. イタリアの債務危機については、Erik Jones, "Italy's Sovereign Debt Crisis," *Survival 54*, no. 1 (2012): pp. 83–110を参照。
38. Timothy Geithner, *Stress Test: Reflections on Financial Crises* (New York: Crown Publishing Group), p. 476（ティモシー・F・ガイトナー『ガイトナー回顧録――金融危機の真相』伏見威蕃訳、日本経済新聞出版社、2015年）
39. このエピソードの詳細は、Angel Pascual-Ramsay, "The Management of the Economic Crisis in Spain by the PSOE Government: A Domestic Political Perspective," PhD Dissertation submitted to Cambridge University, 20 May 2017, ch. 6を参照。
40. Economist, "Spanish Practices," *Economist*, 18 February 2012. https://www.economist.com/europe/2012/02/18/spanish-practices
41. ユーロ圏の意思決定を「非常事態」下の政治として捉える分析については、Kenneth Dyson, "Sworn to Grim Necessity? Imperfections of European Economic Governance, Normative Political Theory, and Supreme Emergency," *Journal of European Integration 35*, no. 3 (2013): pp. 207–222; Claire Kilpatrick, "On the Rule of Law and Economic Emergency: The Degradation of Basic Legal Values In Europe's Bailouts," *Oxford Journal of Legal Studies 35*, no. 2 (2015): pp. 325–353; Jonathan White, "Emergency Europe," *Political Studies 63*, no. 2 (2015), pp. 300–318; Wolfgang Streeck, "Heller, Schmitt and the Euro," *European Law Journal 21*, no. 3 (2015): pp. 361–370; Jonathan White, *Politics of Last Resort: Governing by Emergency in the European Union* (Oxford: Oxford University Press, 2019) を参照。
42. Jean-Claude Trichet (2012) Speech: "Lessons from the Crisis: Challenges for the Advanced Economies and for the European Monetary Union," Eleventh annual Stavros Niarchos lecture, 17 May 2012, https://piie.com/publications/papers/transcript-20120518niarchos-trichet.pdf
43. Speech by Mario Draghi, President of the European Central Bank at the Global Investment Conference in London, 26 July 2012, https://www.bis.org/list/speeches/author_mario+draghi/page_11.htm
44. 引用元 K. Gebert, "A Place at the Top Table?: Poland and the Euro Crisis," European Council on Foreign Relations, February 2012, https://ecfr.eu/wp-content/uploads/Poland_final.pdf
45. Trebesch and Zettelmeyer, "ECB Interventions in Distressed Sovereign Debt

Markets," p. 295.

46. Peter Spiegel, *How the Euro Was Saved*, Kindle Edition (London: Financial Times, 2014), ch. 1.

47. Spiegel, *How the Euro Was Saved*, ch. 1

48. Guardian, "Eurozone Crisis Live: Row after Merkel 'Suggests Greece Hold Euro Referendum'," 18 May 2012, https://www.theguardian.com/business/2012/may/18/eurozone-crisis-stock-markets-greece-spain

49. Spiegel, *How the Euro Was Saved*, chs. 1–2.

50. 救済措置の適用条件がギリシャの成長に与えた影響については、Independent Evaluation Office of the International Monetary Fund, *The IMF and the Crises in Greece, Ireland and Portugal* (Washington, DC: IMF, 2016) を参照。

51. Spiegel International staff, "Interview with ECB President, Mario Draghi," Spiegel International staff, 29 October 2012, http://www.spiegel.de/international/europe/spiegel-interview-with-ecb-president-mario-draghi-a-863971.html

52. これまで使われていなかった国債買い入れプログラム（OMT）は、差し迫った危機に対処する手段としては使い物にならないように思われた。というのも、OMTでは各国がソブリン救済プログラムに参加する必要があったが、イタリアもスペインも参加していなかったからである。しかもOMTは、ドイツで法的論争が続いていた。2014年2月、ドイツ連邦憲法裁判所は、OMTはドイツ連邦議会の憲法上の予算責任を損なうだけでなく、ECBの権限を超える可能性があるとの予備決定を下し、欧州司法裁判所（ECJ）に判断を仰いだ。ギリシャ総選挙の10日前、ECJの法務官は、一定の条件を満たせばOMTはEU条約に則ったものであるとし、またOMTがなければ、市場はユーロの反転という誤った考えを容認しつづけるであろうと述べた。ドイツ連邦憲法裁判所の予備決定については、Niels Petersen, "Karlsruhe Not Only Barks, But Finally Bites—Some Remarks on the OMT Decision of the German Constitutional Court," *German Law Journal 15*, no. 2 (2014): pp. 321–327を参照。ECJの主張の矛盾については、Michael A. Wilkinson, "The Euro Is Irreversible! ... or is it?: On OMT, Austerity and the Threat of 'Grexit'," *German Law Journal 16*, no. 4 (2015): pp. 1049–1072を参照。

53. Mario Draghi, Introductory Statement to the Press Conference (with Q&A), EC, 22 January 2015, https://www.ecb.europa.eu/press/press_conf/2015/html/is150122.en.htm

54. ギリシャ追放の動きに関する詳細は、Spiegel International Staff, "A Government Divided: Schäuble's Push for Grexit Puts Merkel on the Defensive," *Spiegel International*, 17 July 2015, https://www.spiegel.de/international/germany/schaeuble-pushed-for-a-grexit-and-backed-merkel-into-a-corner-a-1044259.html; Ian Traynor, "Three Days that Saved the Euro," *Guardian*, 22 October 2015. https://www.theguardian.com/world/2015/oct/22/three-days-to-save-the-euro-greeceを参照。

55. Mario Draghi, Introductory Statement to the Press Conference (with Q&A), ECB, 26

July 2018, https://www.ecb.europa.eu/press/press_conf/2018/html/ecb.is180726.en.html

56. この点に関する議論の詳細は、Helen Thompson, "How the City of London Lost at Brexit: A Historical Perspective," *Economy and Society 46*, no. 2 (2017): pp. 211–228を参照。

57. チェコ共和国は2011年12月のEU首脳会議では財政協定に反対しなかったが、2012年1月には不参加の意向を示した。しかし、2019年には参加した。

58. キャメロンのやり方は、この問題で党内の議論に勝てるという根拠の乏しい仮定に依存していた。

59. キャメロンが唯一行使できる手段は、他のEU諸国がEUの法的枠組みの外で条約を締結するためにEUの機関を利用するのを阻止することであった。そうした行動に出ることは、ユーロ圏外のEU加盟国にとっては非常に不釣り合いなものであるように思えたにちがいないが、キャメロンはユーロ圏にはより強力な財政ルールが必要であるというメルケルの主張に屈した。

60. この主張の詳細は、Helen Thompson, "Inevitability and Contingency: The Political Economy of Brexit," *British Journal of Politics and International Relations 19*, no.3 (2017): pp. 434–449を参照。イギリスの元EU大使による同様の主張については、Ivan Rogers, "Cameron's Brexit referendum," Lecture at Hertford College, Oxford, 24 November 2017. Published by Politico at https://www.politico.eu/article/ivan-rogers-david-cameron-speech-transcript-brexit-referendum/を参照。移動の自由の問題が国民投票の結果に与えた影響については、Matthew Goodwin and Caitlin Milazzo, "Taking Back Control? Investigating the Role of Immigration in the 2016 Vote for Brexit," *British Journal of Politics and International Relations 19*, no. 3 (2017): pp. 450–464を参照。

61. イギリスにとっての単一市場の厳格な権威については、Matthias Matthijs, Craig Parsons, and Christina Toenshoff, "Ever Tighter Union? Brexit, Grexit, and Frustrated Differentiation in the Single Market and Eurozone," *Comparative European Politics 17*, no. 2 (2019): pp. 209–230を参照。

62. Jean-Claude Juncker, State of the Union Address 2017, 13 September 2017, https://ec.europa.eu/commission/presscorner/detail/en/SPEECH_17_3165

63. ユーロ圏改革にたいするフランスの当初の楽観論については、Charles Grant, "Macron's Plans for the Euro," Centre for European Reform Insight, 23 February 2018, https://www.cer.eu/insights/macrons-plans-euroを参照。

64. Emmanuel Macron, "Initiative on Europe," speech at the Sorbonne, 26 September 2017, http://international.blogs.ouest-france.fr/archive/2017/09/29/macron-sorbonne-verbatim-europe-18583.html

65. 新ハンザ同盟の誕生については、"Gang of Eight: Euro-zone Reforms," *Economist*, 8 December 2018; Christian Reiermann and Peter Müller, "The Sputtering German-French Motor," *Spiegel International*, 11 December 2018を参照。

66. Adam Tooze, "'Coronabonds' and Europe's North-South Divide," Social Europe, 13 April 2020, https://www.socialeurope.eu/corona-bonds-and-europes-north-south-divideを参照。

67. メルケルの決断についての詳細は、Victor Mallet, Guy Chazan, and Sam Fleming, "The Chain of Events that Led to Germany's Change Over Europe's Recovery Fund," *Financial Times*, 22 May 2020, https://www.ft.com/content/1d8853f4-726d-4c06-a905-ed2f37d25eeeを参照。

68. "German ECB Ruling Should 'Spur' More Eurozone Integration: Merkel," *Euractiv*, 14 May 2020, https://www.euractiv.com/section/future-eu/news/german-ecb-ruling-should-spur-more-eurozone-integration-merkel/

69. 「ハミルトニアン・モーメント」を主張した例としては、Anatole Kaletsky, "Europe's Hamiltonian Moment," *Project Syndicate*, 21 May 2020, https://www.project-syndicate.org/commentary/french-german-european-recovery-plan-proposal-by-anatole-kaletsky-2020–05?barrier=accesspaylogがある。この主張にたいする私の批判は、Helen Thompson, "Pandemic Borrowing," *International Politik Quarterly*, 27 November 2020, https://ip-quarterly.com/en/pandemic-borrowingを参照。

70. "Germany Gains Most from Relaxed State Aid Rules', *Euractiv*, 4 May 2020, https://www.euractiv.com/section/competition/news/germany-gains-most-from-relaxed-eu-state-aid-rules/

71. この苛立ちに関するヴォルフガング・ミュンシャウの説明は、"How to Face Down Orban," *Eurointelligence*, 21 November 2020, https://www.eurointelligence.com/column/enhanced-cooperationを参照。

72. Eric Helleiner and Hongying Wang, "The Richness of Financial Nationalism—The Case of China," *Pacific Affairs 92*, no. 2 (2019): pp. 211–234; Benjamin Cohen, "Renminbi Internationalization, a Conflict of Statecraft," Chatham House Research Paper, March 2017, https://www.chathamhouse.org/sites/default/files/publications/research/2017-03-20-renminbi-internationalization-statecraft-cohen.pdf を参照。地政学的な力と通貨に関する中国指導部の見解については、Eric Helleiner and Jonathan Kirshner, "The Politics of China's International Monetary Relations" in *The Great Wall of Money: Power Politics and China's International Monetary Relations*, edited by Eric Helleiner and Jonathan Kirshner (Ithaca: Cornell University Press, 2014), pp. 1–22を参照。通貨の地政学については、Benjamin J. Cohen, *Currency Statecraft: Monetary Rivalry and Geopolitical Ambition* (Chicago: University of Chicago Press, 2018) を参照。

73. Zhou Xiaochuan, "Reform the International Monetary System," *BIS Review 41* (2009), p. 1, https://www.bis.org/review/r090402c.pdf

74. ドルの優位性が常に十分な根拠を持ち、中国による挑戦にたいして脆弱でなかった理由については、Benjamin J. Cohen, *Currency Power: Understanding Monetary Rivalry* (Princeton: Princeton University Press, 2015). Eric Helleiner, *The Status Quo*

Crisis: Global Financial Governance After the 2008 Meltdown (Oxford: Oxford University Press, 2014); Harold James, "The Enduring International Pre-Eminence of the Dollar" in *The Future of the Dollar*, edited by Eric Helleiner and Jonathan Kirshner (Ithaca: Cornell University Press, 2009), pp. 24–44を参照。金融危機の後、アメリカの力に本格的に挑戦する余地があったという主張については、Jonathan Kirshner, *American Power After the Financial Crisis* (Ithaca: Cornell University Press, 2014); Barry Eichengreen, *Exorbitant Privilege: The Rise and Fall of the Dollar and the Future of the International Monetary System* (Oxford: Oxford University Press, 2011)(バリー・アイケングリーン著『とてつもない特権――君臨する基軸通貨ドルの不安』小浜裕久監訳、勁草書房、2012年）を参照。

75. 金融危機が起こるしばらく前から、中国指導部はそうした対応を摸索していたが、思いとどまった。Helleiner and Wang, "The Richness of Financial Nationalism," p. 223.

76. Benjamin J. Cohen, "Renminbi Internationalization, a Conflict of Statecraft," Chatham House Research Paper, March 2017, p. 1.

77. Cohen, "Renminbi Internationalization, a Conflict of Statecraft," p. 5.

78. Yu-wai Vic Li, "Hong Kong in China's Financial Globalization: Market Power and Political Leverage," *Asian Survey 58*, no. 3 (2018): pp. 439–463を参照。1997年以前の国際化されていた香港経済については、Michael Taylor, "Hong Kong's Economy and its Global Connections: Prospects for 1997 and Beyond" in *Hong Kong's Transitions, 1842–1997*, edited by Rosemary Foot and Judith M. Brown (Basingstoke: Palgrave, 1996), pp. 166–191を参照。

79. David C. Donald, *A Financial Centre for Two Empires: Hong Kong's Corporate, Securities and Tax Laws in its Transition from Britain to China* (Cambridge: Cambridge University Press, 2014), p. 2.

80. 「ドルの罠」との関係で人民元の国際化が成功しなかった理由については、Eswar S. Prasad, *The Dollar Trap: How the US Dollar Tightened its Grip on Global Finance* (Princeton: Princeton University Press, 2015) を参照。

81. Mark Carney "The Growing Challenges for Monetary Policy in the Current International Monetary and Financial System," speech at the Jackson Hole Symposium, 23 August 2019.

82. Trading Economics, China's Gross External Debt, https://tradingeconomics.com/china/external-debt

83. Colby Smith, "China's Currency Will Not Replace the US Dollar," *Financial Times*, 19 September 2018. 2015年から16年にかけての中国の金融危機については、Tooze, *Crashed*, ch. 25（トゥーズ著『暴落』）を参照。

84. 引用元 He Wei, "How China's Mystery Author Called its Economic Slowdown," FT Confidential Research, *Financial Times*, 25 October 2018, https://www.ft.com/content/69002a74-c52a-435a-b381-07cb5feae0d5

85. IMF World Economic Outlook Update, 22 January 2018, p. 2. https://www.imf.org/en/Publications/WEO/Issues/2018/01/11/world-economic-outlook-update-january-2018
86. IMF World Economic Outlook, October 2019: Global Manufacturing Downturn, Rising Trade Barriers, p. xiv. https://www.imf.org/en/Publications/WEO/Issues/2019/10/01/world-economic-outlook-october-2019
87. Daniel Shane, "Alibaba's Debut in Hong Kong Signals Change in Beijing's Mindset," *Financial Times*, 4 December 2019, https://www.ft.com/content/5257d548-1686-11ea-8d73-6303645ac406
88. Brad Setser, "Testimony Before the Senate Committee on Small Business and Entrepreneurship, Hearing on Made in China 2025 and the Future of American Industry," 27 February 2019, https://www.govinfo.gov/content/pkg/CHRG-116shrg35699/html/CHRG-116shrg35699.htm; James McBride and Andrew Chatzky, "Is 'Made in China 2025' a Threat to Global Trade?" Council on Foreign Relations Backgrounder, 13 May 2019, https://www.cfr.org/backgrounder/made-china-2025-threat-global-tradeを参照。
89. Sophie Meunier, "Beggars Can't Be Choosers: The European Crisis and Chinese Direct Investment in the European Union," *Journal of European Integration 36*, no. 3 (2014): pp. 284–291.
90. Thilo Hanemann, Mikko Huotari, and Agatha Kratz, "Chinese FDI in Europe: 2018 Trends and Impact on New Screening Policies," Mercator Institute for Chinese Studies, 6 March 2019, p. 8. https://merics.org/en/report/chinese-fdi-europe-2018-trends-and-impact-new-screening-policies
91. Heather A. Conley and Jonathan E. Hillman, "The Western Balkans with Chinese Characteristics," Centre for Strategic International Studies, *Commentary*, 30 July 2019. https://www.csis.org/analysis/western-balkans-chinese-characteristics
92. Facts about German Foreign Trade, Federal Ministry for Economic Affairs and Energy. September 2019, p. 5, https://www.bmwi.de/Redaktion/EN/Publikationen/facts-about-german-foreign-trade.htm
93. ドイツと中国の貿易黒字によって生じた諸問題の類似性、および2008年以降により持続的となったドイツの黒字問題については、Guonan Ma and Robert N. McCauley, "Global and Euro Imbalances: China and Germany," BIS Working Papers, No. 424, 5 September 2013, https://www.bis.org/publ/work424.htmを参照。米財務省は2013年の報告書で、ドイツの貿易黒字は世界経済をデフレにするおそれがあると主張した。詳細は、US Treasury Department, *Report to Congress on International Economic and Exchange Rate Policies*, Washington, DC: US Department of the Treasury, 30 October 2013, p. 3.
94. Laurens Cerulus, "How US Restrictions Drove Deutsche Telecom and Huawei Closer Together," *Politico*, 8 July 2020, https://www.politico.eu/article/deutsche-telekom-huawei-us-security-measures/

95. Hanemann Huotari, and Kratz, "Chinese FDI in Europe," p. 12.
96. ロンドンをオフショア人民元取引の中心にしようとするイギリス政府とロンドン・シティの戦略的取り組みについては、Jeremy Green, "The Offshore City, Chinese Finance, and British Capitalism: Geo-Economic Rebalancing under the Coalition Government," *British Journal of Politics and International Relations 20*, no. 2 (2018): pp. 285–302; Jeremy Green and Julian Gruin, "RMB Transnationalization and the Infrastructural Power of International Financial Centres," *Review of International Political Economy*, published online 13 April 2020, https://www.tandfonline.com/doi/full/10.1080/09692290.2020.1748682を参照。
97. David Cameron, "My Visit Can Begin a Relationship to Benefit China, Britain and the World," *Guardian*, 2 December 2013, https://www.theguardian.com/commentisfree/2013/dec/02/david-cameron-my-visit-to-china
98. James Kynge, "China Poised to Issue Sovereign Debt in Renminbi in London," *Financial Times*, 13 October 2015. https://www.ft.com/content/5ef6329c-71c9-11e5-9b9e-690fdae72044; *BBC News*, "George Osborne on UK's 'Golden Era' as China's 'Best Partner in the West'," 23 October 2015, https://www.bbc.co.uk/news/av/uk-34621254
99. Reuters Staff, "Don't Sacrifice Hong Kong for a Banker's Bonus, UK Tells HSBC," *Reuters*, 1 July 2020, https://www.reuters.com/article/us-hongkong-protests-britain-banks-idUSKBN2425WI
100. Guy Chazan, "Merkel Comes Under Fire at Home for China Stance," *Financial Times*, 7 July 2020, https://www.ft.com/content/bf1adef9-a681-48c0-99b8-f551e7a5b66d
101. Jakob Hanke Vele, Giorgio Leali, and Barbara Moens, "Germany's Drive for EU-China Deal Draws Criticism from Other EU Countries," *Politico*, 1 January 2021, https://www.politico.eu/article/germanys-drive-for-eu-china-deal-draws-criticism-from-other-eu-countries/
102. 引用元 David Dayen, "Corporate Rescue: How The Fed Bailed Out the Investor Class Without Spending a Cen," *The Intercept*, 27 May 2020, https://theintercept.com/2020/05/27/federal-reserve-corporate-debt-coronavirus/
103. David Dayen, "Corporate Rescue."
104. EUの発展に影響を与えた一連の地政学的衝撃の一つである、中国による現在の地政学的衝撃については、Scott Lavery and David Schmid, "European Integration and the New Global Disorder," *Journal of Common Market Studies*, published online 12 February 2021,https://doi.org/10.1111/jcms.13184を参照。

第7章　民主主義の時代

1. Michael Gove, "The Privilege of Public Service," Ditchley Annual Lecture, 1 July 2020, https://www.gov.uk/government/speeches/the-privilege-of-public-service-given-as-the-ditchley-annual-lecture

2. 民主的改革の原型としてのローズヴェルトのニューディールについては、Ira Katznelson, *Fear Itself: The New Deal and the Origins of Our Times* (New York: Liveright, 2013), pp. 4–7, 476–477を参照。第二次世界大戦後を含む1930年代と1940年代の民主主義に関する悲観論については、Katznelson, *Fear Itself*, chs. 1 and 3を参照。
3. John Dunn, *Breaking Democracy's Spell* (New Haven: Yale University Press, 2014) を参照。
4. Benedict Anderson, *Imagined Communities: Reflections on the Origin and Spread of Nationalism* (London: Verso, 1983)(ベネディクト・アンダーソン著『底本 想像の共同体――ナショナリズムの起源と流行』白石隆、白石さや訳、書籍工房早山、2007年)
5. ネイションフッドとナショナリズムの出現については膨大な文献があり、ネイションフッドの歴史的起源、特に近代以前にネイションが存在したかどうかについては、学者のあいだでもかなりの意見の相違がある。さまざまな解釈に関する優れた論評は、Anthony Smith, *Nationalism and Modernism* (London: Routledge, 1998) を参照。
6. Michael Howard, "War and the Nation-State," *Daedalus 108*, no. 4 (1979): p. 109.
7. Helmut Kohl's Ten-Point Plan for German Unity, 28 November 1989, http://ghdi.ghi-dc.org/sub_document.cfm?document_id=223
8. 民主主義とネイションフッドの関係については、Margaret Canovan, "Democracy and Nationalism" in *Democratic Theory Today*, edited by April Carter and Geoffrey Stokes (Cambridge: Polity, 2000), pp. 149–170; Bernard Yack, "Popular Sovereignty and Nationalism," *Political Theory 29*, no. 4 (2001): pp. 517–536を参照。より哲学的な主張については、David Miller, "Bounded Citizenship" in *Cosmopolitan Citizenship*, edited by Kimberley Hutchings and Roland Dannreuther (London: Macmillan, 1990), pp. 60–80を参照。民主主義は国民国家においてのみ成立する、というジョン・スチュアート・ミルの主張については、*Considerations on Representative Government* (Cambridge: Cambridge University Press, 2011), ch. 16. (First published in 1861.)(J・S・ミル『代議制統治論』関口正司訳、岩波書店、2019年)を参照。
9. Howard, "War and the Nation-State," p. 102.
10. この点に関しては、Margaret Canovan, *The People* (Cambridge: Polity Press, 2005), pp. 57–63を参照。
11. Canovan, *The People*, p. 31.
12. 階級差別を基礎とする憲法はネイションフッドと相いれないという主張は、ハンガリーの政治家であり著述家でもあったヨージェフ・エトヴェシュによって力説された。この点に関するエトヴェシュの主張の要旨は、D. Mervyn Jones, "The Political Ideas of Baron József Eötvös," *Slavonic and East European Review 48*, no. 113 (1970): pp. 582–597を参照。
13. Istvan Hont, *Jealousy of Trade: International Competition and the Nation-State in*

Historical Perspective (Cambridge, MA: Harvard University Press, 2010), ch. 7（イシュトファン・ホント著『貿易の嫉妬――国際競争と国民国家の歴史的展望』田中秀夫訳、昭和堂、2009年）

14. 戦争がなければネイションフッドは生まれないという主張については、Howard, "War and the Nation-state," pp. 101–110を参照。
15. Max Weber, "Suffrage and Democracy" in *Weber: Political Writings*, pp. 80–129.（ヴェーバー著『政治論集1』所収「ドイツにおける選挙法と民主主義」）
16. Walter Scheidel, *The Great Leveller: Violence and the History of Inequality from the Stone Age to the Twenty-First Century* (Princeton: Princeton University Press, 2018), pp. 168–169（ウォルター・シャイデル著『暴力と不平等の人類史――戦争・革命・崩壊・疫病』鬼澤忍、塩原通緒訳、東洋経済新報社、2019年）
17. William Saffran, "State, Nation, National Identity, and Citizenship: France as a Test Case," *International Political Science Review 12*, no. 3 (1991): p. 222.
18. Yack, "Popular Sovereignty and Nationalism," p. 520.
19. Alexandre Grandazzi, *The Foundation of Rome: Myth and History* (Ithaca: Cornell University Press, 2000) を参照。
20. 引用元 Robert Tombs, *France 1814–1914* (London: Longman, 1996), p. 370. ヨーロッパ各国による外交政策と帝国を利用した国家建設については、Helen Thompson, *Might, Right, Prosperity and Consent: Representative Democracy and the International Economy, 1919–2001* (Manchester: Manchester University Press), pp. 32–36を参照。
21. 第三共和制期の言語と国民教育を通じたフランスの国家建設については、Eugene Weber, *Peasants into Frenchmen: The Modernisation of Rural France, 1870–1914* (Stanford: Stanford University Press, 1976) を参照。
22. ドイツとフランスの社会主義とネイションフッドの関係については、Sheri Berman, *The Primacy of Politics: Social Democracy and the Making of Europe's Twentieth Century* (Cambridge: Cambridge University Press, 2006) を参照。
23. Saul Dubow and Gary Gerstle, "Race, Ethnicity and Nationalism" in *A Cultural History of Democracy in the Modern Age*, edited by Eugenio Biagini and Gary Gerstle (London: Bloomsbury, 2021), p. 151.
24. Will Kymlicka, "Modernity and Minority Nationalism: Commentary on Thomas Franck," *Ethics and International Affairs 11* (March 1997): pp. 171–176.
25. マイケル・マンは、民主主義と民族浄化には強い歴史的関係があると主張している。詳細は、*The Dark Side of Democracy: Explaining Ethnic Cleansing* (Cambridge: Cambridge University Press, 2004) を参照。
26. ゲティスバーグ演説におけるリンカンの想像力に富むアメリカ国家の再建については、Garry Wills, *Lincoln at Gettysburg: The Words that Remade America* (New York: Simon & Schuster, 1992) を参照。アメリカのネイションフッドが南北戦争によってより広く再構築された方法については、James M. McPherson, *The War that Forged a Nation: Why the Civil War Still Matters* (New York: Oxford University Press, 2015) を

参照。

27. Yack, "Popular Sovereignty and Nationalism," p. 521.

28. アメリカにおける反体制派を排除する政治については、Gary Gerstle, *American Crucible: Race and Nation in the Twentieth Century*, revised edition (Princeton: Princeton University Press, 2017), ch. 3を参照。

29. John Boyer, *Political Radicalism in Late Imperial Vienna: Origins of the Christian Social Movement, 1848–1897* (Chicago: University of Chicago Press, 1981); John Boyer, *Cultural and Political Crisis in Vienna: Christian Socialism in Power, 1897–1918* (Chicago: University of Chicago Press, 1995) を参照。

30. J. G. A. Pocock, *The Machiavellian Moment: Florentine Political Thought and the Atlantic Republican Tradition* (Princeton: Princeton University Press, 1975), p. 77(J・G・A・ポーコック著『マキァヴェリアン・モーメント――フィレンツェの政治思想と大西洋圏の共和主義の伝統』田中秀夫、奥田敬、森岡邦泰訳、名古屋大学出版会、2008年)〔邦訳の70頁・下段〕

31. Polybius, *The Rise of the Roman Empire*, edited by F. W. Walbank and trans. Ian-Scott Kilvert (London: Penguin 1979), p. 350 (ポリュビオス著『歴史2』城江良和訳、京都大学学術出版会、2007年)〔邦訳の364–365頁〕

32. Polybius, *The Rise of the Roman Empire*, p. 350 (ポリュビオス著『歴史2』)〔邦訳の287–288頁、364–365頁〕

33. Polybius, *The Rise of the Roman Empire*, p. 310 (ポリュビオス著『歴史2』)〔邦訳の293–295頁〕

34. Polybius, *The Rise of the Roman Empire*, p. 311 (ポリュビオス著『歴史2』)〔邦訳の297頁〕

35. Polybius, *The Rise of the Roman Empire*, p. 350 (ポリュビオス著『歴史2』)〔邦訳の365–366頁〕

36. Polybius, *The Rise of the Roman Empire*, p. 350 (ポリュビオス著『歴史2』)〔邦訳の366頁〕

37. 「完全な」民主主義国への変化の意義については、Jeffrey A. Winters, *Oligarchy* (Cambridge: Cambridge University Press, 2011), pp. 26–31を参照。

38. Peter Fraser, "Public Petitioning and Parliament Before 1832," *History 46*, no. 158 (1961): pp. 195–211.

39. 1970年代以降のイギリスにおける政治的土地問題については、Brett Christophers, *The New Enclosure: The Appropriation of Public Land in Neoliberal Britain* (London:Verso, 2019) を参照。

40. Richard Johnson, *The End of the Second Reconstruction* (Cambridge: Polity, 2020), pp. 40–41.

41. John Dunn, *Setting the People Free: The Story of Democracy* (London: Atlantic Books, 2005); John Dunn, "Conclusions" in *Democracy: The Unfinished Journey 508 BC to 1993*, edited by John Dunn (Oxford: Oxford University Press, 1993), pp. 250–260を参

照。

42. 所得税は南北戦争中に導入され、1872年に廃止された。

43. Winters, *Oligarchy*, pp. 227–229. アメリカ所得税の政治史については、John Witte, *The Politics and Development of the Federal Income Tax* (Madison: University of Wisconsin Press, 1986) を参照。

44. Scheidel, *The Great Leveller*, pp. 143–149（シャイデル著『暴力と不平等の人類史』）

45. William H. Riker, *Liberalism Against Populism: A Confrontation Between the Theory of Democracy and the Theory of Social Choice* (San Francisco: W. H. Freeman, 1982) を参照。

46. Max Weber, "Parliament and Government in Germany" in *Weber, Political Writings*, pp. 219–222（マックス・ヴェーバー著『政治論集2』所収「新秩序ドイツの議会と政府」中村貞二、山田高生、脇圭平、嘉目克彦訳、みすず書房、1982年); Max Weber, "The Profession and Vocation of Politics" in *Weber*, Political Writings, pp. 331, 342–343.（ヴェーバー著『政治論集2』所収「職業としての政治」中村貞二、山田高生、脇圭平、嘉目克彦訳、みすず書房、1982年）

47. Tomáš Sedláček, *Economics of Good and Evil: The Quest for Economic Meaning from Gilgamesh to Wall Street* (Oxford: Oxford University Press, 2013), pp. 76–78（トーマス・セドラチェク著『善と悪の経済学』村井章子訳、東洋経済新報社、2015年）

48. James Macdonald, *A Free Nation Deep in Debt: The Financial Roots of Democracy* (NewYork: Farrar, Straus, & Giroux, 2003), p. 373. こうした見方は、債務がローマ共和国に破壊的な結果をもたらしたという考えによって強まった。

49. Macdonald, *A Free Nation Deep in Debt*, ch. 8.

50. これは、フランスがクリミア戦争に参加する際の資金調達のために、ルイ・ナポレオンが考案した戦略である。19世紀半ばに登場した新しいタイプの市民債権者については、Macdonald, *A Free Nation Deep in Debt*, pp. 377–464を参照。

51. 引用元 Macdonald, *A Free Nation Deep in Debt*, p. 396.

52. Machiavelli, *The Discourses*, edited by Bernard Crick and trans. Leslie Walker (London: Penguin, 1970), pp. 385 and 385–387（ニッコロ・マキァヴェッリ著『ディスコルシ――「ローマ史」論』永井三明訳、筑摩書房、2011年）〔邦訳の458–459頁〕

53. Machiavelli, *The Discourses*, pp. 201–202（マキァヴェッリ著『ディスコルシ』）〔邦訳の173–175頁〕

54. マキァヴェッリをグラックス家の再分配政策の支持者とし、古い法律を復活させて問題を解決しようとする彼らの慎重なアプローチへの批判者とするマキァヴェッリの分析の解釈については、John P. McCormick, "Machiavelli and the Gracchi: Prudence, Violence and Redistribution," *Global Crime 10*, no. 4 (2009): pp. 298–305を参照。

55. Gregory Ablavsky, "The Savage Constitution," *Duke Law Journal 63*, no. 5 (2014): pp. 999–1089.

56. James Madison, "Federalist 63" in Alexander Hamilton, James Madison, and John Jay,

The Federalist: With letters of Brutus, edited by Terence Ball (Cambridge: Cambridge University Press 2003), p. 307 (A・ハミルトン、J・ジェイ、J・マディソン著『ザ・フェデラリスト』斎藤眞、武則忠見訳、福村出版、1998年)〔邦訳の308頁〕

57. Alecander Hamilton, "Federalist 1" in Hamilton, Madison and Jay, *The Federalist*, p. 3 (ハミルトン、ジェイ、マディソン著『ザ・フェデラリスト』)〔邦訳の5頁〕

58. Brutus, "Letter IV" in Hamilton, Madison and Jay, *The Federalist: With Letters of Brutus*, p. 458

59. Drew R. McCoy, *The Elusive Republic: Political Economy in Jeffersonian America* (Chapel Hill: University of North Carolina Press, 1980), ch. 6; Lance Banning, *The Jeffersonian Persuasion: Evolution of a Party Ideology* (Ithaca: Cornell University Press, 1978), chs. 5 and 6; E. James Ferguson, *The Power of the Purse: A History of American Public Finance, 1776–1790* (Chapel Hill: University of North Carolina Press, 1961) を参照。

60. オマハ綱領は、以下のURLを参照。http://historymatters.gmu.edu/d/5361/

61. これとは異なる判断については、たとえば、Thomas Frank, *The People, No: A Brief History of Anti-Populism* (New York: Metropolitan Books, 2020); Barry Eichengreen, *The Populist t Temptation: Economic Grievance and Political Reaction in the Modern Era* (Oxford: Oxford University Press, 2018), ch 2. を参照。

62. アメリカのポピュリストにとっての生産者階級の倫理の重要性については、Michael Kazin, *The Populist Persuasion: An American History*, revised edition (Ithaca: Cornell University Press, 1995), pp. 13–15を参照。

63. 引用元 Kazin, *The Populist Persuasion*, p. 45.

64. Speech by William Jennings Bryan at the Democratic National Convention in Chicago, 9 July 1896, http://historymatters.gmu.edu/d/5354/

65. 引用元 Kazin, *The Populist Persuasion*, p. 44.

66. Rogers M. Smith, "The 'American Creed' and American Identity: The Limits of Liberal Citizenship in the United States," *Western Political Quarterly 41* no. 2 (1988): pp. 235–236, 243–245; John Higham, *Strangers in the Land: Patterns of American Nativism, 1860–1925*, revised edition (New Brunswick: Rutgers University Press, 2002)

67. 国民投票は実際には、企業の利益が民主主義的多数派によって打破されることを意味するものではなかった。企業や専門職の利害関係者は、こうした直接選挙を自分たちに有利になるように利用する方法を見つけたのである。詳細は、Daniel A. Smith and Joseph Lubinski, "Direct Democracy During the Progressive Era: A Crack in the Populist Veneer?," *Journal of Policy History 14*, no. 4 (2002): pp. 349–383を参照。

68. ゲイリー・ガースルの著書『American Crucible (アメリカのるつぼ)』は、アメリカのネイションフッドについて、またシヴィック・ナショナリズムと人種的ナショナリズムという矛盾した主張のあいだの争いについて、さらにそれぞれの20世紀の歴史について、セオドア・ローズヴェルトに関する二つの章から始

まっている。

69. 進歩主義者は民主主義政治における階級対立に無批判的であったという主張については、Shelton Stromquist, *Reinventing "the People": The Progressive Movement, the Class Problem, and the Origins of Modern Liberalism*（Urbana: University of Illinois Press, 2006）を参照。

70. Kazin, *The Populist Persuasion*, p. 20.

71. ニューヨークの銀行にとって、ドルが国際通貨になることの重要性については、J. Lawrence Broz, *The International Origins of the Federal Reserve System*（Ithaca: Cornell University Press, 2009）を参照。

72. Liaquat Ahamed, *Lords of Finance: 1929, the Great Depression, and the Bankers Who Broke the World*（London: Windmill Books, 2009), p. 56（ライアカット・アハメド著『世界恐慌――経済を破綻させた4人の中央銀行総裁（上・下）』吉田利子訳、筑摩書房、2013年）

73. 1917年の法律で、南ヨーロッパと東ヨーロッパからの移民に初めて制限が設けられたが、実際には効果がなかった。1920年代の移民法とアメリカのネイションフッドとの関係については、Gerstle, *American Crucible*, pp. 95–122を参照。

74. 引用元 Boyer, *Cultural and Political Crisis in Vienna*, p. 459.

75. タックス・ヘイヴン（租税回避地）の歴史については、Ronan Palan, Richard Murphy, and Christian Chavagneux, *Tax Havens: How Globalisation Really Works*（Ithaca: Cornell University Press, 2009), chs. 4 and 5を参照。タックス・ヘイヴンとしてのジャージーの歴史については、Mark P. Hampton, "Creating Spaces.The Political Economy of Island Offshore Finance Centres: The Case of Jersey," *Geographische Zeitschrift 84*, no. 2（1996): pp. 103–113を参照。富裕層の一部による納税への抵抗がイギリスでどのように起こったかについては、Andrea Binder, "The Politics of the Invisible: Offshore Finance and State Power: A Country-Level Comparison," PhD Dissertation submitted to Cambridge University, January 2019, pp. 72–74を参照。

76. 戦間期民主主義諸国における資本逃避の一般的な問題については、The League of Nations（Ragnar Nurske), *International Currency Experience: Lessons of the Inter-War Period*（League of Nations, Economic, Financial and Transit Department, 1944), pp. 162–163を参照。1920年代のフランス民主主義が直面した課税と資本逃避の問題については、Christophe Farquet, "Capital Flight and Tax Competition After the First World War: The Political Economy of French Tax Cuts, 1922–1928," *Contemporary European History 27*, no. 4（2018): pp. 537–561を参照。フランスの金融・通貨危機とその最終的な解決については、Ahamed, *Lords of Finance*, pp. 247–269（アハメド著『世界恐慌』); Kenneth Mouré, *The Gold Standard Illusion: France, the Bank of France, and the International Gold Standard, 1914–1939*（Oxford: Oxford University Press, 2002), chs. 4–5を参照。

77. Winters, *Oligarchy*, pp. 230–232.

78. 引用元 Farquet, "Capital Flight and Tax Competition After the First World War," p. 558

79. Frederick Taylor, *The Downfall of Money: Germany's Hyperinflation and the Destruction of the Middle Class* (London: Bloomsbury Publishing, 2013), pp. 351–352.

80. Daniel Tost, "German Monetary Mythology," *Handelsblatt*, 31 July 2017, https://www.handelsblatt.com/english/bundesbank-birthday-german-monetary-mythology/23571490.html?ticket=ST-510167-ZyfyCkdvtOlJWndHWxNM-ap1を参照。

81. Robert L. Hetzel, "German Monetary Policy in the First Half of the Twentieth Century," *Federal Reserve Bank of Richmond Economic Quarterly 88*, no. 1 (2002): pp. 4–8を参照。

82. Gerald Feldman, *The Great Disorder: Politics, Economics, and Society in the German Inflation 1914–1924* (Oxford: Oxford University Press, 1993), p. 4.

83. 引用元 Hetzel, "German Monetary Policy in the First Half of the Twentieth Century," p. 11.

84. 引用元 Ahamed, *Lords of Finance*, p. 462（アハメド著『世界恐慌』）

85. ローズヴェルトを経済ポピュリストとして扱い、この種のポピュリズムは経済危機において必要であると擁護する最近の主張については、Dani Rodrik, "Is Populism Necessarily Bad Economics?," *AEA Papers and Proceedings 108* (2018): pp. 196–199を参照。

86. Franklin Roosevelt, Inaugural speech, 4 March 1933, https://avalon.law.yale.edu/20th_century/froos1.asp. ローズヴェルトが経済的ネイションフッドを用いたことについては、Gerstle, *American Crucible*, pp. 128–143, 149–155を参照。

87. Franklin Roosevelt, Speech Accepting the Democratic Party's Re-Nomination for the Presidency, 27 July 1936, https://www.presidency.ucsb.edu/documents/acceptance-speech-for-the-renomination-for-the-presidency-philadelphia-pa

88. Amy E. Hiller, "Redlining and the Home Owners' Loan Corporation," *Journal of Urban History 29*, no. 4 (2003): pp. 394–420.

89. Katznelson, *Fear Itself*; Ira Katznelson, *When Affirmative Action Was White: An Untold History of Racial Inequality in Twentieth-Century America* (New York: W. W. Norton, 2005).

90. William Childs, *The Texas Railroad Commission: Understanding Regulation in America to the Mid-Twentieth Century* (College Station: Texas A&M University Press, 2005), pp. 217–224. この結びつきは、メキシコ湾における海洋探査と生産活動を開放する試みにおいても続いた。Tyler Priest, "The Dilemmas of Oil Empire," *Journal of American History 99*, no. 1 (2012): p. 239.

91. テキサス鉄道委員会の歴史については、Childs, *The Texas Railroad Commission*を参照。

第8章　民主主義的租税国家の盛衰

1. 引用元 B. Bryan, "Trump wants to go after Amazon," *Business Insider*, 28 March 2018.
2. https://twitter.com/ThierryBreton/status/1285548529113595904
3. ドイツ連邦共和国の誕生については、Peter H. Merkl, *The Origin of the West German Republic*（Oxford: Oxford University Press, 1963）を参照。
4. Jan-Werner Müller, "On the Origins of Constitutional Patriotism," *Contemporary Political Theory 5*（2006）: p. 282. Peter Graf Kielmansegg, "The Basic Law, Response to the Past or Design for the Future?" in "Forty years of the Grundgesetz" German Historical Institute Occasional Paper, Washington, DC, 1990, p. 11, https://www.ghdc.org/fileadmin/publications/Occasional_Papers/Forty_Years_of_the_grundgesetz.pdf. ドイツ連邦憲法裁判所の重要性については、Justin Collings, *Democracy's Guardians: A History of the German Federal Constitutional Court, 1951–2001*（Oxford: Oxford University Press, 2015）; Michaela Hailbronner, *Traditions and Transformations: The Rise of German Constitutionalism*（Oxford: Oxford University Press, 2015）を参照。
5. Benn Steil, *The Battle of Bretton Woods: John Maynard Keynes, Harry Dexter White, and the Making of a New World Order*（Princeton: Princeton University Press, 2013）（ベン・ステイル著『ブレトンウッズの闘い——ケインズ、ホワイトと新世界秩序の創造』小坂恵理訳、日本経済新聞出版社、2014年）
6. Diane Coyle, *GDP: A Brief Affectionate History*（Princeton: Princeton University Press, 2014）（ダイアン・コイル著『GDP——〈小さくて大きな数字〉の歴史』高橋璃子訳、みすず書房、2015年）を参照。
7. Jürgen Habermas, "Yet Again: German Identity: A Unified Nation of Angry DM-Burghers?" *New German Critique 52*（January 1991）: p. 86.
8. Charles S. Maier, *The Unmasterable Past: History, Holocaust, and German National Identity*, revised edition（Cambridge, MA: Harvard University Press, 1998）, p. 7.
9. 戦後イギリスの経済的ネイションフッドについては、David Edgerton, *The Rise and Fall of the British Nation: A Twentieth-Century History*（London: Allen and Lane, 2018）を参照。
10. Helen Thompson, *Might, Right, Prosperity and Consent: Representative Democracy and the International Economy 1919–2001*（Manchester: Manchester University Press, 2008）, pp. 107–113.
11. Nelson Lichenstein, *State of the Union: A Century of American Labor*（Princeton: Princeton University Press, 2002）, ch. 4を参照。
12. Meg Jacobs, "The Uncertain Future of American Politics, 1940–1973" in *American History Now*, edited by Eric Foner and Lisa McGirr（Philadelphia: Temple University Press, 2011）, p. 160.
13. Jacobs, "The Uncertain Future of American Politics, 1940–1973," pp. 158–162.
14. William Childs, *The Texas Railroad Commission: Understanding Regulation in America to the Mid-Twentieth Century*（College Station: Texas A&M University Press, 2005）,

pp. 237–240.

15. Walter Scheidel, *The Great Leveller: Violence and the History of Inequality from the Stone Age to the Twenty-First Century* (Princeton: Princeton University Press, 2018), pp. 149–159（ウォルター・シャイデル著『暴力と不平等の人類史——戦争・革命・崩壊・疫病』鬼澤忍、塩原通緒訳、東洋経済新報社、2019年）
16. Scheidel, *The Great Leveller*, pp. 152–153（シャイデル著『暴力と不平等の人類史』）
17. Scheidel, *The Great Leveller*, p. 166（シャイデル著『暴力と不平等の人類史』）
18. 戦後の税制については、Sven Steinmo, *Taxation and Democracy: Swedish, British and American Approaches to Financing the Modern State* (London: Yale University Press, 1993）を参照。アメリカでは租税国家にたいする継続的な制約があった。詳細は、Meg Jacobs and Julian E. Zelizer, "The Democratic Experiment: New Directions in American Political History" in *The Democratic Experiment: New Directions in American Political History*, edited by Meg Jacobs, William J. Novak, and Julian E. Zelizer (Princeton: Princeton University Press), pp. 276–300を参照。戦時中の税制が戦後の税制に与えた重要性については、Thomas Picketty, *Capital in the Twenty-First Century* (Cambridge, MA: Harvard University press, 2014), pp. 146–150（トマ・ピケティ著『21世紀の資本』山形浩生、守岡桜、森本正史訳、みすず書房、2014年）を参照。
19. Ian Kershaw, "War and Political Violence in Twentieth-Century Europe," *Contemporary European History 14*, no. 1 (2005): p. 120.
20. 戦後オーストリア政治には常に汎ドイツ主義政党が存在したが、1980年代まで汎ドイツ主義政党がオーストリア政府に参加することはなかった。
21. William Safran, "State, Nation, National Identity, and Citizenship: France as a Test Case," *International Political Science Review 12*, no. 3 (1991): p. 221.
22. フランス革命とフランスのネイションフッドという言葉そのものが、フランス帝国への反乱を支持する政治的言説を長年提供してきたことについては、Lorelle Semley, *To Be Free and French: Citizenship in France's Atlantic Empire* (Cambridge: Cambridge University Press, 2017）を参照。
23. Safran, "State, Nation, National Identity, and Citizenship," p. 225.
24. Safran, "State, Nation, National Identity, and Citizenship," pp. 226–231.
25. 歴史家たちの論争については、Maier, *The Unmasterable Past*を参照。憲法上の愛国心をめぐる問題が東西ドイツの統一前後にどのように展開したかについては、Jan-Werner Müller, *Another Country: German Intellectuals, Unification, and National Identity* (London: Yale University Press, 2000）を参照。
26. 戦争の資金調達におけるイギリスの市民債権者の役割については、James Macdonald, *A Free Nation Deep in Debt: The Financial Roots of Democracy* (New York: Farrar, Straus, & Giroux, 2003), pp. 435–445を参照。
27. Robert Colls, *Identity of England* (Oxford: Oxford University Press, 2004), pp. 124–126. イギリス人の第二次世界大戦認識における「人民の戦争（people's war)」と

いう観念の役割については、Angus Calder, *The People's War: Britain 1939–45* (London: Pimlico, 1992) を参照。

28. 後にこれをより広くマルクス主義的な枠組みで展開した影響力のある主張については、Tom Nairn, *The Break-up of Britain* (London:Verso, 1981) を参照。

29. Gary Gerstle, *American Crucible: Race and Nation in the Twentieth Century*, revised edition (Princeton: Princeton University Press, 2017), pp. 197–199. Lawrence R. Samuel, *Pledging Allegiance: American Identity and the Bond Drive of World War II* (Washington, DC: Smithsonian Institution Press, 1997).

30. Martin Luther King Jr, Speech in Atlanta, 10 May 1967, https://www. theatlantic.com/magazine/archive/2018/02/martin-luther-king-hungry-club-forum/552533/

31. Gerstle, *American Crucible*, ch. 7. 黒人ナショナリズムの最も強烈な主張は、マルコムXの自伝である。Malcom X and Alex Haley, *The Autobiography of Malcolm X* (London: Penguin, 2007). (Originally published by Grove Press, 1965).

32. Gerstle, *American Crucible*, pp. 349–357. その悲観的な見方の一例として、Bruce D. Porter, "Can American Democracy Survive?," *Commentary 96* (November 1993): pp. 37–40, https://www.commentarymagazine.com/articles/bruce-porter/can-american-democracy-survive/を参照。

33. ロバート・カプランは、1973年の徴兵制の廃止は、南北戦争前に比すべき「統治力が弱く、喧嘩っ早く、分裂しやすい社会にアメリカを原点回帰させた」とみている。Robert D. Kaplan, "Fort Leavenworth and the Eclipse of Nationhood," *Atlantic Monthly*, September 1996, https://www.theatlantic.com/magazine/archive/1996/09/fort-leavenworth-and-the-eclipse-of-nationhood/376665/を参照。

34. 知識人のなかには、ベトナムにおけるアメリカの失敗を、民主主義の過剰論によって説明した。たとえば、David Runciman, *The Confidence Trap: A History of Democracy in Crisis from World War I to the Present*, updated edition (Princeton: Princeton University Press, 2017), pp. 189–195 を参照。

35. Michael J. Crozier, Samuel P. Huntington, and Joji Watanuki, *The Crisis of Democracy: Report on the Governability of Democracies to the Trilateral Commission* (New York: New York University Press, 1975), p. 2 (サミュエル・P・ハンチントン、ミッシェル・クロジエ、綿貫譲治『民主主義の統治能力――その危機の検討』日米欧委員会編、綿貫譲治監訳、サイマル出版会、1976年)〔邦訳の2頁〕

36. Crozier, Huntington, and Watanuki, *The Crisis of Democracy*, p. 113 (ハンチントン、クロジエ、綿貫『民主主義の統治能力』)〔邦訳の66頁〕

37. Crozier, Huntington, and Watanuki, *The Crisis of Democracy*, p. 164 (ハンチントン、クロジエ、綿貫『民主主義の統治能力』)〔邦訳の182頁〕

38. Mark Blyth and Matthias Matthijs, "Black Swans, Lame Ducks, and the Mystery of IPE's Missing Macro-Economy," *Review of International Political Economy 24*, no. 2 (2017): pp. 210–211.

39. Meg Jacobs, *Panic at the Pump: The Energy Crisis and the Transformation of American*

Politics in the 1970s (New York: Hill and Wang, 2017), p. 94.

40. Jacobs, *Panic at the Pump*, p. 33. ステファン・アイクとアダム・トゥーズは、インフレを持続させたのは民主主義の過剰であったという主張について、私と同じような反論をしている。Stefan Eich and Adam Tooze, "The Great Inflation" in *Vorgeschichte der Gegenwart: Dimensionen des Strukturbruchs nach dem Boom*, edited by Anselm Doering-Manteuffel, Lutz Raphael, and Thomas Schlemmer (Göttingen: Vandenhoeck and Ruprecht, 2016). In English at https://mk0adamtoozept2ql1eh.kinstacdn.com/wp-content/uploads/2020/05/The_Great_Inflation_w_Adam:Tooze_2016.pdf を参照。
41. Meg Jacobs, *Panic at the Pump*, pp. 33–34. 政府は物価上昇を食い止めるべきであるという考え方の民主主義的な力強さについては、Meg Jacobs, *Pocketbook Politics: Economic Citizenship in Twentieth Century America* (Princeton: Princeton University Press, 2007) を参照。
42. The 1979 Conservative Party General Election Manifesto, http://www.conservativemanifesto.com/1979/1979-conservative-manifesto.shtml
43. Crozier, Huntington, and Watanuki, *The Crisis of Democracy*, p. 9 (ハンチントン、クロジエ、綿貫『民主主義の統治能力』)〔邦訳の10頁〕
44. Scott Lash, "The End of Neo-Corporatism? The Breakdown of Centralised Bargaining in Sweden," *British Journal of Industrial Relations 23*, no. 2 (1985): pp. 215–239.
45. 引用元 Jacobs, *Panic at the Pump*, p. 35.
46. 引用元 Jacobs, *Panic at the Pump*, p. 44.
47. James Schlesinger "Will War Yield Oil Security?" *Challenge 34*, no. 2 (1991): p. 30.
48. Ronald Reagan, Address to the Nation on the Iran Arms and Contra Aid Controversy, 13 November 1986, https://www.reaganlibrary.gov/archives/speech/address-nation-iran-arms-and-contra-aid-controversy-november-13-1986
49. Richard Nixon, Address to the Nation About National Energy Policy, 7 November 1973, https://www.presidency.ucsb.edu/documents/address-the-nation-about-national-energy-policy
50. Jimmy Carter, Address to the Nation: Energy and the National Goals, 15 July 1979, https://www.jimmycarterlibrary.gov/assets/documents/speeches/energy-crisis.phtml
51. Jacobs, *Panic at the Pump*, ch. 5.
52. Jon Henley, "Gigantic Sleaze Scandal Winds up as Former Elf Oil Chiefs are Jailed," *Guardian*, 13 November 2003, https://www.theguardian.com/business/2003/nov/13/France.oilandpetrol
53. キリスト教民主同盟によるオフショア資金調達については、Andrea Binder, "The Politics of the Invisible: Offshore Finance and State Power, a Country Level Comparison," PhD Dissertation submitted to Cambridge University, January 2019, pp. 81–83を参照。
54. Address by President Eisenhower, 17 January 1961. https://www.eisenhowerlibrary.gov/sites/default/files/research/online-documents/farewell-address/1961-01-17-press-

release.pdf
55. Michael Howard "War and the Nation-state," *Daedalus 108*, no. 4 (1979): pp. 106–107.
56. あらゆる国民主権の主張に強い不信感を抱く立憲主義の重要性と、後にそれがドイツ連邦憲法裁判所を通じてEUに与えた影響については、Jan-Werner Müller, "Beyond Militant Democracy?," *New Left Review 73* (January/February 2012): pp. 39–47を参照。
57. Wolfram Kaiser, *Christian Democracy and the Origins of European Union* (Cambridge: Cambridge University Press, 2007) を参照。
58. Friedrich A. Hayek, "The Economic Conditions of Interstate Federalism" in Friedrich A. Hayek, *Individualism and Economic Order* (Chicago: Chicago University Press, 1948), pp. 255–272 (フリードリヒ・A・ハイエク著『ハイエク全集I–3 個人主義と経済秩序』西山千明、矢島鈞次監修、嘉治元郎、嘉治佐代訳、春秋社、2008年)
59. Craig Parsons, *A Certain Idea of Europe* (Ithaca: Cornell University Press, 2006), pp. 52–66.
60. Eric O'Connor "European Democracy Deferred: de Gaulle and the Dehousse Plan,1960," *Modern and Contemporary France 25*, no. 2 (2017): pp. 209–224を参照。
61. Wolfgang Streeck, "Progressive Regression," *New Left Review 118* (July/August 2019): p. 121.
62. Alan Milward, *The European Rescue of the Nation-State* (London: Routledge, 1992) を参照。
63. 1970年代から80年代にかけての西側各国政府にとっての金融の利点については、Greta Krippner *Capitalising on Crisis: The Political Origins of the Rise of Finance* (Cambridge, MA: Harvard University Press, 2011) を参照。1970年代の資本主義と民主主義の全面的な危機を債務が食い止めたという主張については、Wolfgang Streeck, *Buying Time: The Delayed Crisis of Democratic Capitalism* (London: Verso, 2014) (ヴォルフガング・シュトレーク著『時間かせぎの資本主義――いつまで危機を先送りできるか』鈴木直訳、みすず書房、2016年) を参照。
64. 自由な国際資本移動が多くのヨーロッパ福祉国家に与えた限定的な影響については、Duane Swank, *Global Capital, Political Institutions, and Policy Change in Developed Welfare States* (New York: Cambridge University Press, 2002).
65. 競争的な税制改革に関する比較研究については、Duane Swank, "Taxing Choices: International Competition, Domestic Institutions, and the Transformation of Corporate Tax Policy," *Journal of European Public Policy 23*, no. 4 (2016): pp. 571–603を参照。
66. 民主主義国の小国が法人税競争を推し進めた理由については、Philipp Genschel, Hanna Lierse, and Laura Seelkopf, "Dictators Don't Compete: Autocracy, Democracy and Tax Competition," *Review of International Political Economy 23*, no. 2 (2016): pp. 290–315を参照。

67. Philipp Genschel, "Globalization and the Transformation of the Tax State," *European Review 13*, no. 1 (2005): p. 66.

68. Jacob Burckhardt, *The Age of Constantine the Great* (Berkley: University of California Press, 1992), p. 70（ヤーコプ・ブルクハルト著『コンスタンティヌス大帝の時代――衰微する古典世界からキリスト教中世へ』新井靖一訳、筑摩書房、2003年）

69. 世界経済におけるタックス・ヘイヴンの位置づけについては、Ronen Palan, Richard Murphy, and Christian Chavagneux, *Tax Havens: How Globalization Really Works* (Ithaca: Cornell University Press, 2010); Gabriel Zucman, *The Hidden Wealth of Nations: The Scourge of Tax Havens* (Chicago: University of Chicago Press, 2015)（ガブリエル・ズックマン著『失われた国家の富――タックス・ヘイブンの経済学』渡辺智之解説、林昌宏訳、NTT出版、2015年）を参照。

70. この点については、Binder, "The Politics of the Invisible," pp. 166–168を参照。オフショア・バンキングの台頭については、Gary Burn, "The State, the City and the Euromarkets," *Review of International Political Economy 6* no. 2 (1999): pp. 225–261; Robert N. McCauley, Patrick M. McGuire, and Vladyslav Sushko, "Global Dollar Credit: Links to US Monetary Policy and Leverage," January 2015, BIS Working Paper, no. 483, https://ssrn.com/abstract=2552576を参照。

71. Jacob Hacker and Paul Pierson, "Winner-Takes-All-Politics: Public Policy, Political Organisation, and the Precipitous Rise of Top Incomes in the United States," *Politics and Society 38*, no. 2 (2010): pp. 193–196.

72. Hacker and Pierson, "Winner-Takes-All-Politics," pp. 157–159.

73. Hacker and Pierson, "Winner-Takes-All-Politics," pp. 176–179.

74. Jacobs, *Pocketbook Politics*, pp. 267–268.

75. Wolfgang Streeck and Philippe C. Schmitter, "From National Corporatism to Transnational Pluralism: Organised Interests in the Single European Market," *Politics and Society 19*, no. 2 (1991): pp. 133–164. さらに詳しい議論は、Blyth and Matthijs, "Black Swans," pp. 216–217を参照。

76. ジェームズ・マクドナルドは、市民債権者の歴史と民主主義政治との関係のなかで、主に国際資本市場で調達された1970年代の平時の債務を、それ自体がネイションフッドと「敵対する経済的利益集団に分裂した家」の崩壊の現れであるとみている。Macdonald, *A Free Nation Deep in Debt*, p. 471.

77. ヴォルフガング・シュトレークは、シュターツフォルク（国家の民）からなる租税国家とマルクトフォルク（市場の民）からなる債務国家とを区別している。租税国家は市民という国民（national people）の上に成り立ち、債務国家は投資家という国際的な民（international people）の上に成り立っている。しかし、国民（people）という概念は、政治的共同体との関係においてのみ意味を持つのであって、銀行、年金基金、政治的共通意識のない個人との関係においては意味を持たない。Wolfgang Streeck, *Buying Time*, pp. 80–86（シュトレーク著『時間か

せぎの資本主義』)〔邦訳の120–128頁〕

78. 1980年代からのインフレ率下落が債権者・債務者間の政治に与えた影響については、Mark Blyth, "Will the Politics or Economics of Deflation Prove More Harmful?," *Intereconomics: Review of European Economic Policy 50*, no. 2 (2015): pp. 115–116を参照。

79. Blyth and Matthijs, "Black Swans," p. 216. 民間債が1970年代から民主主義諸国を一時的に安定させた仕組みについては、Colin Crouch, "Privatised Keynesianism: An Unacknowledged Policy Regime," *British Journal of Politics and International Relations 11*, no. 3 (2009): pp. 382–399を参照。

80. このときヒースは、党議拘束を破って政権支持に回った69人の労働党議員に頼らざるをえなかった。

81. Robert Saunders, *Yes to Europe!: The 1975 Referendum and Seventies Britain* (Cambridge: Cambridge University Press, 2018), pp. 63–76.

82. EC加盟前、イギリスの憲法における議会主権の明確な制約は、連合国家とスコットランド、ウェールズ、北アイルランドに関する事項をめぐって具体的なかたちとなって現れた。この点に関する詳細な議論は、Helen Thompson, "Consent: The Dynamite at the Heart of the British Constitution," *Prospect*, 9 June 2021, https://www.prospectmagazine.co.uk/essays/consent-british-constitution-referendums-brexit-europeを参照。

83. Streeck and Schmitter, "From National Corporatism to Transnational Pluralism," p. 152. 欧州労働組合連合の失敗については、Streeck, "Progressive Regression," pp. 122–124; Parsons, *A Certain Idea of Europe*, pp. 52–66を参照。

84. Streeck and Schmitter, "From National Corporatism to Transnational Pluralism," pp. 134–135. EUがアメリカ共和国ほど企業のロビー活動を助長していないという主張については、Christine Mahoney, "Lobbying Success in the United States and the European Union," *Journal of Public Policy 27*, no. 1 (2007): pp. 35–56を参照。

85. Neil Fligstein, *Euroclash: The EU, European Identity, and the Future of Europe* (Oxford: Oxford University Press, 2009). コスモポリタン・アイデンティティの階級的意味合いについては、Craig Calhoun, "The Class Consciousness of Frequent Travelers: Toward a Critique of Actually Existing Cosmopolitanism," *South Atlantic Quarterly 101*, no. 4 (2002): pp. 869–897を参照。

86. ドイツ連邦銀行の正当化権限とECBの権限の違い、および代表と正当性の持つ意味については、Hjalte Lokdam, "Banking on Sovereignty: A Genealogy of the European Central Bank's Independence," PhD dissertation submitted to the London School of Economics, 2019を参照。通貨同盟の背後には、インフレ抑制をめざすより幅広い金融コンセンサスがあったという主張については、Kathleen McNamara, *The Currency of Ideas*：*Monetary Politics in the European Union* (Ithaca: Cornell University Press, 1998) を参照。

第9章　改革の行方

1. 引用元 Jon Schwarz, "Jimmy Carter: The US is an 'Oligarchy with Unlimited Political Bribery'," *Intercept*, 31 July 2015, https://theintercept.com/2015/07/30/jimmy-carter-u-s-oligarchy-unlimited-political-bribery/
2. Bernie Sanders, "Democracy Versus Oligarchy," speech on 31 March 2014, https://www.commondreams.org/views/2014/04/01/democracy-vs-oligarchy
3. Bernie Sanders, "Bernie's Announcement," speech on 26 May 2015. Published as Ezra Klein, "Read Bernie Sander's populist, policy-heavy speech kicking off his campaign," *Vox*, 26 May 2015, https://www.vox.com/2015/5/26/8662903/bernie-sanders-full-text-speech-presidential-campaign
4. 引用元 David Frum, "If Liberals Won't Enforce Borders, Fascists Will," *Atlantic*, April 2019, https://www.theatlantic.com/magazine/archive/2019/04/david-frum-how-much-immigration-is-too-much/583252/
5. 引用元 Ezra Klein, "Bernie Sanders, The Vox Conversation," *Vox*, 28 July 2015, https://www.vox.com/2015/7/28/9014491/bernie-sanders-vox-conversation
6. CNN Politics, Transcript of Republican Debate in Miami, Full Text, 15 March 2016, https://edition.cnn.com/2016/03/10/politics/republican-debate-transcript-full-text/index.html
7. Ivan Irastev, *After Europe* (Philadelphia: University of Pennsylvania Press, 2017)（イワン・クラステフ『アフター・ヨーロッパ――ポピュリズムという妖怪にどう向きあうか』庄司克宏監訳、岩波書店、2018年）を参照。
8. Matthew Goodwin and Caitlin Milazzo, "Taking Back Control: Investigating the Role of Immigration in the 2016 Vote for Brexit," *British Journal of Politics and International Relations 19*, no. 3 (2017): pp. 450–464.
9. Bundesverfassungsgericht, Judgment of the Second Senate of 5 May 2020–2 BvR 859/15, para 104, https://www.bundesverfassungsgericht.de/SharedDocs/Entscheidungen/EN/2020/05/rs20200505_2bvr085915en.html;jsessionid=8407F8BD54CB01E168426940040ADD26.1_cid386
10. Kenneth Dyson and Kevin Featherstone, *The Road to Maastricht: Negotiating Economic and Monetary Union* (Oxford: Oxford University Press, 1999), p. 93.
11. Matt Qvortrup, "The Three Referendums on the European Constitution Treaty in 2005," *Political Quarterly 77*, no. 1 (2006): p. 95. ゴーリストのあいだの分裂については、Benjamin Leruth and Nicholas Startin, "Between Euro-federalism, Euro-Pragmatism and Euro-Populism: The Gaullist Movement Divided Over Europe," *Modern Contemporary France 25*, no. 2 (2017): pp. 153–169を参照。
12. Craig Parsons, *A Certain Idea of Europe* (Ithaca: Cornell University Press, 2006), pp. 225–227.
13. Parsons, *A Certain Idea of Europe*, pp. 242–243.
14. ヨーロッパに関するフランスの政治家たちの美辞麗句と、厳しい政治的現実と

のギャップについては、Vivien A. Schmidt, "Trapped by their Ideas: French Elites' Discourses of European Integration and Globalization," *Journal of European Public Policy 20*, no. 4 (2006): pp. 992–1009を参照。

15. Bundesverfassungsgericht, *57 Manfred Brunner and others v. the European Union treaty, para 55, http://www.proyectos.cchs.csic.es/euroconstitution/library/Brunner_Sentence.pdf
16. Bundesverfassungsgericht, *57 Manfred Brunner and others v. the European Union treaty, para 44. ドイツ連邦憲法裁判所の判決におけるこの点については、Matthias Mahlman, "Constitutional Identity and the Politics of Homogeneity," *German Law Journal 6*, no. 2 (2005): pp. 307–318を参照。
17. Martin J. Bull and James L. Newell, *Italian Politics:Adjustment Under Duress* (Cambridge: Polity Press, 2006), pp. 14–15.
18. Kenneth Dyson and Kevin Featherstone, "Italy and EMU as a '*Vincolo Esterno*': Empowering the Technocrats, Transforming the State," *South European Society and Politics 1*, no. 2 (1996): p. 277.
19. Dyson and Featherstone, "Italy and EMU as a '*Vincolo Esterno*'," pp. 278–279. 交渉が始まったとき、カルリ自身は高齢で重病を患っていた。また、イタリア中央銀行の総裁を務めたこともあるテクノクラート大臣でもあった。
20. Martin J. Bull, "In the Eye of the Storm: The Italian Economy and the Eurozone Crisis," *South European Society and Politics 23*, no. 1 (2018): p. 18; Dyson and Featherstone, "Italy and EMU as a '*Vincolo Esterno*'": p. 295.
21. 北部同盟（レーガ・ノルド）の台頭については、Francesco Cavatorta, "The Role of the Northern League in Transforming the Italian Political System: From Economic Federalism to Ethnic Politics and Back," *Contemporary Politics 7*, no. 1 (2001): pp. 27–40を参照。
22. Wolfgang Streeck, "Markets and Peoples: Democratic Capitalism and European Integration," *New Left Review 73* (Jan/Feb 2012): pp. 68–69.
23. 引用元 Guardian Staff and Agencies, "The Euro has Screwed Everybody—Berlusconi," *Guardian*, 29 July 2005, https://www.theguardian. com/world/2005/jul/29/euro.italy
24. Nicolas Jabko, "The Importance Of Being Nice: An Institutionalist Analysis of French Preferences on the Future of Europe," *Comparative European Politics 2*, no. 3 (2004): pp. 282–301を参照。
25. シラクはニース条約交渉の後半、「どの解決策も恐ろしい問題を引き起こす」と不満を漏らしていた。引用元 "So That's All Agreed Then," *Economist*, 14 December 2000, https://www.economist.com/special/2000/12/14/so-thats-all-agreed-then
26. European Council Meeting in Laeken, 14 and 15 December 2001, Annex 1, https://www.consilium.europa.eu/media/20950/68827.pdf. EU憲法制定会議とその後の条約交渉については、Peter Norman, *The Accidental Constitution:The Making of Europe's Constitutional Treaty*, second edition (Eurocomment: 2005) を参照。

27. EUの発展にたいする民主主義的制約の出現については、Liesbet Hooghe and Gary Marks, "A Postfunctionalist Theory of European Integration: From Permissive Consensus to Constraining Dissensus," *British Journal of Political Science 39*, no. 1 (2009): pp. 1–17; Vivien A. Schmidt, Democracy in Europe: *The EU and National Polities* (Oxford: Oxford University Press, 2007) を参照。
28. "So Much for Stability," *Economist*, 15 July 2004, https://www.economist.com/news/2004/07/15/so-much-for-stability. Qvortrup, "The Three Referendums," pp. 89–97.
29. 2005年のフランス国民投票については、Colette Mazzucelli, "The French Rejection of the Constitutional Treaty" in *The Rise and Fall of the EU's Constitutional Treaty*, edited by Finn Laursen (Leiden and Boston: Martinus Nijhoff Publications, 2008), pp. 161–180を参照。
30. フランス社会党内の分裂については、Markus Wagner Wagner, "Debating Europe in the French Socialist party: The 2004 Internal Referendum on the EU Constitution," *French Politics 6*, no. 3 (2008): pp. 257–279を参照。
31. Qvortrup, "The Three Referendums," pp. 94–96.
32. BBC News, "Lisbon Treaty: What They Said," 30 September 2009, http://news.bbc.co.uk/1/hi/world/europe/8282241.stm
33. Bundesverfassungsgericht, Judgment of the Second Senate of 30 June 2009 BvE 2/08, preamble, https://www.bundesverfassungsgericht.de/SharedDocs/Entscheidungen/EN/2009/06/es20090630_2bve000208en.html
34. Bundesverfassungsgericht, Judgment of the Second Senate of 30 June 2009, para 2c.
35. Bundesverfassungsgericht, Judgment of the Second Senate of 30 June 2009, para 2d. 民主主義と国家に関するドイツ連邦憲法裁判所の判決理由にたいする正面からの反論については、Jo Eric Khushal Murkens, "Identity Trumps Integration: The Lisbon Treaty in the German Federal Constitutional Court," *Der Staat 48*, no. 4 (2009): pp. 517–534を参照。
36. Bruno Waterfield, "EU Polls Would Be Lost, Says Nicolas Sarkozy," *Daily Telegraph*, 14 November 2007, https://www.telegraph.co.uk/news/worldnews/1569342/EU-polls-would-be-lost-says-Nicolas-Sarkozy.html
37. Emmanuel Macron, "Initiative for Europe," speech at the Sorbonne, 26 September 2017, http://international.blogs.ouest-france.fr/archive/2017/09/29/macron-sorbonne-verbatim-europe-18583.html
38. Bruno Waterfield and Toby Helm, "Gordon Brown Rules Out EU Treaty Referendum," *Daily Telegraph*, 18 October 2007, https://www.telegraph. co.uk/news/uknews/1566537/Gordon-Brown-rules-out-EU-treaty-referendum.html; Vaughne Miller, The Treaty of Lisbon: Government and Parliamentary Views on a Referendum, House of Commons Library SN/IA/5071, 15 May 2009, p. 9, https://commonslibrary.parliament.uk/research-briefings/sn05071/
39. 引用元 George Parker and Alex Barker, "David Cameron's Adventures in Europe,"

Financial Times, 22 January 2016, https://www.ft.com/content/26cbc524-bfb4-11e5-846f-79b0e3d20eaf

40. 引用元 Ben Hall and Joshua Chaffin, "Sarkozy Smarts at Cameron's Snub on Europe," *Financial Times*, 15 June 2009, https://www.ft.com/content/10f18dde-56ab-11de-9a1c-00144feabdc0
41. 引用元 Vaughne Miller, *The Treaty of Lisbon*, p. 19.
42. 引用元 Gavin Hewitt, "Greece: The Dangerous Game," *BBC News*, 1 February 2015, https://www.bbc.co.uk/news/world-europe-31082656
43. David Cameron, Speech at Bloomberg, 23 January 2013, https://www.gov.uk/government/speeches/eu-speech-at-bloomberg
44. これとは別の同様の主張は、Albert Weale, "The Democratic Duty to Oppose Brexit," *Political Quarterly 88*, no. 2 (2017): pp. 170–181; Anthony Barnett, "Brexit has Killed the Sovereignty of Parliament," *Open Democracy*, 4 December 2016, https://www.opendemocracy.net/en/opendemocracyuk/brexit-has-killed-sovereignty-of-parliament/を参照。また、イギリス国外からの同様の主張は、Kenneth Rogoff, "Britain's Democratic Failure," *Project Syndicate*, 24 June 2016, https://www.project-syndicate.org/commentary/brexit-democratic-failure-for-uk-by-kenneth-rogoff-2016-06?barrier=accesspaylogを参照。
45. 銀行危機へのおとり商法的（bait and switch）対応としての緊縮財政については、Mark Blyth, *Austerity: The History of a Dangerous Idea* (New York: Oxford University Press, 2013)（マーク・ブライス著『緊縮策という病――「危険な思想」の歴史』若田部昌澄監訳、田村勝省訳、NTT出版、2015年）を参照。特に巨額の財政赤字を抱え、銀行救済が簿外管理されていたイギリスなどでは、緊縮財政が銀行危機への対応策であったという主張を維持するのは難しい。Helen Thompson, "UK Debt in Comparative Perspective: The Pernicious Legacy of Financial Sector Debt," *British Journal of Politics and International Relations 15*, no. 3 (2013): pp. 476–492を参照。
46. 左右のポピュリスト政党がすべて債権者に批判的な政党であるという主張については、Mark Blyth and Matthias Matthijs, "Black Swans, Lame Ducks, and the Mystery of IPE's Missing Macro-Economy," *Review of International Political Economy 24*, no. 2 (2017): pp. 203–221を参照。これらが階級的な抗議ではなく、無秩序な混乱であったという主張については、Ivan Krastev, *Democracy Disrupted: The Politics of Global Protest* (Philadelphia: University of Pennsylvania Press, 2014) を参照。
47. 特にスロバキアでは、ギリシャよりも生活水準が低く、通貨同盟への加盟資格を得るためにギリシャよりもはるかに厳しい財政監視を受け入れてきたにもかかわらず、ギリシャの債権国として行動しなければならず、しかし実際には北欧の銀行を支援するために行動しているということへの憤りがあった。歴史的観点からみてナショナリズムが持つ幅広い意味についての議論は、Stefan Auer, "Richard Sulik: A Provincial or a European Slovak Politician?," *Humanities Research*

Journal 19, no. 1 (2013): pp. 81–100を参照。

48. こうした主張については、Hans Kundnani, "Europe and the Return of History," *Journal of Modern European History 11*, no. 3 (2013): pp. 279–286を参照。

49. Alexandros Kioupkiolis, "Podemos: The Ambiguous Promises of Left-Wing Populism in Contemporary Spain," *Journal of Political Ideologies 21*, no. 2 (2016): p. 104. こうした政治的表現の一例として、Diego Beas, "How Spain's 15-M Movement Is Redefining Politics," *Guardian*, 15 October 2011, https://www.theguardian.com/commentisfree/2011/oct/15/spain-15-m-movement-activism Pablo Iglesias, "Understanding Podemos," *New Left Review 93* (May/June 2015): pp. 7–22を参照。ポデモスの主張には、アメリカ人民党の影響が多くみられるが、階級的な政治にたいする反動として、アメリカ進歩党の要素も感じられた。Christopher J. Bickerton and Carlo Invernizzi Accetti, "'Techno-Populism' as a New Party Family: The Case of the Five Star Movement and Podemos," *Contemporary Italian Politics 10*, no. 2 (2018): pp. 132–150を参照。

50. Kioupkiolis, "Podemos," p. 101.

51. スペインの経済危機が2012年のカタルーニャ州議会選挙に与えた影響については、Guillem Rico and Robert Liñeira, "Bringing Secessionism into the Mainstream: The 2012 Regional Election in Catalonia," *South European Society and Politics 19*, no. 2 (2014): pp. 257–280を参照。

52. ドイツ政府が直面する複雑な政治的選択については、Wade Jacoby, "Europe's New German Problem: The Timing of Politics and the Politics of Timing" in *The Future of the Euro*, edited by Matthias Matthijs and Mark Blyth (New York: Oxford University Press, 2015) を参照。

53. Jacoby, "Europe's New German Problem,": p. 198.

54. 国債買い入れプログラム（OMT）の決定については、Mehrdad Payandeh, "The OMT Judgement of the German Federal Constitutional Court: Repositioning the Court Within the EU's Constitutional Architecture," *European Constitutional Law Review 13*, no. 2 (2017): pp. 400–416を参照。

55. 引用元 Eric Maurice "EU Judges Examine ECB Bond Buying Scheme," *EUobserver*, 11 July 2018, https://euobserver.com/economic/142345

56. Alternative für Deutschland, Manifesto for the 2017 General Election, https://www.afd.de/wp-content/uploads/sites/111/2017/04/2017-04-12_afd-grundsatzprogramm-englisch_web.pdf

57. Stefan Wagstyl and Claire Jones, "Germany Blames Mario Draghi for Rise of Rightwing Afd Party," *Financial Times*, 10 April 2016, https://www.ft.com/content/bc0175c4-ff2b-11e5-9cc4-27926f2b110c

58. Martin Arnold and Guy Chazan, "Bundesbank to Keep Buying Bonds After Court Challenge," *Financial Times*, 6 July 2000, https://www.ft.com/content/99447f21-46db-465b-8ed0-9a214a898a74

59. ドイツのユーロ懐疑主義からみたAfDについては、Robert Grimm, "The Rise of the Eurosceptic Party Alternative Für Deutschland, Between Ordoliberal Critique and Popular Anxiety," *International Political Science Review 36*, no. 3 (2015): pp. 264–278を参照。

60. キリスト教民主同盟党員にとっての長年のタブーが破られたことについては、Der Spiegel Staff, "Aftershocks Continue After Germany's Massive Political Earthquake," *Spiegel International*, 10 February 2020, https://www.spiegel.de/international/germany/a-dark-day-for-democracy-the-political-earthquake-that-shook-germany-a-01847ef8-beb3-45aa-bdbb-f0fda7d87806を参照。

61. ユーロ危機におけるドイツと南欧諸国のあいだにあるフランスの構造的な立場については、Mark I. Vail, "Europe's Middle Child: France's Statist Liberalism and the Conflicted Politics of the Euro" in *The Future of the Euro*, edited by Blyth and Matthijs, pp. 136–160を参照。

62. 引用元 Julian Coman, "France's Socialist Hopeful Promises to Storm the Financial Bastille," *Guardian*, 11 February 2012, https://www.theguardian.com/world/2012/feb/11/francois-hollande-presidential-election-sarkozy

63. 引用元 Vail, "Europe's Middle Child," p. 153.

64. Hugh Carnegy, "Merkel Swings Behind Sarkozy Poll Bid," *Financial Times*, 6 February 2020, https://www.ft.com/content/83fed6a6-50d6-11e1-ab40-00144feabdc0

65. ヨーロッパとの関連でオランドが直面する党運営上の困難については、David Hanley, "From 'La Petite Europe Vatican' to the Club Med: The French Socialist Party and the Challenges of European Integration," *Modern and Contemporary France 25*, no. 2 (2017): pp. 135–151を参照。

66. マクロンはドイツの選挙前に「もし自由民主党（FDP）がドイツ政府に入ったら、自分はもう終わりだ」と述べたと伝えられる。引用元 Wofgang Streeck, "Europe Under Merkel IV: Balance of Impotence," *American Affairs II*, no. 2 (2018), https://americanaffairsjournal.org/2018/05/europe-under-merkel-iv-balance-of-impotence/

67. Stefano Sacchi, "Conditionality by Other Means: EU Involvement in Italy's Structural Reforms in the Sovereign Debt Crisis," *Comparative European Politics 13*, no. 1 (2015): pp. 77–92を参照。

68. Paolo Franzosi, Francesco Marone, and Eugenio Salvati, "Populism and Euroscepticism in the Italian Five Star Movement," *International Spectator 50*, no. 2 (2015): p. 110.

69. 引用元 Franzosi, Marone and Salvati, "Populism and Euroscepticism in the Italian Five Star Movement," p. 114.

70. Martin J. Bull, "In the Eye of the Storm: The Italian Economy and the Eurozone Crisis," *South European Society and Politics 23*, no. 1 (2018): pp. 3–28.

71. Stefano Sacchi and Jungho Roh, "Conditionality, Austerity, and Welfare: Financial Crisis and Its Impact on Welfare in Italy and Korea," *Journal of European Social Policy 26*, no. 4 (2016): p. 370, endnote 25; Georg Picot and Arianna Tassinari, "Politics in a

Transformed Labour Market: Renzi's Labour Market Reform," *Italian Politics 30*, no. 1 (2015): p. 130.

72. Sacchi and Roh, "Conditionality, Austerity, and Welfare": pp. 363–367.

73. 引用元 James Politi and Jim Brunsden, "Matteo Renzi Defends Italy's Budget Plan," *Financial Times*, 20 October 2016, https://www.ft.com/content/3b436b2a-96b8-11e6-a1dc-bdf38d484582

74. Tom Knowles, "Upheaval in Italy Keeps Europe Addicted to QE," *Times*, 5 December 2016, https://www.thetimes.co.uk/article/european-bank-may-extend-qe-after-italian-poll-n8d9dkh5x Jeff Black, "Renzi's Italian Fate Also Overshadows Draghi's Route for QE," *Bloomberg*, 5 December 2016, https://www.bloomberg.com/news/articles/2016-12-05/renzi-s-italian-fate-also-overshadows-draghi-s-path-ahead-for-qe

75. 異なる観点ながら、ドイツ政治が安定から不均衡に向かうとみる同様の判断については、Sidney A. Rothstein and Tobias Schulze-Cleven, "Germany After the Social Democratic Century: The Political Economy Of Imbalance," *German Politics 29*, no. 3 (2020): pp. 297–318; Adam Tooze, "Which is Worse?: Germany Divided," *London Review of Books 41*, no. 14 (19 July 2019), https://www.lrb.co.uk/the-paper/v41/n14/adam-tooze/which-is-worseを参照。

76. United States Census Bureau, Housing Vacancies and Home Ownership, Data, Historical Tables, Table 16, https://www.census.gov/housing/hvs/data/histtabs.html

77. ファニーメイとフレディマックをめぐるアメリカ国内の政治については、Helen Thompson, *China and the Mortgaging of America: Domestic Politics and Economic Interdependence* (London: Palgrave, 2010), chs. 3–4を参照。

78. 米中経済関係をめぐるアメリカ国内の対立が意味するところについては、Naná de Graaff and Bastiaan van Apeldoorn, "US-China Relations and the Liberal World Order: Contending Elites, Colliding Visions?," *International Affairs 94*, no. 1 (2018): pp. 113–131を参照。中国をめぐるアメリカ企業のロビー活動については、Robert Dreyfuss, "The New China Lobby," *American Prospect*, 19 December 2001, https://prospect.org/world/new-china-lobby/を参照。より広くアメリカの外交政策にたいする分配の影響については、Lawrence R. Jacobs and Benjamin I. Page, "Who Influences U.S. Foreign Policy?" *American Political Science Review 99*, no. 1 (2005): pp. 107–123を参照。クリントン政権時代にアメリカのロビー活動にたいして中国がかけた独自の圧力については、Ho-fung Hung, "The Periphery in the Making of Globalization: The China Lobby and the Reversal of Clinton's China Trade Policy, 1993–1994," *Review of International Political Economy*, published online 13 April 2020, https://doi.org/10.1080/09692290.2020.1749105を参照。

79. Bob Woodward, "Findings Link Chinese Allies to Chinese Intelligence," *Washington Post*, 10 February 1998, https://www.washingtonpost.com/archive/politics/1998/02/10/findings-link-clinton-allies-to-chinese-intelligence/87265d5d-7452-41f2-ad2f-aa4abe7e579e/

80. Jeff Colgan and Robert O. Keohane, "The Liberal Order is Rigged. Fix it Now or Watch it Wither," *Foreign Affairs 96*, no. 3 (May–June 2017): p. 39.

81. 外国人の不法長期滞在者も増えている。国境問題をめぐる政治については、Peter Andreas, "The Escalation of US Immigration Control in the Post-NAFTA Era," *Political Science Quarterly 113*, no. 4 (1998–99): pp. 591–615を参照。

82. Jens Manuel Krogstad, Jeffrey S. Passel, and D'Vera Cohn, "Five Facts About Illegal Immigration in the United States," Pew Research Centre, 12 June 2019, https://www.pewresearch.org/fact-tank/2019/06/12/5-facts-about-illegal-immigration-in-the-u-s/

83. 経済団体と労働組合のロビー活動がさまざまな産業分野の移民に与える影響については、Giovanni Facchini, Anna Maria Mayda, and Prachi Mishra, "Do Interest Groups Affect US Immigration Policy?" IMF Working Paper, WP/08/244, October 2008, https://www.imf.org/external/pubs/ft/wp/2008/wp08244.pdfを参照。

84. Daniel B. Wood, "Legal Fight Over Illegal Aliens," *Christian Science Monitor*, 12 May 1994, https://www.csmonitor.com/1994/0512/12012.html

85. Royce Crocker, Congressional Redistricting: An Overview, Congressional Research Service, 21 November 2012, pp. 9–10, https://fas.org/sgp/crs/misc/R42831.pdf

86. 引用元 Eric W. Orts, "The Path to Give California 12 Senators and Vermont Just One," *Atlantic*, 2 January 2019, https://www.theatlantic. com/ideas/archive/2019/01/heres-how-fix-senate/549172/

87. Sean Trende, *The Lost Majority:Why the Future of Government is up for Grabs*—and Who Will Take It (London: Palgrave, 2012), introduction and part II.

88. Gary Gerstle, *American Crucible: Race and Nation in the Twentieth Century*, revised edition (Princeton: Princeton University Press, 2016), pp. 385–393.

89. Barack Obama, Declaration speech, Springfield, Illinois, February 2007, https://www.cbsnews.com/news/transcript-of-barack-obamas-speech/

90. Gerstle, *American Crucible*, pp. 393–409.

91. Andrew Clark, "Bankers and Academics at the Top of Donor List," *Guardian*, 8 November 2008, https://www.theguardian.com/world/2008/nov/08/barackobama-wallstreet-bankers-campaign-donations-goldmansachs

92. F-35戦闘機計画は、この問題の申し子となった。詳細は、Valerie Insinna, "Inside America's Dysfunctional Trillion Dollar Fighter-Jet Program," *New York Times*, 21 August 2019, https://www.nytimes. com/2019/08/21/magazine/f35-joint-strike-fighter-program.htmlを参照。

93. たとえば、John M. Broder, "Oil and Gas Aid Bush Bid for President," *New York Times*, 23 June 2000, https://www.nytimes.com/2000/06/23/us/oil-and-gas-aid-bush-bid-for-president.htmlを参照。

94. ブッシュ政権のエネルギー政策とその政治的影響については、Meg Jacobs, "Wreaking Havoc from Within: George W. Bush's Energy Policy in Historical Perspective" in *The Presidency of George W. Bush: A First Historical Assessment*, edited by Julian E. Zelizer

(Princeton: Princeton University Press, 2011), pp. 139–168を参照。

95. 引用元 Jacobs, "Wreaking Havoc from Within," p. 139.

96. Jacobs, "Wreaking Havoc from Within," p. 167.

97. Elizabeth Kolbert, "Changing Lanes," *New Yorker*, 4 August 2008, https://www.newyorker.com/magazine/2008/08/11/changing-lanes

98. Statement by the President on the Keystone XL pipeline, 6 November 2015, https://obamawhitehouse.archives.gov/the-press-office/2015/11/06/statement-president-keystone-xl-pipeline

99. Richard Valdmanis and Grant Smith, "Oil Industry Bet Big on Jeb Bush, Reuter Review Shows. Now What?," *Reuters*, 19 February 2016, https://www.reuters.com/article/us-usa-election-oil-donors/oil-industry-bet-big-on-jeb-bush-for-president-reuters-review-shows-now-what-idUKKCN0VS279

100. その際、ジェブ・ブッシュは自分が「大統領に選出されたら、学者や雇われ政治家たちには身を引いてもらう。決断を下すのは、実社会で経験を積んだ人たちだ」と宣言した。引用元 Dan Roberts, "Jeb Bush Lays Out Energy Plan with Call to Relax Environmental Rules," *Guardian*, 29 September 2015, https://www.theguardian.com/us-news/2015/sep/29/jeb-bush-energy-policy-environment

101. Theda Skocpol and Vanessa Williamson, *The Tea Party and the Remaking of American Conservatism* (New York: Oxford University Press, 2013).

102. Venessa Williamson, Theda Skocpol, and John Coggin, "The Tea Party and the Remaking of American Conservatism," *Perspective on Politics 9*, no. 1 (2019): p. 33.

103. コーク兄弟がティーパーティーに与えた影響についての批評は、Jane Mayer, "Covert Operations," *New Yorker*, 23 August 2010, https://www.newyorker.com/magazine/2010/08/30/covert-operationsを参照。

104. 2010年にフロリダ州でマルコ・ルビオの選挙活動に参加したあるティーパーティー活動家は、ルビオが「8人のギャング」のメンバーであるとしてこう語っている。「彼はまず私たちに嘘をつき、それから（フロリダ州）パンハンドルからキーズまでその嘘を繰り返し、触れ回った。だから彼は当選したんだ。それが本当に腹立たしかった」。引用元 Leigh Ann Caldwell, "Marco Rubio's record on immigration is more complicated than you think," *NBC News*, 12 January 2016, https://www.nbcnews.com/politics/2016-election/marco-rubio-s-record-immigration-more-complicated-you-think-n488601

105. 住宅差し押さえ危機の政治的影響については、Alan Blinder, *After the Music Stopped: The Financial Crisis, the Response, and the Work Ahead* (London: Penguin, 2013), ch. 12を参照。家を失った3人が 不正を暴くまでのストーリーは、David Dayen, *Chain of Title: How Three Ordinary Americans Uncovered Wall Street's Great Foreclosure Fraud* (London: New Press, 2013) を参照。

106. Jeffrey P. Thompson and Gustavo A. Suarez, "Exploring the Racial Wealth Gap Using the Survey of Consumer Finances," Finance and Economics Discussion Series

Divisions of Research and Statistics and Monetary Affairs, Federal Reserve Board, Washington, DC, 2015, p. 9, https://www.federalreserve.gov/econresdata/feds/2015/files/2015076pap.pdf

107. Richard Johnson, *The End of the Second Reconstruction* (Cambridge: Polity Press, 2020), ch. 4を参照。

108. 引用元 Elena Shor, "Oil-Industry Dreads Trump-Clinton Choice," *Politico*, 18 March 2016, https://www.politico.com/story/2016/03/oil-industry-donald-trump-hillary-clinton-choice-220947

109. 引用元 Ben Jacobs, "Donald Trump Would Allow Keystone XL Pipeline and End Paris Climate Deal," *Guardian*, 26 May 2016, https://www.theguardian.com/us-news/2016/may/26/donald-trump-environmental-policy-climate-change-keystone-xl

110. Justin Worland, "Donald Trump Promises Oil and Gas Industry Big But Scepticism Remains," *Time*, 22 September 2016, https://time.com/4504617/donald-trump-oil-gas-environment/

111. Susan Phillips, "Why the Oil and Gas Industry is Not Giving to Trump," NPR, StateImpact Pennsylvania, 20 September 2016, https://stateimpact. npr.org/pennsylvania/2016/09/20/why-the-oil-and-gas-industry-is-not-giving-to-trump/

112. The White House, "Fact Sheet: President Donald J. Trump is Unleashing American Energy Dominance," 14 May 2019, https://www.presidency. ucsb.edu/documents/fact-sheet-president-donald-j-trump-unleashing-american-energy-dominance

113. トランプ当選は民主主義の過剰がいかに混乱を招くかを示したものであるという主張については、Jonathan Rauch and Ray La Raja, "Too Much Democracy is Bad for Democracy" *Atlantic*, December 2019, https://www.theatlantic.com/magazine/archive/2019/12/too-much-democracy-is-bad-for-democracy/600766/を参照。

114. 1970 年代以降の国際経済から恩恵を受けた階級が、以前は過剰な政治的影響力を持っていたことに焦点を当て、アメリカのみならず西側民主主義諸国における分裂を階級的な観点から分析したものとしては、Michael Lind, *The New Class War: Saving Democracy from the Metropolitan Elite* (London: Atlantic Books, 2020)(マイケル・リンド著『新しい階級闘争——大都市エリートから民主主義を守る』中野剛志解説、施光恒監訳、寺下滝郎訳、東洋経済新報社、2022年)を参照。

115. トランプ大統領の誕生がアメリカの行政国家を空洞化させる一因となったことについては、Michael Lewis, *The Fifth Risk: Undoing Democracy* (London: Allen Lane, 2018) を参照。

116. 引用元 Todd S. Purdum, "Gavin Newsom's Nation-State," *Atlantic*, 21 April 2020, https://www.theatlantic.com/politics/archive/2020/04/coronavirus-california-gavin-newsom/610006/

117. 引用元 Spencer Kimball, "New York Governor Cuomo Says Trump has No Authority to Impose Quarantine: 'It Would Be Illegal'," CNBC, 28 March 2020, https://www.cnbc.com/2020/03/28/ny-gov-cuomo-says-trump-has-no-authority-to-impose-

quarantine.html

118. ユーロ圏は最適な通貨圏ではないと主張する批判派が想定したよりも、それがはるかに大きな経済的分岐を許容できるという主張については、Waltraud Schelkle, *The Political Economy of Monetary Solidarity: Understanding the Euro Experiment* (Oxford: Oxford University Press, 2017) を参照。

119. ユーロ圏の民主主義諸国は民主主義的な政治競争に乏しすぎるという別の角度からの同様の主張としては、Sheri Berman and Hans Kundnani, "The Cost of Convergence," *Journal of Democracy 32*, no. 1 (2021): pp. 22–36を参照。

結論　変われば変わるほど

1. Adam Tooze, *Crashed: How a Decade of Financial Crises Changed the World* (London: Penguin, 2018), p. 13 (アダム・トゥーズ著『暴落――金融危機は世界をどう変えたのか (上・下)』江口泰子、月沢李歌子訳、みすず書房、2020年)〔邦訳・上巻の15頁〕

2. David Brunnstom, Alexandra Alper, and Yew Lun Tian, "China Will 'Eat Our Lunch', Biden Warns After Clashing With Xi On Most Fronts," *Reuters*, 11 February 2021, https://www.reuters.com/article/us-usa-china-idUSKBN2AB06A

3. European Commission, Second Report on the State of the Energy Union, 1 February 2017, https://ec.europa.eu/info/publications/2nd-report-state-energy-union_enを参照。

4. オーストリアも反原発国家である。今後起こりうる対立の前触れとして、欧州委員会のカーボンニュートラルへの道筋から原子力発電が除外されたことへの不満から、マクロンは2021年初め、東欧およびバルカン半島の加盟国6カ国と共通認識を持つに至った。Frédéric Simon, "Macron, Orban Urge EU to 'Actively Support' Nuclear Power," *Euractiv*, 25 March 2021, https://www.euractiv.com/section/energy-environment/news/macron-orban-urge-eu-to-actively-support-nuclear-power/

5. Michaël Tanchum, "The Logic Beyond Lausanne: A Geopolitical Perspective on the Congruence Between Turkey's New Hard Power and its Strategic Reorientation," *Insight Turkey 22*, no. 3 (2020): p. 42.

6. Speech by Angela Merkel at 2020 Annual Meeting of the World Economy Forum in Davos, 23 January 2020, https://www.bundeskanzlerin.de/bkin-en/news/speech-by-federal-chancellor-dr-angela-merkel-at-the-2020-annual-meeting-of-the-world-economic-forum-in-davos-on-23-january-2020-1716620

7. 自動車の登場をめぐる政治的な議論については、David Gartman "Three Ages of the Automobile: The Cultural Logics of the Car," *Theory, Culture, and Society 21*, nos. 4–5 (2004): pp. 169–195を参照。

8. Martin Williams, "Why it is Feared Scotland's Wind Power Boom is All Hot Air," *Herald*, 29 November 2019, https://www.heraldscotland.com/news/18067837.feared-scotlands-wind-power-economic-boom-hot-air/

9. Ralph Vartabedian, "How California's Faltering High-Speed Rail Project Was 'Captured'

by Costly Consultants," *Los Angeles Times*, 26 April 2019, https://www.latimes.com/local/california/la-me-california-high-speed-rail-consultants-20190426-story.htm
10. エネルギー密度の問題については、Vaclav Smil, *Power Density: A Key to Understanding Energy Sources and Uses* (Cambridge, MA: MIT Press, 2015) を参照。
11. Our World in Data, Energy mix, Global Primary Energy Consumption by Source, https://ourworldindata.org/energy-mix
12. Vaclav Smil, Gradual Greening: Power Density and the Hydrocarbon Habit, Blue Books, CLSA Investment Group, 13 September 2016, pp. 9–14, http://vaclavsmil.com/wp-content/uploads/2016/12/CLSA-U-Blue-Books-Gradual-greening_-Power-density-and-the-hydrocarbon-habit-20160913-1.pdf

2022年以後——戦争

1. Andrea Shalal, Andreas Rinke, and Jeff Mason, "Biden Pledges End to Nord Stream 2 if Russia Invades Ukraine," *Reuters*, 8 February 2022, https://www.reuters.com/world/biden-germanys-scholz-stress-unified-front-against-any-russian-aggression-toward-2022-02-07/
2. 引用元 Piotr Buras, "Olaf Scholz: Tweeting on Thin Ice," *European Council on Foreign Relations Commentary*, 21 February 2022, https://ecfr.eu/article/olaf-scholz-tweeting-on-thin-ice/
3. Matthew Karnitschnig, Hans von der Burchard, Florian Eder, and Andrew Desiderio, "Inside Olaf Scholz's Historic Shift on Defence, Ukraine and Russia," *Politico*, 5 March 2022, https://www.politico.eu/article/olaf-scholz-historic-shift-defense-ukraine-russia-war/
4. Policy Statement by Olaf Scholz, chancellor of the Federal Republic of Germany and member of the German Bundestag, 27 February 2022, Berlin, https://www.bundesregierung.de/breg-en/news/policy-statement-by-olaf-scholz-chancellor-of-the-federal-republic-of-germany-and-member-of-the-german-bundestag-27-february-2022-in-berlin-2008378
5. ウクライナの最初の独立国家と1919年の合併〔訳注　西ウクライナ人民共和国〕と戦時下のヨーロッパとの関係については、Borislav Chernev, *Twilight of Empire The Brest-Litvsk Conference and the Remaking of East-Central Europe, 1917–18:* (Toronto, ON: University of Toronto Press, 2017), ch. 4を参照。
6. Karnitschnig et al., "Inside Olaf Scholz's Historic Shift."
7. 引用元 Kira Taylor, "EU Rolls Out Plan to Slash Russian Gas Imports by Two Thirds Before Year End," *Euractiv*, 9 March 2022, https://www.euractiv.com/section/energy/news/eu-rolls-out-plan-to-slash-russian-gas-imports-by-two-thirds-before-year-end/
8. Speech by Viktor Orbán at the 31st Bálványos Summer Free University and Student Camp, 23 July 2022, https://abouthungary.hu/speeches-and-remarks/speech-by-prime-minister-viktor-orban-at-the-31-st-balvanyos-summer-free-university-and-student-

camp

9. Yongchang Chin and Rakesh Sharma, "Oil's New Map: How India Turns Russia Crude into the West's Fuel," *Bloomberg UK*, 5 February 2023, https://www.bloomberg.com/news/articles/2023-02-05/oil-s-new-map-how-india-turns-russia-crude-into-the-west-s-fuel
10. Shotaro Tani, "Europe's Imports of Russian Seaborne Gas Jump to Record High," 28 November 2022, https://www.ft.com/content/81db1e45-6ef9-4034-879b-82597e2b87f9
11. Vladimir Afanasiev, "Erdogan Steps Up Backing for Russia's Turkish Gas Hub Plan," *Upstream Energy Explored*, 20 October 2022, https://www.upstreamonline.com/politics/erdogan-steps-up-backing-for-russia-s-turkish-gas-hub-plan/2-1-1338137
12. 引用元 Nektaria Stamouli, "Greece to Allies: Crack Down on Turkey or Risk Another Ukraine," *Politico*, 7 September 2022, https://www.politico.eu/article/greece-turkey-eu-crack-down-or-risk-another-ukraine-russia-war/
13. Milan Kundera, "The Tragedy of Central Europe," in *Thoughts on Europe: Past, Present, and Future*, ed. Yoeri Albrecht and Mathieu Segers (Amsterdam: Amsterdam University Press, 2021), p. 209.
14. ウクライナの歴史に焦点を当てたがらないドイツ人の共通点に関するドイツ系ロシア人学者の考察については、Karl Schlögel, *Ukraine: A Nation on the Borderland*, trans. Gerrit Jackson (London: Reaktion Books, 2018), ch. 3を参照。
15. Tony Judt, *Postwar: A History of Europe Since 1945* (London: Vintage Books, digital edition), pp. 933–934（トニー・ジャット著『ヨーロッパ戦後史（上）1945–1971』森本醇訳、『ヨーロッパ戦後史（下）1971–2005』浅沼澄訳、みすず書房、2008年）
16. バイデンがエネルギー価格の問題でプーチンの戦争を非難していることについては、"Remarks by President Biden on Gas Prices and Putin's Price Hike," 22 June 2022, https://www.whitehouse.gov/briefing-room/speeches-remarks/2022/06/22/remarks-by-president-biden-on-gas-prices-and-putins-price-hike/を参照。
17. Trading Economics, "EU Natural Gas," https://tradingeconomics.com/commodity/eu-natural-gas
18. 中国、インド、パキスタン、バングラデシュのガス需要は激減した。Sam Reynolds, "Asia's Lower LNG Demand in 2022 Highlights Challenges for Industry Growth," *Institute for Energy Economics and Financial Analysis*, 11 January 2023, https://ieefa.org/resources/asias-lower-lng-demand-2022-highlights-challenges-industry-growth
19. US Energy Information Administration, "International Data, Petroleum and Other Liquids," https://www.eia.gov/international/data/world
20. US Energy Information Administration, "Petroleum and Other Liquids," https://www.eia.gov/dnav/pet/hist/LeafHandler.ashx?n=PET&s=MCRFPUS2&f=M
21. US Department of the Treasury, "Statistics. A2: Major Foreign Holders of Treasury Securities, Historical Data and Statistics; B2 Monthly Holdings of US Long-Term

Securities at Current Market Value by Foreign Residents, Holdings by Country (China)," https://home.treasury.gov/data/treasury-international-capital-tic-system-home-page/tic-forms-instructions/securities-b-portfolio-holdings-of-us-and-foreign-securities

22. 特に2023年初頭、バイデン政権はサプライチェーンに不可欠な企業が存在するオランダを説得し、中国への先端半導体等の輸出を制限する規制措置に参加させた。

23. Patricia Nilsson, "BASF to Downsize 'Permanently' in Europe," *Financial Times*, 26 October 2022, https://www.ft.com/content/f6d2fe70-16fb-4d81-a26a-3afb93e0bf57

24. Andy Bounds, "EU Accuses US of Breaking WTO Rules with Green Energy Incentives," *Financial Times*, 6 November 2022, https://www.ft.com/content/de1ec769-a76c-474a-927c-b7e5aeff7d9e

25. Doug Palmer, "WTO Says Trump's Steel Tariffs Violated Global Trade Rules," *Politico*, 9 December 2022, https://www.politico.com/news/2022/12/09/wto-ruling-trump-tariffs-violate-rules-00073282

26. 引用元 Amy Kazmin, "Revulsion at Ukraine War Ends Rome's Old Amity with Moscow," *Financial Times*, 2 May 2022, https://www.ft.com/content/70d99402-98c4-4f1b-a693-2f25739b2455

27. "Remarks by President Biden Announcing US Ban on Imports of Russian Oil, Liquefied Natural Gas, and Coal," 8 March 2022, https://www.whitehouse.gov/briefing-room/speeches-remarks/2022/03/08/remarks-by-president-biden-announcing-u-s-ban-on-imports-of-russian-oil-liquefied-natural-gas-and-coal/

28. パキスタンのLNG供給契約喪失については、Shotaro Tani, "Europe's Appetite for LNG Leaves Developing Nations Starved of Gas," *Financial Times*, 23 September 2022, https://www.ft.com/content/752b1285-3174-4cf1-83c0-b1151888bf4eを参照。